ALESSANDRO PALAZZO /
FRANCESCA BONINI /
ANDREA COLLI

LA NOBILTÀ NEL PENSIERO MEDIEVALE

DOKIMION

Nouveaux suppléments à la

Neue Schriftenreihe zur

REVUE PHILOSOPHIQUE ET THÉOLOGIQUE DE FRIBOURG
FREIBURGER ZEITSCHRIFT FÜR PHILOSOPHIE UND THEOLOGIE

Edités par

Herausgegeben von

Ruedi Imbach und Tiziana Suarez-Nani

Volume/Band 41

ALESSANDRO PALAZZO /
FRANCESCA BONINI /
ANDREA COLLI

LA NOBILTÀ NEL PENSIERO MEDIEVALE

ACADEMIC PRESS FRIBOURG
2016

Bibliografische Information der Deutschen Bibliothek

Die Deutsche Bibliothek verzeichnet diese Publikation in der Deutschen Nationalbibliografie; detaillierte bibliografische Daten sind im Internet über http://dnb.d-nb.de abrufbar.

Publicato con il contributo del
Dipartimento di Lettere e Filosofia
dell'Università degli Studi di Trento

Les originaux de ce livre sous forme de fichiers PDF
ont été fournis par l'auteur

Die Druckvorlagen der Textseiten wurden von den Herausgebern als PDF-Datei
zur Verfügung gestellt.

ISBN 978-2-8271-1110-7
ISSN 1022-293X (Dokimion Freiburg)

INDICE

ALESSANDRO PALAZZO

Riflessioni preliminari sulla nobiltà nel pensiero medievale

Iam vero quam sit inane, quam futile nobilitatis nomen, quis non videat?

A parlare è Boezio, ultimo dei Romani e primo dei medievali, che, in un luogo ben noto e spesso citato della *Consolazione della Filosofia*, condanna la nobiltà di lignaggio, includendola tra i beni vani che non danno la vera felicità[1]. Per bocca di Boezio prende avvio la riflessione sulla nobiltà che percorre tutto il pensiero medievale.

Il presente volume è un contributo allo studio della costellazione di temi, problemi e dibattiti medievali sulla nobiltà. Che l'oggetto di indagine sia molto complesso ha dimostrato in un saggio di rara densità concettuale Andrea A. Robiglio[2]. Sciogliendo l'intrico di questioni, dottrine e tradizioni coagulatesi intorno al concetto di nobiltà, lo studioso italiano fissa alcuni punti fondamentali della discussione medievale: il conflitto tra nobiltà di stirpe e nobiltà d'animo, le idee di nobiltà degli antichi filosofi e la loro influenza nel Medioevo, la tradizione cortese e cavalleresca, il legame tra nobiltà e filosofia, il nesso tra nobiltà, identità dell'élite degli studiosi e contesto istituzionale scolastico nel quale tale élite operava. Robiglio individua inoltre tre differenti concezioni della nobiltà, tra loro in competizione: la dottrina giuridica della nobiltà teorizzata nel codice giustinianeo (autonomia legale, diritto di ereditare e facoltà di esercitare il comando), l'idea cristiana della nobiltà intesa come frutto della grazia divina e della pratica della virtù, e infine la concezione "peripatetica", che introduce una gerarchia tra gli uomini determinata dall'uso della ragione filosofica

[1] Boethius, *Consolatio Philosophiae*, III, pr. 6, ed. Claudio Moreschini, München–Leipzig 2000, p. 72,20-28. Il passo citato è alle righe 20-21. Sulla concezione boeziana cf. quanto dice in questo volume Pasquale Porro, cf. *infra*, pp. 135-137.

[2] Andrea A. Robiglio, *The Thinker as a Noble Man (*bene natus*) and Preliminary Remarks on the Medieval Concepts of Nobility*, in: Vivarium, 44, 2-3 (2006), pp. 205-247. Da segnalare sono altri lavori di Robiglio che trattano aspetti specifici della nobiltà nel pensiero medievale: Andrea A. Robiglio, *Dante* bene nato*: Guido Cavalcanti e Margherita Porete in* Par. V, 115, in: L'Alighieri, 26 (2005), pp. 45-62; Id., *Nobiltà e riconoscimento in Dante. In margine ad una recente edizione di 'Convivio' IV*, in: L'Alighieri, 48 (2007), pp. 83-102; Id., *La latitudine della nobiltà. Una questione filosofica nel Commento di Giovanni da Serravalle alla 'Divina Commedia' (1416)*, in: Rassegna europea di letteratura italiana, 33 (2009), pp. 29-47; Id., *Appunti sulla nobiltà in Pietro di Giovanni Olivi*, in: *Pierre de Jean Olivi: philosophe et théologien*, éd. par Catherine König-Pralong, Olivier Ribordy, Tiziana Suarez-Nani, Berlin 2010, pp. 113-134.

e nella quale l'essere "bene natus" costituisce il prerequisito per il raggiungimento della perfezione filosofica.

Nello stesso anno in cui appare il saggio di Robiglio, viene pubblicato anche un altro studio sulla nobiltà nel Medioevo, ad opera di Marco Toste[3], quasi a segnalare la presa di coscienza da parte della comunità scientifica del valore teorico e della rilevanza storica di questo tema. Se quello di Robiglio è un vero e proprio programma di ricerca, una messa a punto di concetti, problemi e fonti, che vengono posti sul tappeto in vista di un'analisi più approfondita e di un possibile allargamento dell'indagine ad altri autori medievali, Toste concentra la sua attenzione su un peculiare aspetto della riflessione tardomedievale sulla nobiltà, cioè sulla supremazia del filosofo nella comunità politica secondo le concezioni dei maestri delle Arti[4]. Questo tema, inserendosi in quello più generale del rapporto tra nobiltà e filosofia, conferma l'estrema ricchezza e varietà di questioni in cui si articola il dibattito medievale sulla nobiltà. In particolare, lo studioso portoghese, ricollegandosi alle osservazioni di Luca Bianchi su una antropologia elitaria di matrice averroista diffusa tra il tardo Medioevo e il Rinascimento a seguito della ricezione dei testi aristotelici[5], pone l'attenzione sulla diseguaglianza tra gli esseri umani all'interno della riflessione dei maestri delle Arti sulla distinzione tra nobiltà di nascita e nobiltà d'animo[6].

È con il complesso delle questioni storiografiche e teoriche sollevate da Robiglio e da Toste, e con i problemi esaminati dalla letteratura posteriore, nella quale spiccano i due ponderosi volumi di Theodor W. Köhler[7], che studia il tema della nobiltà dal punto di vista antropologico, e il recente volume di Guido Castelnuovo[8], che affronta l'argomento da una prospettiva storico-sociale – con particolare riguardo all'Italia dei comuni dal XIII al XV secolo –, che si confrontano gli undici contributi raccolti nel presente volume, frutto di un simposio svoltosi a Trento dal 9 al 10 maggio 2014 dal titolo "*Nobilitas.* Crocevia di saperi tra medioevo ed età moderna". Il libro si inserisce nel quadro dell'attività di ricerca condotta presso l'Università di Trento sulla nobiltà e su altri temi del pensiero medievale ad essa connessi: l'antropologia, la libertà umana, il determinismo, l'influenza degli astri, ecc.[9]

[3] Marco Toste, Nobiles, Optimi Viri, Philosophi. *The Role of the Philosopher in the Political Community at the Faculty of Arts in Paris in the Late Thirteenth Century*, in: *Itinéraires de la raison. Études de philosophie médiévale offertes à Maria Cândida Pacheco*, éd. par José F. Meirinhos (Textes et Études du Moyen-Âge, 32), Louvain-la-Neuve 2005, pp. 269-308.

[4] Toste, Nobiles, Optimi Viri, Philosophi, pp. 290-308.

[5] Luca Bianchi, *Filosofi, uomini e bruti. Note per la storia di un'antropologia 'averroista'*, in: Rinascimento, 32 (1992), pp. 185-201.

[6] Toste, Nobiles, Optimi Viri, Philosophi, pp. 271-290.

[7] Theodor W. Köhler, Homo animal nobilissimum. *Konturen des spezifisch menschlichen in der naturphilosophischen Aristoteleskommentierung des dreizehnten Jahrhunderts*, 2 Bd. (Studien und Texte zur Geistesgeschichte des Mittelalters, 94, 114), Leiden–Boston 2008-2014.

[8] Guido Castelnuovo, *Être noble dans la cité. Les noblesses italiennes en quête d'identité (XIIIe-XVe siècle)*, Paris 2014.

[9] In particolare si segnala che presso l'Università di Trento, dal 2012 al 2015, Andrea Colli ha svolto una progetto di ricerca post-doc finanziato dalla Provincia Autonoma di

I contributi che compongono il volume sono molto diversificati quanto ai temi trattati e all'approccio adottato. È una varietà che non sorprende, ma che rispecchia perfettamente la complessità dell'oggetto 'nobiltà' e la pluralità dei discorsi che su di esso si svilupparono durante il Medioevo: di nobiltà, con tutti i suoi sinonimi – perfezione, superiorità, dignità, eccellenza – e antonimi – imperfezione, inferiorità, indegnità, miseria –, si parla non solo in relazione al mondo umano (antropologia, psicologia, morale, politica), ma anche in riferimento alla realtà nel suo complesso, creata e divina (fisica, cosmologia, metafisica e teologia), e con riguardo all'ambito del conoscere (logica, dottrina della conoscenza). Pur nella loro varietà, i contributi presentano delle analogie, dei punti di contatto dottrinali, che uno sguardo attento è in grado di cogliere. Non sarà fuori luogo qualche riflessione intorno a questi nuclei tematici condividisi in sede di presentazione dei vari contributi.

***

Non sorprende che uno di questi temi comuni sia la polarità tra nobiltà di sangue e nobiltà come frutto e esercizio di virtù, *nobilitas generis* e *nobilitas animi*. È un argomento molto dibattuto nel Medioevo, in ambiti diversi e da differenti prospettive, come segnalano i contributi di Robiglio e di Toste, dai quali è citata una ricca letteratura in materia[10]. A questo proposito Irene Zavattero ("La vera nobiltà secondo Guglielmo Peraldo") esamina la teoria della nobiltà delineata da Guglielmo Peraldo, un domenicano francese del tredicesimo secolo, nella *Summa de vitiis* e nel *De eruditione principum*. Terminata probabilmente nel 1236, la *Summa de vitiis* riserva due capitoli alla *nobilitas* all'interno della sezione sulla *superbia*, vizio che caratterizza spesso chi è nobile per stirpe. Nel *De eruditione principum*, scritto intorno al 1265 e a lungo attribuito a Tommaso d'Aquino, Peraldo affronta il tema della *nobilitas* nel primo libro dove enuncia le regole generali che dovrebbero guidare l'etica dei principi. Nonostante intercorrano trent'anni fra le due opere, Peraldo ribadisce sempre la stessa teoria: la *nobilitas carnis* o *corporis* è da disprezzare, mentre la *nobilitas animi* è l'unica *vera nobilitas*. Le ragioni del disprezzo sono riassumibili in due motivazioni di fondo: 1) il fatto che siamo tutti figli di Dio ci rende tutti uguali; 2) la turpitudine del corpo è l'unica eredità ricevuta dai nostri antenati. La vera nobiltà risiede nell'a-

Trento dal titolo "*Nobilitas* – testi medievali e mappe ontologiche digitali. Il concetto di *nobilitas* come *speculum* per una web-analis delle teorie dell'intelletto del XIII secolo", progetto di cui chi parla è stato tutor scientifico. Il presente volume è stato cofinanziato dal Ministero dell'Istruzione, dell'Università e della Ricerca grazie al progetto FIRB (Futuro in Ricerca) "Foreseeing Events and Dominating Nature: Models of Operative Rationality and the Circulation of Knowledge in the Arab, Hebrew and Latin Middle Ages", nel cui quadro vengono indagati lo sfondo dottrinale e i nodi concettuali relativi al determinismo astrale, al libero arbitrio, alla divinazione nel tardo medioevo latino, e viene ricostruita la circolazione, in questo ambito del sapere, dei temi, delle idee, dei testi e delle traduzioni tra le diverse aree culturali del mondo medievale.

[10] A riguardo non si può non menzionare Fulvio DELLE DONNE, *Una disputa sulla nobiltà alla corte di Federico II di Svevia*, in: Medioevo Romanzo, 23 (1999), pp. 3-20.

nimo dell'uomo e può essere di due tipi: naturale (in quanto buona disposizione naturale alla virtù, come dice Seneca) e gratuita (donata da Dio). La vera nobiltà si riconosce da alcuni *signa*, quali la liberalità, la magnanimità, la mansuetudine e altre virtù morali. Facendo ricorso a numerose *auctoritates* bibliche, patristiche e classiche, Peraldo riprende il *topos* del *contemptus mundi* secondo cui la nobiltà di nascita coincide con la degenerazione dei costumi, mentre il vero nobile è un uomo colmo di virtù morali.

Se Peraldo rimane legato a dottrine formulate nei secoli XI e XII e si conferma un "théologien et moraliste", come dice Antoine Dondaine, "uno degli ultimi baluardi della *nobilitas animi* – intesa come nobiltà morale prodotta dalla virtù individuale e cristiana – prima del sopravvento dell'esegesi dei testi aristotelici che determinerà una revisione di entrambe le nozioni di *nobilitas generis* e *nobilitas animi*"[11], Dante, scrivendo nel XIV secolo, si confronta con i testi aristotelici e intreccia il discorso sul conflitto tra nobiltà di stirpe e nobiltà di animo con questioni di ordine politico-giuridico.

Diego Quaglioni ("La nobiltà dei giuristi e Dante. Chiose minime a *Monarchia*, II, III, 1-4") disegna l'itinerario tormentato e complesso lungo il quale Dante sviluppa la sua riflessione sulla nobiltà. In *Monarchia,* II, III, 1-4 Dante teorizza il diritto all'Impero universale spettante, in ragione di un disegno divino, al popolo romano, in quanto più nobile fra le genti umane. In questo passo Dante aggiunge che gli uomini sono resi nobili dalla virtù, propria o dei propri progenitori (*maiores),* concezioni, apparentemente contrastanti, che rimandano a due distinte *auctoritates: Pol.* IV 8, 1294a21 ("ingenuitas enim est virtus et divitiae antiquae") e il verso 20 della *Satira* VIII di Giovenale ("nobilitas sola est atque unica virtus"). Gli interpreti hanno profuso grande impegno nel tentativo di conciliare l'idea che la nobiltà derivi anche dalla virtù degli avi e la tesi, di *Convivio,* IV, XIX, 4, secondo la quale consiste solo nel premio alla virtù, producendo una serie di soluzioni esegetiche di cui Quaglioni dà conto nel dettaglio.

La questione delle fonti, sollevata da Quaglioni, corre trasversale per tutti i contributi. Già Geneviève et Philippe Contamine avevano indicato nel passo della *Politica* di Aristotele e in quello delle *Satire* di Giovenale le due *auctoritates* di riferimento nel dibattito sul primato tra nobiltà di lignaggio e nobiltà come virtù[12]. Come vedremo, però, le fonti dei discorsi sulla nobiltà sono molto più numerose e si moltiplicano soprattutto a partire dal XIII secolo.

Tornando a Dante, Quaglioni rileva che la riflessione del Poeta si arricchisce di un altro aspetto nel commento dei vv. 21-24 della canzone *Le dolci rime d'amor ch'i' solia*, attribuita a Federico II in *Convivio*, IV, III, 6. Dante commenta i suoi stessi versi in *Convivio* IV, IX, 14-16, negando all'imperatore il potere di determinare un punto di dottrina relativo alla nobiltà, così come gli nega, sempre nel *Convivio*, l'au-

[11] Cf. *infra*, p. 75.

[12] Geneviève et Philippe CONTAMINE, *Noblesse, vertu, lignage et "anciennes richesses". Jalons pour l'histoire médiévale de deux citations: Juvénal,* Satires *8,20 et Aristote,* Politique *5,1*, in: *La tradition vive. Mélanges d'Histoire des Textes en l'honneur de Louis Holtz*, éd. par Pierre LARDET (Bibliologia, Elementa ad librorum studia pertinentia, 20), Turhhout 2003, pp. 321-334.

torità di regolare le materie filosofiche e spirituali. È proprio a partire dal IV libro del *Convivio* che Bartolo di Sassoferrato, giurista allievo di Cino da Pistoia, realizzerà la "disciplina giuridica della nobiltà per via di dottrina, in assenza di una impossibile determinazione legale"[13].

Anche in un contesto radicalmente diverso, come quello arabo-islamico, la questione della vera natura della nobiltà si era presentata come centrale, anche se in forme molto differenti. Massimo Campanini ("*Nobilitas* tra virtù, eccellenza e potere: note sul concetto nella cultura arabo-islamica") ripercorre le trasformazioni del concetto di nobiltà durante le fasi di sviluppo storico della società islamica alla luce di un ampio spettro di fonti (poetiche, filosofiche e coraniche) e lasciandosi guidare soprattutto dal filo della narrazione di Ibn Khaldūn (*Muqaddima*). La ricostruzione storico-sociale non è disgiunta da approfondimenti di ordine linguistico, etimologico e semantico, volti a indagare l'origine, i significati e l'uso dei termini arabi appartenenti all'area concettuale della nobiltà (in avvio Campanini distingue tre radici verbali f-d-l, sh-r-f e k-r-m, che designano diversi aspetti e proprietà correlate all'idea di eccellenza o nobiltà).

Secondo Campanini lo spirito egualitario percorre la civiltà beduina preislamica, al punto che la superiorità e l'autorità dei capi delle tribù e dei clan non dipendono da nobiltà di nascita e di sangue, ma da virtù, quali la saggezza, la abilità nel mediare i conflitti tribali, l'eccellenza cavalleresca. Lo spirito di gruppo ha come suo esito naturale il riconoscimento della leadership del migliore. Il passaggio alla civiltà urbana apre una frattura nella società tra l'élite (*khāssa*) e la gente comune (*'āmma*): l'egualitarismo delle origini lascia lo spazio a sperequazioni socio-economiche e culturali. Anche lo spirito del Corano e dell'Islam è fondamentalmente egualitario. Il testo sacro, però, rimpiazza i valori beduini con la "devozione" o "pietà" (*taqwà*) (Q. 49:13): "Il più nobile di voi è colui che più teme e venera". Il carattere morale e religioso assunto dalla nobiltà è alla base di un principio di uguaglianza e di pluralità. In ogni caso anche il Corano, come già la civiltà beduina, ripone la nobiltà nel valore e non nel sangue o nel censo. È con il passaggio alla civiltà urbana che l'egualitarismo delle origini e del messaggio coranico lascia il campo al classismo e alla distinzione tra l'eccellenza delle élites e l'ignoranza del volgo. Rispetto alla dialettica caratteristica del dibattito del Medioevo latino, nobiltà di sangue–nobiltà d'animo, l'analisi di Campanini insiste quindi sull'aspetto socio-politico del processo di subordinazione delle masse, rilevando "una dialettica tra uguaglianza potenziale e fattuale differenziazione e subordinazione tra gli uomini"[14].

La gerarchia tra gli uomini si inserisce nella struttura verticale della realtà, concezione di cui esistono tracce anche nel Corano (l'eccellenza dell'uomo su tutte le altre

[13] Cf. *infra*, p. 180. La ricca letteratura sulla filosofia di Dante e sul contesto filosofico-teologico in cui il Poeta maturò il suo pensiero e realizzò la sua attività letteraria e si è arricchita di recente di due volumi contenenti spunti di un certo interesse per l'argomento di questo volume: cf. Ruedi Imbach, Catherine König-Pralong, *La sfida laica. Per una nuova storia della filosofia medievale*, Roma 2016 (testo orig.: *Le défi laïque*, Paris 2013); Carla Casagrande, Gianfranco Fioravanti (a cura di), *La filosofia in Italia al tempo di Dante*, Bologna 2016.

[14] Cf. *infra*, p. 33.

creature; la sua superiorità sugli angeli; la gerarchia dei sei profeti) e nei dibattiti su questioni gerarchiche che sono stati all'origine di utopie religiose e politiche e della frattura tra Sunniti e Sciiti (cioè sulla priorità tra i compagni del profeta e su quella tra i Califfi). Ma è soprattutto in ambito filosofico che l'idea di gerarchia si sposa con quella di eccellenza. Campanini documenta questa affermazione delineando la visione del mondo di Alfarabi. Il filosofo teorizza un ordine gerarchico di perfezioni di carattere emanatista, un sistema cosmico, noetico e politico ad un tempo. Al centro di questo sistema è l'*imām*-profeta-re-filosofo, che, posto al vertice della città virtuosa, rappresenta il punto di contatto tra il mondo umano e le sfere celesti. L'emanazione dal Primo Intelletto, che, di intelligenza in intelligenza, produce l'intera realtà, si inverte nello stadio dell'intelletto acquisito, attingibile solo dal filosofo, momento del sommo perfezionamento umano. I filosofi costituiscono una classe élitaria, superiore alla massa, perché dotati di una nobiltà spirituale e intellettiva che li rende atti a governare la città. La distinzione tra élites colte e volgo ignorante trova così legittimazione teorica nelle dottrine dei falasifa.

Ponendo la nobiltà in relazione alla gerarchia del reale, alla diseguaglianza in seno al genere umano e alla superiorità del filosofo, Campanini tocca un nucleo tematico compatto, che è preso in esame anche da altri contributi.

Il contributo di Silvia Negri ("Enrico di Gand e la discussione sulla nobiltà dell'essere e del vivere nel tardo Duecento") studia il concetto di nobiltà in relazione al binomio vivere-essere, soffermandosi in particolare sulla sentenza "il vivere è un certo modo nobile dell'essere" ("est enim vivere quoddam esse nobile") contenuta nell'articolo XXVII, qu. 1 della *Summa quaestionum ordinariarum* di Enrico di Gand. È un argomento metafisico molto ben definito, che si inserisce però entro l'ampia e prestigiosa cornice della dottrina neoplatonica della gerarchia del reale, un tema di grande respiro al quale lo studio specialistico di Negri apporta un contributo di non poco conto. La studiosa italiana ricostruisce in prima battuta le riflessioni con cui Enrico, sulla base di Aristotele e del sesto capitolo dei *Nomi divini*, argomenta la nobiltà del vivere, considerato una perfezione dell'essere, attribuendolo a Dio, vita "superiore alla vita". Quindi prende in esame le concezioni di Alberto Magno e di Tommaso d'Aquino, osservando che le analisi esegetiche, dottrinali e lessicali contenute nei commenti al *De divinis nominibus* dei due domenicani influenzano, perlomeno a livello lessicale, le riflessioni, in ogni caso originali, di Enrico di Gand.

Pasquale Porro ("Ci sono anime più nobili delle altre? Tommaso d'Aquino, Enrico di Gand, Egidio Romano e la condanna del 1277") si concentra sul problema della diseguaglianza delle anime e sostiene che l'approccio egualitario teorizzato da Boezio agli albori del pensiero medievale, cioè l'idea che gli uomini sono tutti uguali in ragione della comune origine divina e che per questo la nobiltà di sangue è vana, non sembra aver prevalso nel pensiero medievale. La prevalenza della posizione a favore della diseguaglianza è netta nel XIII secolo e preparata già nel XII secolo da quanto dice nel XII secolo Pietro Lombardo nel suo *Liber Sententiarum*, cioè che alcuni intelletti sembrano essere più acuti, più perspicaci e più capaci di ricordare di altri (II, dist. 32). A partire da questi antecedenti storici Porro ricostruisce il dibattito sulla diseguaglianza delle anime che nel XIII secolo, sullo sfondo della condanna del 1277, vede coinvolti Tommaso d'Aquino, Enrico di Gand ed Egidio Romano. Pur nella varietà delle posizioni e nella diversità dei toni, tutti concordano sul fatto che le anime non sono uguali. Gli articoli 124 e 187 (numerazione del *Chartularium*) della *Condanna* del vescovo Étienne Tempier sono censurati proprio perché presuppongono l'uguaglianza delle anime. Secondo Tommaso è la differente complessione corporea a produrre diversi gradi tra le anime umane (*Super Sententiis* II dist. 32 a. 3) e a rendere alcuni intelletti più perfetti di altri (I[a] *pars* q. 85, a. 7). Enrico di Gand sostiene invece che esiste una gerarchia di gradi nell'essenza specifica dell'anima umana, gradi che non produrrebbero però una plurificazione della specie umana. Si tratta di gradi diversi di intensità (*intensio et remissio*) (*Quodlibet* III q. 5). Secondo Egidio Romano (*Quodlibet* II q. 18) gli articoli di Tempier indicano che la nobiltà dell'anima non deriva dall'individuazione corporea, ma non escludono che l'anima possieda una *sua* nobiltà che trae origine dal rapporto con il corpo.

Al di là delle posizioni dei singoli e della possibilità che Tommaso sia il bersaglio degli articoli censurati, Porro lascia intravvedere che la posta in gioco è non solo di natura psicologica ed antropologica, ma di carattere metafisico più generale, perché il dibattito solleva la questione dell'identità essenziale della specie umana pur nelle sue differenze individuali[15].

Il nesso tra diseguaglianza, nobiltà e fortuna è al centro dei contributi di Andrea Colli e Valérie Cordonier. Colli ("Appunti per un ritratto dell' 'uomo nobile' negli scritti di Alberto Magno") sostiene che nelle prime opere teologiche di Alberto lo statuto di somma nobiltà spetta, tra le creature, non agli uomini, ma agli angeli in virtù della loro assoluta spiritualità e completa separazione dalla materia. L'uomo è *animal nobilissimum*, cioè il più nobile degli animali, perché grazie alla sua ben equilibrata complessione fisica acquisisce un grado di indipendenza dalla corporeità maggiore delle altre specie animali.

Nella seconda parte del contributo, Colli sposta il focus del suo interesse dalla nobiltà ontologica, che caratterizza i diversi livelli del creato, alla prospettiva biologico-antropologica della *nobilitas generis* e della *bona nativitas*, indagando la relazione tra fortuna e nobiltà. La *nobilitas generis*, egli osserva, non è assoluta garanzia di condotta virtuosa, perché tutti possono essere *essentialiter* virtuosi, ma solo chi è nobile di nascita lo è *optime*. Se l'uomo è l'animale più nobile, egli osserva, all'interno della specie umana vi sono uomini più nobili di altri. Questi ultimi vanno identificati con quei rari individui dotati di anime abili a conoscere per natura l'intera realtà, elevandosi al di sopra del sensibile e dei legami con la materia. Richiamandosi di fatto agli studi di Alain de Libera, che ha evidenziato il legame tra gli astri e la "vocazione" filosofica[16], e di Loris Sturlese, che si è interessato della dottrina della perfezione filo-

[15] Cf. *infra*, p. 148. Köhler, Homo animal nobilissimum. Entrambi i volumi (cf. e.g. vol. I, pp. 169-443) sono dedicati ad una dettagliata analisi in chiave antropologica delle proprietà essenziali e accidentali della specie umana in rapporto ai caratteri delle specie animali.

[16] Cf. in particolare, Alain de Libera, *Penser au Moyen Âge*, Paris 1991, specialmente pp. 246-298, 380-388.

sofica ("intellectus adeptus") in Alberto[17], Colli ipotizza, in altri termini, che i nobili di nascita siano i filosofi/scienziati/profeti di cui Alberto parla a più riprese nelle sue opere[18], e che essi siano dotati anche di un sapere pratico che li renderebbe "sapienti legislatori, politici o più genericamente 'uomini naturalmente virtuosi'"[19].

Valérie Cordonier ("Noblesse et bon naturel chez les lecteurs du *Liber de bona fortuna* de Thomas d'Aquin à Duns Scot: histoire d'un rapprochement") indugia sul concetto di "bene nato", riportato al centro del dibattito storiografico dai lavori di Robiglio[20]. Teorizzata nel *Liber de bona fortuna*, la nozione di "bene nato", si trasforma, nelle interpretazioni di alcuni grandi teologi (Tommaso d'Aquino, Egidio Romano, Enrico di Gand e Duns Scoto) e viene progressivamente assimilata a quella di "nobiltà": tali vicende esegetiche Cordonier ricostruisce con perizia.

Secondo la concezione del *Liber de bona fortuna*, opera confezionata verso il 1265 assemblando estratti dei *Magna moralia* e dell'*Etica Eudemia*, gli uomini "ben nati" si distinguono per la loro capacità naturale di essere indotti frequentemente ad agire nel modo e al momento opportuno, producendo effetti secondari inattesi e a loro benefici. Un testo capitale nel dibattito sul concetto di "ben nato" è il capitolo 92 del libro III della *Summa contra Gentiles*, nel quale Tommaso, da un punto di vista metafisico-teologico, distingue tra "ben nato" e "ben fortunato" attraverso l'analisi dell'azione causale dei fattori che contribuiscono alla fortuna dei singoli individui: cioè Dio, gli angeli e gli astri. Questi ultimi hanno potere soltanto sul corpo, ma la componente corporea costituisce solo un aspetto della fortuna, e per questo il "ben nato" va distinto dal "ben fortunato". In Egidio Romano, autore del primo commento al *Liber de bona fortuna* (*Sententia de bona fortuna*), il problema, ancora implicito in Tommaso, del nesso tra bene naturale e nobiltà, diventa esplicito, anche se in forma di contrapposizione, perché il teologo italiano oppone all'interiorità del bene naturale l'esteriorità della nobiltà. La fortuna è inclusa tra i beni interiori in quanto è un effetto della natura. La trattazione egidiana della fortuna è di carattere strettamente filosofico. Egidio riconduce la buona fortuna all'inclinazione al bene

[17] Cf. Loris Sturlese, *Storia della filosofia tedesca nel Medioevo. Il secolo XIII* (Accademia toscana di Scienze e Lettere "La Colombaria". Studi, 149), Firenze 1996, pp. 69-125 (c. 3: "Il razionalismo filosofico e scientifico di Alberto il Grande"); Id., *«Intelletto acquisito e divino». La dottrina filosofica di Alberto il Grande sulla perfezione della ragione umana*, in: Giornale critico della filosofia italiana, 23 (2003), pp. 161-189.

[18] Al riguardo uno dei testi più rappresentativi è sicuramente il II libro del *De intellectu et intelligibili*, vero e proprio manifesto della fiducia del "filosofo" Alberto nel quale viene delineata l'ascesa intellettuale culminante con la congiunzione con l'intelletto divino. Questo processo non porta soltanto a una conoscenza progressivamente più semplice e perfetta, ma include anche forme di previsione del futuro e la capacità di realizzare *mirabilia*: cf. Albertus Magnus, *De intellectu et intelligibili*, II 1, ed. Auguste Borgnet (Alberti Magni Opera omnia, 9), Paris 1890, pp. 503-521. Sulla noetica di Alberto imprescindibili anche Alain de Libera, *Raison et foi. Archéologie d'une crise d'Albert le Grand à Jean-Paul II*, Paris 2003; Id., *Métaphysique et noétique. Albert le Grand*, Paris 2005.

[19] Cf. *infra*, p. 98.

[20] Cf. *supra*, p. VII, n. 2.

iscritta nella natura umana e attiva sotto l'effetto dell'attrazione divina. La differenza che intercorre tra "ben nato" e "ben fortunato" sarebbe allora quella tra una *aptitudo* naturale al bene da un lato e la percezione di tale movimento e la sua conseguente esecuzione dall'altro. Nella questione 10 del *Quodlibet VI* Enrico di Gand associa, dal punto di vista lessicale e concettuale, il "bene di natura" alla "nobiltà". Partendo da una critica all'analisi unilateralmente filosofica di Egidio, si concentra sulla ricerca dell'origine della disposizione di alcuni individui a essere più ricettivi dell'influenza divina – e quindi più fortunati – e la rinviene non nell'anima, ma nel corpo. Nella questione 21 del suo *Quodlibet I* Duns Scoto si muove nel solco tracciato da Enrico di Gand, del quale fa proprie alcune posizioni fondamentali. Come Enrico, Scoto non accetta che la distinzione tra coloro che sono più o meno fortunati dipenda dalla ragione. Inoltre egli sostiene che il bene naturale è la capacità di ricevere l'influenza del motore superiore. Infine in Scoto, ancora più che in Enrico, il lessico della nobiltà e quello del bene naturale si avvicinano fino a sovrapporsi.

Il nesso tra la nobiltà e l'esegesi del testo sacro è una tematica suggerita da vari contributi. Colli fornisce per esempio l'elenco dei luoghi biblici nei quali compaiono i lemmi latini della radice *nobil-*[21], ponendo le premesse per ulteriori feconde ricerche. Campanini attinge all'esegesi coranica larga parte del suo discorso sul concetto di nobiltà in ambito islamico. È in ambito esegetico, all'interno dei sermoni e dei commenti scritturali, che Eckhart espone le sue concezioni filosofiche sull'umiltà, alle quali chi scrive dedica le proprie riflessioni ("*de sonne antwert gode*: umiltà e *naturalia* in Meister Eckhart").

La frequenza con cui Eckhart evoca i "naturalia" in relazione all'umiltà e la regolarità con cui associa determinate immagini astrologiche e cosmologiche a dottrine di carattere spirituale rivelano che tali riferimenti di carattere naturalistico non sono semplici metafore, ma delineano un discorso scientifico organico, che, pur nella sua autonomia disciplinare, è isomorfo rispetto all'universo spirituale dell'umiltà e alle sue dinamiche.

Dietro a questo sottile dispositivo teorico agisce la tesi della circolarità tra Scrittura e natura, tra sapere rivelato e sapere filosofico, secondo la quale è attraverso le ragioni naturali dei filosofi che si devono esporre le verità della fede cristiana e della Scritura, da un lato; ma le verità del sapere naturale sono evidenti nelle parole stesse della Scrittura, che sono esposte attraverso le verità naturali, dall'altro. È in questo contesto che si inquadra l'intreccio tra i "naturalia" astrologici e cosmologici e l'insegnamento che Eckhart ricava dalla Scrittura a proposito dell'umiltà (dal movimento dialettico dell'umiliazione all'apertura a Dio, dall'Incarnazione e passione di Cristo all'umiltà come ricompensa della grazia). Le nozioni di carattere astrologico e cosmologico appaiono allora come "rationes philosophorum" attraverso le quali è possibile "exponere", rendere più chiare, le verità scritturali relative all'umiltà.

21 Cf. *infra*, pp. 81-83. Per l'analisi del concetto di nobiltà in ambito esegetico: cf. Andrea Colli, *Dalla* creatura nobilissima *al* vir desideriorum. *Aristotele e la definizione di uomo nel* Commento alle Sentenze *di Bonaventura da Bagnoregio*, in: *Il desiderio nel Medioevo*, a cura di Alessandro Palazzo (Temi e testi, 132), Roma 2014, pp. 165-181.

Liquidare allora come semplici metafore le frequenti e costanti analogie tra la sfera spirituale dell'umiltà e l'universo naturale dei cieli, dei pianeti e delle loro virtù appare riduttivo. Il linguaggio della filosofia della natura rimanda alla sfera spirituale dell'umiltà in ragione della comune origine: "naturalia" e "spiritualia" esplicitano su piani diversi la comune vena divina, concordando spontaneamente di un accordo comprensibile a chi sappia cogliere il significato profondo delle Scritture. Per questa ragione è possibile descrivere l'umiltà con il linguaggio dei fenomeni celesti.

Intorno all'esegesi della *Torah* ruota il contributo di Diana Di Segni. ("Mosè Maimonide e l'errore dei nobili [*Exod.* 24]"). La studiosa si occupa dei capitoli della *Guida dei Perplessi* di Mosè Maimonide (I, 4, 5, 28; II, 26; III, 4) dedicati all'interpretazione di un passo particolarmente oscuro dell'*Esodo*, nel quale si riferisce di una visione avuta dai "nobili" del popolo d'Israele, in seguito alla quale costoro "mangiarono e bevvero" (24,9-11). Vari sono i problemi sollevati da questo passo: l'identità dei nobili, la concezione antropomorfica della divinità che si ricava dal contenuto della visione, la materialità dell'atto del nutrirsi che è successivo alla visione e che segnala la sua imperfezione.

Appare verosimile che Maimonide, richiamandosi in Guida I, 5 ad un midrash tratto dal *Levitico Rabbah*, identifichi i nobili con gli anziani menzionati in *Exod.* 24,9. Essi hanno percepito la materia prima, il che significa che la visione ha comportato una reale acquisizione nel campo della fisica e, dato che lo studio della scienza naturale è propedeutica a una perfetta intelligenza della metafisica, anche della scienza divina. La visione dei nobili sarebbe stata però imperfetta proprio a causa della presenza dell'elemento materiale, e l'atto fisico del mangiare e del bere immediatamente successivo alla visione non sarebbe altro che la conseguenza di questa medesima imperfezione. La visione non ha infatti rappresentato il raggiungimento della conoscenza divina al livello più elevato. L'errore compiuto dai nobili sarebbe pertanto consistito nell'associazione tra materia prima e Dio, come se questi fosse la causa diretta del mondo materiale. In altri termini i nobili hanno esperito la relazione tra Dio e la materia prima, in qualche modo invertendo l'ordine della conoscenza. Essi hanno infatti visto prima la metafisica e in un secondo momento la fisica, rappresentata dalla materia prima. L'errore dei nobili deriva pertanto dalla mancanza di adeguata preparazione filosofica, dalla trasgressione del principio aristotelico della gradualità del conoscere.

Un filo conduttore lega anche i contributi, apparentemente molto distanti, di Olivier Boulnois ("*Inter urinas et faeces nascimur*. L'ignoble et la naissance, de l'antiquité tardive à Sigmund Freud") e Andrea Robiglio ("*Testes nobilitatis*: una riflessione sul nesso tra verità e nobiltà"), perché entrambi gli studiosi, tematizzano, sebbene da prospettive diverse, il nesso tra l'umiltà/nobiltà e la verità.

Olivier Boulnois, in particolare, esamina l'assenza di nobiltà, cioè l'ignobile in concreto riferimento all'uomo, cerca cioè di capire se l'umanità sia per natura ignobile e se l'uomo nasca nell'ignominia. Il punto di partenza di questo contributo è l'espressione latina citata da Sigmund Freud: "inter urinas et faeces nascimur". Boulnois si interroga sul significato di questo passo nel quadro complessivo del pensiero freudiano e va alla ricerca delle possibili fonti antiche, medievali e moderne attraverso un esame attento di un vasto *corpus* di testi greci, latini, italiani e francesi.

Secondo le indagini dello studioso francese la frase è attestata per la prima volta in italiano in Savonarola e poi in francese in Béroalde de Verville. Un'opera di Baudelaire (*Mon cœur mis à nu*), sebbene in francese, potrebbe costituire la fonte diretta, anche se non si può escludere che il fondatore della psicoanalisi sia venuto in contatto con il passo attraverso testi medici latini o che il testo di Baudelaire abbia rammentato a Freud citazioni latine udite mentre assisteva ai corsi di medicina di Charcot a Parigi nel 1885-1886. Contrariamente a quanto si potrebbe credere, i Padri della chiesa sono stati invece assertori della dignità della carne e della nobiltà della nascita, a ciò indotti da ragioni di fede e di dottrina (la fede nell'Incarnazione e la convinzione dell'unione anima e corpo) e da motivi di polemica contro i filosofi pagani e gli gnostici. A questo riguardo è tipica la posizione di Agostino: il vescovo di Ippona è convinto della bontà della nascita in se stessa, ma sa che il peccato dei progenitori ha intaccato irrimediabilmente la natura umana e trasmesso una natura corrotta ai discendenti. Da questo punto di vista, la nascita può dirsi impura, cioè in quanto ogni uomo è concepito nella concupiscenza e ciascun nascituro è marchiato fin dal seno materno. In questo quadro Arnobio costituì l'unica eccezione, ma associò escrementi ed urina alla nascita perché mirava a evidenziare il distacco tra l'anima e Dio. L'idea freudiana che la nascita sia ignobile affonda quindi le sue radici nei filosofi pagani e negli gnostici.

Contrariamente ad ogni concezione che confonde l'umiltà con l''immondo' e con l'ignobiltà, Boulnois sottolinea che la vera umiltà, come si arguisce dai testi di Agostino e Bernardo di Chiaravalle, è consapevolezza di se stessi: è il conosci te stesso che davvero umilia. Al contempo anche la vera nobiltà è fondata sulla verità. "Par conséquent, il n'y a pas d'opposition entre l'humilité et la dignité de l'homme, entre l'humiliation de notre naissance et la noblesse de notre destinée. Ainsi, c'est par la même raison que notre nature est humble et qu'elle est noble. C'est clairement en ce sens que Michel Savonarole pouvait à la fois souligner l'humilité de la naissance de l'homme, et la grandeur d'un Dieu qui s'humilie pour naître ainsi"[22].

Andrea A. Robiglio riflette sull'intreccio tra testimonianza e nobiltà del teste in ambito medievale e rinascimentale, esaminando gli aspetti epistemici della testimonianza e mettendo a tema di conseguenza il nesso tra nobiltà e verità.

Il dibattito sulla testimonianza in epoca premoderna presenta molti aspetti e si collega ad una costellazione molto ampia di concetti (reputazione sociale, opinione altrui, dignità personale, ecc.). Robiglio insiste sulla dimensione epistemologica del problema segnalando che questo aspetto ha a che fare con i limiti della conoscenza effettiva, con il concetto di fede o credenza e con l'idea di prova. La testimonianza si può configurare come "conoscenza di seconda mano" o come "conoscenza di prima mano". Un testo che si presta a riflessioni sul concetto di testimonianza è *Giov.* 3,1-21, passo evangelico articolato in una prima parte dedicata all'incontro tra Gesù

[22] Cf. *infra*, p. 21.

e Nicodemo (1-10) e alla testimonianza di Cristo presentata in forma monologica (11-21). Lo studioso italiano ravvisa una distinzione tra due forme di testimonianza, l'una perfetta e l'altra imperfetta: Gesú conosce in maniera certissima in quanto testimone della verità; gli uomini, credendo alle sue parole, hanno una conoscenza certa fondata su una testimonianza perfettamente affidabile. Credendo al testimone Cristo, l'uomo accresce la sua conosceza del vero e si nobilita. La testimonianza "alla prima persona" è, come manifestazione del sé, alla base dell'idea di verità comune alla Bibbia e al Corano – la Rivelazione.

Nel Medioevo, in ambito giuridico, poi anche teologico, il problema della credibilità della testimonianza si trasferisce sugli agenti razionali. Si parla in questo contesto di probabilità: il *vir probabilis* è l'esperto fedegno perché capace di comprovare (*habilis ad probandum*) le proprie affermazioni con argomenti dialettici. Da questa capacità intellettuale deriva il suo prestigio e la sua nobiltà.

***

Da quanto detto appare chiaro che il Medioevo conosce una grande varietà di discorsi intorno alla nobiltà. Se la vera nobiltà risieda nella virtù dell'animo o negli illustri natali, che è l'alternativa della classica "quaestio de nobilitate", è solo un tema tra i tanti. Scopo di questo volume è documentare, per quanto possibile, questo *nobile* universo, fatto di concetti e dottrine, di temi e dibattiti, di fonti e autori. Gli undici contributi che lo compongono trattano della gerarchia della realtà metafisica e della diseguaglianza tra gli uomini; della superiorità degli uomini "bene nati" e delle loro eccezionali capacità e operazioni; della nobiltà nei testi sacri e nell'esegesi; dell'ignobiltà e dell'umiltà; del nesso tra nobiltà e verità. Se è indubbio che la riflessione sulla nobiltà accompagni il Medioevo fin dalle sue origini, fin da Boezio, altrettanto innegabile è che a partire dal XIII secolo essa acquisisca ben altro spessore. Come avviene anche in altri settori della cultura, le traduzioni dei testi greco-arabi e il conseguente allargamento del sapere latino-cristiano a conoscenze teologiche, filosofiche, scientifiche prima solo vagamente intuite dischiudono nuovi orizzonti anche ai dibattiti sulla nobiltà, l'eccellenza, la gerarchia, l'umiltà, ecc., tanto che emerge una polifonia di nuovi concetti, temi, problemi. Le fonti si moltiplicano e diversificano: non più e non solo le Scritture, i Padri, i classici latini e Boezio, ma una nuova smisurata biblioteca, nella quale è possibile reperire testi e luoghi topici dei tanti discorsi sulla nobiltà: la *Politica*, l'*Etica*, la *Retorica* e il *De anima* di Aristotele, il *Liber de bona fortuna*, il *Liber de Causis*, il *De divinis nominibus* dello pseudo-Dionigi, la *Guida dei Perplessi* di Maimonide, Avicenna, etc. Di tutto questo troviamo traccia nel presente volume.

Quanto detto in questa premessa va inteso come il suggerimento di alcune possibili chiavi di lettura. Altre ce ne sono, e altre parentele dottrinali tra i vari contributi scorgerà la sensibilità del lettore. Si è ritenuto per questo di organizzare il materiale in modo neutro secondo un ordine meramente cronologico, evitando di riunire i contributi sotto etichette tematiche che potrebbero risultare soggettive e limitative.

OLIVIER BOULNOIS

Inter urinas et faeces nascimur.
L'ignoble et la naissance, de l'antiquité tardive à Sigmund Freud

Le concept de noblesse peut être compris par rapport à son contraire: l'absence de noblesse, l'*ignoble*. Je m'interrogerai sur ce concept, non pas en relation à telle ou telle grandeur d'établissement, ou aux différents états de vie, mais en relation à l'homme comme tel. Peut-on dire que l'humanité est par nature ignoble? Que tout homme naît dans l'ignominie?

Telle est en tout cas la proposition de Sigmund Freud, qui cite une expression latine: "inter urinas et faeces nascimur".

Je commencerai par examiner l'analyse de Freud: que signifie cette expression dans l'économie de sa pensée? Puis je chercherai quelles peuvent en être les origines, antiques, médiévales et modernes, ainsi que le sens. Pour conclure, je m'interrogerai sur le sens que peut prendre cette thèse en relation avec le problème de la misère et de la dignité de l'homme: s'agit-il d'une proposition fondamentalement philosophique, fondamentalement chrétienne, ou les deux?

I. L'expression chez Freud

Freud emploie l'expression à trois reprises. Que signifie-t-elle?

La première occurrence se trouve dans le *Fragment d'une analyse d'hystérie* (1901, publié en 1905). Freud y rattache les dégoûts de Dora pour la sexualité aux caractères répugnants associés à la naissance de l'être humain:

> Les organes génitaux, et particulièrement l'être humain, peuvent rappeler les fonctions excrémentielles [...] Le dégoût se range ainsi parmi les expressions d'affect de la vie sexuelle. C'est le *inter urinas et faeces nascimur* du Père de l'Eglise, qui s'attache [*anhaftet*] à la vie sexuelle, et qui ne peut en être détaché malgré tous les efforts d'idéalisation[1].

[1] Sigmund FREUD, *Œuvres complètes – Psychanalyse VI, 1901-1905*, Paris 2006, p. 211. Toutes les traductions sont révisées par mes soins (cf. ID., *Werke aus den Jahren 1904-1905*, hrsg. von Anna FREUD, Marie BONAPARTE [*Gesammelte Werke*, 5], Frankfurt 1940, pp. 189-190).

Pour des raisons physiologiques, la sexualité est inséparablement mêlée à notre nature organique, laquelle implique une fonction d'excrétion. L'idéalisation amoureuse ne parvient pas à contrebalancer le poids de cette nature. Le dégoût pour la sexualité provient donc des circonstances humiliantes de notre naissance. Dès son premier emploi, l'expression latine *inter urinas et faeces nascimur* (nous naissons entre l'urine et la fiente), lie, par l'intermédiaire de l'excrétion, le dégoût sexuel au refoulement de notre *natalité*. L'expression, attribuée à un mystérieux "Père de l'Eglise", explique en quoi notre nature peut humilier notre histoire.

La formule revient dans un article de 1912: *Du rabaissement* ("Erniedrigung") *le plus généralisé de la vie amoureuse*. Freud y généralise précisément son analyse: la proximité naturelle des parties sexuelles et des organes de l'excrétion peut entraîner le dégoût et provoquer des défaillances dans l'exercice de la sexualité. "La situation des organes génitaux — *inter urinas et faeces* — reste l'invariable facteur déterminant"[2]. Le déterminisme de la nature peut bloquer les tentatives de la liberté et de l'esprit pour s'en affranchir. Mais la question de la naissance immonde a disparu de la citation.

C'est pourquoi le texte le plus important est celui de *Malaise dans la civilisation* (*Kultur*), paru en 1930:

> Tous les névrosés, et beaucoup d'autres en dehors d'eux, sont choqués par le fait du *inter urinas et faeces nascimur*. [...] C'est ainsi que la racine la plus profonde du refoulement sexuel, qui progresse avec la culture, se trouverait être la défense organique opposée à l'existence animale antérieure par la nouvelle forme de vie acquise avec la marche verticale[3].

Ce texte est complexe. D'une part, la culture progresse en refoulant et en civilisant les pulsions sexuelles. De l'autre, ce mouvement de refoulement est également un mouvement de défense naturelle (organique) contre l'animalité et notre naissance parmi les organes de l'excrétion. La nature se retourne en quelque sorte contre sa naissance. Ainsi, Freud enracine le refoulement sexuel dans une répugnance naturelle pour les déjections. Par là, il peut la lier à la théorie de l'évolution *naturelle* des espèces, c'est-à-dire à l'acquisition de la station debout, par laquelle l'homme dépasse déjà son animalité.

L'ignominie de notre naissance sert ainsi une théorie générale du rabaissement ("Erniedrigung") chez Freud, c'est-à-dire une réflexion sur l'humiliation de l'homme. Car la question de notre immonde naissance prend place chez lui dans un cadre plus général. En effet, Freud retrace une série d'humiliations (ou de "blessures

[2] Cf. Id., *Œuvres complètes – Psychanalyse XI, 1911-1913*, Paris 2009, p. 140 (cf. Id., *Werke aus den Jahren 1909-1913*, hrsg. von Freud, Bonaparte [*Gesammelte Werke*, 8], Frankfurt 19969, p. 90).

[3] Id., *Œuvres complètes – Psychanalyse XVIII, 1926-1930*, Paris 2002, p. 292 (cf., Id., *Werken aus den Jahren 1925-1931*, hrsg. von Freud, Bonaparte [*Gesammelte Werke*, 14], Frankfurt 19917, pp. 465-466, n. 2).

narcissiques") subies par l'humanité dans son histoire. La première, selon Freud, fut celle de l'héliocentrisme: en plaçant l'homme sur une planète tournant autour du soleil, Copernic aurait humilié l'homme, qui aurait perdu sa place centrale dans le cosmos. La seconde fut celle de l'évolution: Darwin aurait fait perdre à l'homme sa place de maître et seigneur de la nature, pour faire de lui, comme le reste des animaux, le produit de l'évolution. La troisième, est celle de la découverte de l'inconscient: Sigmund Freud lui-même en est l'auteur, et l'humiliation consiste ici en la destitution du règne de la conscience; non seulement l'homme n'est plus maître de la nature, mais il n'est plus maître de toutes ses pensées. On remarquera que cette série d'humiliations a en réalité un but, mettre au sommet et à la fin de l'histoire la découverte de l'inconscient, c'est-à-dire, bien peu humblement, Sigmund Freud lui-même... Dans cette construction finalisée, plus l'humanité est humiliée, plus la découverte freudienne en sort exaltée. Freud édifie sa propre grandeur sur l'humiliation de l'homme.

La découverte de notre ignoble naissance permet de greffer la troisième humiliation (la découverte de l'inconscient, donc du refoulement des sources de notre dégoût), sur la seconde (la découverte de l'évolution). Elle fait du rabaissement un continuum allant de Darwin à Freud, et garantissant son génie de nouveau Copernic.

Cette découverte, modestement, Freud ne la revendique pas. Il l'attribue à un Père de l'Eglise.

Lequel? Qui a dit cela? En quel sens?

Disons-le tout de suite, je n'ai pas trouvé l'expression telle quelle chez les Pères de l'Eglise, ni en latin ni en grec, et pas davantage chez les philosophes et théologiens médiévaux. Ni le *Thesaurus linguae graecae*, ni le *Corpus Christianorum of Latin Texts*, ni les fiches du glossaire du latin philosophique médiéval ne donnent cette expression. Inversement, internet et google attribuent cette expression à divers auteurs (saint Augustin et saint Bernard méritant la palme), mais leurs attributions se sont toutes montrées fausses. Pourtant, grâce à une indication de Gabriella Zuccolin, j'en ai trouvé la trace dans un texte médical de la fin du Moyen Age. Mais avant d'étudier celui-ci, je chercherai quels auteurs antiques et médiévaux se sont approchés de la citation de Freud. Pourquoi? En quel sens? Pour cela, je classerai les débats autour de quatre questions : l'impensable incarnation (2), l'ignoble naissance (3), la paradoxale union de l'âme et du corps (4), la maculée conception (5). Enfin, pour ouvrir une autre piste, je montrerai qu'il y a deux grands écrivains qui ont employé l'expression, mais en français (6).

II. Les philosophes et l'impensable incarnation

Rappelons que la vilenie du corps humain est une banalité dans la philosophie stoïcienne et néoplatonicienne (tandis que Galien ne cesse d'insister sur l'ordre admirable du monde et de la nature). Il suffit d'évoquer ici Marc Aurèle: "La pourriture de la matière qui fait le fond de chaque être: de l'eau, de la poussière, des os, une infection"[4]. Le mépris de la chair n'a pas été inventé par le christianisme: "méprise la chair, ce n'est que boue et sang"[5], dit encore Marc Aurèle. Dans cette tradition, le premier auteur à centrer le problème sur la naissance est Porphyre, pour qui celle-ci marque notre vile corporéité dès l'origine. Un Dieu fait homme est à ses yeux une contradiction impossible à surmonter. Il ironise donc sur le concept central du christianisme. Dans un passage de son traité *Contre les chrétiens*, transmis en substance (mais peut-être pas littéralement) par Macaire de Magnésie, il déclare:

> Et quand bien même un Grec aurait l'esprit assez léger pour croire que les dieux habitent à l'intérieur des statues, il aurait des idées beaucoup plus pures que celui qui croit que le Divin a pénétré dans le ventre de la Vierge Marie, est devenu embryon et, après l'accouchement, a été enveloppé de langes, plein du sang du placenta, de bile *et d'autres choses encore plus inconvenantes* [μεστὸν αἵματος χορίου καὶ χολῆς καὶ τῶν ἔτι πολλῷ τούτων ἀτοπωτέρων][6].

Le raisonnement est un raisonnement a fortiori: si les philosophes néoplatoniciens comme Porphyre savent bien que les dieux ne résident pas dans une statue, contrairement aux fidèles païens, leur croyance reste malgré tout bien plus rationnelle, bien plus pure que celle des chrétiens, pour qui Dieu est passé par le ventre de sa mère, et a été *souillé* par le sang et la bile. L'enjeu est ici la question de la pureté ou de l'impureté de Dieu. Mais il s'agit essentiellement de l'impureté du sang, et accessoirement de la bile, et d'autres humeurs non précisées.

La traduction française de Freud renvoie à ce texte comme étant la source de l'expression *inter urinas et faeces nascimur*. J'avoue en être partiellement responsable, car j'avais indiqué ce rapprochement possible aux traducteurs. Mais cela me semble désormais impossible. En effet, il s'agit dans l'ordre, de langes, de sang, de placenta, de bile, mais non d'urine ni de fiente. Ce sont plutôt les "autres choses encore plus inconvenantes" qui évoquent l'excrétion. Il resterait de surcroît à expliquer trois choses: 1. Comment ce texte serait-il passé du grec au latin? Quel auteur, quel Père de l'Eglise aurait cité et traduit ce passage? Macaire de Magnésie est resté inconnu en occident. 2. Comment cette objection centrale contre la foi chrétienne serait-elle

[4] MARC AURELE, *Pensées*, IX, n° 36, texte établi et traduit par Amédée I. TRANNOY, Paris 1964[4], p. 105.

[5] MARC AURELE, *Pensées*, II, n° 2, trad. par TRANNOY p. 10. Néanmoins, comme le montre Pierre VESPERINI, *Droiture et Mélancolie. Sur les écrits de Marc Aurèle*, Paris 2016, ce genre d'énoncés correspond chez Marc Aurèle à un jeu de langage particulier, l'exhortation à soi-même. Pour éviter de céder à des désirs qui nous arrachent à notre devoir, il peut être efficace de se représenter le corps comme méprisable. Mais cela ne veut pas dire qu'en général, le corps se réduise à un sac de morve. Ce jeu de langage, étant toujours ponctuel, ne prétend pas énoncer une vérité générale.

[6] MACARIOS DE MAGNESIE, *Le Monogénès*, IV, 22, 202, éd. et trad. par Richard GOULET, t. 2, Paris 2003, pp. 312-313.

devenue la citation d'un Père de l'Eglise? 3. Comment Freud aurait-il pu connaître ce texte ? C'est impossible, la reconstruction du *Contre les Chrétiens* par Harnack datant de 1916, soit 15 ans après la rédaction du cas Dora!

Les tentatives de corrections du texte par Yvon Brès, pour le faire coller avec la citation de Freud sont encore plus hasardeuses: Brès lit que le divin "est devenu embryon, et après l'accouchement, a été enveloppé de langes, plein de sang, de merde [*koprou*] et de bile, et autres choses encore plus étranges"[7]. La correction est indéfendable: aucune variante de l'éditeur ne permet de corriger *khoriou*, le placenta (le chorion) en *koprou* (la merde). C'est une restitution gratuite, destinée à mettre chez l'auteur ce qu'on y cherche – disons-le franchement – une falsification!

Même s'il ne parle ni d'urine, ni d'excréments, le texte de Porphyre reste remarquable. Il pose un problème théologique central: comment admettre qu'un Dieu se soit humilié jusqu'à subir la souillure? Le défenseur du paganisme apparaît ici comme un adversaire de l'humilité de Dieu: l'incarnation du Très-haut est impossible, s'il naît dans ce qu'il y a de plus bas; il lui faudrait subir l'ignominie de la naissance humaine, souillée par ce qu'il y a de plus répugnant.

Celse, un autre adversaire du christianisme, qui avait lu Porphyre, attaque également l'incarnation. On peut admettre que les dieux se façonnent un corps, mais pas qu'ils s'unissent à un corps engendré et mortel, ayant le même sang que nous[8]. C'est pourquoi la proximité des excréments milite fortement contre l'union entre Dieu et l'homme. "Il savait déjà façonner des hommes, il aurait pu former pour son esprit un corps sans jeter son propre esprit dans un pareil *cloaque*"[9]. Le terme de *cloaque* évoque clairement la proximité avec les excréments. Pour un païen comme Celse, qui n'admet de Dieu que séparé, il serait plus facile d'admettre que Dieu se soit "engendré directement d'en haut"[10] c'est-à-dire créé un corps pour y insuffler son esprit, que d'imaginer son engendrement "dans le sein d'une femme". L'humiliation de Dieu est impossible.

Dans sa réponse, Origène recourt simplement à un autre rationalisme philosophique, celui de la philosophie stoïcienne: la naissance dans le sein d'une mère n'est ni bonne ni mauvais, elle fait partie des choses indifférentes.

> Lui qui cite les doctrines des Stoïciens, affectant d'ignorer leur thèse sur les choses indifférentes, il croit que la nature divine est jetée dans un *cloaque*, qu'elle est souillée pour avoir

[7] Yvon Bres, *Freud aux deux bouts*, in: Revue philosophique de la France et de l'étranger, 133 (2008), pp. 43-62: 46.

[8] Celse, dans Origene, *Contre Celse*, I, 69, éd. et trad. par Marcel Borret (Sources chrétiennes, 132), Paris 20052, p. 271: "Le corps d'un Dieu n'aurait pas été engendré comme toi, Jésus, tu as été engendré". Cf. Origene, *Contre Celse*, I, 66, trad. par Borret, pp. 263-265; II, 36, trad. par Borret, p. 373; Origene, *Contre Celse*, III, 41-42, éd. et trad. par Marcel Borret (Sources chrétiennes, 136), Paris 1968, pp. 95-101.

[9] Origene, *Contre Celse*, VI, 73, éd. et trad. par Marcel Borret (Sources chrétiennes, 147), Paris 1969, p. 363.

[10] Origene, *Contre Celse*, VI, 73, trad. par Borret, p. 363.

résidé dans un corps de femme jusqu'à la formation d'un corps personnel, ou pour avoir assumé un corps. Autant dire que les rayons du soleil sont souillés dans les *bourbiers* et les corps nauséabonds et n'y gardent pas leur pureté[11].

Les circonstances extérieures n'affectent pas plus la divinité qu'elles n'affectent notre liberté: Dieu n'est pas souillé par le lieu où il passe. Il garde sa noblesse et sa pureté. Origène propose une neutralisation morale de la naissance, mais il ne suggère pas d'exalter celle-ci, de lui donner une dignité particulière.

Comme le soulignera Augustin, ce qui choquait Porphyre n'est pas seulement l'incarnation, qui aurait pu avoir lieu dans un corps incorruptible, mais la naissance charnelle d'une mère: "Tu méprises le Christ *à cause de son corps reçu d'une femme*"[12]. Le philosophe païen ne connaît que la grandeur de Dieu, il se tourne uniquement vers ce qu'il y a de noble et de haut pour y trouver la sagesse: "Il faut fuir tout corps pour que l'âme puisse demeurer bienheureuse avec Dieu"[13]. Porphyre voit la patrie, l'essence de Dieu, mais il ignore la voie qui y conduit: l'humiliation d'un Dieu fait homme. Au contraire, le *leitmotiv* des *Confessions* d'Augustin est que les philosophes ont connu la grandeur de Dieu mais ignoré son humilité. Et l'on pourrait dire, réciproquement, que la découverte de l'incarnation divine modifie dialectiquement le statut du corps: les chrétiens ont connu la grandeur du corps et dépassé son indignité. Quoi qu'il en soit, la réponse d'Augustin à Porphyre consiste à affirmer qu'il est au fond moins difficile de croire à l'union entre Dieu et l'homme, que d'affirmer l'union de l'âme et du corps – car c'est avant tout une union entre Dieu et l'âme intellectuelle:

> Qu'y a-t-il d'incroyable pour vous, dis-je, de nous entendre affirmer que Dieu a pris une âme et un corps d'homme? [...] Qu'y a-t-il d'incroyable, qu'une âme intellectuelle, d'une manière ineffable est singulière, ait été assumée pour le salut de beaucoup?[14]

Alors que la philosophie païenne voit une contradiction entre la divinité de Dieu et sa naissance dans un corps, le christianisme entend penser leur unité.

Face à cette attaque, les chrétiens apparaissent au contraire comme les premiers à accepter une incarnation de Dieu, sans s'en indigner. Tandis que des païens comme Porphyre recherchent la voie de l'idéalisation et de la sublimation, les chrétiens magnifient ce qu'il y a de plus humble et de moins noble, la naissance, en lui donnant un statut divin, à travers la naissance du Christ.

Nous venons de le voir: 1. L'ignominie d'une naissance souillée par le sang est le paradoxe qui répugne aux philosophes païens (Porphyre et Celse) et qui rend à

[11] ORIGENE, *Contre Celse*, VI, 73, trad. par BORRET, p. 363.

[12] AUGUSTIN, *Cité de Dieu*, X, 28, trad. par Gustave COMBES (Bibliothèque Augustinienne, 34), Paris 1959, p. 527.

[13] PORPHYRE, *De regressu animae*, fr. 297,21-22, Smith dans AUGUSTIN, *Cité de Dieu*, X, 29, trad. par COMBES, p. 535.

[14] AUGUSTIN, *Cité de Dieu*, X, 29, trad. par COMBES, p. 533.

leurs yeux impossible l'incarnation. Mais 2. la réponse des Pères de l'Eglise ne consiste aucunement en une admission de l'impureté de la naissance. Celle-ci n'a rien de répugnant pour eux: qu'elle soit indifférente comme chez Origène, ou la voie nécessaire pour rejoindre la patrie chez Augustin.

III. La gnose et l'ignoble naissance

La question de la naissance fait surgir, non seulement le problème de l'incarnation, mais celui de l'union de l'âme du corps. Et le christianisme des origines doit affronter, non seulement les philosophes étrangers au christianisme, mais l'interprétation gnostique des Ecritures. En effet, la gnose tend à opposer le corps terrestre, qui est poussière et qui retourne à la poussière, au corps de gloire, qui est céleste et retourne vers le ciel. Ce n'est plus l'incarnation, mais l'unité de l'homme qui fait problème.

Certains gnostiques admettent que Dieu est venu sur terre, mais en apparence et non dans un corps charnel. Le gnostique Valentin décrit le Christ comme un être idéal, qui n'aurait pas connu le phénomène de l'excrétion: "Jésus était continent par une endurance totale: il cherchait à pratiquer la divinité, il mangeait et buvait à sa manière propre, sans évacuer les aliments"[15]. À ce niveau, la continence devient littéralement de la constipation!

Un autre gnostique, Marcion, "niait la venue du Christ dans la chair"[16], et prétendait qu'il n'en avait eu que l'apparence. La reconstruction que fait Tertullien de sa doctrine en est en même temps une réfutation:

> Exposant dès l'exorde ta *haine de la naissance*, allons, pérore maintenant sur cette ordure [*spurcitia*] qu'ont mise dans l'utérus les parties génitales, sur ces hideux [*foeda*] caillots d'eau et de sang, sur cette chair qui doit, pendant neuf mois, se nourrir de ce repas. [...] Déchaîne-toi maintenant, contre les organes indécents de la femme en travail *qui l'honorent cependant* par le danger qu'elle court et qui sont *naturellement sacrés*. Apparemment, qu'il te fait peur, cet enfant rejeté avec ce qui l'entravait, et que tu le dédaignes encore une fois lavé [...] Tu méprises, Marcion, *cet objet naturel de vénération*: et comment es-tu né? *Tu hais la naissance de l'homme: et comment peux-tu donc aimer quelqu'un?* Toi, en tous cas, tu ne t'es guère aimé toi-même [...] Le Christ, au moins, aima cet homme, ce caillot formé dans le sein parmi les immondices, cet homme venant au monde par les organes honteux, cet homme nourri par des moyens risibles. C'est pour lui qu'il est descendu, pour lui qu'il a péché, pour lui qu'en toute humilité il s'est abaissé jusqu'à la mort, et à la mort sur la croix[17].

15 Cité par CLEMENT D'ALEXANDRIE, *Stromate* III, 7, 59, 3, trad. par Alain LE BOULLUEC, *La notion d'hérésie dans la littérature grecque, IIe-IIIe siècles*, Paris 1985, p. 328.

16 TERTULLIEN, *Contre Marcion*, III, 8, 1, éd. et trad. par René BRAUN (Sources Chrétiennes, 399), Paris 1994, p. 95.

17 TERTULLIEN, *La Chair du Christ*, IV, 1-3, éd. et trad. par Jean P. MAHE (Sources Chrétiennes, 216), Paris 1975, p. 223.

La réfutation est puissante: chez Marcion, la haine de la naissance vient en réalité de sa peur de la fragilité. Or la haine de la naissance, c'est la haine de soi. Le gnostique est miné par la peur de l'humilité, il est donc incapable d'aimer autrui, puisqu'il est incapable de s'aimer soi-même. Marcion peut bien décrire la génération en des termes répugnants, il n'empêche que la naissance est sacrée, car la naissance, c'est la nature (*natura* est de la même famille que *nascor*). Cette noblesse rejaillit sur la mère et sur l'enfant. Si le gnostique découvre qu'il est aimé de Dieu, il se connaîtra aimable, et il pourra s'aimer lui-même dans sa chair, dans sa naissance, et aimer autrui comme lui-même: "On ne peut pas aimer un être sans aimer en même temps ce qui le fait être ce qu'il est"[18].

C'est pourquoi Tertullien conclut sa réfutation par un éloge de la naissance: celle-ci n'a rien d'immonde.

> Allons, pérore contre *ces très saintes et vénérables opérations de la nature*, invective tout ce que tu es, démolis l'origine de la chair et de l'âme, *appelle égoût [cloaca] le ventre maternel*, atelier de production d'un si noble animal, l'homme. Acharne-toi aussi sur les tourments impurs et honteux de l'accouchement et sur ce qui suit, le terme dégoûtant [*spurcus*], angoissant, dérisoire, de la parturition elle-même. Cependant, quand tu auras démoli tout cela, pour confirmer que c'est indigne de Dieu, la naissance ne sera pas plus indigne que la mort, l'enfance que la croix, la nature que le supplice, la chair que la condamnation. Si ton Christ a souffert tous ces maux véritablement, il était moins grave pour lui de naître[19].

L'homme ne peut considérer sa naissance comme immonde, dégoûtante ou impure, sans détruire son origine, donc sans attaquer ce qui le fait être ce qu'il est. Mais alors il s'autoréfute de manière performative. L'autre versant de la réfutation de Marcion est la symétrie entre la naissance et la mort: il n'est pas possible d'admettre que le Christ a accepté de mourir dans sa chair pour l'homme, sans admettre qu'il a d'abord accepté de naître. La grandeur de la chair est d'être digne de l'union avec Dieu. C'est ce qui fait aussi la grandeur de la naissance.

Ici encore, le vocabulaire de l'égout est présent, et implique un rapprochement avec l'excrétion. Mais ici encore, il n'est pas question pour ce Père de l'Eglise de souligner l'indignité de la naissance. Il s'agit au contraire d'en montrer la nécessité pour l'incarnation.

Une autre forme de gnose, celle de Mani et des manichéens, fait valoir une opposition dualiste entre la chair et l'esprit. Pour le Manichéen Fauste, cité par Augustin, deux principes différents s'affrontent dans l'humanité: le Dieu suprême est créateur de l'homme intérieur, dans l'Esprit, mais non de l'homme extérieur, c'est-à-dire de la chair.

[18] TERTULLIEN, *La Chair du Christ*, IV, 3, trad. par MAHE, p. 225.

[19] TERTULLIEN, *Contre Marcion*, III, 11, 7-8, trad. par BRAUN, pp. 115-117.

C'est dans l'autre naissance, dans la naissance spirituelle seulement [la renaissance par l'Esprit saint], que nous sommes formés par Dieu; et non dans cette première *naissance obscène, dégoûtante*, par laquelle nous sommes conçus, formés et engendrés dans le sein maternel, d'une manière aussi ignoble, aussi impure que les autres animaux[20].

Tandis que les chrétiens attribuent à Dieu la formation de la chair, les manichéens lui attribuent seulement la formation de l'Esprit. Ainsi, toute chair est impure. C'est pourquoi il faut à la fois avoir une alimentation végétarienne et renoncer à toute sexualité: le but de la vie humaine n'est pas de se nourrir de chair (elle-même résultat d'une union sexuelle entre animaux), ni de reproduire la chair, mais de renaître dans l'Esprit.

Augustin répond à cette théorie que les fruits ne sont pas plus purs que la chair. C'est même l'inverse: les végétaux naissent du fumier, c'est-à-dire des excréments, tandis que les animaux sont plus éloignés d'un degré de ces immondices, puisqu'ils se nourrissent à leur tour des végétaux:

Qu'est-ce que la chair rejette de plus immonde que les excréments [*stercore*]? et quels aliments plus en usage que les fruits? [...] La chair se nourrit, non des déjections [*purgamentis*], mais des produits de la terre, tandis que la terre se fertilise par les déjections, et non par des produits. Qu'ils choisissent ce qui est le plus pur[21].

En réalité, l'ordure ne se trouve précisément pas du côté de la reproduction sexuée, mais du côté de la fertilisation des végétaux par le fumier. Il n'ya donc pas d'impureté dans la chair en elle-même, pas plus dans la viande que dans la sexualité. "Tous les êtres de la nature sont bons chacun dans son ordre"[22]. C'est leur usage, ordonné ou non qui fait le bien ou le mal.

Ce rejet de la chair s'applique évidemment à la naissance humaine de Dieu.

"Il est indigne – dit Fauste – de croire que Dieu, et le Dieu des chrétiens, soit né d'un sein de femme [*ex utero*] [...]". Et vous, qui avez horreur de confier la chair du Christ au sein [*utero*] d'une vierge, vous ne craignez pas d'enfermer la divinité même, non seulement dans le sein de l'homme, mais jusque dans les entrailles des chiens et des pourceaux! Vous refusez de croire que la chair du Christ a été une seule fois conçue dans un sein virginal, où la Divinité n'a subi ni captivité, ni changement; et vous osez soutenir qu'une portion de Dieu, que la nature divine est enchaînée, opprimée, souillée dans les semences mâles et les seins femelles de tous les hommes et de toutes les bêtes, dans tous les êtres ainsi conçus, dans toutes les parties de la terre, des eaux et des airs, sans qu'elle puisse jamais tout entière recouvrer la liberté![23]

[20] AUGUSTIN, *Contra Faustum*, XXIV, 1, ed. Ioseph ZYCHA (Corpus Scriptorum Ecclesiasticorum Latinorum, 25,1), Wien 1891, p. 720,20-24.

[21] AUGUSTIN, *Contra Faustum*, VI, 8, ed. ZYCHA, p. 299,7-15.

[22] AUGUSTIN, *Contra Faustum*, VI, 8, ed. ZYCHA, p. 299,18-19.

[23] AUGUSTIN, *Contra Faustum*, III, 6, ed. ZYCHA, pp. 267,10-268,7.

Pour Augustin, tout d'abord, l'union des deux natures dans l'unique personne du Christ permet de comprendre que c'est son humanité et non sa divinité, qui a subi la naissance. D'autre part, cette doctrine est bien plus rationnelle que l'idée manichéenne selon laquelle des étincelles de la divinité sont dispersées dans la nature, où elles attendent leur libération.

Face au dualisme gnostique, comme face à la philosophie païenne, les Pères de l'Eglise opposent un front uni: la noblesse de la chair implique la dignité de la naissance et la grandeur de la reproduction sexuée.

IV. Arnobe et l'union paradoxale de l'âme et du corps

Il arrive pourtant aux Pères de l'Eglise de reprendre à la philosophie grecque une description de l'union de l'âme et du corps qui en fait une véritable chute. C'est là que nous allons nous approcher le plus de la formule citée par Freud.

Prudence décrit l'union de l'âme et du corps comme un avilissement de ce qu'il y a de plus noble. L'âme est par nature la plus noble des créatures; en s'unissant à la chair, elle devient aussi vile qu'elle.

> L'âme, donc, est créée, à la fois moindre que n'est son créateur, et plus grande que les autres créatures, et elle règne sur elles toutes; mais *à sa naissance*, la trouble corruption de la chair, soumise à la déchéance, la reçoit, et lorsqu'elle a passé dans les membres, elle les rend *participants de sa propre ordure* [*de faece sua*]. Faite par un mélange de boue et de souffle simple, elle devient ensuite une nature pécheresse[24].

Le texte est difficile. Il mêle dans une même considération la nature humaine et le péché. C'est ce qui explique que la matière dont est faite la chair soit considérée, non seulement comme vile (la boue), ou soumise à la corruption, mais comme impure, immonde, avec le vocabulaire de l'ordure (*faex*). En tout cas, nous avons bien un rapprochement entre la naissance et l'ordure (*faex*). Celui-ci s'explique sans aucun doute par une reprise du néoplatonisme dans le cadre de la pensée chrétienne. Le christianisme ne s'oppose plus à la philosophie païenne, il s'exprime avec ses concepts. Mais pour que nous puissions y voir une source de Freud, il manque encore l'urine.

C'est en réalité chez Arnobe que l'on trouve le texte le plus proche de la remarque de Freud. Arnobe attaque vigoureusement la psychologie des philosophes, pour qui l'âme procède de Dieu:

[24] PRUDENCE, *Apotheosis, Traité de la nature de Dieu*, texte etabli et traduit par Maurice LAVARENNE, Paris 1943, vv. 814-819. Cf. Ernest F. FORTIN, *Christianisme et culture philosophique au Ve siècle. La querelle de l'âme humaine en Occident* (Collection des Études Augustiniennes. Série Antiquité, 10) Paris 1959.

Si les âmes étaient, comme on le dit, de la descendance du Seigneur, et engendrées par le pouvoir suprême, rien n'eût manqué à leur perfection, [...] elles n'auraient pas quitté les sièges de la béatitude, où elles connaissaient et retenaient les doctrines les plus élevées, elles n'auraient pas, par un mouvement irréfléchi, gagné ces lieux terrestres pour y vivre environnées de corps obscurs, entre les humeurs et le sang [inter pituitas et sanguinem], entre ces outres d'excréments et ces immondes jarres d'urine [*inter stercoris hos utres et saccati obscenissimas serias umoris*][25].

Comme chez Prudence, l'union de l'âme et du corps constitue une chute du monde céleste, lumineux, et bienheureux, vers le monde terrestre, obscur, de la gestation, entre les excréments et l'urine. Nous avons bien l'idée à laquelle Freud faisait allusion, même si le mot *urina*, pas plus que le mot *faex*, ne sont employés. Mais une simple lecture de la construction logique de la phrase montre qu'il s'agit d'un argument dialectique, destiné à combattre, en niant le conséquent, l'antécédent des philosophes (la parenté de nature entre l'âme et Dieu). Arnobe admet bien la problématique païenne, l'opposition entre la pureté de l'âme au ciel et l'ignominie de la vie charnelle, mais pour en réfuter la conclusion: il est bien nécessaire que l'âme vienne s'unir au corps.

Et nous pouvons conjecturer sa source: le traité d'Arnobe répond à l'erreur des "hommes nouveaux", parmi lesquels Porphyre figure en bonne place[26]. Leur argumentation vient d'être exposée par Arnobe: pour eux, il n'y a aucune raison pour que les âmes descendent sur terre se souiller au contact des corps. Il est donc tout à fait probable qu'il y a là une allusion à notre texte de Porphyre, sachant qu'Arnobe enrichit ses emprunts, pour leur donner un tour plus éloquent. Nous retrouvons bien les deux concepts présents chez Porphyre, le sang et la bile (rendu par un terme plus large, *pituita*, "humeur"). Deux éléments sont ajoutés, les excréments et l'urine. Les jarres d'urine sont peut-être une réminiscence de Lucrèce[27]. On peut supposer que les excréments sont ajoutés par symétrie. Dans ce cas, Arnobe utiliserait l'argument de Porphyre (l'ignominie de la naissance), mais en l'appliquant à la naissance *de l'âme*, et non à l'incarnation *du Christ*.

Précisément par l'ajout des excréments et des humeurs, nous nous rapprochons de la pensée de Freud. Pourtant, si nous retrouvons clairement la doctrine exprimée

25 ARNOBE, *Adversus nationes*, II, 37, 1, ed. August REIFFERSCHEID (Corpus Scriptorum Ecclesiasticorum Latinorum, 4), Wien 1875, pp. 77,21-78,1. Robert M. BERCHMAN (ed.), *Porphyry against the Christians*, Leiden 2005, pp. 145-150, donne cinq pages de textes permettant un rapprochement avec Porphyre, mais aucune citation précise.

26 ARNOBE, *Adversus nationes*, II, 18, 2, ed. REIFFERSCHEID, p. 62. Arnobe nomme Porphyre en II, 67; cf. Pierre COURCELLE, *Les sages de Porphyre et les 'uiri noui' d'Arnobe*, in: Revue d'Etudes latines, 31 (1953), pp. 257-271; *ID.*, *Connais-toi toi-même. De Socrate à saint Bernard*, 3 voll., Paris 1975, 3 vol., p. 632.

27 LUCRECE, *De la nature*, IV, texte établi et trad. par Alfred ERNOUT, Paris 1985, v. 1028: "umorem saccatum".

par Freud, l'expression littérale n'y figure pas. "Inter stercoris utres et serias umoris" n'est pas tout à fait "inter faeces et urinas". Dans la version évoquée par Freud, il n'y a ni jarres ni sacs; des termes médicaux précis (*faeces*, *urina*) remplacent des expressions plus vastes *stercora* (ordures, déjections), *umores* (liquides). Bref, la formule a été dépouillée de sa dimension métaphorique et poétique.

Si nous n'avons pas les termes, nous avons bien l'idée. Car ici, l'ignominie de la naissance a pour but de rappeler l'humiliation de l'âme. Dans cette problématique néoplatonisante, il n'est possible à l'âme de s'unir à un corps que si elle n'est pas Dieu.

V. La maculée conception

L'ignominie de la naissance a-t-elle eu une postérité au Moyen Age? En tout cas, il semble difficile d'imaginer qu'elle provienne d'Arnobe: celui-ci est rapidement tombé dans l'oubli, et seuls quelques érudits isolés le lisaient encore au temps de saint Jérôme.

L'humilité de notre naissance est un fait établi, et reconnu aussi dans la pensée arabe. Al-Ghazali fait de la naissance de l'homme une raison supplémentaire de ne pas s'enfler de vanité: "comment peut s'enorgueillir celui qui est passé deux fois par le conduit de l'urine?"[28]

Mais la question est revenue dans la discussion théologique à la faveur d'un détour complexe, où l'augustinisme a sa part. Car Augustin, tout en soutenant que la nature et la naissance est bonne en elle-même, a médité sur le péché originel. Par sa liberté, l'homme a corrompu sa propre nature, et a transmis une nature corrompue à sa descendance. La naissance de l'homme est donc impure en ce sens. Tout homme est conçu dans la concupiscence, qui sa marque sur chaque enfant dès le sein de sa mère.

C'est dans cet esprit qu'Augustin interprète le *Psaume* 39,3: "Il me tira du gouffre de la misère, du bourbier d'immondices [*de luto faecis*]". Pour Augustin, le gouffre de la misère est l'abîme du péché creusé par les convoitises de la chair. Or "celui qui dans l'abîme pousse des cris, a déjà soulevé sa tête du fond de cet abîme afin de crier. Dieu l'a entendu, tiré des profondeurs de la misère, et du bourbier d'immondices"[29]. Le lien entre le péché, la chair, et l'immondice se noue de manière souple, mais ferme. Mais la naissance n'y est pas immédiatement associée.

[28] Al-Ghazali, *Ihyâ' 'ulum al-dîn*, III, 9: *Sur la réprobation de l'orgueil et de la vanité*, Istanbul 1995, p. 329, cité par Remi Brague, *L'anthropologie de l'humilité*, in: *Saint Bernard et la philosophie. Colloque des 27, 28 avril 1990, Dijon*, éd. par Remi Brague, Paris 1993, pp. 129-152: p. 133, n. 23 (avec d'autres références au Talmud et à la pensée arabe).

[29] Augustin, *Enarrationes in Psalmos I-L*, 39, 3, edd. Eligius Dekkers, Johannes Fraipont, (Corpus Christianorum. Series Latina 38), Turnhout 1956, p. 426,21-24.

On retrouvera cette lecture chez saint Thomas, qui distingue soigneusement le bourbier, c'est-à-dire la nature finie, de l'immondice, c'est-à-dire le péché.

Se référant aux péchés charnels, il [le psalmiste] ne dit pas seulement "le bourbier" [*lutum*] mais encore "de l'immondice" [*faecis*], ou "de la fange" [*fimi*], selon Jérôme, parce que la boue, dans une terre non corrompue, n'est pas de l'immondice, ni rien de fétide et d'abominable[30].

L'humilité du corps n'est rien de mauvais, tandis que le dégoût de l'immondice signifie de manière figurée l'horreur du péché.

C'est avec la même perspective que l'Antiquité chrétienne et le haut Moyen Age ont reçu le *Psaume* 51,7: "Dans l'iniquité je fus enfanté, dans le péché, ma mère m'a conçu". Grégoire le Grand y déchiffre une première formulation du péché originel:

L'homme qui vit dans une chair corruptible, possède, imprimées en lui-même, les impuretés [*immunditias*] des tentations, parce qu'il les tire assurément de son origine. [...] De là vient qu'il est très souvent tenté même lorsqu'il ne le veut pas. De là vient qu'il subit certaines impuretés dans son esprit, même si par son jugement il y résiste, car conçu à partir de l'impureté, lorsqu'il tend vers la pureté, il lui faut s'efforcer de vaincre ce qu'il est. [...] Celui qui est déjà parvenu par l'esprit au lieu de la pureté, qu'il considère la voie de sa conception, par laquelle il vient au jour, et qu'il estime que, par sa propre puissance, il ne peut avoir la pureté de la vie, lui qui tient de l'impureté le commencement de son existence [*initium subsistendi*][31].

L'impureté de la chair n'est pas ontologique, ce n'est pas non plus une souillure religieuse, mais la conséquence d'une faute morale.

En s'inspirant d'un passage de Job (14,4): "Qui peut rendre pur celui qui a été conçu par une semence impure? N'est-ce pas toi [Dieu], qui es unique?", Grégoire le Grand opposera la conception maculée de l'homme à la conception immaculée du Christ. À la différence des autres hommes, le Christ n'a pas été conçu dans le péché, il n'en porte donc pas les stigmates: "Mais on peut comprendre dans ce passage, que le bienheureux Job, ayant vu l'incarnation du Rédempteur, vit que lui seul dans le monde [*in mundo*] n'a pas été conçu d'une semence impure [*de immundo semine*]"[32]– selon un jeu de mots intraduisible!

[30] THOMAS D'AQUIN, *Commentaires sur les Psaumes*, 39,3, trad. par. Jean-Eric STROOBANT DE SAINT-ELOY, Paris 1996, p. 508.

[31] GREGOIRE LE GRAND, *Morales sur Job*, XI, 52, 70, éd. et trad. par Aristide BOCOGNANO (Sources chrétiennes, 212), Paris 1974, pp. 140-142.

[32] GREGOIRE LE GRAND, *Morales sur Job*, XI, 52, 70, trad. par BOCOGNANO, pp. 142-143. Il joue sur les mots *mundus* (monde) – *immundus* (impur).

Saint Anselme rapprochera à son tour le texte du Psaume avec ce passage de Job. De ce rapprochement naît l'idée que l'homme "a été conçu d'une semence impure [*de immundo semine*] et dans l'iniquité"[33].

La liaison complexe entre la conception pécheresse, l'immonde et la sexualité se réalise dans le haut Moyen-Âge, par exemple dans l'œuvre de Gottschalk de Limbourg: conscients de leur faute, Adam et Eve ont eu honte de leur corps et l'ont recouvert de feuillage. Mais nous, il ne faut pas hésiter à nous "considérer correctement" et à regarder l'immonde en face:

> [...] puisque la semence n'est immonde qu'à cause du péché, et que tout péché est nommé excrément [*stercus*] par les saints [*Romains* 3,8], à bon droit, le corps humain est appelé égout ou tas d'ordure [*cloaca vel sterquilinium*], où sont contenus les excréments des péchés, dans lesquels le saint David confesse avoir été conçu: *Voici en effet*, dit-il, je *suis conçu dans les iniquités, et dans les péchés ma mère m'a conçu* [*Psaume* 51,7]. C'est pourquoi à bon droit, nous considérons comme un tas d'ordure, le ventre [*uterum*] où une semence impure est conçue, d'où l'homme est procréé et *d'où il naît*, lui qui est né d'une semence impure, et fécondé d'une semence impure[34].

Se connaître soi-même, c'est savoir que nous sommes à la fois conçus par une semence impure, et emplis de l'excrément du péché. Parce qu'il est engendré dans le péché, le corps humain est associé à l'excrément, l'immonde assurant la transition entre l'humiliation et la souillure morale. Ainsi, l'utérus, lieu de la gestation, est considéré comme un tas d'ordure. Mais c'est à titre de métaphore du péché, non de rapprochement métonymique avec l'urine et les fèces. Par différence, le seul utérus qui n'a pas été souillé est celui de la Vierge, précisément parce qu'elle n'a pas été fécondée d'une semence humaine.

Lothaire de Segni (Innocent III), à la fin du XIIe siècle, aborde la question dans son traité De *miseria condicionis humane*. Le développement est soutenu par une rhétorique ternaire impeccable:

> Vraiment, l'homme est formé de terre, conçu dans la faute, né pour la peine. [...] L'homme a été formé de poussière, de boue, de cendre: *et ce qui est plus vil encore, d'une semence*

[33] ANSELME, *La Conception virginale et le péché originel*, c. 14, trad. par Michel CORBIN, in: *L'œuvre de S. Anselme de Cantorbery*, IV, Paris 1990, p. 169, d'après le texte latin ANSELMUS, *De conceptu virginali et de originali peccato*, ed. Franciscus Salesius SCHMITT (Sancti Anselmi Opera omnia, 1,2), Stuttgart–Bad Canstatt 1968, p. 156. Cf. ANSELME, *La Conception virginale et le péché originel*, trad. par CORBIN, c. 7, p. 153 (*De conceptu virginali et de originali peccato*, ed. SCHMITT, p. 148).

[34] GODESCALC LINTPURGENSIS, *Opusculum quartum. De sanctis Martyribus Irenaeo et Abundio*, §. 16, in: *Gottschalk, Mönch vom Limburg an der Hardt und Propst von Aachen, ein Prosator des XI. Jahrhunderts, Fünf ungedruckten Opuscula*, ed. Guido Maria TREVES, Leipzig 1897, p. 152). Je souligne. L'auteur n'hésite pas à dire qu'on trouve "dans les merdes des pierres précieuses, dans l'ordure des perles, dans la boue de l'or" (§. 15, p. 150).

très immonde [*spurcissima*]. Conçu dans l'excitation de la chair, dans l'échauffement de la convoitise [*libido*], dans la puanteur [*fetus*] de la luxure, et, ce qui est pire, dans la chute du péché. [...] il fait des actions vaines et des fautes par lesquelles il souille [*polluit*] sa renommée, il souille sa personne, il souille sa conscience[35].

Si on trouve associées les idées de conception dans le péché, de naissance dans la faute, à partir d'une naissance impure, on n'y retrouve pas de lien direct entre la naissance et les excréments. On sait que Lothaire de Segni projetait un *De dignitate hominis* qui aurait fait le pendant, mais il n'a jamais eu le temps de l'écrire. Ce fut Pic de la Mirandole qui s'en chargea.

Dans la même veine, il faut mentionner un texte d'Odon de Cluny, parce qu'il a été mille fois cité, en général pour confirmer la misogynie de la pensée médiévale:

La beauté du corps réside seulement dans la peau. Car si les hommes voyaient ce qui est sous la peau, tels les lynx de Béotie dont on rapporte qu'ils voient l'intérieur du corps, la seule vue des femmes leur soulèverait le coeur: cette grâce féminine réside dans la bile [*flegma*], le sang, l'humeur, et le fiel. Considérez ce qui se cache à l'intérieur des narines, de la gorge et du ventre: vous n'y trouverez que saleté [*sordes*]. Et si nous répugnons à toucher même du bout du doigt des vomissures [*flegma*] ou des excréments [*stercus*], comment donc pouvons-nous désirer étreindre un sac d'excréments [*stercoris saccum*]?[36]

J'écarte ce texte, car il ne pose nullement la question de la naissance. Ajoutons au passage qu'on ne peut extrapoler à partir de ce texte sur la pensée médiévale dans son ensemble. Il s'agit ici d'une conférence monastique, et il est clair que cette rhétorique s'adresse à des moines, pour les détourner efficacement de la sexualité. Neutraliser ces propos, les arracher à leur contexte pour en faire une proposition générale, ou destinée à des laïcs mariés, n'aurait guère de sens.

De plus, parler du corps humain comme "sac d'excréments" est un lieu commun de l'hagiographie monastique. C'est ainsi que la sœur de saint Bernard, Hombeline, dans sa période mondaine, est appelée par Guillaume de Saint-Thierry un "excrément enveloppé [*stercus involutum*]"[37]. Curieusement, c'est encore la définition de Talleyrand par Napoléon: "vous êtes de la merde dans un bas de soie" (1809).

35 Lothaire de Segni (Innocent III), *De miseria humanae condicionis*, I, 1, (3), edizione italiana a cura di Stanislao Fioramonti, traduzione di Michele Maccarrone, Segni 2011, p. 8.

36 Odo Cluniacensis, *Collationes*, II, 9, Patrologia Latina, 133, 556C-D. Sur ces textes, cf. Isabelle Rose, *Une approche de l'altérité en histoire: la vision des femmes chez Odon de Cluny*, in: Aurélien Lordon (éd par.), *Penser l'altérité*, Marseille 2004, pp. 47-69.

37 Guillaume de Saint-Thierry, *Vita prima Sancti Bernardi Claraevallis Abbatis*, I, 30, ed. Paul Verdeyen (Corpus Christianorum. Continuatio Mediaevalis, 89B), Turnhout 2010, p. 56,856.

Le thème de la pourriture du corps se retrouve bien sûr dans l'art médiéval, avec d'innombrables variations sur la jeune fille et la mort dans les danses macabres. Les inscriptions sont révélatrices: "je suis jeune et bien faite", dit la jeune fille; et le cadavre répond: "pauvre sac de terre, ce que je suis, tu le deviendras"[38].

En 1605, un *Sermon* de Lancelot Andrewes cite assez librement *Job*:

> Qui changera nos corps vils, et non seulement bas et vils, mais souillés et impurs [*not only base and vile, but filthy and unclean*]; *ex immundo conceptum semine*, "conçus d'une semence impure [*unclean*]"? Voilà le métal. Et le moule n'est pas meilleur: le sein dans lequel nous avons été conçus: vil, bas, souillé, et impur. Telle est notre qualité[39].

La semence d'où vient notre matière est impure, mais la forme reçue de la mère l'est également.

La justification théorique est maintenant établie: si nous sommes conçus d'une semence impure, le sein maternel est lui-même vil, souillé, impur. Il ne restera plus à la littérature de la Renaissance qu'à habiller cette doctrine d'une image frappante: nous naissons entre la fiente et l'urine.

VI. Humiliante médecine

Il revient au médecin Michel Savonarole d'avoir introduit l'expression. Car c'est bien chez lui qu'on trouve (pour la première fois à ma connaissance) l'idée que l'homme naît entre la fiente et l'urine.

Au XVe siècle, Benvenuto d'Imola commente la *Divine Comédie* de Dante. À propos de l'expression "sans penser à la mère commune [*non pensando a la comune madre*]", Benvenuto remarque:

> Nous naissons tous également de la femme; de sorte que, par la voie de la naissance, il n'y a aucune différence entre un roi et un paysan; c'est comme s'il disait: considérant seulement la noblesse et l'éclat, et non l'origine très vile de tous les hommes[40].

Cette interprétation suppose que la naissance soit plus qu'une marque de notre commune existence charnelle, mais qu'elle soit la marque d'une certaine indignité.

[38] Cité par Jean WIRTH, *La jeune fille et la mort. Recherches sur les thèmes macabres dans l'art germanique de la Renaissance*, Genève 1979, p. 29.

[39] LANCELOT ANDREWES, *Sermons of the Nativity, Preached upon Christmas-Day, Preached before King James, at Whitehall, on Tuesday, the Twenty-fifth of December, AD. 1605*, in: ID., *Ninety-Six Sermons, Library of Anglo-catholic theology*, ed. by James P. WILSON, Jean BLISS, vol. 1, Oxford 1841, pp. 4-5.

[40] BENVENUTO DA IMOLA, *Comentum super Dantis Aldigherij Comoediam, III, Purgatorium I-XX*, XI, 66-67, ed. Giacomo F. LACAITA, Firenze 1887, pp. 307-308.

Michel Savonarole sera plus précis. Né en 1385, c'est un médecin, qui a étudié à Padoue, avant d'exercer à la cour de Ferrare, en 1440 (ne pas confondre avec le prédicateur de Florence, Jérôme Savonarole, son petit-fils). Il aborde la question dans son grand traité d'obstétrique, *La conduite des femmes enceintes*, le premier traité de gynécologie en langue vulgaire qui nous soit parvenu. Dans son traité I, chapitre 3, sur les signes de la grossesse, il expose les conséquences de la dilatation du corps de la femme enceinte. Savonarole donne une explication physiologique; la matrice étant située entre le rectum et la vessie[41], donc entre la fiente et l'urine, sa dilatation en cours de grossesse affecte l'excrétion et la miction[42]:

> Il faut savoir que la raison en est que la matrice, dans le corps de la femme, se trouve au-dessus du boyau des fèces [*feza*], appelé par le peuple *zentile*, et par les médecins rectum, comme sur un matelas ou sur un lit, et recouvert au-dessus par la vessie. Si bien qu'en se gonflant, la matrice presse ainsi le boyau derrière elle: puisqu'elle le serre, les fèces ne peuvent plus sortir comme auparavant. D'autre part, parce qu'elle comprime la vessie devant, elle cause une accélération de la sortie de *l'urine*. Un tel gonflement fait que la femme enceinte devient constipée et urine beaucoup[43].

En strict anatomiste, Savonarole nous donne une localisation précise de la matrice entre la fiente et l'urine. Cette localisation explique mécaniquement certaines pathologies observées au cours de la grossesse. Elle ne donne d'abord lieu à aucun jugement de valeur.

Mais aussitôt après, il insère un excursus qui donne la signification morale de ce phénomène.

41 Ce qu'avait déjà observé Soranos d'Ephese, *Maladies des femmes*, I, c. 4, texte établi et traduit par Paul Burguiere, Danielle Gourevitch, Yves Malinas, Paris 1988, t. 1, p. 8,10-12: "la matrice est située [...] entre vessie et rectum, au-dessus du rectum et sous la vessie".

42 Même doctrine chez Soranos d'Ephese, *Maladies des femmes* IV, c. 6, texte établi et traduit par Paul Burguiere, Danielle Gourevitch, Yves Malinas, Paris 2000, p. 38,112-119: "S'il reste des fèces dans le rectum, il faut les en chasser avec un clystère simple; de même s'il y a des *excreta* dans la vessie, il faut les évacuer au cathéter. En fait, il arrive le plus souvent que ces matières soient bloquées parce que le matrice est placée au milieu de l'espace entre le rectum et la vessie, et qu'en cas de ptose, elle gêne les évacuations naturelles en faisant pression sur la région et en l'encombrant".

43 Michele Savonarola, *Il trattato ginecologico-pediatrico in volgare Ad mulieres ferrarienses de regimine pregnantium et noviter natorum usque ad septennium*, I, 3, ed. Luigi Belloni, Milano 1952, p. 34 : "Il perché e da sapere che la matrice iace nel corpo di la dona sopra il budello di la feza, dicto zentile da populari, da medici rectum, come sopra la culcitra over sopra il lecto, disopra per coperta e la vesica. Si che sgonfiendose la matrice cussi preme il budello de drieto: il che strenzendolo non po liberamente usire la feza come prima. Da l'altra parte comprimendo la vesica dinanti, e caxuone di la celleratione di la ussita di la urina. Il che di tal sgonfiare nasse che la impregnante se fa stiptica et urina assai". C'est moi qui souligne. Je remercie vivement Gabriella Zuccolin de m'avoir communiqué ce texte, jalon essentiel pour l'histoire que nous retraçons.

> O homme plein de puissance et d'orgueil, daigne méditer un peu sur le lieu où tu es né, et qu'il te plaise de t'humilier: ce que Dieu a fait ainsi, il l'a fait pour que tu aies à t'humilier, en considérant que le Dieu tout-puissant t'a voulu par là donner un tel exemple d'humilité, qu'en s'incarnant et en naissant, il a voulu *naître* dans un lieu si vil et malodorant, *où l'on ne trouve rien d'autre que fèces*, urine, et sang malodorant[44].

C'est exactement l'idée d'une naissance dans la fiente et l'urine. On y trouve convergentes trois thèses caractéristiques: l'idée de l'humilité de notre origine, le dogme de l'incarnation, la relation avec le sang.

Cette exclamation au vocatif, à propos de l'humilité de notre naissance, est suivie d'une exclamation parallèle, invoquant l'humilité de Dieu:

> O grande humilité du Dieu tout-puissant, qui a subi le fait de naître, non dans une chambre ornée de multiples tapisseries; mais qui, nous donnant pour exemple sa grande humilité, a voulu naître dans l'étable, entre deux animaux, le bœuf et l'âne[45].

L'humilité de Dieu ne se manifeste pas seulement dans la chambre intérieure et vile du corps où il a été porté, dans le sein de sa mère, mais aussi dans l'étable extérieure où il est né. Comme on le voit, la dialectique de la gloire de Dieu et de l'humilité de la naissance est totalement établie sur une base médicale, sans faire intervenir la notion de souillure, ni même celle de péché.

Comme l'a montré Zuccolin, l'ouvrage s'inspire de la *Practica maior*, œuvre latine du même Savonarole, mais aussi des médecins grecs et arabes, Galien, Avicenne et Rhazès. Je n'ai pas trouvé notre expression dans l'œuvre latine de Savonarole; elle ne semble pas s'y trouver[46]. Mais c'est normal: les réflexions morales et théologiques sont absentes des sources médicales de Savonarole, alors qu'elles ont tout à fait leur place dans une œuvre composée en langue vulgaire pour un public de courtisans[47].

[44] Michele Savonarola, *Il trattato ginecologico-pediatrico in volgare*, ed. Belloni, p. 34: "O potente superbo, meditar vogli un pocho il luoco dove nascesti, e piazate de humiliarte: che zio' facto ha Idio il perche' tu ebbi ad humiliare, considerando che Idio omnipotente ti ha voluto per questo darte tal exemplo de humilita', cussi' incarnandosse e nascendo, ha voluto patire in tal ville e puzolente luoco *nascere, dove non si trova altro che feza, urina* e sangue puzolente". Je souligne.

[45] Michele Savonarola, *Il trattato ginecologico-pediatrico in volgare*, ed. Belloni, p. 34: "O de Idio omnipotente grande humilita, che apresso patite di nascere non in la camera dornata di molti razi; ma, per exempio nostro di sua gran humilita, nascere volse in la stalla in mezo de dui animali, zioe buo et asino".

[46] Il faudrait chercher dans l'immense *corpus* des médecins arabes.

[47] Sur ce point, voir Gabriella Zuccolin, *Nascere in latino e in volgare. Tra la* Practica Maior *e il* De Regimine Pregnantium, in: *Michele Savonarola. Medicina e cultura di corte*, a cura di Chiara Crisciani, Gabriella Zuccolin, Firenze 2011, pp. 137-209.

VII. La littérature française

Fallait-il chercher si loin? Beaucoup plus près de Freud, et dans un texte bien connu, l'expression est parfaitement attestée. Il s'agit de *Mon cœur mis à nu*, de Baudelaire:

> Dans *Les Oreilles du comte de Chesterfield*, Voltaire plaisante sur cette âme immortelle qui a résidé pendant neuf mois *entre des excréments et des urines*. Voltaire, comme tous les paresseux, haïssait le mystère[48].

Assurément, le texte est en français. Mais il s'agit bien ici de la naissance. Baudelaire s'interroge sur l'union de l'âme et du corps. Mais en parlant de mystère, Baudelaire se situe également dans une problématique religieuse plus vaste: le paradoxe de l'union de l'âme et du corps semble impliqué par la doctrine chrétienne.

Baudelaire soutient qu'il faut maintenir cette union de l'âme et du corps, si incompréhensible qu'elle soit, contre la critique de Voltaire. Celui-ci disait simplement:

> GOUDMAN. — Vous avez disséqué des cerveaux, vous avez vu des embryons et des foetus; y avez-vous découvert quelque apparence d'âme?
>
> SIDRAC. — Pas la moindre, et je n'ai jamais pu comprendre comment un Être immatériel, immortel, logeait pendant neuf mois inutilement caché dans une membrane puante entre de l'urine et des excréments[49].

Or, Baudelaire l'a bien souligné, la faiblesse de Voltaire est précisément d'ignorer par paresse ce qui est le plus difficile: la coïncidence des opposés. Le philosophe des Lumières, en effet, ironisait sur l'existence de l'âme. Bien avant le mot attribué à Cabanis, un personnage de son conte, le médecin Sidrac, se vante de n'avoir jamais trouvé d'âme sous son scalpel. D'où l'absurdité qu'elle ait pu demeurer entre la fiente et l'urine le temps d'une gestation.

Cette image, Voltaire lui-même l'empruntait à son modèle littéraire, le roman de François Béroald de Verville, *Le moyen de parvenir*. C'était pour celui-ci un rappel de notre humiliante naissance, fait sur un ton rabelaisien (Rabelais est d'ailleurs un des personnages du roman):

> METRODORUS: O le délicat! *tu es né entre la merde et le pissat*, et tu en veux conter! [...]

48 Charles Baudelaire, *Mon Cœur Mis à Nu*, XVIII, in: Id., *Œuvre complètes*, éd. par Claude Pichois, Paris 1975, p. 687. Ces fragments intimes furent publiés pour la première fois en 1887, dans les *Œuvres posthumes*, onze ans avant la première citation de Freud.

49 Voltaire, *Les Oreilles du comte de Chesterfield et le chapelain Goudman*, c. 4: "Conversation du docteur Goudman et de l'anatomisme Sidrac sur l'âme et sur quelque autre chose", in: *Œuvres complètes de Voltaire*, Paris 1877, t. 21, p 583.

LEON HEBREU: Je suis fils du ventre de femme. Fruit du ventre, c'est merde. Je suis donc merde[50].

Rappelons que Béroalde de Verville était lui-même médecin, et pouvait difficilement ignorer les célèbres traités de Michel Savonarole.

Contre Voltaire, Baudelaire voit bien que la transcendance de l'âme ne peut coexister auprès des immondices que par un paradoxe, assumé par la religion. Il a compris l'essentiel du problème: la nativité nous oblige à mettre en un point de coïncidence le plus noble et le plus bas. La nativité exprime l'essentiel du mystère, comme tension entre les contraires, entre une âme immortelle et un corps humble et souillé. Elle est parfaitement exprimée dans le paradoxe métaphysique d'une âme immortelle habitant le corps maternel pendant la gestation.

Soulignons d'ailleurs que la pensée de Baudelaire présente des analogies avec la gnose. Il percevait le lien contradictoire du désir et du crime, de la beauté et du mal, ce qu'il appelait lui-même une "double postulation", manifeste dans la tension entre le Spleen et l'Idéal. Rappelons l'aphorisme cinglant de *Semper eadem*: "Vivre est un mal", ou la remarque de *Mon cœur mis à nu*: "La femme est naturelle, c'est-à-dire abominable".

Ajoutons qu'entre 1885 et 1886, Freud a suivi à Paris le séminaire du professeur Charcot, le découvreur de l'inconscient. Il connaissait assez bien le français pour traduire ses œuvres en allemand, ainsi que celles d'Hippolyte Bernheim, en 1888. Il a donc pu connaître le texte de Baudelaire, la publication de *Mon cœur mis à nu* datant de 1887.

Il est temps de conclure.

Nous n'avons pas trouvé l'expression en latin, mais nous l'avons trouvée d'abord en italien (chez Michel Savonarole) puis en français (chez Béroalde de Verville). Elle apparaît tantôt en contexte médical, tantôt dans une œuvre littéraire, mais toujours dans un sens humiliant.

Le sens de l'expression dépasse la précision philologique de la source. Pour cela, le texte de Baudelaire suffit, même s'il est en français, à constituer une source possible de Freud. Mais nous ne pouvons pas exclure qu'une tradition d'enseignement médical (avec des textes latins) soit parvenue jusqu'à Freud. Ou encore, que la publication du texte de Baudelaire lui ait fait remonter à la mémoire des citations latines enseignées en cours de médecine.

Par-delà la question de son origine, latine ou française, il est plus important de poser deux questions: 1. cette formule peut-elle exprimer la pensée des Pères de l'Eglise? 2. l'utilisation qu'en fait Freud est-elle pertinente?

[50] François Beroalde de Verville (1558), *Le Moyen de parvenir*, t. I, c. 41, transcription par Hélène Moreau, André Tournon, Jean-Luc Ristori, Paris 2004, p. 168 (= p. 210 de l'édition originale – 1616? – reproduite en t. II).

Quant au premier point, il me semble clair que les Pères de l'Eglise ont pour l'essentiel combattu l'idée que la naissance ait été ignoble. Que ce soit au nom de l'Incarnation ou au nom de l'union de l'âme et du corps, que ce soit contre les philosophes ou contre les gnostiques, ils affirment la dignité de la chair, et donc la noblesse de la naissance. En revanche, ce sont surtout des auteurs païens qui ont soutenu l'idée que notre origine serait une souillure. Mais nous avons découvert une exception, parmi les Pères de l'Eglise, Arnobe. Il faut pourtant souligner qu'il utilise les images de l'urine et des excréments pour un but très spécifique, affirmer la distinction de l'âme et de Dieu, et dans un climat dialectique, où il semble en quelque sorte *contaminé* par le discours de l'adversaire (Porphyre).

Quant au second point, on peut se demander si notre naissance est réellement ignoble. La tentative freudienne de faire de notre naissance une humiliation rencontre un certain écho chez les philosophes païens et les gnostiques, mais la résistance de la plus grande part de la pensée chrétienne. D'autre part, d'autres que moi (Remi Brague) ont pu montrer que la première étape du grand récit freudien des humiliations était un fantasme: en réalité, c'est le géocentrisme qui est pour l'homme une humiliation, car la terre est le point le plus bas et le plus vil de l'univers; la fin du géocentrisme est au contraire l'exaltation de l'homme[51]. On pourrait également faire valoir que le fait d'être un produit de l'évolution ou d'avoir un inconscient n'est ni noble ni vil, mais n'a tout simplement aucune valeur morale.

Surtout, le problème est peut-être qu'il ne faut pas confondre l'immonde et l'humilité. Rappelons-nous ce que signifie étymologiquement snob: *sine nobilitate*. Le snob est celui qui cherche à se distinguer, et à exclure ceux qui ne sont pas membres de son club, parce qu'il ne possède pas lui-même la vraie noblesse. Le snob est donc une caricature du noble. Il me semble que, symétriquement, l'immonde est une caricature d'humilité. Celui qui fait étalage de son ignominie, le fait précisément parce qu'il ne possède pas la véritable humilité. De même que le snobisme n'est pas la vraie noblesse, l'ignoble n'est pas la vraie humilité.

La véritable raison de l'humilité, Augustin et Bernard l'ont dit à satiété, est la vérité. Ce qui nous humilie, c'est de savoir ce que nous sommes vraiment. Mais si notre noblesse n'est pas fondée sur la vérité, ce n'est pas non plus une vraie noblesse. Par conséquent, il n'y a pas d'opposition entre l'humilité et la dignité de l'homme, entre l'humiliation de notre naissance et la noblesse de notre destinée. Ainsi, c'est par la même raison que notre nature est humble et qu'elle est noble. C'est clairement en ce sens que Michel Savonarole pouvait à la fois souligner l'humilité de la naissance de l'homme, et la grandeur d'un Dieu qui s'humilie pour naître ainsi.

[51] Remi Brague, *Le géocentrisme comme humiliation de l'homme*, in: *Herméneutique et ontologie, Mélanges en l'honneur de P. Aubenque à l'occasion de son 60e anniversaire*, éd. par. Remi Brague, Jean-François Courtine, Paris 1990, pp. 203-223.

MASSIMO CAMPANINI

Nobilitas tra virtù, eccellenza e potere: note sul concetto nella cultura arabo-islamica

Il concetto di nobiltà in arabo è espresso da almeno tre radici verbali: f-d-l, sh-r-f e k-r-m. Le sfumature di significato ampliano il senso semantico di termini dall'uso molto variegato. *Fadl* o *fadīla* allude alla eccellenza, alla "virtù" ma anche alla "generosità" e benevolenza di Dio. *Fādila* è un aggettivo che rimanda alla virtuosità di qualcosa come la celebre *al-Madīna al-fādila* o "città virtuosa" di Alfarabi di cui parleremo più avanti. *Sharīf* è letteralmente il "nobile", anche se il termine è largamente usato per indicare i discendenti del Profeta Muhammad, i cosiddetti "sceriffi". *Karīm* "nobile" è per eccellenza il Corano, *al-Qur'ān al-Karīm*, il "nobile Corano", ma l'estensione della radice viene a comprendere anche il concetto di "dignità" (*karāma*). Nel Libro sacro, *thesaurus* della lingua araba classica, la radice f-d-l è declinata in molte forme diverse per decine di volte, così come la radice k-r-m, sebbene in modo quantitativamente minore; la radice sh-r-f, al contrario, non è coranica[1], nonostante appaia ben consolidata nel linguaggio letterario.

Nel passaggio dall'epoca preislamica, definita dagli stessi arabi e musulmani della *jāhiliyya* o "ignoranza", a quella islamica della rivelazione, il concetto di nobiltà si modifica profondamente. In epoca preislamica, nella società beduina prevalentemente, ma non esclusivamente, nomade ed egualitaria, non esisteva nobiltà di censo o etnica, ma nobile, a parte l'appartenenza a una schiatta prestigiosa le cui origini si perdevano nei tempi, soprattutto era chi sapeva adeguarsi agli ideali della *muruwwa*, che potrebbe in un certo senso tradursi come "cavalleria". Nella *muruwwa* erano concentrate le virtù che facevano del beduino un uomo nobile, retto e degno. Sei virtù in particolare: *fakhr*, l'orgoglio di appartenere a una stirpe segnalata e prestigiosa; *hamāsa*, coraggio e disprezzo del pericolo; *karam*, l'essere generosi fino al punto di rovinarsi, anche nei confronti dei nemici (un aspetto tipico della generosità è l'ospitalità che distingue in particolare i popoli orientali); *'ird*, senso di sé e del proprio onore, un onore che, offeso e ferito, può condurre a sanguinose faide e guerre, ma che nel contempo consente di salvaguardare il senso di appartenenza alla famiglia e al clan; *sabr*, pazienza nei confronti dei dolori e delle avversità, una virtù, tra l'altro, che è stata particolarmente enfatizzata dall'Islam e della mistica musulmana, a tal punto che il Corano sottolinea come "Dio ami i pazienti"; *hilm*, autocontrollo che

[1] Cf. 'Abd al-Bāqī, *Al-Mu'jam al-Mufahras*, Cairo molte edizioni, s.v.

consente, da un lato, di essere giusti ed equilibrati, e, dall'altro, di saper sfruttare al meglio le proprie doti di coraggio.

A illustrazione dello spirito egualitario della civiltà beduina, si ricordi che i capi delle tribù o dei clan, *sayyid* o *shaykh*, non dovevano la loro superiorità e autorità a nobiltà di nascita e di sangue, sebbene l'appartenenza a una schiatta prestigiosa aiutasse, ma alla loro saggezza, alla loro abilità nel mediare i conflitti tribali, alla loro pratica della virtù. Si trattava dunque di un potere eticamente fondato, e proprio questa fondazione etica del potere costituiva la *nobilitas*.

L'onore e la virtù che fanno l'uomo nobile furono ampiamente cantate nella poesia araba beduina preislamica. Non credo sia necessario in questa sede inanellare brevi e scoordinate citazioni. Valga per tutto la riflessione di Ibn Khaldūn (1332-1406):

> Gli arabi in origine avevano solo la poesia che apprezzavano moltissimo. Essa emergeva nel loro discorso per una certa nobiltà, dovuta al fatto che essa sola possedeva armonia. [Gli arabi] facevano della poesia l'archivio della loro storia, della loro saggezza e della loro nobiltà, e la pietra angolare del loro dono naturale nell'esprimersi correttamente, scegliendo il miglior modo (di espressione)[2].

La poesia, nobile tra tutte le arti per gli arabi, beduini e non, antichi e moderni, è in grado di veicolare le eccellenti qualità degli uomini del deserto, è in grado di nobilitare il loro carattere e dare dignità e immortalità alle loro gesta. Più tardi, nonostante i musulmani non considerassero il Corano opera di poesia, ne magnificarono l'eccellenza letteraria.

La nobiltà cavalleresca della *muruwwa* rimase nell'ideale arabo anche dopo Muhammad e la rivelazione. Un esempio traluce dai versi del poeta al-Akhtal (m. 710), caratteristicamente un cristiano che svolse la propria attività alla corte dei califfi Omayyadi (661-750). L'antico orgoglio dell'appartenenza a un nobile lignaggio è trasferito al servizio di una specifica dinastia, ma rimane appunto la rivendicazione dell'appartenenza a un casato, questa volta benedetto dal Dio unico e provvidente del messaggio coranico, e pienamente inserito nei fatti drammatici della storia islamica delle origini (nello specifico la *fitna al-kubrà* o "grande discordia", la guerra civile tra 'Alī e Mu'āwiya):

> La loro genealogia è completa e Dio stesso li ha scelti, // mentre quella di ogni altro clan è oscura e spregevole. // Il giorno [della battaglia] di Siffin, mentre stavano a occhi bassi, // giunse loro soccorso quando chiesero la grazia al loro Signore. // Tu appartieni a un casato che non ha pari, quando si parla di nobiltà e di numero[3].

[2] Ibn Khaldūn, *Muqaddima*, transl. by Franz Rosenthal, abridged by Norman Dawood, c. 5 "Sui vari aspetti del procurarsi la vita", par. 31 ("L'arte di cantare e della musica"), London 1978, p. 330.

[3] Cit. in Roger Allen, *La letteratura araba*, Bologna 2006, pp. 108-109.

La testimonianza di Ibn Khaldūn, coscienza critica dell'intellettualità arabo-musulmana al declinare del suo splendore, ci risulta un'altra volta preziosa per comprendere l'insita nobiltà dei popoli del deserto che tuttavia, per fatale evoluzione della storia, finisce per corrompersi. Affrontando nella *Muqaddima* il problema dell'evoluzione della civiltà dal livello rurale-nomade-beduino a quello urbano-cittadino-sedentario, Ibn Khaldūn svolge come sempre un ragionamento consequenziale che cercherò di sintetizzare in pochi punti.

I beduini e i sedentari sono gruppi naturali poiché fa parte delle necessità della vita il radunarsi insieme per cooperare al fine di garantirsi la sussistenza. Tuttavia, i beduini godono di una preminenza rispetto ai sedentari, sia perché il deserto è la base e il serbatoio della civiltà e delle città, sia perché, a causa della purezza dei loro costumi e del benefico influsso che la vita selvaggia esercita sul carattere, i beduini sono più coraggiosi e caratterialmente forti. Il fattore che cementa il carattere beduino e lo rende aggressivo e vincente è lo spirito di gruppo o *'asabiyya*, che dipende soprattutto dai legami di sangue oltre che da quelli di alleanza. L'esito dell' *'asabiyya* è la realizzazione della leadership

che esiste solo attraverso la superiorità, e la superiorità solo attraverso lo spirito di gruppo. La leadership sulla gente, dunque, deve di necessità derivare dallo spirito di gruppo che, a sua volta, è superiore a quello del singolo individuo. Ogni spirito di appartenenza al gruppo individuale che diviene cosciente della superiorità dello spirito di gruppo del leader, è pronto ad obbedirgli e a seguirlo.

L'obbedienza che deriva dalla superiorità del leader, rende il gregario pronto a combattere e a sacrificarsi. Ora,

Solo coloro che condividono lo spirito di gruppo possono avere un "casato" e nobiltà nel senso basilare del termine e in realtà, mentre gli altri lo hanno solo in senso metaforico e figurativo.

Ciò perché la nobiltà e il prestigio sono il risultato di qualità [personali]. Il "casato" significa che un uomo rivendica tra i suoi antenati uomini nobili e famosi. Il fatto che egli sia loro progenie e il loro discendente gli garantisce uno status eminente tra i suoi seguaci, poiché i suoi seguaci rispettano quella sua eminenza e nobiltà che i suoi antenati avevano acquisito attraverso le loro qualità.

La nobiltà del casato, dunque, è giustificata dal possesso di virtù e di eccellenze morali e caratteriali come quelle che abbiamo visto della *muruwwa*. Ma la questione fondamentale consiste nel fatto che tale nobiltà d'animo e di sangue garantisce e fortifica la leadership. Infatti,

Il fine a cui conduce lo spirito di gruppo è l'autorità regale.

Ciò perché lo spirito di gruppo dà protezione e permette la mutua difesa, la rivendicazione dei diritti e ogni altro genere di attività sociale. A causa della loro natura, gli esseri umani necessitano di qualcuno che eserciti un'influenza frenante e mediatrice in ogni organizzazione sociale, allo scopo di impedire ai suoi membri di [combattersi] l'un l'altro. Una tale persona deve, di necessità, godere di superiorità sugli altri relativamente allo spirito di gruppo, altrimenti il suo potere non sarebbe efficace. Una simile superiorità è l'autorità regale. Si tratta di qualcosa di più della leadership. Leadership significa essere capo, e il leader è obbedito, ma egli non gode dell'autorità di costringere gli altri ad accettare le sue decisioni. L'autorità regale significa [invece] superiorità e potere di governare con la forza[4].

Vi è dunque un esplicito fine politico della nobiltà, che dipende sì dalla fortezza di carattere e dalla eredità di sangue che fa emergere un casato, ma che non potrebbe affermarsi senza il vincolo agglutinante dello spirito di gruppo o *'asabiyya* e senza possibilità che la leadership si traduca in vincolo cogente. Ci siamo così notevolmente allontanati dall'ideale beduino, proprio a causa del complicarsi della civiltà. È ben noto, poi, come nella visione ciclica della storia di Ibn Khaldūn la civilizzazione urbana, pur raggiungendo il vertice della prosperità e della cultura, costituisca un pervertimento e una decadenza dell'originaria matrice rurale-beduina dell'essere uomini, cosicché anche la religione soffre dal declinare di questa purezza etica.

Nonostante la civiltà araba preislamica nutrisse un concetto di nobiltà piuttosto "laico", come diremmo oggi e come emerge dal ragionamento di Ibn Khaldūn, il Corano inaugura un nuovo modo di guardare al mondo e suggerisce un altro tipo di nobilitazione, ovviamente quella della religione e dello spirito. Vale la pena al proposito di discutere le implicazioni del fondamentale versetto Q. 49:13, traslitterandone anche il testo arabo per acquisire una più diretta vicinanza alla terminologia le cui implicazioni sono anche teoretiche.

O gente! Invero vi abbiamo creati da un maschio e una femmina e abbiamo fatto di voi popoli e tribù ché vi conosciate a vicenda, ma il più nobile di voi presso Dio è chi più lo teme e venera[5].

[*Ya ayyuhā al-nās innā khalaqnākum min dhakarin wa unthà wa ja'alnākum shu'ūban wa qabā'ila li-ta'ārafū inna akramakum 'inda Allāhi atqākum*]

"Il più nobile di voi", *akramakum* dalla radice k-r-m, "è colui che più teme e venera" Dio, *atqā* dalla radice w-q-y, da cui deriva anche il termine chiave *taqwà*, "devozione" o "pietà", che sostituisce e rimpiazza i valori beduini. L'enfatizzazione del carattere morale e religioso della nobiltà conduce alla formulazione di un principio di uguaglianza e di pluralità. Da una parte, infatti, si evidenzia come la matrice unitaria della genealogia umana ponga sullo stesso piano uomo e donna, maschio e femmina: i più avvertiti e progressisti dei modernisti musulmani, e naturalmente delle cosiddette "femministe" musulmane, evocano frequentemente questo versetto per indicare come il Libro sacro patrocini l'uguaglianza di genere. Dall'altra parte,

[4] Ibn Khaldūn, *Muqaddima*, c. 2 "Sulla civiltà beduina, le nazioni selvagge e le tribù", parr. 1-16 passim, pp. 91-108.

[5] Le traduzioni del Corano sono mie.

sono posti sullo stesso piano i gruppi umani e gli individui in modo tale che non vi siano sperequazioni di censo o razziali o di colore della pelle: l'eccellenza è morale e spirituale, e indubbiamente, da questo punto di vista, lo spirito del Corano e dell'Islam è fondamentalmente egualitario.

Il concetto di *taqwà*, enfatizzato dal versetto in discussione e cui ora dobbiamo volgere la nostra attenzione, è stato più volte rievocato nel pensiero islamico anche in età contemporanea, per esempio da Fazlur Rahman (1919-1988) e da Farid Esack (n. 1957).

Nella riflessione coranica di Fazlur Rahman, pakistano, uno degli intellettuali musulmani più influenti del ventesimo secolo, il termine *taqwà*, pur conservando il suo significato originario di "timor di Dio" e "pietà", indica ad un tempo l'azione morale e l'esplicazione di una personalità umana dotata di un acuto senso di responsabilità. Esso significa "essere fermamente ancorati entro le tensioni morali", i 'limiti di Dio', e non trasgredire o violare la bilancia di quelle tensioni o limiti. La condotta umana dunque viene dotata di quelle qualità che la rendono atta al 'servizio di Dio' (*'ibāda*)"[6]. Citando esplicitamente Q. 49:13, Rahman, annota che "l'essenza di tutti i diritti umani è l'eguaglianza dell'intera razza umana, che il Corano assume, afferma e conferma. Essa oblitera tutte le distinzioni tra gli uomini eccetto il bene e la virtù (*taqwà*)"[7]. Praticare la *taqwà* è dunque il segno più alto di nobiltà e umanità: tutti i figli di Adamo sono stati fatti dalla polvere; se nelle tenebre della terra non vi è distinzione, questa si manifesta nella luce del cielo e la sua base è quell'intrinseco valore che è la *taqwà*[8].

Su una via sostanzialmente analoga, a conferma dell'univocità di ispirazione cui conduce la più consapevole meditazione coranica, si pone Farid Esack. Esack, sudafricano, sodale di Mandela e combattente contro l'apartheid, ha proposto una lettura ermeneutica del Corano come veicolo di liberazione: il Libro sacro contiene infatti i princìpi e gli strumenti che consentono all'uomo di spezzare le catene dell'ingiustizia e dell'emarginazione e di realizzare sulla Terra la giustizia e la liberazione. Discutendo delle sei chiavi ermeneutiche che appunto offrono gli apparati concettuali del percorso emancipatorio, Esack conferisce particolare rilievo alla *taqwà*. Al di là del significato originario della radice w-q-y, che rimanda alla difesa e alla preservazione, la *taqwà* allude contemporaneamente alla responsabilità nei confronti di Dio e del genere umano[9]. Ciò implica una assunzione di coscienza che è stabilita chiaramente dal Corano stesso. Citando anch'egli Q. 49:13, Esack traduce il vocabolo *atqakum*, che più sopra si è reso come "colui che più teme e venera Dio", con "most deeply conscious of God". Questa consapevolezza è il presupposto dell'impegno, che altrove Esack chiama *jihād*[10], che induce l'uomo a lottare per la libertà. Il Corano è appunto il veicolo dell'assunzione di responsabilità (*taqwà*) che

6 Fazlur Rahman, *Major Themes of the Qur'an*, Minneapolis 1980, pp. 28-29.
7 Rahman, *Major Themes of the Qur'an*, p. 45.
8 Rahman, *Major Themes of the Qur'an*, p. 46.
9 Farid Esack, *Qur'an, Liberation and Pluralism*, Oxford 1997, p. 87.
10 Esack, pp. 106sgg.

si traduce in *jihād*. "Questo 'impegnare il Corano' nel processo di lotta rivoluzionaria implica inoltre l'impegno del sé. Esso, a sua volta, assicura il bilanciamento tra la partecipazione attiva al sociale e l'autotrasformazione"[11]. Positivamente, soprattutto in relazione all'islamismo contemporaneo, cioè alla cosiddetta corrente "fondamentalista" che tanto riempie le cronache e i mass-media, Esack sottolinea come la *taqwà* possa diventare il requisito di base per leggere il Corano e, ad un tempo, la misura protettiva che difende il testo sacro da appropriazioni ideologiche aliene dalla concezione del mondo islamica.

È necessario soffermarsi ancora sul Corano, data la sua centralità a ispirare tutta la *Weltanschauung* islamica. Nel Libro Santo emerge infatti anche un'idea gerarchica che stabilisce tra gli uomini e addirittura tra i profeti una scala di eccellenza e di superiorità. Tuttavia, la potenziale disuguaglianza che ciò implica viene sfumata e precisata da un afflato etico e sociale.

Il versetto Q. 6:165 recita: "Egli è colui che vi ha fatto successori [*khalā'if*] [di altri popoli] sulla Terra e ha elevato alcuni di voi sugli altri [*wa rafa'a ba'dahum fawqa ba'din*] di gradi per mettervi alla prova in ciò che vi ha dato".

Può discutersi chi siano coloro che Dio ha costituito a eredi dei popoli antichi, perché il testo è ellittico e i versetti precedenti trattano di altro argomento, ma è altamente verosimile che ci si riferisca ai musulmani, coloro che hanno fatto proprio il messaggio della rivelazione rinnovando con Dio, nella fede, il patto che i popoli antichi avevano tradito. In tal modo i musulmani guadagnano in nobiltà emergendo per eccellenza di fedeltà al loro Signore. Inoltre, Dio ha stabilito una gerarchia tra gli uomini, ma questa decisione divina non è gratuita, ma finalizzata a stabilire chi "sia meglio nell'operare". Da un lato, si tratta di una variante della *taqwà*; dall'altro si sottolinea ancora una volta la necessità del pluralismo per consentire agli uomini di mostrarsi degni della preferenza di Dio. Q. 5:48 riprende e articola il concetto: "A ognuno di voi abbiamo indicato una via [*shir'a*] e un percorso [*minhāj*]. Se Dio avesse voluto, avrebbe fatto di voi una comunità unica, ma ha voluto mettervi alla prova in ciò che vi ha dato. Gareggiate quindi nelle opere buone". Dio ha distinto gli uomini in popoli e tribù (cf. ancora Q. 49:13 *supra*) affinché, da questa pluralità, emergesse tra loro il migliore nell'ortoprassi e nella buona direzione.

Nel versetto Q. 6:165, si è visto, non vengono utilizzati termini specificatamente collegati col concetto di nobiltà. Questo invece accade in almeno altri due versetti che vale la pena di riportare. Il primo stabilisce la nobiltà e l'eccellenza dell'uomo su tutte le altre creature: "Noi [è Dio che parla] abbiamo nobilitato [*karramnā*] i figli di Adamo e li abbiamo trasportati sulla terra e per mare, li abbiamo nutriti di cose buone e li abbiamo resi eccellenti di [grande] eccellenza su molte [delle creature] che abbiamo creato [*wa faddalnāhum 'alā kathīrin mimman khalaqnā tafdīlan*]" (Q. 17:70). Per tre volte, come si vede, appaiono termini derivati dalle citate radici k-r-m e f-d-l. L'immagine dell'uomo è prometeica. E di fatto, l'uomo occupa nella struttura del creato un posto che lo rende superiore perfino agli angeli: è l'uomo

[11] ESACK, p. 89.

che si carica del pegno e del patto con Dio, che accetta di diventarne il vicario, una responsabilità così pesante che la natura intera aveva rifiutato di portarla (cf. Q. 33:72); è l'uomo di fronte a cui si prostrano gli angeli per esplicito ordine di Dio che gli insegna i nomi di tutte le cose (cf. Q. 2:30-34).

Un versetto potenzialmente più problematico è Q. 2:253 dove la gerarchia è addirittura stabilita tra i profeti, e non vi sono dubbi al proposito data l'utilizzazione di vocaboli dalla consueta radice f-d-l: "Di questi Inviati abbiamo reso eccellenti alcuni su altri [*tilka al-rusul faddalnā ba'dahum 'alā ba'din*], e tra essi vi è chi cui Dio ha parlato e [Dio] ne ha elevati [*rafa'a*] alcuni di gradi". L'Islam venera soprattutto sei profeti legislatori o inviati (*rusul*): Adamo, Noè, Abramo, Mosè, Gesù e Muhammad. È difficile retrospettivamente per noi stabilire gerarchie, ma è forse possibile dire che, dopo Muhammad, l'inviato più importante sia Gesù il cui ruolo non è redentivo bensì escatologico, sebbene Mosè abbia avuto il privilegio di incontrare Dio presso il roveto ardente, e sebbene Abramo possa essere considerato il "padre" dei credenti. Il Corano non è esplicito al proposito. La tradizione considera i profeti impeccabili e sopra tutti pone ovviamente Muhammad.

L'eccellenza del Profeta Muhammad si esplica pienamente nel suo ruolo cosmico. La "realtà muhammadica" [*haqīqa muhammadiyya*] è eterna e addirittura antecedente alla creazione: un *hadīth* o detto profetico afferma che Muhammad era profeta "prima ancora che Adamo fosse creato dall'argilla e dall'acqua". Egli è l'Uomo Perfetto, nobilissima tra tutte le creature, la cui imitazione è obbligatoria e garantisce salvezza e perfezione. Il mistico 'Abd al-Karīm al-Jīlī (seconda metà del XIV secolo) scrisse un'ode al Profeta in cui egli appare come la chiave di volta di tutta la realtà:

> O centro del compasso! O intimo terreno della verità!// O pilastro della necessità e della contingenza! // Occhio dell'intero circolo dell'esistenza! O punto del Corano e del Furqan[12]! // O perfetto, perfezionatore del più perfetto, che sei stato beatificato dalla maestà di Dio misericordioso! // Tu sei il polo [*qutb*] delle cose più meravigliose; la sfera della perfezione nella sua solitudine gira su di te. // Tu sei trascendente, tu sei immanente, tuo è tutto ciò che è noto e l'ignoto, eterno e perituro. // Tuoi nella realtà sono l'essere e il non essere; lo zenit e il nadir sono i tuoi ornamenti. // Tu sei ad un tempo la luce e il suo opposto, tu sei solo la tenebra per lo gnostico che ha perso coscienza di se stesso[13].

Esaltazione al limite della blasfemia, secondo le consuete esagerazioni dei *sufi*, che sembra parificare Muhammad allo stesso Dio!

È singolare notare poi come il concetto di eccellenza-precedenza[14] domini in larga parte del pensiero islamico, tanto tradizionalista quanto filosofico. Non sarà inutile rimanere accosto ai testi. Il primo su cui vorrei attirare l'attenzione e che ha

12 Ciò che distingue e discrimina, uno dei nomi del Corano (cf. Q. 25:1).

13 Cit. in Annemarie SCHIMMEL, *And Muhammad is His Messenger. The Veneration of the Prophet in Islamic Piety*, Chapel Hill–London 1985, pp. 137-138.

14 Cf. Asma AFSARUDDIN, *Excellence and Precedence: Medieval Islamic Discourse on Legitimate Leadership*, Leiden 2002.

complesse implicazioni politiche è un articolo della *'aqīda* o "credo" del prestigioso giurista malikita Ibn Abī Zayd al-Qayrawānī (c. 928-996), autore di un trattato o *Risāla* che rappresenta una summa spesso citata e commentata:

> La migliore delle generazioni è la generazione che ha conosciuto il Messaggero di Dio e ha creduto in lui. Successivamente vi è la generazione che ha seguito la prima, e successivamente ancora quella che ha seguito la seconda. I più eccellenti dei compagni [di Muhammad] sono i retti e veridici califfi ben guidati, Abū Bakr [r. 632-634], poi 'Umar [r. 634-644], poi 'Uthmān [r. 644-656], poi 'Alī [r. 656-661]. Non si menzioni alcuno dei compagni del Messaggero se non nel modo più onorevole e senza alcun riferimento a qualcosa di controverso che li riguardi. Collocandosi al di sopra di tutti gli altri uomini, essi meritano di riscuotere la più incondizionata approvazione [riguardo la loro condotta] e di venir riconosciute a loro le migliori opinioni[15].

Questo brano può essere diviso in tre parti, ognuna delle quali rimanda a un principio di utopia retrospettiva[16] legato al concetto di eccellenza e precedenza.

1) La prima parte evidenzia la supremazia della generazione dei compagni (*sahāba*) del Profeta, dei loro successori (*tābi'ūn*) e dei successori dei successori (tre generazioni dunque) che hanno realizzato sulla Terra la comunità e lo stato perfetti, applicando con rigore e pietà le indicazioni di Dio. Si tratta di quell'età dell'oro dell'Islam, il cui allontanamento nel tempo ha provocato la progressiva decadenza della civiltà islamica, che bisognerebbe oggidì riprodurre e rinnovare: un'utopia che non guarda al futuro, ma appunto al passato, un'utopia *retrospettiva*. La distorsione del tempo storico che ciò implica è una delle caratteristiche prevalenti dei cosiddetti islamisti, o musulmani radicali[17], contemporanei che pretenderebbero di rinnovare nel presente la perfezione e l'eccellenza dei tempi del Profeta e dei suoi compagni, naturalmente in un'ottica restrittiva e conservatrice.

2) La seconda parte del brano stabilisce una gerarchia tra i primi quattro califfi "ben guidati" che si sarebbero succeduti secondo un ordine preciso di eccellenza: Abū Bakr era migliore di 'Umar ed è stato eletto califfo per primo, 'Umar era migliore di 'Uthmān e questi di 'Alī. Naturalmente siffatta è l'opinione dei sunniti sistematizzata forse da Ahmad Ibn Hanbal (m. 855), laddove, evidentemente, gli sciiti affermano che più eccellente era 'Alī, il quale avrebbe dovuto succedere immediatamente come califfo a Muhammad, mentre gli altri tre sono in sostanza degli usurpatori. Il dibattito ha grande rilevanza politica, in quanto costituisce la motivazione prima della frattura tra sunniti e sciiti con la correlativa dottrina dell'imamato. Ma soprattutto l'ordinamento di eccellenza-precedenza stabilito da Ibn Hanbal tra

15 Cit. in William M. WATT, *Islamic Creeds. A Selection*, Edinburgh 2001, p. 72.

16 Sull'utopia retrospettiva e tutta la discussione seguente cf. Massimo CAMPANINI, *Islam e politica*, Bologna 2015³.

17 Basta ricordare Sayyid QUTB (1906-1966) che parla della stupenda (*farīd*) generazione coranica (*Ma'ālim fī'l-tarīq o Pietre miliari sulla via*, Cairo 1983, p. 14).

i quattro "ben guidati" serve a strutturare la base dell'utopia retrospettiva dell'età dell'oro, connettendosi strettamente al mito della superiorità della generazione dei "compagni".

3) La terza parte del brano rafforza il mito della perfezione dei compagni proibendo che di loro si possa parlar male. Altro, per così dire, "pregiudizio" sunnita, rifiutato da molti sciiti che invece parlano dei compagni del Profeta, o almeno di alcuni di essi, come di "devianti" dalla retta via. L'autorevolezza degli "antichi" o *salaf* ha ispirato la corrente riformista moderna della Salafiyya che, in un'ottica di utopia retrospettiva, patrocina il ritorno all'esempio e all'imitazione dei primi compagni.

Il secondo testo, o per meglio dire i *due* testi seguenti appartengono, ed è quasi un dovere storiografico, al già citato Alfarabi (c. 870-950).

Gli esseri esistenti sono molteplici e, nella loro molteplicità, [occupano diversi] gradi di eccellenza [*mutafāḍila*][18]. Dalla sostanza [di Dio] emana tutto l'esistente così com'è, sia perfetto sia imperfetto. Anzi, la sostanza [di Dio] è tale per cui, siccome da essa emanano tutti gli esseri esistenti secondo un ordine scalare gerarchizzato, ognuno di questi ne riceva la giusta porzione di esistenza e il giusto livello di gradazione. Si comincia dal più perfetto e si prosegue con ciò che è meno perfetto, sia pur di poco; e via via non cessa di diminuire la perfezione fino ad arrivare a quell'essere al di sotto del quale non può procedere assolutamente altra esistenza: al di là del quale, cioè, si interrompe [la catena] dell'essere. Col che la sostanza [di Dio] risulta quella sostanza da cui emanano gli esistenti, senza perciò particolarizzarsi in un'esistenza inferiore alla sua.

[...]

L'ordine gerarchico [*tartīb*] di questi esistenti [sublunari] comincia dal più infimo cui seguono via via i più eccellenti fino a terminare nel più eccellente [*afḍal*] di tutti, al di là del quale non ve n'è un altro. Il più infimo corrisponde alla materia prima comune, più eccellenti di questa sono gli elementi e quindi, a seguire, i minerali, le piante, gli animali non razionali e infine gli animali razionali, al di là dei quali non v'è animale più eccellente.

Per quanto riguarda gli esistenti [sopramondani] di cui abbiamo discusso poco fa, il loro ordine gerarchico comincia dal più eccelso [*afḍal*], cui seguono via via i più imperfetti fino a terminare nel più imperfetto. Il più eccellente e perfetto è il Primo. Relativamente alle cose la cui esistenza deriva dal Primo, le più eccellenti in generale sono gli [esseri] incorporei che non hanno origine dai corpi [materiali]. Dopo di loro vi sono gli orbi celesti. La più eccellente delle [esistenze] separate è il Secondo [essere], cui seguono tutte le altre in un ordine gerarchico che termina nell'undicesimo [essere, cioè l'Intelligenza Agente]. Il più eccellente degli orbi celesti è il Primo Cielo, poi il secondo, poi tutti gli altri, strutturando una gerarchia che termina nel [nono], cioè nella sfera della Luna. Le [Intelligenze] separate che seguono il Primo sono dieci, e i corpi celesti in tutto nove: in totale, diciannove [esseri][19].

[18] Come si vede ancora termini derivati dalla radice f-d-l.

[19] AL-FĀRĀBĪ, *La Città Virtuosa*, a cura di Massimo CAMPANINI, Milano 1996, c. 8 e c. 13, pp. 97 e 115. Cf. ovviamente *Alfarabi on the Perfect State*, ed. by Richard WALZER, Oxford 1985.

Alfarabi tratteggia un ben noto e studiato ordine gerarchico di perfezioni e di eccellenze che si articola in tre sistemi: quello cosmico, quello corporeo e quello politico. Il cosmo è una struttura interconnessa il cui vertice è Dio: Egli è servito e non serve e la progressiva lontananza da lui, attraverso l'emanazione, indebolisce la pregnanza e consistenza ontologica degli esseri che da Dio (omettiamo qui di discutere della *vexata quaestio* della creazione) provengono. Anche il cuore, posto in cima alla piramide degli organi corporei, è servito e non serve e gli altri organi inferiori, giù giù dal cervello e dal fegato fino alla milza e ai reni, operano per consentire il perfetto funzionamento del corpo cui il cuore presiede. Nella scala degli esseri, lo snodo è l'intelletto, sia esso l'Intelligenza Agente che, ultima delle intelligenze separate, rappresenta il punto finale della direzione discendente dell'emanazione; sia esso l'intelletto umano, che rappresenta il protagonista della direzione ascendente dall'infimo al sublime. Lo stadio dell'intelletto acquisito costituisce il momento in cui l'uomo definitivamente trascende la materia e si connette all'Intelligenza Agente, non potendo innalzarsi fino al Primo o Uno. Lo stadio dell'intelletto acquisito è attingibile dal filosofo che perciò è il simbolo del perfezionamento umano: ma la classe dei filosofi compone una classe élitaria, gode di un'immortalità spersonalizzata e selettiva nell'aldilà, sebbene nell'aldiquà abbia potenzialmente l'onere di dirigere la città (sulla scia platonica).

L'ordinamento politico farabiano assume la centralità dell'*imām*-profeta-re posto al vertice della città virtuosa. Egli è anche filosofo (sebbene non tutti i filosofi siano profeti) e rappresenta a sua volta lo snodo dell'ordinamento umano collegato alle sfere celesti: possiede perfetta capacità immaginativa per dirigere e guidare le masse, ma possiede pure perfezione intellettiva, di una perfezione che lo rende simile a Dio (ed è questo uno degli elementi che hanno condotto gli storici a chiedersi se Alfarabi fosse sciita). L'insegnamento di Alfarabi costituì un punto di riferimento e di discussione per i pensatori successivi, e a partire da esso[20] si fa luce una distinzione largamente presente nel pensiero islamico, quella tra élite (*khāssa*) e massa (*'āmma*). Vi è un aspetto gnoseologico e uno strettamente politico della questione. L'aspetto gnoseologico è naturalmente evidente in Averroè (1126-1198). Nel *Trattato decisivo* (*Fasl al-maqāl*)[21]. Averroè fa della distinzione tra élite (*khāssa*) e massa (per altro nella terminologia averroistica del *Trattato* non *'āmma* ma prevalentemente *jumhūr*) il presupposto su cui si regge quella differenza tra linguaggi e approcci conoscitivi che consente di predicare linguisticamente in più modi la medesima e unica "verità" (*haqq*). La verità è unica poiché il vero (religioso e rivelato) non contraddice il vero (filosofico e dimostrativo), ma molteplici sono i modi per esprimerla: il linguaggio dell'élite (si intendono soprattutto i filosofi) è rigoroso e preciso, dimostrativo e

[20] Cf. per esempio di Alfarabi il *Conseguimento della felicità*, in *Scritti politici*, a cura di Massimo Campanini, Torino 2007, pp. 106-107.

[21] Averroè, *Il Trattato Decisivo sulla connessione della religione con la filosofia*, a cura di Massimo Campanini, Milano 2015[3], e a cura dello stesso *The Decisive Treatise on the Connection between Islamic Religious Law and Philosophy*, Piscataway 2017.

cogente; il linguaggio della massa è impreciso e figurato, sensibile soprattutto alla retorica. Il fatto di disporre delle armi della dimostrazione e di aver perfezionato con la scienza il proprio intelletto fa sì che i filosofi siano superiori agli uomini del volgo, di una nobiltà spirituale e intellettiva che implica una precisa sociologia della conoscenza.

Più interessante e *meaningful* per il nostro discorso è l'esame delle implicazioni politiche della differenziazione tra élite e massa. Faremo riferimento al proposito al ragionamento del prestigioso filosofo marocchino Muhammad 'Ābid al-Jābrī (1936-2010) che nella sua vasta produzione teorica ha sottoposto a una critica serrata la ragione araba nei suoi vari aspetti, anche nelle sue ricadute politiche. Orbene, al-Jābrī sostiene[22] che nella società tribale e beduina, nella sostanza la società preislamica, vigevano delle relazioni concentriche e non verticali: dalla tribù alla famiglia passando per la sezione e il clan a immagine della tenda beduina. Come la tenda possiede un pilastro che la sorregge, dei pioli che la proteggono dai venti e dalle intemperie e contiene oggetti e beni che protegge e che fanno vivere i suoi abitanti, così la tribù ha un capo attorno al quale si forgia la sua identità, dei guerrieri che la difendono e dei membri e dei beni che essa protegge. Non vi è differenza di classe, né *khāssa* né *'āmma*, ma solo il capo tribù e i suoi guerrieri. L'avvento delle dinastie islamiche degli Omayyadi (661-750) e degli 'Abbāsidi (750-1258) sconvolse questa situazione. Da una parte, la vicinanza più o meno accentuata al califfo e al potere favorì la nascita e lo sviluppo di una casta dominante che si configurò come una *khāssa*. Dall'altra, il progressivo maturare di una società complessa e di una amministrazione sofisticata specializzò le funzioni sociali, ampliando la distanza tra l'élite che partecipava al potere e lo gestiva e la massa che ne era esclusa. L'elemento decisivo di questa evoluzione è la nascita progressiva della città in opposizione alla tribù. È un ragionamento, per così dire, "khalduniano" (al-Jābrī è stato un attento studioso di Ibn Khaldūn), che rileva quella che sembra essere una caratteristica della società islamica medievale: l'organizzazione elitaria in cui la divisione tra l'élite (*khāssa*) e la gente comune (*'āmma*) si traduce in sperequazioni socio-economiche e culturali, laddove la società beduina conosce un egualitarismo che non implica stratificazione sociale[23].

L'idea della gerarchizzazione delle perfezioni e delle eccellenze in chiave cosmica, ma anche intellettiva, è ovviamente neoplatonica, così come abbiamo visto l'origine storico-politica della gerarchizzazione sociale all'interno della città musulmana, ma quello che forse è più conclusivo fare qui è discutere questa prospettiva in relazione ai presupposti coranici. Dall'analisi fin qui svolta, credo sia emersa evidente una dialettica tra uguaglianza potenziale e fattuale differenziazione e subordinazione tra gli uomini. Apparentemente, l'avvento dell'Islam e il progredire della civiltà hanno peggiorato le condizioni umane introducendo una subordinazione tra gli uomini ignota alla più primitiva società beduina in cui tutta la nobiltà derivava dal valore e

22 Mohammed ABED AL-JABRI, *La Raison politique en Islam*, Paris 2007, pp. 281-283.

23 Cf. Patricia CRONE, *Medieval Islamic Political Thought*, Edinburgh 2004, pp. 334-336.

non dal censo o dalla differenziazione classista. Eppure il Corano indica proprio nel valore il criterio dell'eccellenza. L'eccellenza esiste, gli uomini non sono tutti uguali, ma è legata a fattori di perfezionamento spirituale e intellettivo e non a fattori di collocazione sociale. In questo, il messaggio coranico risulta più congruo alla visione livellatrice beduina, laddove lo sviluppo della civiltà, come avrebbe detto Ibn Khaldūn, svilisce e svuota le qualità del carattere umano originario. Vale la pena di sottolineare tuttavia che non c'è in Ibn Khaldūn nostalgia del deserto: la civiltà è un bene, perché promuove il benessere dei cittadini, promuove le arti e la conoscenza, e la stessa religione ne guadagna. Analogamente, tutto il messaggio islamico rompe col beduinismo: la civiltà islamica è urbana e cittadina. Le disuguaglianze che si verificano nella città – sperequazioni di classe, ma anche sperequazioni di genere – vanno corrette alla luce di una nobilitazione etica che affondi le sue radici nel testo coranico. Ci vuole una buona dose di ottimismo per credere in questo. Ma il perfezionamento spirituale e intellettivo, quello che garantisce la "felicità mentale" come la chiamavano i medievali, e tra i primi i pensatori musulmani come Alfarabi, Avempace e Averroè, rimane un obiettivo squisitamente filosofico.

DIANA DI SEGNI

Mosè Maimonide e l'errore dei nobili (*Exod.* 24)

Introduzione

La *Guida dei perplessi*, con la sua articolata struttura, le parole oscure e i silenzi, nel timore che orecchie impreparate abbiano accesso a nozioni oltremodo complesse, si vuole, ciononostante, come una guida per il raggiungimento della conoscenza[1]. L'autore si rivolge direttamente al proprio allievo, un giovane che ha già mostrato le proprie doti e ha seguito un percorso propedeutico adeguato; è lui il lettore ideale, colui che saprà – secondo le istruzioni di Maimonide medesimo – collegare i capitoli a dovere e che non si confonderà malgrado le apparenti contraddizioni contenute nel testo[2]. La *Guida* è concepita pertanto nel suo insieme come un percorso di formazione per il raggiungimento della scienza maggiormente elevata e nobile, tramite il principio aristotelico della gradualità della conoscenza, secondo cui è necessario iniziare dal più semplice per giungere al più complesso – in questo caso, la metafisica:

[1] È impossibile rendere conto in questa sede della sterminata bibliografia relativa alla *Guida dei perplessi*. Ci limiteremo a fornire indicazioni puntuali relative a temi specifici. Il testo della *Guida* in italiano è edito in Mosè MAIMONIDE, *La Guida dei perplessi*, trad. it. di Mauro ZONTA, Torino 2005 [= *Guida*]. Sulla struttura esoterica del testo, si veda il classico Leo STRAUSS, *How To Begin To Study* The Guide of the Perplexed, in: Moses MAIMONIDES, *The Guide of the Perplexed*, trad. Shlomo PINES, Chicago 1963, pp. XI-LVI. Cf. inoltre, ID., *The Literary Character of the Guide for the Perplexed*, in: *Essays on Maimonides*, ed. by Salo W. BARON, New York 1941, pp. 37-91 [reprint in Leo STRAUSS, *Persecution and the Art of Writing*, Chicago 1952, pp. 38-94], in part. la sezione *Secrets and Contradictions*, pp. 58-75; Aviezer RAVITZKY, *Maimonides: Esotericism and Educational Philosophy*, in: *The Cambridge Companion to Maimonides*, ed. by Kenneth SEESKIN, Cambridge 2005, pp. 300-323; Marvin FOX, *Interpreting Maimonides. Studies in Methodology, Metaphysics and Moral Philosophy*, Chicago–London 1990, cap. 3: *The Esoteric Method*, pp. 47-66; cap. 4: *Maimonides' Method of Contradictions*, pp. 67-90.

[2] Cf. *Guida*, Introd., p. 81: "Quando vuoi cogliere il senso complessivo del contenuto di quest'opera, così da non lasciarti sfuggire nulla, collega i suoi capitoli gli uni con gli altri, e non porti come fine quello di comprendere, di un capitolo, solo il complesso del suo significato, ma anche ogni parola che si trovi nel corso del discorso, anche se non fa parte dell'argomento principale del capitolo". Sull'epistola dedicatoria all'allievo e più in generale sull'introduzione alla *Guida*, cf. Steven HARVEY, *Maimonides and the Art of Writing Introductions*, in: Maimonidean Studies, vol. 5, ed. by Arthur HYMAN, Alfred IVRY, New York 2008, pp. 85-106: 96-104.

> Sappi che il principio di questa scienza, ossia la metafisica, è molto pericoloso [...] colui che si rivela di mente perfetta e pronto a questo elevato grado di conoscenza [...] si deve elevare a poco a poco sino a raggiungere la perfezione [...]. Secondo me, è come quando qualcuno nutre un bambino lattante con pane cotto e carne, e gli dà da bere del vino: indubbiamente, così facendo lo uccide, non perché questo cibo sia cattivo e innaturale per l'uomo, ma perché esso non è alla portata della digestione del bambino[3].

Tale principio permea lo scritto maimonideo nelle sue differenti parti, anche quelle, apparentemente, meno filosofiche[4]. Se ne trova infatti un'applicazione in una delle sezioni più propriamente esegetiche della *Guida*, ovvero nei capitoli dedicati all'interpretazione di un passo particolarmente oscuro dell'*Esodo*, nel quale si riferisce di una visione avuta dai "nobili" del popolo d'Israele, in seguito alla quale costoro "mangiarono e bevvero[5]".

Il passo biblico analizzato in *Guida* I, 5 presenta alcune difficoltà di comprensione, la prima delle quali risiede nell'identificazione dei destinatari della visione. Nella versione ebraica di *Exod.* 24,9 si legge infatti che Mosè salì sul Monte Sinai assieme ad Aron, Nadab, Abiu e settanta anziani del popolo di Israele ("ziqnei isr'ael") mentre, immediatamente dopo, al verso 11, si parla dei "nobili del popolo d'Israele" ("'aṣilei bnei isr'ael"), i quali, in seguito alla visione, mangiarono e bevvero. Non è chiaro pertanto se sia possibile identificare i nobili con gli anziani. In secondo luogo, la descrizione dell'oggetto della visione costituisce un altro problema interpretativo

[3] *Guida* I, 33, p. 142. Cf. inoltre *Guida* I, 34, pp. 144-151 per le cause che impediscono di iniziare l'insegnamento con la metafisica. In *Guida* I, 5, p. 98, Maimonide si richiama esplicitamente ad Aristotele per il principio della gradualità della conoscenza. Tuttavia, egli non si riferisce al principio così come è stato formulato nell'*Organon*, bensì cita esplicitamente un passo tratto dal *De caelo*, II, 12, 291b25sgg.

[4] Sul rapporto tra filosofia ed esegesi nella *Guida dei perplessi*, cf. Josef Stern, *Philosophy or Exegesis: Some Critical Comments*, in: *Judaeo-Arabic Studies. Proceedings of the Founding Conference of the Society for Judaeo-Arabic Studies*, ed. by Norman Golb, Amsterdam 1997, pp. 213-228. Sul carattere esoterico dell'esegesi maimonidea cf. Sara Klein-Braslavy, *Maimonides' Exoteric and Esoteric Biblical Interpretations in the* Guide of the Perplexed, in: *Study and Knowledge in Jewish Thought*, ed. by Howard Kreisel, Beer Sheva 2006, pp. 137-164.

[5] *Exod.* 24,9-11: "Mosè salì con Aronne, Nadab, Abiu e i settanta anziani di Israele. Essi videro il Dio d'Israele: sotto i suoi piedi vi era come un pavimento in lastre di zaffiro, limpido come il cielo. Contro i privilegiati degli Israeliti non stese la mano: essi videro Dio e poi mangiarono e bevvero". Sulla storia dell'interpretazione filosofica di tale verso, cf. Shaul Regev, *The Vision of the Nobles of Israel in the Jewish Philosophy of the Middle Ages*, in: Jerusalem Studies in Jewish Thought, 4 (1984), pp. 281-302 [ebr.]. Regev prende in esame le interpretazioni di Maimonide, Yosef Ibn Kaspi, Yosef Ibn Shem Tov e Isaac Abravanel. Per un'interpretazione contemporanea, nell'ottica di dimostrare il nesso tra filosofia ed esegesi biblica nella *Guida*, cf. Michelle Levine, *Maimonides' Philosophical Exegesis of the Nobles' Vision (Exodus 24): A Guide for the Pursuit of Knowledge*, in: The Torah u-Madda Journal, 11 (2002/2003), pp. 61-106. Per l'interpretazione tradizionale ebraica, si vedano i *midrashim*: *Esodo Rabbah* 3, 1; *Levitico Rabbah* 20, 10; *Numeri Rabbah* 15, 24.

del verso, poiché vi viene dipinta una particolare configurazione cosmologica – essi infatti videro: "come un pavimento in lastre di zaffiro" – che sembra presupporre una concezione antropomorfica della divinità, dal momento che tale "pavimento" si troverebbe "sotto i piedi" di Dio[6]. Infine, l'atto di mangiare e bere compiuto dai nobili in seguito alla visione introduce un inaspettato elemento di materialità all'interno di un'esperienza paragonabile a quella profetica, e che, al contrario, dovrebbe riguardare unicamente la sfera più elevata[7]. È proprio la presenza di questo elemento materiale che determina il giudizio maimonideo relativo a tale episodio; la visione avuta dai nobili sarebbe stata, infatti, imperfetta, e l'atto "fisico" al quale essi si dedicarono in seguito ne rappresenterebbe la prova:

> Invece, i "nobili tra i figli d'Israele" agirono con precipitazione, innalzarono i loro pensieri e percepirono sì Dio, ma con una percezione non perfetta[8].

In cosa sia consistita l'imperfezione di questa visione non emerge chiaramente dall'argomentazione maimonidea, tanto più che, coerentemente con l'impostazione metodologica della *Guida* secondo cui è necessario 'collegare' i capitoli al fine di comprendere il ragionamento, l'autore disperde l'esegesi di *Exod.* 24,9-11 in diversi capitoli dell'opera, ovvero in *Guida* I, 4, 5 e 28, e poi vi ritorna in II, 26 e in III, 4.

Scopo di questo contributo è dunque far luce sui passaggi meno comprensibili dell'esposizione maimonidea in merito all'errore compiuto dai nobili nell'episodio della visione. Tale analisi si svilupperà, in un primo momento, contestualizzando l'esegesi di *Exod.* 24 all'interno della sezione lessicografica nella prima parte della *Guida*; in secondo luogo, saranno presentate alcune considerazioni relative all'oggetto della visione, tramite il riferimento ai commentatori medievali di Maimonide e alla letteratura esegetica ebraica tradizionale. Si vedrà infine come tale errore vada concepito all'interno della struttura gnoseologica aristotelica, che presuppone la propedeuticità delle scienze in vista del raggiungimento della conoscenza più elevata.

[6] Innumerevoli sono i passi della *Guida* nei quali Maimonide si oppone alla concezione antropomorfica della divinità. Tutti i capitoli lessicografici appartenenti alla prima parte hanno infatti lo scopo di chiarire come il linguaggio biblico debba essere inteso in senso metaforico quando si riferisce a Dio; cf. in merito Arthur HYMAN, *Maimonides as Biblical Exegete*, in: *Maimonides and His Heritage*, ed. by Idit DOBBS-WEINSTEIN, Lenn E. GOODMAN, James Allen GRADY, Albany 2009, pp. 1-12; Sara KLEIN-BRASLAVY, *Bible Commentary*, in: *The Cambridge Companion*, pp. 245-272: 249-250. Sull'incorporeità divina, cf. ad esempio Harry A. WOLFSON, *Maimonides on the Unity and Incorporeality of God*, in: The Jewish Quarterly Review, 56 (1965), pp. 112-136.

[7] Per la concezione negativa della materia si veda *Guida* III, 9, pp. 532-534. Cf. in merito Idit DOBBS-WEINSTEIN, *Matter as Creature and Matter as the Source of Evil: Maimonides and Aquinas*, in: *Neoplatonism and Jewish Thought*, ed. by Lenn E. GOODMAN, Albany 1992, pp. 217-236.

[8] *Guida* I, 5, p. 99.

I.

L'esposizione del problema legato alla visione dei nobili (*Guida* I, 5) si inserisce in un contesto insolito per la tipologia di argomentazione presentata. Essa, infatti, è introdotta apparentemente come una digressione nell'ambito dei capitoli dedicati all'analisi della terminologia biblica[9]. A voler essere precisi, l'intero capitolo 5 appare come una digressione rispetto alla struttura di questa sezione della *Guida*: il capitolo 4 è infatti dedicato ai significati metaforici di tre verbi legati alla visione (*ra'ah, hibbiṭ e ḥazah*), mentre il capitolo 6 tratta del significato metaforico dei termini "uomo" e "donna" (*ish* e *ishah*). Il capitolo 5 si caratterizza quindi per la sua peculiare impostazione, in quanto, al contrario dei precedenti, non introduce alcun nuovo termine, bensì a prima vista si allontana dal tema lessicale per presentare una digressione di carattere metodologico.

Il contesto semantico analizzato in *Guida* I, 4 riguarda i verbi legati alla nozione di "visione". La trattazione relativa ai tre verbi segue uno schema ben preciso, e i differenti significati sono illustrati tramite una serie di esempi concernenti, da una parte, l'uso letterale del termine – ovvero quando questo si riferisce alla percezione visiva; dall'altra, l'uso metaforico – ovvero quando la parola esprime una cognizione intellettiva[10]. Di seguito, presentiamo una tabella riepilogativa degli esempi suddivisi per tipologia:

	Significato letterale	Significato metaforico relativo all'uomo	Significato metaforico relativo a Dio
vedere [*ra'ah*]	*Gen.* 29,2	*Eccl.* 1,16	1*Re* 22,19; *Gen.* 18,1; *Gen.* 1,10; *Exod.* 33,18; *Exod.* 24,10
guardare [*hibbiṭ*]	*Gen.* 19,17; *Gen.* 19, 25; *Is.* 5,30	*Num.* 23,21; *Exod.* 23,8; *Gen.* 15,5	*Exod.* 3,6; *Num.* 12,8; *Ab.* 1,13
avere una visione [*ḥazah*][11]	*Mic.* 4,11	*Is.* 1,1; *Gen.* 15,1	*Exod.* 24,11

[9] I capitoli dedicati ai termini biblici sono *Guida* I, 1-16, pp. 89-113 (con eccezione del capitolo 5 che non introduce alcun nuovo termine da analizzare); I, 18-30, pp. 114-136; I, 36-45, pp. 153-169.

[10] Cf. *Guida* I, 4, p. 96: "Sappi che i tre verbi 'vedere [*ra'ah*]', 'guardare [*hibbiṭ*]', e 'avere una visione [*ḥazah*]' designano la visione oculare, ma tutt'e tre sono usati metaforicamente per designare la percezione intellettuale".

[11] Nel caso di *ḥazah*, tuttavia, i due significati metaforici – quello relativo all'uomo e quello relativo a Dio – non sono separati in maniera forte. Il secondo appare dunque come una sotto-divisione del primo.

Analogamente agli altri termini analizzati in *Guida* I, i verbi di "visione" debbono essere intesi in senso esclusivamente metaforico qualora siano riferiti a Dio[12].

Tra gli esempi menzionati da Maimonide per il significato metaforico del verbo *ra'ah*, appare anche il passo di *Exod.* 24,10; ne consegue quindi che la visione dei nobili è associata ad una percezione intellettuale:

> In accordo con quest'uso metaforico è ogni 'menzione' del termine "vista" a proposito di Dio, come quando la Bibbia dice: [...] 'e videro il Dio d'Israele' [*Exod.* 24,10]: tutto questo è percezione intellettuale, certo non visione oculare, perché gli occhi non percepiscono altro che un corpo, e solo in un certo modo, ed anche alcuni dei suoi accidenti, ossia i colori del corpo, la sua figura, e simili[13].

Inoltre, il medesimo episodio compare anche nella trattazione di *ḥazah*, dal momento che in *Exod.* 24,11 il testo biblico ebraico presenta questo secondo verbo:

> Del pari, "avere una visione" [...] viene usata metaforicamente per la percezione della mente: [...] Sempre secondo quest'uso metaforico si dice: 'Ed ebbero la visione di Dio' [*Exod.* 24,11]: sappilo[14].

Il significato metaforico di *ra'ah* e quello di *ḥazah* non sono pertanto distinti, cosicché la visione dei nobili si delinea come una forma di percezione intellettuale avvenuta tramite il mezzo profetico, da non confondersi con la percezione sensoriale[15].

12 Cf. *Guida* I, 4, p. 96. Dalla tabella relativa agli esempi menzionati emerge come il significato metaforico - quello quindi della percezione intellettuale - si applichi tanto a Dio quanto all'uomo. La facoltà intellettiva è infatti, per Maimonide, ciò che accomuna l'uomo a Dio, cf. *Guida* I, 1, p. 91: "L'uomo ha come proprietà qualcosa di molto strano, che non si trova in nessun altro degli enti che stanno sotto la sfera della luna: è la comprensione intellettuale, nella quale non interviene né un senso, né una mano, né un braccio, e che è paragonabile alla comprensione divina, che non si serve di un organo". Al contrario, secondo l'interpretazione dei commentatori medievali, Maimonide avrebbe distinto nettamente il senso metaforico applicato a Dio da quello applicato all'uomo, visto che lo scopo dei capitoli lessicografici è proprio quello di evitare ogni possibile credenza nell'antropomorfismo divino. Cf. i commenti di Efodi e Shem Tov in Moshè BEN MAIMON, *Moreh ha-nevukim*, trad. Shemuel IBN TIBBON, con i commenti di EFODI, Shem Tov ben Yoseph IBN SHEM TOV, Asher CRESCAS e Isaac ABRAVANEL [d'ora innanzi *Moreh*], Gerusalemme 1960, I, 4, 19b.

13 *Guida* I, 4, pp. 96-97.

14 *Guida* I, 4, pp. 97-98.

15 Sull'equivalenza tra *ra'ah* e *ḥazah* cf. inoltre *Guida* II, 43, p. 480: "'Apparizione' [*ḥazon*] deriva da 'percepire un'apparizione [*ḥazah*]', e 'visione [*mar'eh*]' deriva da 'vedere [*ra'ah*]', e 'percepire un'apparizione' e 'vedere' hanno lo stesso significato; non c'è differenza tra il dire 'in una visione' o 'in un'apparizione'". Sulla distinzione rispetto alla percezione sensoriale, cf. *Guida* I, 28, p. 133: "Insomma, lo scopo di ogni persona dotata di intelletto è

Il discorso relativo alla visione dei nobili è pertanto già introdotto in *Guida* I, 4, sebbene qui non vi sia alcun esplicito riferimento ad un giudizio negativo nei confronti dell'episodio. Tuttavia, l'ipotesi secondo cui Maimonide, già in questo capitolo, intendesse criticare la visione dei nobili è stata sollevata da alcuni commentatori medievali[16]; infatti, al momento di menzionare gli esempi relativi al termine *ḥazah*, la citazione tratta da *Exod.* 24,11 appare in qualche modo distinta dai versi citati in precedenza (ovvero *Is.* 1,1 e *Gen.* 15,1), poiché è introdotta tramite l'espressione: "sempre secondo questo uso metaforico[17]". Tale cesura implicherebbe una disparità tra la visione descritta in *Exod.* 24,11 e quelle menzionate in *Is.* 1,1 e *Gen.* 15,1, come se la prima non fosse "all'altezza" delle seconde. Eppure, come emerge dalla tabella presentata sopra, nel caso del verbo *ra'ah* la citazione tratta da *Exod.* 24,10 non risulta separata dalle altre[18].

Inoltre, la distinzione di *Exod.* 24,10 rispetto agli altri versetti sembrerebbe essere indicata dall'ordine delle citazioni bibliche presentate[19]. Nell'ambito della trattazione del verbo *ra'ah*, infatti, l'episodio della visione dei nobili è seguito immediatamente dopo dal riferimento a *Exod.* 33,18, ovvero alla richiesta da parte di Mosè di vedere Dio; l'accostamento tra questi due versetti enfatizzerebbe la distanza tra i due tipi di visione. Non a caso, secondo quanto chiarito in *Guida* I, 5, Mosè aveva seguito le fasi di preparazione necessarie per poter accedere alla divinità, mentre i nobili non avevano seguito il percorso propedeutico:

quello di respingere la corporeità di Dio e di interpretare tutte le suddette percezioni come percezioni intellettuali, non come percezioni sensoriali. Comprendi questo punto e riflettici sopra". Per la teoria maimonidea della profezia, cf. *Guida* II, 32-48, pp. 444-503. A riguardo, si veda il classico Leo Strauss, *La fondazione filosofica della Legge. La dottrina della profezia di Maimonide e le sue fonti*, in: Id., *Filosofia e Legge. Contributi per la comprensione di Maimonide e dei suoi predecessori*, Firenze 2003, pp. 229-273.

16 Cf. l'interpretazione di Efodi e Shem Tov in *Moreh*, I, 4, 20a.

17 *Guida* I, 4, p. 98.

18 Infatti, secondo l'interpretazione di Efodi (*Moreh*, I, 4, 20a), in *Guida* I, 4 Maimonide avrebbe limitato la sua critica alla discussione del verbo *ḥazah*.

19 Questa è l'opinione di Levine, *Maimonides' Philosophical Exegesis*, p. 65: "I would like to propose that in fact Maimonides' presentation in 1:4 also conveys his intent to distinguish Exodus 24:10 in its own category. Maimonides arranges the prooftexts for the figurative meaning of *ra'oh* in the following order: I Kings 22:19, Genesis 18:1, Genesis 1:10, Exodus 33:18, and Exodus 24:10. Behind this schema lies a thematic logic. The examples from I Kings and Genesis 18 relate God as the initiator of a divine vision to be apprehended by man. Exodus 33 highlights Moses' request to perceive the essence of God. Genesis 1:10 is centered, serving as the catalyst both for God's appearance before man and man's desire to see Him. The fact that God sees His creations enables Him to be the object of man's vision and inspires great men to seek Him. Accordingly, Exodus 24:10, which describes God's appearance to man, should have been positioned following the first or second biblical citation. By setting this vision apart from those in I Kings and Genesis, Maimonides intimates his censure of the nobles' incomplete apprehension of God".

In questo significato si intende il detto biblico: 'E Mosè nascose il suo volto, perché aveva timore di guardare Dio', dove il suddetto significato esoterico si aggiunge al significato letterale - il quale concerne il timore di Mosè di vedere la luce nella sua evidenza [...] Mosè venne lodato per questo, e Dio lo beneficò con la sua bontà tanto che, alla fine, si dovette dire di lui: 'Guarderà la forma di Dio'; e i sapienti dicono che questa è la ricompensa per aver subito 'nascosto il suo volto' 'senza vedere Dio'[20].

Il tema della preparazione graduale alla conoscenza – un motivo ricorrente nella *Guida* – contraddistingue il capitolo 5, che si apre con una citazione tratta da Aristotele a sostegno della posizione maimonidea in favore della propedeuticità delle scienze:

Quando il principe dei filosofi prende a far ricerche e argomentazioni intorno a cose molto profonde, fa un discorso di scusa il cui tenore è che chi studia il suo libro non deve attribuirgli, a causa della materia della sua ricerca, impudenza o audacia e la precipitazione nel parlare di ciò che non si conosce, ma deve attribuirgli piuttosto il desiderio e lo sforzo di trovare e conseguire credenze sicure, secondo la possibilità dell'uomo. Del pari, noi diciamo che l'uomo non deve gettarsi su questo tema grande e importante senza por tempo in mezzo, senza essersi esercitato nelle scienze e nelle conoscenze, e senza aver regolato i suoi costumi come si deve, e aver soffocato i suoi appetiti e i desideri della sua immaginazione[21].

È proprio ad esemplificazione di tale principio che la vicenda di Mosè (*Exod.* 3,6) viene menzionata, in contrapposizione alla visione dei nobili di Israele, i quali si erano comportati invece in maniera 'precipitosa'.

La digressione di carattere metodologico introdotta in *Guida* I, 5 si conclude poi ritornando al tema del capitolo precedente, ovvero all'analisi dei verbi di "visione", con la riaffermazione della necessità di intendere tali termini in maniera metaforica – ovvero come percezione intellettuale – se attribuiti alla divinità. L'impossibilità di percepire Dio tramite l'organo della vista discende infatti dalla sua incorporeità, sostenuta da Maimonide a più riprese nella propria opera.

20 *Guida* I, 5, pp. 98-99. Cf. la tradizione talmudica cui Maimonide si riferisce, *Talmud Bavlì, Berakot*, 7a. Anche il *midrash* si sofferma sull'opposizione tra il comportamento di Mosè e quello di Nadab e Abiu, cf. *Levitico Rabbah* 20, 10 e *Numeri Rabbah* 15, 24. Maimonide ritorna spesso sul tema della distinzione della profezia mosaica rispetto alle altre, cf. ad esempio *Guida* I, 54, p. 197.

21 *Guida* I, 5, p. 98. Per la citazione, non letterale, cf. ARISTOTELE, *Il cielo*, trad. it. di Alberto JORI, Milano 2002, II, 12, 291b24-27, p. 285: "Dal momento che vi sono due aporie, in relazione alle quali ci si potrebbe trovare, e non senza motivo, in difficoltà, dovremo tentare di fornire loro una risposta plausibile. Riteniamo infatti che meriti di venire qualificato come modestia, più che come audacia, l'ardore di chi, assetato dal desiderio di sapere, è felice di fornire chiarimenti, per quanto limitati, sugli argomenti a proposito dei quali ci si imbatte nelle maggiori difficoltà".

Infine, al termine del capitolo, Maimonide lascia aperta la possibilità per il volgo di "fraintendere" il significato della visione dei nobili, in maniera per così dire "innocua". Qualora, infatti, le menti semplici ritenessero che oggetto della visione fossero stati gli astri creati, ovvero gli angeli o altri corpi celesti, questo non provocherebbe gravi danni alla credenza del popolo[22]. Sebbene, tuttavia, non vi sia alcun male nel ritenere ciò, tale interpretazione non rende la realtà della visione dei nobili:

> Se poi un dissennato non vuole arrivare a questo grado al quale noi vogliamo ascendere, e intende tutte le parole che hanno il suddetto significato come se indicassero la percezione sensibile degli astri creati – siano essi angeli o altro – non vi è alcun male in questo[23].

II.

Come già accennato, il testo biblico non specifica con chiarezza chi fossero i destinatari della visione di *Exod.* 24[24]. Al verso 9, infatti, sono menzionati i settanta anziani: "Poi Mosè salì con Aronne, Nadab, Abiu e i settanta anziani di Israele", mentre al verso 11 sono nominati i nobili del popolo di Israele: "Contro i privilegiati degli Israeliti non stese la mano". Non è chiaro se i nobili debbano essere assimilati

[22] Spesso Maimonide nella *Guida* reputa necessario che il volgo creda a determinate nozioni, sebbene queste non siano del tutto vere. Il significato esteriore - delle metafore bibliche come degli insegnamenti di Maimonide - ha infatti un valore educativo per il volgo, il quale non avrebbe altrimenti accesso alla conoscenza più profonda. Cf. ad esempio *Guida*, Introd., p. 77: "Così sono le metafore dei profeti: il loro senso letterale consiste di una saggezza utile per molte cose, e in generale utile a migliorare le società umane [...], mentre il loro senso esoterico consiste di una saggezza utile per credere il vero nella sua realtà".

[23] *Guida* I, 5, p. 100.

[24] Nella traduzione ebraica di *Guida* I, 28 composta da Yehuda al-Ḥarizi, la visione è esplicitamente limitata agli anziani, cf. Moshè Ben Maimon, *Moreh nevukim*, Gerusalemme 1964, p. 109: "'eizeh davar hisigu shiv'im ha-zeqenim". Il medesimo passo è chiarito in una nota al testo nella traduzione inglese di Pines, che include anche Mosè e Aronne nella visione, cf. Moses Maimonides, *The Guide of the Perplexed*, I, 28, p. 60, n. 15: "I. e. Moses, Aron, and the elders of Israel, mentioned in Exodus 24:9", cf. inoltre, *Ivi*, p. 61, n. 18. Munk invece identifica gli anziani con i nobili, cf. Moïse Maïmonide, *Le Guide des égarés*, éd. Salomon Munk, Paris 1970, vol. 1, I, 28, p. 96, n. 1: "Il faut se rappeler que dans le passage en question (Exode, XXIV, 9-11) il s'agit d'une vision des soixante-dix anciens, appelés *les élus d'entre les fils d'Israël*". Secondo Levine, invece, Mosè non deve essere incluso in questa visione, dal momento che non avrebbe potuto compiere un'imperfezione per la quale avrebbe meritato di perire, cf. Levine, *Maimonides philosophical exegesis*, p. 93, n. 18: "In my opinion, Maimonides excludes Moses, if not Aron, from this prophetic experience, as it is logical to assume they would not have received an imperfect prophecy for which the apprehenders deserve to perish [...] Finally, Moses would not have reacted to a divine cognition with bodily activities". In ambito esegetico ebraico, i nobili sono spesso identificati con Nadab, Abiu e gli anziani, cf. il commento di Rashi a questo versetto, Rashi di Troyes, *Commento all'Esodo*, a cura di Sergio J. Sierra, Genova 1988, pp. 219-220.

agli anziani, ma sembrerebbe che Maimonide propenda per tale identificazione, dal momento che in *Guida* I, 5 egli si richiama ad un *midrash* tratto dal *Levitico Rabbah*, secondo cui gli anziani sarebbero stati bruciati a Tabera (*Num.* 11,1) mentre Nadab e Abiu nel tabernacolo (*Lev.* 10,2)[25]. Egli pertanto, sulla scia del *midrash*, collega tale evento all'atto imperfetto compiuto in occasione della visione, stabilendo così un rapporto di causalità tra i due, poiché il primo sarebbe la punizione per il secondo.

In secondo luogo, dal testo biblico non emergono elementi che possano chiarire il contenuto né la modalità della visione, e in *Guida* I, 5 tali questioni non sono affrontate, giacché, secondo Maimonide, il senso del versetto è quello di criticare la visione, ma non di descriverla:

> Per questo, la Bibbia dice di loro: 'E videro il Dio d'Israele e sotto i suoi piedi ecc.' e non dice soltanto 'videro il Dio d'Israele', perché il discorso comporta un rimprovero al fatto che essi videro, non una descrizione di come essi videro[26].

Successivamente, in *Guida* I, 28, il passo è nuovamente menzionato, con un riferimento all'interpretazione suggerita dalla traduzione aramaica della Bibbia. Al fine di allontanare ogni possibile credenza nell'antropomorfismo divino, il *Targum* di Onqelos aveva tradotto l'espressione "sotto i suoi piedi" (*Exod.* 24,10) introducendo un termine intermedio al quale riferire la locuzione, in modo tale che questa non potesse essere ascritta direttamente a Dio[27]. In questo caso, il termine intermedio è

[25] Cf. *Levitico Rabbah* 20, 10. Secondo il *midrash*, Nadab e Abiu sarebbero morti a causa del comportamento indecoroso tenuto durante il 'pasto' in seguito alla visione. Cf. inoltre il commento di Rashi, secondo cui i nobili avrebbero visto Dio, e contemplandolo sarebbero divenuti passibili della pena di morte. Tuttavia, la punizione sarebbe giunta per Nadab e Abiu in occasione dell'inaugurazione del Tabernacolo (*Lev.* 10,2), mentre per gli anziani a Tabera (*Num.* 11,1). Cf. Rashi, *Commento all'Esodo*, pp. 219-220: "Bisogna intendere la parola *biqetsé* (l'estremità del campo) come se fosse scritto *biqetsinim* (i nobili) che erano nel campo. Il pavimento di *livnath* era ai suoi piedi fintanto che durava la schiavitù ricordando la sofferenza di Israele che doveva fabbricare i mattoni (*levenim*), che dopo la liberazione si sono trasformati in luce. Siccome è scritto che 'non ha mosso la mano', significa che avrebbero meritato la distruzione".

[26] *Guida* I, 5, p. 99.

[27] Maimonide si serve spesso della traduzione aramaica di Onqelos, quando intende evitare ogni riferimento antropomorfico. Egli descrive il metodo di Onqelos ad es. in *Guida* I, 27, p. 128: "Onqelos il proselita, uomo molto versato nella lingua ebraica e aramaica, talora si sforza di eliminare i riferimenti alla corporeità di Dio dalla sua traduzione della Bibbia. Pertanto, di ogni attributo che la Scrittura attribuisce a Dio e che conduce alla corporeità, egli interpreta il significato in senso allegorico". Cf. inoltre *Guida* I, 21, p. 120: "Quanto al *Targum*, procede secondo quel che è solito fare in questi casi, ossia: per ogni parola che sia riferita a Dio e che presuma che Dio sia corporeo o abbia qualcosa che implica la corporeità, esso presume che sia stato cancellato il nome che regge la parola Dio e interpreta quella parola come se fosse riferita a un nome che regge la parola Dio e che è stato omesso".

costituito dal trono divino, cosicché l'espressione "i suoi piedi" viene ad indicare i piedi del trono, mentre il trono stesso è attribuito non a Dio, bensì alla sua gloria. Sulla base di questo principio, la formula biblica "sotto i suoi piedi" è stata resa con: "sotto il trono della sua gloria", cosicché i nobili avrebbero visto la gloria divina:

> Considera qui e ammira quanto Onqelos sia lontano dalla corporeità divina e da tutto ciò che conduce ad essa, anche nel modo più remoto. Infatti, egli non dice: 'sotto il Suo trono', perché se attribuisse il "trono" a Dio nel significato spiegato prima ne conseguirebbe che Egli sta seduto su un corpo, e ne conseguirebbe la Sua corporeità; pertanto, egli attribuisce il "trono" alla "Sua gloria", ossia alla "presenza divina", che è luce creata[28].

Eppure, nell'ottica di Maimonide, l'interpretazione di Onqelos necessita di essere completata, dal momento che questi non era entrato nei dettagli del contenuto della visione[29]. Pertanto, il tema è ripreso nell'ambito dell'analisi della parola "piede" – termine al quale è dedicato il capitolo I, 28 – poiché, come si è appena visto, in *Exod.* 24,10 vi è un riferimento ai "piedi" di Dio.

In *Guida* I, 28, Maimonide suggerisce che i nobili abbiano visto la materia prima informe, il sostrato dei quattro elementi[30]. Tale interpretazione trova fondamento nell'espressione biblica che descrive l'oggetto della visione, ovvero: "vi era come un pavimento in lastre di zaffiro, limpido come il cielo" (*Exod.* 24,10). Come notano alcuni traduttori della *Guida*, con il termine "zaffiro" – nell'uso maimonideo – non bisogna intendere una pietra preziosa, bensì genericamente ogni tipo di cristallo, giacché poco dopo Maimonide si serve del termine arabo *billūr* (cristallo) per riferirsi al medesimo "pavimento"[31]. Inoltre, nella versione ebraica del testo biblico è presente un riferimento alla bianchezza di tale cristallo, poiché la visione è descritta come: "ke-ma'aseh livnat ha-sappir", ovvero "come un'opera della bianchezza dello zaffiro[32]". Il termine *livnat* (bianchezza) del cristallo non esprimerebbe

[28] *Guida* I, 28, p. 131.

[29] Cf. *Guida* I, 28, p. 131.

[30] Cf. *Guida*, I, 28, p. 132: "Ciò che essi percepirono era la realtà della materia provenuta da Lui".

[31] Cf. il commento di Munk in Maïmonide, *Guide*, I, 28 p. 97, n. 2: "L'auteur ne prend pas ici le mot *sappir* dans le sens de *saphir* proprement dit, mais il y voit en général une matière *transparente*. Immédiatement après il substitue le mot arabe *billūr, cristal.* Les traducteurs hébreux du Moyen âge emploient souvent le mot *sappiri* pour rendre le mot arabe *mušaf,* qui correspond, dans les versions arabes, au mot grec *διαφανὲς, transparent*". Cf. inoltre la nota di Pines in Maimonides, *Guide*, I, 28, p. 61, n. 19: "The use of this Arabic word may mean that Maimonides considered that the Hebrew word *sappir* meant 'crystal'".

[32] A proposito dell'espressione "ke-ma'aseh", "come un'opera", Maimonide scrive: "Considera ora l'espressione 'come un'opera della bianchezza del cristallo': se qui si intendesse parlare del colore, si direbbe: 'come la bianchezza del cristallo'; si aggiunge l'espressione 'un'opera' perché la materia, come tu sai, è sempre ricettiva e passiva, se si considera la sua essenza, e non è attiva se non per accidente, mentre la forma è sempre attiva di per sé, e passiva per accidente, come si spiega nei libri di fisica. Per questo, la Bibbia dice di essa: 'come un'opera'" (*Guida* I,

quindi la sua bianchezza, bensì la sua trasparenza, e in questo modo si tratterebbe di una metafora per la materia prima. Il cristallo trasparente, infatti, non avendo colori, può assumerne di volta in volta differenti, così come la materia prima è informe, ma è in grado di acquisire diverse forme in successione:

> Quanto alla "bianchezza del cristallo", è un modo per esprimere la trasparenza, non il colore bianco, perché la bianchezza del cristallo non è dovuta al colore bianco, bensì solo alla trasparenza; e la trasparenza non è un colore, come è dimostrato nei libri di fisica, giacché, se fosse un colore, non si vedrebbero dietro di essa tutti i colori, ed essa non li riceverebbe in sé. Ora, giacché il corpo trasparente è privo di ogni colore, li riceve tutti uno dopo l'altro, così come avviene alla materia prima, la quale, nella sua vera realtà, è priva di ogni forma, e per questo riceve tutte le forme una dopo l'altra[33].

Tale interpretazione che associa la bianchezza del cristallo alla materia prima si ritrova in *Guida* III, 4, nel contesto dell'analisi della visione di Ezechiele[34]. L'analogia è posta da Maimonide stesso, il quale associa l'espressione usata in *Exod.* 24,10 per la visione dei nobili ("come un'opera della bianchezza del cristallo") alla traduzione aramaica di Ezechiele composta da Yonathan ben Uzziel. Questi aveva infatti tradotto l'espressione "come il crisolito" (*Ezech.* 10,9) con il medesimo termine aramaico con il quale Onqelos aveva tradotto "come un'opera della bianchezza del cristallo" nel contesto di *Exod.* 24. Pertanto, conclude Maimonide, le due espressioni si equivalgono:

28, p. 132). Secondo l'interpretazione di Levine, i nobili avrebbero percepito la materia prima nella forma passiva, *ma'aseh* per l'appunto, e non nella forma verbale attiva *'oseh*, che viene del verbo *la'asot*, il cui significato è "fare". Cf. LEVINE, *Maimonides philosophical exegesis*, p. 69: "These essential characteristics of first matter are revealed to the nobles in their prophetic vision. The nobles of Israel perceive first matter in the passive verbal form of *ke-ma'aseh* and not in the active form of *'oseh*. First matter is thus described as a 'piece of workmanship', which needs to be worked upon; it is passive in its essence and only made active through its acceptance of all forms in succession".

33 *Guida* I, 28, p. 132. La nozione maimonidea di materia prima riprende quasi completamente la formulazione aristotelica, ma se ne distanzia per alcuni aspetti. Per valutare le implicazioni del rapporto di Maimonide con i testi aristotelici, è utile tener conto del fatto che sarebbe improprio riferirsi a Maimonide con l'epiteto di "aristotelico" o "neoplatonico", poiché nel contesto filosofico arabo medievale tali nozioni assumono un altro significato, cf. in merito Daniel H. FRANK, *Maimonides and Medieval Jewish Aristotelianism*, in: *The Cambridge Companion to Medieval Jewish Philosophy*, ed. by Daniel H. FRANK, Olivier LEAMAN, Cambridge 2003, pp. 136-156: 142: "In the history of medieval Jewish philosophy one usually sees Maimonides described as an Aristotelian [...] We should immediately note the rather rigid dichotomization presupposed by both positions – Aristotelianism vs. Neoplatonism. But such dichotomization is manifestly unhistorical [...] Much Neoplatonic doctrine went under Aristotle's name in the late antique attempt to harmonize Plato and Aristotle".

34 Cf. *Guida* III, 4, pp. 517-519. Per Maimonide, la visione di Ezechiele rappresenta la metafisica, cf. *Guida*, Introd., p. 71: "abbiamo ricordato che l''opera della creazione' è la fisica, mentre l''opera del carro' è la metafisica".

Quanto al fatto di dire di esse che sono "come il crisolito", Ezechiele spiega anche questo nella seconda descrizione, dicendo delle "ruote": 'E l'aspetto delle ruote era come pietra di crisolito' [*Ezech.* 10,9]. Yonathan ben Uzziel traduce: 'come pietra preziosa'; ora, tu sai già che con questa stessa parola Onqelos traduce l'espressione 'come un'opera della bianchezza del cristallo' [*Exod.* 24,10], in questi termini: 'come un'opera di pietra preziosa'; e non c'è differenza tra dire 'come pietra di crisolito' e 'come un'opera della bianchezza del cristallo' – comprendilo[35]!

Di conseguenza, dal momento che i nobili hanno percepito la materia prima, la loro visione ha comportato una reale acquisizione nel campo della fisica. Siccome lo studio della scienza naturale rientra tra le tappe necessarie ad una piena comprensione della metafisica, percependo un elemento così fondamentale appartenente al campo della fisica – come la materia prima – i nobili hanno perciò acquisito la conoscenza di un importante aspetto della scienza divina[36]. È proprio in virtù di questo stretto legame tra fisica e scienza divina che al volgo è interdetto l'accesso allo studio delle cose naturali, e non, come si potrebbe pensare, a causa dei contenuti della scienza naturale in sé[37].

Il caso della materia prima è esemplificativo di questo rapporto tra scienza divina e scienza naturale, visto che in *Guida* II, 17 essa è descritta, da un lato, come un elemento rilevante del campo della fisica, poiché come gli altri enti creati è stata creata *ex nihilo*; d'altro canto, però, appartiene anche alla sfera della metafisica, in quanto non soggetta a generazione e corruzione. La materia prima rappresenta pertanto un principio tanto fisico quanto metafisico:

Noi non pretendiamo che la materia prima sia stata generata come lo è l'uomo a partire dal seme, o che si corrompa come l'uomo si corrompe diventando polvere: anzi, noi pretendiamo che Dio la abbia fatta esistere a partire dal nulla, e che, dopo essere stata fatta esistere

[35] *Guida* III, 4, p. 518.

[36] Per la fisica come tappa fondamentale all'acquisizione della conoscenza, cf. *Guida*, Introd., p. 73: "Ma tu vedi che Dio vuole renderci perfetti [...] mediante le Sue leggi pratiche; ora, queste ultime non si verificano se non dopo aver adottato alcune credenze razionali [...] le quali a loro volta non si verificano se non con la metafisica, la cui conoscenza si raggiunge solo dopo aver conosciuto la fisica, perché la fisica è contigua alla metafisica, e la precede nello studio, com'è chiaro a chi l'ha studiata".

[37] Per il rapporto tra i segreti della scienza naturale e quelli della fisica cf. ad esempio *Guida* I, 17, p. 113: "Non pensare che soltanto la metafisica sia ciò con cui ci si distingue dal volgo; lo è anche buona parte della fisica. Già ti abbiamo ripetuto il nostro detto: 'Non parlare dell'opera della creazione a due persone'". Cf. inoltre *Guida*, Introd., p. 71: "Sappi poi che anche la fisica non si può spiegare insegnando alcuni dei suoi principi così come essi realmente sono. Tu già conosci il detto dei sapienti: 'Non parlare a due persone dell'opera della creazione'". Per l'identificazione dell''opera della creazione' con la fisica, cf. *supra*, n. 34. Secondo l'interpretazione di Efodi a proposito di questo passo, i principi della scienza naturale cui si riferisce Maimonide sarebbero proprio la materia prima, cf. *Moreh*, Introd., 5a.

essa resti ciò che è – ossia, che da essa si generi ogni cosa, e ogni cosa generata da essa si corrompa tornando ad essa[38].

III.

Da quanto detto, si evince che i nobili avrebbero avuto una percezione corretta di un elemento essenziale riguardante tanto l'ambito della fisica quanto quello della metafisica. Ciononostante, la visione è denotata da Maimonide come "imperfetta" e, anzi, merita di essere punita con la morte, secondo il *midrash* citato da lui stesso[39]. Sebbene l'apprensione non fosse avvenuta a livello dei sensi, essa deve aver in qualche modo compreso anche elementi corporei, dal momento che ai nobili: "viene rimproverata la forma della loro percezione, alla quale si mescola della corporeità[40]". L'imperfezione sarebbe stata determinata proprio dalla presenza di questo elemento materiale, e l'atto fisico del mangiare e del bere immediatamente successivo alla visione – inteso in maniera letterale da Maimonide – non sarebbe altro se non la conseguenza di questa medesima imperfezione[41]. Il fatto che i nobili si siano dedicati ad attività talmente corporali lascia intendere che la visione non aveva rappresentato il raggiungimento della conoscenza divina al livello più elevato. Inoltre, se la visione fosse stata perfetta, afferma Maimonide, il verso biblico avrebbe riportato unicamente le parole: "e videro il Dio d'Israele", senza specificare l'oggetto della visione; in questo modo, invece si enfatizza la critica di tale esperienza:

[38] *Guida* I, 17, p. 374.

[39] Cf. *Levitico Rabbah* 20, 10; *Numeri Rabbah* 15, 24.

[40] *Guida* I, 5, p. 99.

[41] Sulla concezione negativa della materia cf. *supra*, n. 7. È singolare che Maimonide intenda questo passo biblico in maniera letterale, soprattutto alla luce del principio esegetico esposto in *Guida*, Introd., pp. 76-80, secondo cui il linguaggio biblico deve essere compreso in maniera metaforica. Al contrario di Maimonide, tale passo veniva letto in maniera metaforica da Filone di Alessandria, cf. PHILON D'ALEXANDRIE, *Quaestiones et solutiones in Exodum*, éd. Abraham TERIAN, Paris 1992, II, 39, p. 167. Secondo l'esegesi filoniana, infatti, i nobili sarebbero ascesi in cielo e avrebbero, per così dire, 'assaggiato' l'immortalità. In maniera analoga al filosofo che si libera dalle catene e ascende verso il mondo delle idee nel mito della caverna di Platone, i nobili sarebbero quindi ascesi verso un luogo sacro, immortale, chiamato *logos* (*Ivi*, II, 37, p. 163) In questo senso, la visione avuta dai nobili è concepita come cibo dell'anima. Il banchetto è 'spiritualizzato' ed è sostituito da una visione estatica che fornisce "cibo per l'anima". Cf. in merito l'interpretazione di Andrea LIEBER, *Jewish and Christian Heavenly Meal Traditions*, in: *Paradise Now: Essays on Early Jewish and Christian Mysticism*, ed. April D. DE CONICK, Atlanta 2006, pp. 313-339: 316. Egli ricorda che il verbo τροφέω era comunemente impiegato per esprimere l'educazione, paragonando quindi il nutrimento fisico a quello intellettuale. In un certo senso assimilabile a questa interpretazione è il *midrash* contenuto in *Levitico Rabbah* 20, 10, secondo cui i nobili avrebbero visto la *sheḵinah*, la presenza divina, che avrebbe preso parte al banchetto. Al contrario, il commento di Rashi non menziona nulla a riguardo dell'interpretazione dell'espressione "mangiare e bere".

Per questo la Bibbia dice di loro: 'E videro il Dio d'Israele e sotto i suoi piedi ecc.', e non dice soltanto 'videro il Dio d'Israele', perché il discorso comporta un rimprovero al fatto che essi videro[42].

Al fine di analizzare la natura di questa imperfezione e, in particolar modo, per stabilire se essa sia stata determinata da un vero e proprio errore oppure da un'incompletezza della visione, è utile tornare a *Guida* I, 28. In questo capitolo, infatti, l'espressione "sotto i suoi piedi" viene intesa in senso causale:

Dico dunque che l'espressione 'sotto i Suoi piedi' vuol dire: a causa Sua e a motivo di Lui, come abbiamo spiegato, e che ciò che essi percepirono era la realtà della materia prima provenuta da Lui, perché Egli è la causa della sua esistenza[43].

In questa accezione, Dio viene percepito dai nobili come la causa del mondo materiale, in quanto causa della materia prima. Sembra dunque che i nobili compiano una sorta di inferenza procedendo dalla percezione della materia prima alla percezione di Dio come causa di tale materia. La questione dell'imperfezione assume quindi un significato lievemente differente, dal momento che il problema si sposta dal contenuto della visione in sé – ovvero la materia prima – alla definizione di un qualche tipo di correlazione tra questo stesso contenuto e Dio.

La relazione tra Dio e il mondo fisico è sovente menzionata nella *Guida*, che descrive Dio come la prima causa più remota rispetto alla materia:

È molto chiaro che tutto ciò che è creato proviene inevitabilmente da una causa prossima, che l'ha creato; e questa causa ha una causa, e così via, sino a terminare la serie con la Causa prima di ogni cosa – ossia, la volizione e la volontà di Dio[44].

Pertanto, Dio non rappresenta la causa efficiente diretta, bensì la causa ultima, giacché la sua volontà si attua tramite le intelligenze separate, le quali sono allo stesso tempo immateriali ma congiunte alla materia, in quanto motrici delle sfere celesti:

Dio non fa le cose in modo diretto. Per esempio, Egli brucia le cose con l'intermediazione del fuoco, e il fuoco viene da Lui mosso con l'intermediazione del movimento del cielo, e anche il cielo viene da Lui mosso con l'intermediazione di un intelletto separato: gli intelletti separati sono gli angeli vicini a Dio, con l'intermediazione dei quali Egli muove i cieli[45].

42 *Guida* I, 5, p. 99.
43 *Guida* I, 28, p. 132.
44 *Guida* II, 48, p. 500.
45 *Guida* II, 4, p. 334.

Inoltre, la distanza tra materia prima e Dio è tematizzata nuovamente in *Guida* II, 26 con una citazione tratta dai *Capitoli di Rabbi Eli'ezer*[46]. L'autore di quest'opera aveva infatti concepito una netta distinzione tra la materia celeste e quella sublunare, adottata anche da Maimonide. La materia inferiore è descritta come la "neve" posta al di sotto del trono di gloria, a partire dalla quale Dio creò il mondo:

> Egli [Rabbi Eli'ezer] dice infatti – ascolta le sue testuali parole: '[...] E la terra, da quale luogo è stata creata? Dalla neve che era sotto il trono della Sua gloria; (Egli) la prese e la lanciò, come dice: Disse infatti alla neve: Sii terra' [*Iob* 37, 6]'[47].

Questa neve, trovandosi al di sotto del trono divino, rappresenterebbe quindi, secondo tale interpretazione, l'oggetto della visione dei nobili[48]. Il fatto stesso di trovarsi al di sotto del trono denoterebbe il carattere di inferiorità di questa materia, e di conseguenza la sua distanza da Dio:

> L'altra materia, invece, è lontana dalla luce di Dio e dal Suo splendore, ed è la materia inferiore: esso assume che derivi da 'la neve che era sotto il trono della gloria'[49].

L'errore compiuto dai nobili sarebbe pertanto consistito nell'associazione tra materia prima e Dio, come se questi fosse la causa diretta del mondo materiale. L'elemento di materialità cui si riferisce Maimonide nella sua critica all'episodio di *Exod.* 24 è rappresentato allora da questo legame, causa anche dell'imperfezione della visione. Non è un caso, perciò, che il capitolo 5 si trovi all'interno della sezione lessicografica, dedicata a confutare ogni possibile credenza nell'antropomorfismo divino: l'errore dei nobili non sarebbe altro se non la conseguenza dell'aver attribuito questo elemento di materialità a Dio.

Il carattere di tale relazione con la materia attribuita a Dio è stato oggetto di differenti interpretazioni da parte dei commentatori medievali della *Guida dei perplessi*. Secondo Isaac Abravanel, ad esempio, i nobili avevano errato nel considerare Dio come la causa efficiente della materia prima:

[46] Cf. *Guida* II, 26, p. 410. La citazione è tratta da *Pirqeh de-Rabbi Eli'ezer*, 3.

[47] *Guida* II, 26, p. 410.

[48] L'analogia tra l'interpretazione presentata nei *Capitoli di Rabbi Eliezer* e quella tratta dal *Targum Onqelos* è posta da Maimonide medesimo, cf. *Guida* II, 26, pp. 411-412: "Questo è ciò che mi ha fatto interpretare allegoricamente il detto della *Torah*: 'e sotto i Suoi piedi vi era come un'opera della bianchezza del cristallo' [*Exod.* 24,10], nel senso che percepiscono in questa 'visione profetica' la reale natura della materia prima inferiore, perché Onqelos assume che 'i Suoi piedi' si riferisca al 'trono', come ti ho già spiegato, e questo chiarisce che quella bianchezza, che si trova sotto il 'trono', è la materia della terra. Rabbi Eliezer ha ripetuto questo concetto e lo ha esposto chiaramente".

[49] *Guida* II, 26, p. 411.

Perciò io dico che l'opinione del maestro [Maimonide] è in verità che i nobili d'Israele [...] errarono. Essi infatti per via dei miracoli che videro in Egitto percepirono che vi è una causa prima [...] e videro anche che in questo mondo vi è generazione e corruzione continua. E non percepirono gli intelletti separati né le sfere e perciò dedussero che Dio è la causa prossima della materia prima nella generazione e corruzione senza alcun altro intermediario[50].

Analogamente, secondo l'interpretazione di Efodi, l'errore sarebbe consistito nel ritenere Dio come causa prossima e non come causa remota del mondo terrestre. Più precisamente, l'errore risiederebbe nell'aver paragonato Dio alle intelligenze separate che causano il moto delle sfere, attribuendo così materialità a Dio[51]. Tuttavia, secondo un'interpretazione anonima riportata da Efodi medesimo, il fatto di eliminare la mediazione delle sfere non porterebbe necessariamente ad attribuire corporeità a Dio, bensì unicamente a fraintendere il processo emanativo[52]. Secondo altri interpreti anonimi citati da Joseph ibn Kaspi, invece, i nobili avrebbero paragonato Dio alle sfere[53].

Da questa posizione si distanzia ibn Kaspi medesimo, il quale sostiene che nella *Guida* non si faccia riferimento al ruolo degli intermediari, e che Dio sia quindi la causa diretta del mondo fisico[54]. Per Kaspi si è trattato perciò di una visione profetica, che in quanto tale non può essere oltremodo errata. Egli considera pertanto la visione come corretta, sebbene incompleta:

la sua [di Maimonide] intenzione è che i nobili hanno avuto una percezione completa della prima materia, compreso il mondo inferiore il cui elemento è la materia prima, ma non percepirono il mondo delle sfere né tantomeno il mondo delle intelligenze. [...] e non hanno percepito dell'intelletto separato tutte le sue parti [...] e per questo dice di loro [dei nobili] che hanno sì avuto una percezione, ma una percezione priva di completezza[55].

Infine, secondo l'interpretazione contemporanea proposta da Michelle Levine, la visione fu sì incompleta, ma non falsa[56]. A suo parere, infatti, quando nella *Guida* si fa riferimento a un qualche errore, Maimonide si serve solitamente di parole più

[50] Cf. il commento di Abravanel in *Moreh*, I, 5, 21b. Per un'analisi dettagliata della posizione di Abravanel si rimanda a LEVINE, *Maimonides' Philosophical Exegesis*, pp. 76-77; cf. inoltre REGEV, *The Vision of the Nobles*, pp. 293-297.

[51] Cf. il commento di Efodi in *Moreh*, I, 5, 22a.

[52] Tale interpretazione è riportata in maniera anonima da Efodi, *ibid.*

[53] Tale interpretazione anonima è riportata da Yoseph IBN KASPI, *Ammudei Kesef*, ed. Salomo WERBLUNER, Frankfurt 1848, p. 20.

[54] Cf. IBN KASPI, *Ammudei Kesef*, p. 20; Sull'interpretazione di Kaspi, si veda REGEV, *The Vision of the Nobles*, pp. 287-289. Si notino inoltre i passi della *Guida* citati in precedenza nei quali si afferma invece che la volontà divina agisce tramite intermediari, cf. *supra*, n. 45.

[55] IBN KASPI, *Ammudei Kesef*, pp. 18-19.

[56] Cf. LEVINE, *Maimonides' Philosophical Exegesis*, pp. 79-84.

dure rispetto a quelle impiegate nel caso della visione dei nobili[57]. In secondo luogo, in *Guida* I, 28, al momento di affrontare nuovamente il passo di *Exod.* 24, non è ribadita la critica avanzata in *Guida* I, 5, ciò sottintenderebbe allora che l'imperfezione non abbia compromesso del tutto la visione. Infine, secondo Levine, l'episodio descrive un'importante acquisizione ottenuta dai nobili nell'ambito tanto della fisica quanto della metafisica, in virtù della capacità di concepire Dio come causa della materia prima, così da identificare la "materialità", di cui parla Maimonide nella sua critica, proprio con questa materia prima[58].

Conclusione

La doppia giustapposizione posta da Maimonide nei confronti dell'episodio di *Exod.* 24, il quale in *Guida* I, 5 è accostato alla visione di Mosè e in *Guida* III, 4 alla visione di Ezechiele, evidenzia per contrasto i limiti dell'esperienza profetica vissuta dai nobili[59]. Il grado di conoscenza acquisito da Mosè, da una parte, e da Ezechiele, dall'altra, raggiunge i livelli più elevati; infatti, nello scritto maimonideo la profezia mosaica si contraddistingue per la sua unicità, conferitale dalla conoscenza degli attributi divini: "Ciò che percepì Mosè non lo aveva percepito nessuno prima, e nessuno lo avrebbe percepito dopo"[60]. D'altro canto, la visione dell'opera del carro

57 Cf. ad esempio *Guida* I, 33, p. 142: "Quando tuttavia inizia il suo studio con questa scienza divina, non solo si verifica una confusione, ma addirittura una completa distruzione delle sue credenze".

58 Inoltre, Levine adduce un'ulteriore argomentazione che si fonda sull'espressione resa dalla traduzione inglese come: "corporeality entered into it to some extent" (cf. MAIMONIDES, *Guide*, trad. PINES, I, 5, p. 30). Questo significherebbe che solo qualche aspetto della visione sarebbe stato contaminato, e non l'insieme, cf. LEVINE, *Maimonides' Philosophical Exegesis*, p. 80. Da notare come tramite questa interpretazione si riconsideri ciò che l'uomo può arrivare a conoscere nell'ambito della metafisica, giungendo ad una concezione più positiva rispetto a quella espressa da Shlomo PINES, *The Limitations of Human Knowledge According to Al-Farabi, ibn Bajja and Maimonides*, in: *Studies in Medieval Jewish History and Literature*, vol. I, ed. by Isadore TWERSKY, Cambridge 1979, pp. 82-109, specialmente p. 98. Cf. LEVINE, *Maimonides' Philosophical Exegesis*, p. 82: "Maimonides' affirmation that the nobles perceive first matter highlights that it is possible, particularly through prophecy, to achieve knowledge of even the remote causes of natural phenomena [...] The nobles' apprehension of first matter illuminates how God allows prophets other than Moses to overcome their corporeal restraints and achieve cognition of an entity which defies classification as a substance but is 'real' in its own right. Although it has 'corporeal' associations, this formless entity can only be apprehended through a medium other than sense perception". Una posizione diversa rispetto a Pines in merito a ciò che l'uomo può conoscere è sostenuta invece da Herbert A. DAVIDSON, *Maimonides on Metaphysical Knowledge*, in: Maimonidean Studies, vol. 3, pp. 49-103.

59 Cf. *Guida* I, 5, pp. 98-99; *Guida* III, 4, pp. 517-518.

60 *Guida* I, 54, p. 197.

(*ma'aseh merkavah*) descritta da Ezechiele è identificata da Maimonide con la metafisica e costituisce pertanto la conoscenza più elevata[61].

I nobili, al contrario, avevano esperito la relazione tra Dio e la materia prima, e così facendo, avevano in qualche modo invertito l'ordine della conoscenza. Essi videro infatti prima la metafisica e in un secondo momento la fisica, rappresentata dalla materia prima. Non fu quindi né l'oggetto della visione né la sua modalità a determinare la rovina dei nobili, bensì la mancanza di preparazione filosofica, le cui tappe sono elencate in *Guida* I, 34:

> Dunque, è assolutamente necessario che chi vuole raggiungere la perfezione umana prima si eserciti nell'arte della logica, poi, nell'ordine, nelle matematiche, indi nelle scienze naturali e poi nella metafisica[62].

Parallelamente, è indispensabile seguire una preparazione morale adeguata[63]. Solo in seguito a questo percorso propedeutico è possibile accedere alla scienza divina:

> Solo quando [l'uomo] ha raggiunto la conoscenza di premesse veritiere e sicure, ha conosciuto le regole del sillogismo e dell'argomentazione, e i modi per premunirsi dagli errori di pensiero, allora può intraprendere la ricerca su questi argomenti; egli non deve prendere decisioni al primo pensiero che gli viene, né innalzare subito i suoi pensieri e indirizzarli decisamente verso la comprensione della divinità, ma deve trattenersi, fermarsi e fare una pausa, sino a che, a poco a poco, non prende coraggio[64].

Di conseguenza, al contrario di Mosè, che nascose il viso nell'episodio del roveto ardente (*Exod.* 3, 6), ma anche al contrario di Aristotele, che sosteneva la necessità di avanzare gradualmente verso la conoscenza, i nobili non avevano proceduto in maniera appropriata, e non erano quindi pronti alla scienza divina[65].

[61] Cf. *Guida*, Introd., p. 71.

[62] *Guida* I, 34, p. 146.

[63] Cf. *Guida* I, 34, p. 149: "Non c'è dubbio, comunque, circa il fatto di studiare prima i preliminari etici, al fine di raggiungere l'estrema rettitudine e perfezione". Tuttavia non è chiaro se Maimonide suggerisca che i nobili non hanno acquisito le virtù morali, anche se in I, 5 egli sostiene che l'uomo non deve dedicarsi a questi studi: "senza aver regolato i suoi costumi come si deve, e aver soffocato i suoi appetiti e i desideri dell'immaginazione" (*Guida* I, 5, p. 98). I nobili, infatti, sono comunque riconosciuti superiori agli altri, infatti Maimonide afferma esplicitamente che: "E se questo accadde a costoro, tanto più bisogna che noi, che siamo loro inferiori, e con noi coloro che a noi sono inferiori, tendiamo e ci sforziamo di portare a compimento la nostra preparazione e di raggiungere le premesse che purifichino la nostra percezione dall'impurità, ossia dagli errori" (*Guida* I, 5, p. 99).

[64] *Guida* I, 5, pp. 98-99.

[65] Cf. il passo citato precedentemente alla n. 20.

In secondo luogo, la compromissione dei nobili con elementi di materialità – tramite la visione della materia prima e il successivo banchetto – impedisce loro una piena conoscenza della divinità, in quanto la materia rappresenta un ostacolo alla conoscenza più elevata:

> La materia è un potente velo che impedisce la percezione di ciò che è separato da essa così com'è – e questo anche se si trattasse della materia più nobile e più pura, ossia anche se fosse la materia delle sfere celesti [...] Perciò, ogni volta che il nostro intelletto desidera percepire la divinità o uno degli intelletti, trova questo potente velo interposto tra lui e quella cosa[66].

L'esegesi maimonidea dell'episodio narrato in *Exod.* 24 si presenta quindi come un invito a procedere in maniera corretta nel percorso gnoseologico. Il carattere paradigmatico della trattazione è dimostrato proprio dalla sua inserzione in qualità di digressione metodologica all'interno della sezione lessicografica. In tal modo, Maimonide mostra al proprio allievo la via da seguire per non cadere in errore, giacché se addirittura i nobili – tanto superiori –, sono inciampati, a maggior ragione la cosa può accadere all'uomo semplice. La precipitosità dei nobili, che li ha portati a non rispettare l'ordine nello studio della metafisica, e la conseguente pena da loro patita rappresentano l'esempio negativo del comportamento da evitare. In conclusione, la trattazione maimonidea dell'episodio della visione dei nobili non insegna altro se non l'invito aristotelico a procedere gradualmente nell'apprendimento.

66 *Guida* III, 9, p. 533.

IRENE ZAVATTERO

La vera nobiltà secondo Guglielmo Peraldo

In un saggio del 1948, che resta ancora oggi il più completo studio sulla figura di Guglielmo Peraldo, Antoine Dondaine rimprovera gli studiosi dell'epoca con queste parole:

> Guillaume Peyraut n'ayant pas eu l'honneur d'être bachelier ou maître de théologie, ni à Paris ni ailleurs, personne ne se soucie de lui. Quand il s'agit de l'École, l'érudition contemporaine s'attarde volontiers jusqu'à la minutie même s'il s'agit de personnages de second plan et de problèmes d'histoire littéraire de minime importance, cependant qu'elle néglige trop facilement des auteurs représentants eux-aussi de l'authentique pensée chrétienne, mais situés en des courants non canalisés par les Universités[1].

Questo oblio è tanto più increscioso, ritiene Dondaine, perché determinato dalla caratteristica di Peraldo di essere "théologien et moraliste", peculiarità che dovrebbe invece assicurargli un posto nelle storie dottrinali del Medioevo. Non avendo subito, continua lo studioso francese, "l'influence rationaliste envahissante, née de l'apport de la sagesse gréco-arabe en Occident" (Dondaine si riferisce "spécialement aux traités de morale: Éthiques et Politiques"), Peraldo rappresenta, alla metà del XIII secolo, un "témoin exceptionnel d'une théologie morale chrétienne essentiellement traditionnelle et latine"[2].

Negli ultimi decenni vari studi sono stati condotti su questo domenicano francese originario di Peyraud (1200-1271)[3], alcuni riguardanti i contenuti e la trasmis-

[1] Antoine DONDAINE, *Guillaume Peyraut. Vie et œuvres*, in: Archivium fratrum praedicatorum, 18 (1948), pp. 162-236: 162. Per altre informazioni bio-bibliografiche, cf. Thomas KAEPPELI, *Scriptores ordinis praedicatorum medii aevi*, 4 voll., Roma 1970-1993, vol. 2 (1973), pp. 133-42, e 4, completato da Emilio PANELLA (1993), p. 106; Manfred GERWING, *Wilhelm Peraldus*, in: *Lexikon des Mittelalters*, 9 Bde, hrsg. von Robert AUTY et alii, München 1980-1998, Bd. 9 (1998), pp. 182-183; Gunhild ROTH, *Wilhelm Peraldus*, in: *Die deutsche Literatur des Mittelalters: Verfasserlexikon*, 14 Bde, hrsg. von Kurt RUH et alii, Berlin–New York 1987-2008, Bd. 11 (2004), p. 1669; Arpad STEINER, *New Light on Guillaume Perrault*, in: Speculum 17,4 (1942), pp. 519-548. Per un quadro dettagliato delle opere di Peraldo, cf. Silvia NOCENTINI, *Guillelmus Peraldus*, in: Compendium Auctorum Latinorum Medii Aevi, 5 (2015), pp. 142-144.

[2] DONDAINE, *Guillaume Peyraut. Vie et œuvres*, p. 162.

[3] Peyraud è la denominazione attuale del piccolo paese natale di Guglielmo, nella regione dell'Ardèche. La forma più corrente nel XIII secolo doveva essere 'Peiraut' e 'Peyraut', giacché

sione della *Summa virtutum et vitiorum*, altri il *De eruditione principum* o i sermoni[4]. Quanto lamentava Dondaine, tuttavia, è ancora vero: nonostante l'importanza e la fortuna, ormai riconosciute, della sua opera, Peraldo resta poco studiato e non trova immediatamente spazio nelle storie del pensiero medievale[5]. Il carattere compilativo che caratterizza l'opera di Peraldo contribuisce probabilmente a formulare un giudizio di scarsa originalità sul suo pensiero[6]. Anche la descrizione di Peraldo tratteggiata da Dondaine resta da discutere: si può considerare Guglielmo un teologo morale tradizionalista, resistente agli influssi razionalisti del peripatetismo, in particolare alle "Éthiques et Politiques"? Per un verso questa definizione appare esagerata, in quanto Peraldo, negli anni in cui scrive la *Summa*, vale a dire fra il 1236 e il 1248[7], poteva conoscere soltanto i primi tre libri dell'*Ethica Nicomachea* (*Ethica nova* e *vetus*) nella traduzione di Burgundio da Pisa; la versione di Grossatesta era stata da poco conclusa (1246-47) e la traduzione della *Politica* sarà realizzata parzialmente soltanto nel 1260 e poi completata nel 1265[8]. L'affermazione di Dondaine è, invece, di maggior interesse se riferita al *De eruditione principum* scritto intorno al 1265: in questo trattato, in effetti, Guglielmo avrebbe potuto far ricorso alla versione integra-

nei documenti medievali Guglielmo è chiamato *de Peiraut, de Peyrauta, de Peraut*, ma anche *Peraldi* e *de Perauta* (dal latino *de Petra alta*), cf. DONDAINE, *Guillaume Peyraut. Vie et œuvres*, p. 168. Seguirò la tradizione che ha trasformato il nome di origine in nome di persona e quindi, come i francesi lo chiamano *Guillaume Peyraut*, invece di *Guillaume de Peyraut*, così lo chiamerò *Guglielmo Peraldo*, anziché *Guglielmo di Peraldo* o *di Pietra Alta*.

4 Per gli studi sulla *Summa* e sul *De eruditione principum* si vedano *infra* le note 12 e 46. Sui sermoni, cf. Franco MORENZONI, *La bonne et la mauvaise honte dans la littérature pénitentielle et la prédication (fin XIIe-début XIIIe siècle)*, in: *Shame Between Punishment and Penance. The Social Usages of Shame in the Middle Ages and Early Modern Times*, ed. by Bénédicte SÈRE, Jörg WETTLAUFER (Micrologus' Library, 54), Firenze 2013, pp. 177-196; Klaus WOLF *«Propter utilitatem populi: durch des nucz willen sienes volkes». Die 'staatstragende' Rezeption der «Summa de vitiis» des Guilelmus Peraldus in der spätmittelalterlichen Wiener Schule*, in: *Laster im Mittelalter. Vices in the Middle Ages*, hrsg. von Christoph FLÜELER, Martin ROHDE, Berlin–New York 2009, pp. 187-199.

5 Negli studi sui vizi e sulle virtù nel Medioevo non manca invece una sezione più o meno estesa dedicata a Peraldo, ad es. cf. Carla CASAGRANDE, Silvana VECCHIO, *I peccati della lingua. Disciplina ed etica della parola nella cultura medievale*, Roma 1987, pp. 103-135; Carla CASAGRANDE, Silvana VECCHIO, *I sette vizi capitali. Storia dei peccati nel Medioevo*, Torino 2000; Siegfried WENZEL, *The Sin of Sloth: Acedia in Medieval Thought and Literature*, Chapel Hill 1967 (rist. 2012), pp. 75-82; Richard G. NEWHAUSER, Susan J. RIDYARD (eds.), *Sin in Medieval and Early Modern Culture: The Tradition of the Seven Deadly Sins*, York 2012, pp. 231-234; Istvan P. BEJCZY, *The Cardinal Virtues in The Middle Ages*, Leiden–Boston 2011, pp. 147-149.

6 BEJCZY, *The Cardinal Virtues in The Middle Ages*, p. 148: "a compiler rather than a theorist".

7 Per le ragioni della datazione, cf. *infra*, n. 11.

8 Cf. Jozef BRAMS, *La riscoperta di Aristotele*, Milano 2003, p. 111. Di queste difficoltà oggettive, Dondaine è consapevole, come mostra ciò che dice a proposito della *Summa*: cf.

le dell'*Ethica Nicomachea* realizzata da Roberto Grossatesta, ai commenti bizantini ad essa allegati, e alla traduzione parziale della *Politica* (libri I-II,11)[9]. In realtà, come avremo occasione di ribadire in seguito, la *Politica*, essendo stata tradotta da pochi anni, influì molto tardi su questo genere di trattati volti all'educazione dei principi. Per un altro verso, invece, la definizione di Dondaine sembra cogliere nel segno: Peraldo rimane rigorosamente ancorato alla tradizione morale dei secoli precedenti, attingendo a fonti classiche e cristiane. Qualche elemento per verificare la fondatezza di questo giudizio mi pare che possa emergere dall'analisi della dottrina della nobiltà, esposta da Peraldo nella *Summa de vitiis* e nel *De eruditione principum*, di cui questo saggio si propone di far emergere le linee generali[10].

I. La *vera nobilitas* nel contesto del vizio di *superbia* (*Summa de vitiis*, tr. VI)

Guglielmo Peraldo scrive la *Summa de vitiis*, completata probabilmente nel 1236, e in seguito la *Summa de virtutibus*, entro il 1248[11]. La tradizione manoscritta mostra che le due *Summae* hanno spesso circolato separatamente e hanno avuto una fortuna straordinaria: la *Summa de vitiis et virtutibus* è la più copiata, adattata e tradotta fonte di informazione sui vizi e sulle virtù, in latino prima e in volgare poi, alla fine del Medioevo[12]. La *Summa* svolge il ruolo di vera e propria enciclopedia di concetti morali e testimonia, insieme alle opere di altri predicatori come Raimondo di Penaforte con la *Summa de paenitentia* e di Vincenzo di Beauvais con gli *Specula* e con

DONDAINE, *Guillaume Peyraut. Vie et œuvres*, pp. 189-190: "Si Aristote n'y occupe que fort peu de place, c'est par ce que sa morale n'était pas encore complètement entrée dans le bagage commun de l'École; Peyraut l'aurait-il connue, aussitôt il lui eût fait une large place; nous ne pouvons en douter".

9 Cf. *infra*, n. 65.

10 L'idea di approfondire la teoria della nobiltà di Guglielmo Peraldo mi è stata suggerita dalla lettura dell'eccellente articolo di Andrea A. ROBIGLIO, *The Thinker as a Noble Man (*bene natus*) and Preliminary Remarks on the Medieval Concepts of Nobility*, in: Vivarium 44 (2006), pp. 205-247, che cita a p. 210 la discussione di Peraldo sulla *vera nobilitas*.

11 Cf. DONDAINE, *Guillaume Peyraut. Vie et œuvres*, p. 171: nel ms. 519 della biblioteca di Cambrai, la *Summa de vitiis* è datata 1236: "Explicit summa de viciis anno ab incarnacione domini MCCXXXVI". Fra Salimbene nella sua *Chronica* dice che nel 1248 è presente a Vienna fra Guglielmo Peraldo, autore della *Summa de vitiis et virtutibus*; ciò significa che entro questa data il frate ha completato l'opera, cf. *Ivi*, p. 165. La data di composizione della *Summa de virtutibus* è stata anticipata a prima del 1245 (data della morte di Giovanni de la Rochelle), poco dopo aver redatto la *Summa de vitiis*, da Istvan P. BEJCZY, *John of La Rochelle and William Peraldus on the Virtues and Vices*, in: Archivium Franciscanum Historicum, 97 (2004), pp. 99-110: 109.

12 Per uno studio recente sulla tradizione manoscritta, cf. Michiel VERWEIJ, *The Manuscript Transmission of the Summa de virtutibus by Guillelmus Peraldus: A Preliminary Survey of the Manuscripts*, in: Medioevo 31 (2006), pp. 103-297: 104-105. Si segnalano, inoltre, i seguenti studi: Richard G. NEWHAUSER, *Pride, the Prince, and the Prelate: Hamartiology and*

il *De morali principis institutione*, l'attenzione dell'ordine domenicano per l'impegno pastorale[13].

La trattazione del tema della nobiltà è inserita da Peraldo all'interno della discussione sulla superbia (trattato VI) nella *Summa de vitiis*[14]. Il domenicano precisa che è sciocco farsi vanto (*superbire*) della nobiltà di nascita, giacché quel tipo di nobiltà, la *nobilitas carnis*, è da disprezzare per dieci ragioni. Con la prima di queste ragioni Peraldo svela immediatamente la sua opinione in merito alla 'vera nobiltà' dicendo che la *nobilitas carnis* sottrae all'uomo una nobiltà migliore, la *nobilitas mentis*[15], quasi a voler insinuare che le due nobiltà non possano coesistere. L'ugualitarismo costituisce la seconda motivazione: discendiamo tutti da Adamo, di cui non si legge affatto che Dio lo abbia "decorato d'argento" e che i suoi discendenti siano nobili quando invece un altro sia stato creato "sporco di fango" e che i suoi discendenti siano ignobili! Al contrario, Dio ci ha tutti ugualmente plasmati dal fango e *Malachia* 2,10 rafforza l'idea: "Non abbiamo tutti un solo padre? Non è lo stesso Dio che ci ha creati?"[16]. Non solo Dio ci ha fatti tutti uguali, ma – terza ragione enun-

Restraints on Power in William Peraldus' Summa de vitiis, in: *La pathologie du pouvoir: vices, crimes et délits des gouvernants. Antiquité, Moyen Âge, époque moderne*, éd. par Patrick Gilli, Leiden 2016, pp. 237-262; Richard G. Newhauser, *The Treatises on Vices and Virtues in Latin and in the Vernacular* (Typologies des sources du moyen âge occidentale, 68), Turnhout 1993 pp. 127-130; Wolf, Propter utilitatem populi: *durch des nusz willen seines volkes*, pp. 187-199; Siegfried Wenzel, *The continuing life of William Peraldus's* Summa vitiorum, in: Ad litteram. *Authoritative Texts and Their Medieval Readers*, ed. by Mark D. Jordan, Kent Emery, Jr., Notre Dame–London 1992, pp. 135-163. La *Summa* ebbe una fortuna immediata, cf. Bejczy, *The Cardinal Virtues in The Middle Ages*, p. 148: "The influence of the work was immediate. Either John of La Rochelle (†1245) or one of his close collaborators abbreviated Peraldus's *summae* to form part of John's planned *Summa theologicae disciplinae*".

13 Cf. Richard Newhauser, *The Parson's Tale*, in *Sources and Analogues of the Canterbury Tales I*, ed. by Robert M. Correale, Mary Hamel, Cambridge 2003, pp. 529-914: 531.

14 In assenza di un'edizione critica della *Summa*, in genere gli studiosi fanno ricorso alla seguente edizione: Guillelmus Peraldus, *Summa virtutum ac vitiorum*, Paris 1648, della quale anch'io mi servirò alle note 23, 27, 28, 31, 32. Si segnala che esiste una versione on line del trattato VI della *Summa de vitiis*, dedicato alla superbia: www.unc.edu/~swenzel/superbit.html (ultima consultazione: ottobre 2016) e che la trascrizione dei capp. 28 e 29 inerenti alla nobiltà è pubblicata in Newhauser, *The Parson's Tale*, pp. 529-914. Precisamente, alle pp. 569-584 – dalle quali citeremo nel seguito – si trova il testo latino, con traduzione inglese a fronte, dei due suddetti capitoli trascritti dal codice Paris, Bibliothèque Mazarine MS 754 e collazionato con i mss. Lucca, Biblioteca Statale MS 1396; Lyon, Bibliothèque municipale MS 678) e con l'edizione *Summa virtutum ac vitiorum Guilhelmi Paraldi Episcopi Lugdunensis de ordine predicatorum*, vol. 2 , Paris 1512.

15 Guillelmus Peraldus, *Summa de vitiis*, in: Newhauser, *The Parson's Tale*, p. 575,98-102: "De nobilitate etiam carnis fatuum est superbire, cum illa nobilitas valde contemptibilis sit. Multe autem cause possunt assignari, quare ista nobilitas [valde] contemptibilis sit. Primo contempnenda est, quia ut frequenter nobilitas carnis meliorem nobilitatem aufert, scilicet mentis nobilitatem".

16 Guillelmus Peraldus, *Summa de vitiis*, p. 575,104-117: "Secundo contemnenda est quia omnes sumus ex eodem patre et ex eadem matre: non legitur Dominum fecisse

ciata da Peraldo – egli disprezza la nobiltà di sangue, come mostrano le citazioni dal libro di Samuele[17]. Per la quarta motivazione, Peraldo fa invece appello alla saggezza dell'antichità classica: la nobiltà della carne è da condannare perché essa non appartiene a colui che se ne vanta, bensì appartiene a coloro dai quali costui discende, come si legge in Seneca nell'epistola 44 a Lucilio: "Nessun antenato è vissuto per la nostra gloria, né può essere attribuito a noi ciò che è avvenuto prima di noi. È l'animo che ci rende nobili"[18]. Collegata a questa quarta motivazione è la sesta, dove Seneca è nuovamente citato in qualità di portavoce dei *philosophi* e del pensiero di chi disprezza la nobiltà della carne, perché questa non è vera nobiltà[19]. Infatti, nel *De beneficiis* III, 28,1 Seneca sostiene che deriviamo tutti da uno stesso principio ed abbiamo una medesima origine, "nessuno è più nobile di un altro, se non colui che ha un'indole più retta ed adatta al bene"[20]. In questo contesto, fatto di citazioni senechiane e etichettato come espressione dei 'filosofi' (*sicut etiam ipsi philosophi deprehenderunt*), Peraldo inserisce un'altra definizione di nobiltà, sulla quale torneremo in seguito, che sembra fuori luogo in quanto individua la nobiltà nel possesso di "antiquatae divitiae"[21]. La quinta ragione, invece, apre una serie di dure considerazioni di disprezzo per il corpo e per la sua materialità: la materia che ereditiamo dai nostri antenati è qualcosa di immondo e di riprovevole. Anziché definirsi

unum Adam argenteum, unde essent nobiles, et unum luteum, ex quo essent ignobiles, sed [unicum], et illum de luto plasmavit, ex quo omnes exivimus. Unde si aliquis ex hoc solo nobilis est, quia ex nobili patre aut nobili matre, aut omnes erimus nobiles aut omnes ignobiles, quia aut parentes primi fuerunt nobiles aut ignobiles. Si autem ipsi fuerunt nobiles, ergo et nos nobiles sumus, et etiam eque [nobiles], cum geniti ex eque nobilibus et eque nobiles iudicentur. Si vero ignobiles [fuerunt], nos omnes ignobiles sumus, et eque ignobiles, cum geniti [sumus] ex eque [ignobilibus]. Malachie ii: 'Nunquid non pater unus omnium nostrum? Numquid non Deus unus creavit nos? Quare ergo despicit fratrem suum unusquisque vestrum?'".

[17] Guillelmus Peraldus, *Summa de vitiis*, p. 575,117-118: "Tertio contemnendum est nobilitas carnis, quia ipse Deus contempsit eam".

[18] Guillelmus Peraldus, *Summa de vitiis*, p. 575,123-127: "Quarto vero contemnenda est nobilitas carnis, quia non est illius, qui de ea gloriatur, sed potius illorum a quibus ipse descendit. [Unde Seneca]: 'Nemo in gloriam nostram vixit, nec quod ante nos fuit nostrum est: animus nobilem [facit]'". Seneca, *Lettere a Lucilio*, I, 44, trad. a cura di Giuseppe Monti, Milano 2008[24], p. 277.

[19] Guillelmus Peraldus, *Summa de vitiis*, p. 577,136-140: "Sexto contemnenda est nobilitas carnis, immo pocius non est reputanda, cum in veritate nobilitas non sit, sicut etiam ipsi philosophi [deprehenderunt]. Seneca: 'Nemo altero nobilior nisi cui rectius est ingenium et bonis artibus apcius'".

[20] Seneca, *I benefici*, III, 18, trad. a cura di Salvatore Guglielmino, Bologna 1967, pp. 163-165 (*De beneficiis*, ed. Karl Hosius, Leipzig 1914, p. 70,4).

[21] Guillelmus Peraldus, *Summa de vitiis*, p. 577,140-144: "[Item]: 'Nichil aliud est nobilitas [quam] [antiquate] divicie'. Idem: 'Quid est [eques], aut servus, aut [libertinus]? Nomina ex ambitione vel iniuria nata'. Idem 'Plato ait neminem regem non ex servis oriundum esse, neminem servum non ex [regibus]. Omnia ista longa varietas miscuit, et sursum deorsum fortuna versavit'". Cf. *infra*, n. 66 e la relativa discussione.

nobili, dovrebbero ricordare l'esempio di Giobbe 17,14 che definisce la carne come putredine[22]. Così anche l'ottava ragione: il corpo è un sacco pieno di immondizia[23]; e la decima: è assurdo dire che un corpo è migliore di un altro o che un uomo sia più nobile di un altro grazie ad una parte del suo corpo[24]. Del resto, come si legge nella nona motivazione, la nobiltà di nascita non si vede esteriormente grazie a segni evidenti, quindi è addirittura meno importante della nobiltà dei cani[25]. Nella settima motivazione, invece, Peraldo sferra un duro affondo alla ricchezza dei nobili: la *nobilitas carnis* implica un certo possesso ed è tanto oberata dagli averi che i vantaggi procurati da una posizione di rilievo o da un incarico importante non cancellano le pene che ne conseguono. Infatti, alcuni nobili, per loro stessa ammissione, devono ipotecare il regno dei cieli e se stessi con il diavolo per liberarsi del peso del censo e preferirebbero essere lebbrosi anziché trovarsi in questo stato[26].

[22] Guillelmus Peraldus, *Summa de vitiis*, pp. 575,127-577,136: "Quinto vero contemnenda est nobilitas carnis quia materia quam [a] parentibus contrahit aliquis, ratione cuius nobilem se credit, vile quid est et immundum et erubescibile, et opere immundo et erubescibili procedit ab eis. Unde quomodo ratione illius materiae habebit quis nobilitatem cum illa materia vilis [fuit]? Quomodo aliquis audet dicere se nobilem generatione, cum quilibet exemplo Iob possit dicere: 'Putredini dixi, Pater meus es'? Ideo, merito nobilitas carnis contemnenda est, immo abhominanda. Unde Luce xvi: 'Quod altum est hominibus, abhominatio est ante Deum'".

[23] Le motivazioni VII-X sono omesse da Newhauser nella sua edizione, come dimostra la numerazione dei *folia* del ms. Paris, Bibliothèque Mazarine MS 754, riportata in margine, cf. Guillelmus Peraldus, *Summa de vitiis*, p. 577: si passa dal f. 160b al 161a nell'arco di poche righe. Per questa sezione, rubricata sotto il titolo "Quod nullus sit nobilis ex eo quod nobilibus parentibus sit generatus, rationibus ostenditur", rinvio quindi a Guillelmus Peraldus, *Summa virtutum ac vitiorum*, Paris 1648, vol. 2, pp. 291a-292b, qui 291b: "Octavo contemnenda est nobilitas carnis quia rei est contemptibilis, scilicet corporis, quod est quasi quidam saccus immunditiae plenus, sicut ea ostendunt quae exeunt de sacco isto per foramina quinque sensuum. Origenes: 'Vilis nobilitas quae in locis tam turpibus generatur'".

[24] Guillelmus Peraldus, *Summa de vitiis*, p. 292a: "Decimo contemnenda est nobilitas ista quia ridiculosa est. Ridiculum est unum servum aliis servis nobiliorem dicere, vel unum rusticum nobiliorem aliis rusticis. Sicut filio cuiusdam divitis burgensis derisorie dictum est a quodam quod ipse esset de nobilioribus rusticis suae civitatis, sic cum corpus naturaliter servus sit".

[25] Guillelmus Peraldus, *Summa de vitiis*, pp. 291b-292a: "Nono contemnenda est nobilitas carnis quia inferior videtur esse nobilitas ista, quae est in hominibus, nobilitate illa quae est in canibus. Cum illa nobilitas quae est in canibus certa signa habeat exterius quibus agnoscitur, nobiles vero homines non habent certa signa necessaria quibus ab aliis hominibus dignoscantur".

[26] Guillelmus Peraldus, *Summa de vitiis*, p. 291b: "Septimo contemnenda est nobilitas carnis propter onus magnum quod est ei annexum. Nobilitas carnis quaedam possessio est, quae tanto censu onerata est quod magni comitatus et archiepiscopatus non sufficiunt ad solvendum censum illum; imo praeter haec necesse est, sicut ipsi nobiles dicunt, quod ipsi impignorent regnum caelorum et seipsos diabolo pro censu isto solvendo. Unde multis nobilibus magis expediret quod ipsi essent leprosi quam quod essent in statu in quo sunt, sicut aliqui etiam ex eis recognoscunt".

In sintesi, avvalendosi delle *auctoritates* bibliche, patristiche e classiche, la critica di Peraldo alla "nobiltà della carne" è organizzata attorno a tre motivazioni di fondo: lo spirito ugualitario che ci omologa nel nostro essere tutti figli di Dio; la turpitudine del corpo quale unica eredità ricevuta dai nostri antenati; la vera nobiltà che risiede nell'animo dell'uomo.

Particolare insistenza viene riservata alla motivazione ugualitaria, per la quale Peraldo apre un lungo inciso[27]: la nobiltà non dipende dagli antenati perché "ex eadem enim radice exeunt vile et nobile", così come la spina e la rosa provengono dalla stessa pianta. La rosa però è una creatura nobile perché con il suo profumo allieta gli uomini che le si avvicinano, la spina invece è una creatura vile perché punge. Parimenti dallo stesso padre e dalla stessa madre possono nascere due figli, di cui uno è nobile e l'altro ignobile. Quello nobile, come la rosa, non cessa di fare del bene a chi lo attornia; quello ignobile, come la spina, non smette di infastidire chi lo avvicina. La chiusura spetta anche qui al passo di *Malachia* 2,10 "non abbiamo tutti uno stesso padre? Non è lo stesso Dio che ci ha creati?".

La conclusione, dopo varie citazioni da Girolamo[28] e da Pelagio[29], è affidata a Ildeberto di Lavardin che nella *Moralis philosophia* afferma, riformulando una famosa massima di Giovenale[30], "L'unica nobiltà è quella che decora l'animo con i buoni

[27] Anche questo passaggio è stato omesso da Newhauser. Cf. Guillelmus Peraldus, *Summa virtutum ac vitiorum*, p. 291a-b: "Rationibus etiam ostendi potest quod aliquis nobilis non sit ex eo quod ex nobilibus parentibus genitus. Ex eadem enim radice exeunt vile et nobile. [...] Item, ex eadem radice procedit spina et rosa; rosa creatura nobilis est, quia non cessat benefacere hominibus qui sunt iuxta eam, suum gratum odorem undique spargendo. Spina vero quoddam vile est, quia pungit ea quae iuxta eam sunt. Sic ex eodem patre et ex eadem matre possunt nasci duo. Unus tamen erit nobilis, alius ignobilis. Unus ad modum rosae non cessabit benefacere vicinis suis; iste nobilis erit. Alius erit spina in ignem infernalem mittenda, qui non cessabit pungere vicinos suos; hic erit ignobilis [...]. Malachiae 2: 'Nunquid non Deus unus creavit nos? Quare ergo fratrem suum despicit unusquisque vestrum?'".

[28] Peraldo attribuisce, come altri medievali, a Girolamo questa frase, di cui non ho potuto trovare la fonte: "Nihil aliud video in nobilitate appetendum nisi quod nobiles quadam necessitate astringuntur, ne ab antiquorum probitate degenerent", Guillelmus Peraldus, *Summa virtutum ac vitiorum*, p. 292a.

[29] Cf. Guillelmus Peraldus, *Summa de vitiis*, p. 292a: "Philosophus: Nobilitatis tantum ad hoc meminerit, ut cum claritate generis morum sanctitate contendas, et cum nobilitate corporis animi nobilitate proficias". Se non sbaglio, si tratta di Pelagius, *Epistula ad Demetriadem*, Patrologia Latina, 30, coll. 16-46: 38A-B, citato alla lettera.

[30] Sulla fortuna medievale dell'VIII Satira di Giovenale e in particolare sulla massima inerente alla nobiltà (*Sat.* VIII, 20: "Nobilitas animi sola est atque unica virtus") che, vieppiù interpolata, diventa una *auctoritas* per eccellenza dell'eterna supremazia della nobiltà di virtù, cf. Guido Castelnuovo, *Être noble dans la cité. Les noblesses italiennes en quête d'identité (XIIIe-XVe siècle)*, Paris 2014, pp. 209-215; Geneviève et Philippe Contamine, *Noblesse, vertu, lignage et 'anciennes richesses': jalons pour l'histoire médiévale de deux citations: Juvénal, Satires, 8, 20 et Aristote, Politique, 5, 1*, in: *La tradition vive. Mélanges d'histoire des textes en l'honneur de Luis Holz*, Turnhout 2003, pp. 321-334.

costumi" ("Nobilitas sola est, animum quae moribus ornat")[31], chiosa sulla quale fa leva Peraldo per dichiarare infine apertamente la sua posizione: "la vera nobiltà è quella dell'animo" (*vera nobilitas animi est*)[32].

Scartata la nobiltà effimera e definita la vera nobiltà, Peraldo dedica l'inizio del cap. 29 alla descrizione della "nobiltà d'animo" e alla sua duplice natura: naturale e gratuita. La nobiltà d'animo è naturale quando, come dice Seneca (Ep. 44,5) si è "ben disposti dalla natura alla virtù (*bene a natura compositus*)"; essa è invece gratuita quando si ha la grazia di Dio mediante la quale si è figli di Dio, si è custoditi e preservati da ogni male[33]. Seguono varie citazioni da Cicerone, Bernardo e dalla Bibbia a sostegno dell'idea che si può nascere *ignobilis* ma se si serve Dio si è nobili.

Senza approfondire la distinzione fra nobiltà d'animo gratuita e naturale, l'autore passa a citare sei segni evidenti di vera nobiltà che, pare lecito dedurre, caratterizzano sia chi è nobile per natura sia chi lo è per grazia. I *sex signa* sono i seguenti: *liberalitas, gratitudo seu recognitio beneficii, mansuetudo et misericordia, virilitas seu strenuitas, timere opprobrium vel servitutis vel proditionis vel alterius cuiusque turpitudinis, cordis magnitudo.*

L'uomo veramente nobile dona generosamente, seguendo l'esempio di Dio, la cui generosità (*liberalitas*) è massima perché non dona soltanto i suoi beni, ma anche se stesso[34]. L'elogio della generosità prosegue con l'esempio del leone, il più nobile e generoso degli animali – come dice Aristotele in *Analytica priora* [35]– e con

[31] Cf. GUILLELMUS PERALDUS, *Summa virtutum ac vitiorum*, p. 292b: "Nobilitas enim est sola quae animum moribus ornat" è la formulazione che si trova in HILDEBERTUS CENOMANENSIS, *Moralis philosophia de honesto et utili*, Patrologia Latina, 171, col. 1043A-B, come commento alla frase di Giovenale citata alla nota precedente. Cf. CASTELNUOVO, *Être noble dans la cité*, pp. 130-135 spiega che la formula di Ildeberto ebbe un enorme successo e fu presto ripresa, fra gli altri, da Gauthier de Châtillon autore dell'*Alexandreis*, indicato quale fonte del Peraldo da Maria CORTI, *Le fonti del «Fiore di virtù» e la teoria della «nobiltà» nel Duecento*, in: EAD., *Storia della lingua e storia dei testi*, Milano–Napoli 1989, pp. 45-121: 109. Anche se Ildeberto non fu il più antico "traghettatore" medievale della sentenza di Giovenale, egli fu comunque il primo ad intraprendere una lettura esclusivamente virtuosa della satira, cf. CASTELNUOVO, *Être noble dans la cité*, p. 210.

[32] GUILLELMUS PERALDUS, *Summa virtutum ac vitiorum*, p. 292b.

[33] GUILLELMUS PERALDUS, *Summa de vitiis*, in: NEWHAUSER, *The Parson's Tale*, p. 577,2-6: "Animi vero nobilitas duplex est. Quedam naturalis, de qua Seneca: 'Quis est generosus ad virtutem? Bene a natura compositus'. Alia nobilitas est gratuita, quando aliquis gratiam Dei habet qua Dei filius est, que custodit eum, ut nulli turpitudini serviat. Tullius: 'Liber existimandus est, qui nulli turpitudini servit'".

[34] GUILLELMUS PERALDUS, *Summa de vitiis*, p. 577,18-21: "Et notandum, quod VI sunt signa vere nobilitatis. Primum est liberalitas. Unde Deus, qui nobilissimus est, ipse est liberalissimus. Liberalitas [eius] tanta est, ut non solum sua det, sed etiam seipsum; [nec] solum servientibus sibi dat, sed etiam hostibus suis".

[35] Cf. GUILLELMUS PERALDUS, *Summa de vitiis*, p. 577,26-28: "Leo etiam, qui dicitur esse rex animalium, quod animal nobile est, liberale est. Unde Aristoteles dicit ipsum esse animal communicativum". Il riferimento è a *Analytica priora* II, 27, 70b26; *translatio Boethii*, ed. Lorenzo MINIO-PALUELLO adiuv. Bernard G. DOD (Aristoteles Latinus, 3,1), Bruges–Paris

un *exemplum* avente come protagonista Alano di Lilla: ai soldati che gli chiedono quale fosse la più grande nobiltà, Alano risponde facendo ricorso al versetto 20,3 degli *Atti degli Apostoli*: "C'è più gioia nel dare che nel ricevere", perché il dare rende simili a Dio, mentre il contrario, cioè il rubare, è segno di rozzezza (*rusticitas*), di cui spesso i soldati si macchiano, rubando ai poveri[36].

Provare gratitudine o riconoscimento per un beneficio ricevuto è segno di vera nobiltà, come testimonia Seneca nel *De beneficiis* (I, 2, 5), secondo cui ogni animale, per quanto sia selvaggio, si affeziona a chi se ne prende cura[37].

Il terzo indizio di vera nobiltà è dato dalla mitezza (*mansuetudo*) e dalla compassione (*misericordia*) che si usa verso i sottoposti perché anche questo atteggiamento rende simili a Dio; l'opposto, invece, cioè la crudeltà verso i sudditi, è segno di *rusticitas*[38]. Attraverso due citazioni dal *De clementia* di Seneca, Peraldo ribadisce che la clemenza si addice maggiormente ad un re o ad un principe, di cui esalta la mitezza mediante un esempio *in contrario*, desunto anche questo dal mondo animale: le api colleriche lasciano il pungiglione nella ferita, mentre il re non ne è fornito perché la natura non ha voluto che egli fosse crudele[39].

L'uomo veramente nobile è caratterizzato da una quarta caratteristica, la *virilitas* o *strenuitas* nella difesa della Chiesa dai nemici – peccati e demoni – e dai persecutori[40],

1966, p. 139,10: "leo forte et communicativum". Come rileva Maria Corti, il Peraldo "esemplifica quasi costantemente su un animale i caratteri specifici delle virtù e dei vizi" e questa tendenza è "patrimonio comune di una cultura moralizzante, che catechizza per emblemi da tempo ricchi di potere allusivo", cf. CORTI, *Le fonti del «Fiore di virtù»*, p. 71.

36 Cf. GUILLELMUS PERALDUS, *Summa de vitiis*, p. 577,28-579, 45; per l'*exemplum* di Alano, cf. Frederic TUBACH, Index exemplorum. *An Index of Medieval Religious Tales*, Helsinki 1969, p. 1296.

37 GUILLELMUS PERALDUS, *Summa de vitiis*, p. 579,46-54: "Secundum signum nobilitatis est gratitudo sive [recogitacio] beneficii. Et per contrarium, ingratitudo seu beneficiorum non [recogitacio] signum rusticitatis est. [...] Rusticissimis feris etiam videntur tales deteriores esse. 'Fere enim officia sive beneficia senciunt', sicut ait Seneca".

38 GUILLELMUS PERALDUS, *Summa de vitiis*, p. 579,55-63: "Tertium signum [nobilitatis] est mansuetudo et misericordia in ea quae sunt ei subiecta. Et hoc est unum quod valde decens est in his qui potestatem habent. Unde Seneca: 'Nullum ex omnibus magis clemencia quam regem et principem decet'. Idem: 'Iracundissime ac pro captu pugnacissime sunt apes et aculeum in vulnere relinquunt'. Rex ipse sine aculeo est; noluit ipsum natura nec sevum esse nec ultionem, que magno constaret, petere, telumque [detraxit], et iram eius inhermem reliquit, exemplar hoc omnibus regibus [ingens]. Pudeat ab exiguis animalibus non trahere mores".

39 SENECA, *De clementia*, ed. Karl HOSIUS, Leipzig 1914, rispettivamente I, 3,3 e I, 19, 3. Peraldo aggiunge anche il parere di un *Philosophus* (ed. Paris 1648) o *Sapiens* (ed. NEWHAUSER p. 579,65) di cui non è stato possibile risalire alla fonte: "Philosophus: 'Maximam potestatem habens creatorem potestatis iuxta possibilitatem suam debet imitari'". In questo caso e in molti altri, l'indicazione *Philosophus* non corrisponde ad un riferimento ad Aristotele.

40 GUILLELMUS PERALDUS, *Summa de vitiis*, in: NEWHAUSER, *The Parson's Tale*, p. 581,76-82: "Quartum signum nobilitatis est virilitas seu strenuitas in eos, qui repugnant. In signum

mentre il quinto segno è il timore della schiavitù, del disonore, del tradimento o di qualsiasi altra turpitudine[41].

Per finire, la sesta caratteristica dell'uomo nobile è la grandezza d'animo in base alla quale egli disprezza le piccole cose e aspira alle grandi. Non è nobile, spiega Peraldo, restare legati alla terra e non impegnarsi ad acquisire il regno dei cieli: per colpa di Eva noi patiamo il misero esilio terrestre, ma grazie al nostro Padre celeste possiamo aspirare al regno dei cieli. È quindi al nobile che appartengono queste parole di David del Salmo 72, 25: "Chi ho in cielo all'infuori di te? Con te, null'altro desidero sulla terra"[42].

Da quanto detto emerge una netta contrapposizione fra *nobilitas corporis* e *nobilitas animi*. Nella trattazione offerta da Peraldo nella *Summa de vitiis*, i due tipi di nobiltà sono inconciliabili. Attraverso il ricorso ad autorità classiche e cristiane, aggiungendo numerosi *exempla* tratti dalla Bibbia e da altre fonti, il domenicano riprende il *topos* del *contemptus mundi* secondo cui la nobiltà di nascita coincide con la degenerazione dei costumi, mentre il vero nobile è un uomo colmo di virtù morali. Questa posizione allinea Peraldo ai pensatori della metà del secolo precedente: il già citato Ildeberto di Lavardin, ma anche Guglielmo di Conches, Giovanni di Salisbury, Pietro Cantore e Alano di Lilla che insistono sull'indiscutibile superiorità della «nobilitas non nata, sed insita mentis»[43]. Peraldo condivide, quindi, quella che Castelnuovo definisce "la *doxa* du vrai noble vertueux des siècles centraux du Moyen Âge"[44].

II. La *vera nobilitas* dei prìncipi (*De eruditione principum*, lib. 1)

Composto verso il 1265, su richiesta di un principe non meglio identificato[45], il *De eruditione principum* è un trattato per l'educazione dei principi, a lungo attribuito

huius datur ensis militibus novis, quo gladio uti debent in hostes, non in [subiectos]. [...] Quando etiam fratres eorum [proprios] impugnant, hostibus vero Dei et ecclesiae, peccatis scilicet, et demonibus vel etiam [ipsis] persecutoribus ecclesiae [uniti] sunt".

41 Guillelmus Peraldus, *Summa de vitiis*, p. 581,84-85: "Quintum signum nobilitatis est timere opprobrium vel servitutis vel proditionis vel alterius cuiusque turpitudinis".

42 Guillelmus Peraldus, *Summa de vitiis*, p. 581,94: "Sextum signum nobilitatis est cordis magnitudo, qua quis modica contempnit et magna appetit. Econtrario vero signum rusticitatis est amorem suum in modicis ponere, magna vero negligere. [...] Sic infelices sunt illi milites qui de regno celorum non curant, quod ad eos pertinet ex parte patris caelestis, [contenti] ista terra paupertatis, que ad [nos] pertinet ex parte matris [nostre] Eve. Non sic faciebat David, [unde] in Psalmo: 'Quid mihi est in celo, et a te quid volui super terram?' etc.".

43 Cf. Castelnuovo, *Être noble dans la cité*, pp. 129-135.

44 Castelnuovo, *Être noble dans la cité*, p. 142.

45 Per la possibile identificazione di questo principe con il re di Navarra, cf. Michiel Verweij, *Princely Virtues or Virtues for Princes? William Peraldus and His «De eruditione principum»*, in: *Princely Virtues in the Middle Ages 1200-1500*, ed. by István P. Bejczy, Cary J. Nederman, Turnhout 2007, p. 52.

a Tommaso d'Aquino sulla base di un codice della Vaticana (*Vat. lat.* 811), datato 1303[46]. Antoine Dondaine, nel lavoro citato in apertura, ha portato degli elementi validi per l'attribuzione dell'opera a Guglielmo Peraldo[47].

All'interno del primo libro, dove enuncia le regole generali che dovrebbero guidare l'etica dei prìncipi, il domenicano affronta il tema della *nobilitas*, argomento importante e delicato in un manuale rivolto ai principi, dato che "nobilitas in principe est laudabilis"[48]. La sua trattazione – dichiara Peraldo in apertura – serve a correggere alcuni errori, inerenti al concetto di nobiltà, nei quali i prìncipi, credendosi nobili, potrebbero facilmente cadere e nel contempo serve a definire quale sia la vera nobiltà[49]. In linea con quanto già esposto nella *Summa de vitiis*, Peraldo sostiene che la nobiltà non deve essere intesa come un semplice *status* ereditato dagli antenati, ma come una qualità dell'anima legata alle virtù[50].

[46] Per le ragioni dell'attribuzione a Peraldo, cf. Arpad STEINER, *New Light on Guillaume Perrault*, in: Speculum, 17,4 (1942), pp. 519-548; cautamente aveva sostenuto la paternità di Peraldo anche Martin GRABMANN, *Die Werke des Hl. Thomas v. Aquin*, Münster 1931 (Beiträge zur Geschichte der Philosophie und Theologie des Mittelalters, 22,1-2), p. 352. Grazie all'attribuzione erronea a Tommaso, il trattato è stato editato nell'*Opera omnia* di Tommaso, ed. Parma in 25 voll. Tutte le citazioni (Guillelmus PERALDUS, *De eruditione principum*) saranno tratte da *Sancti Thomae Aquinatis doctoris angelici ordinis praedicatorum opera omnia*, 25 voll., Parma 1852-1873, vol. 16 (1864), pp. 390-476. Una più recente edizione è inclusa in *S. Thomae Aquinatis opera omnia*, ed. Robertus BUSA, 7 Bde, Stuttgart 1980, Bd. 7, pp. 89-121, consultabile anche in internet: www.corpusthomisticum.org/xre0.html. Alcuni studi recenti sul trattato: Christiane RAYNAUD, *Images d'une éducation choisie: l'Enseignement des Princes de Guillaume Peyraut et le Livre du Gouvernement des Princes de Gilles de Rome dans le ms. 434 de la Bibliothèque municipale de Besançon*, in: *Education, apprentissages, initiation au Moyen Age*, Montpellier 1993, pp. 429-47; Marcos F. MANZANEDO, *Sobre la educación de los príncipes*, in: Studium. Revista de filosofía y teología Madrid, 43 (2003), pp. 481-502; Michiel VERWEIJ, *Princely Virtues or Virtues for Princes?*, pp. 51-71; Silvana VECCHIO, *Le pouvoir au miroir du prédicateur: le De eruditione principum de Guillaume Peyraut*, in: *La pathologie du pouvoir*, éd. par GILLI, pp. 263-281.

[47] Cf. DONDAINE, *Guillaume Peyraut. Vie et œuvres*, pp. 220-232; KAEPPELI, *Scriptores ordinis praedicatorum medii aevi*, pp. 150-152.

[48] GUILLELMUS PERALDUS, *De eruditione principum*, I, 4, p. 395a. Il tema della nobiltà è ripreso anche nel libro VII, 1, p. 470b-471a: "Quod officium militiae sit laboriosum, honorabile et pericolosum" in riferimento ai soldati a servizio dei prìncipi; viene sinteticamente riproposta la duplicità della vera nobiltà, naturale e gratuita.

[49] GUILLELMUS PERALDUS, *De eruditione principum*, VII, 1, p. 470b-471a: "Cum Salomon dicat, beata terra cuius rex est nobilis. Eccle. 10, patet quod nobilitas in principe est laudabilis. Sed quia multi circa nobilitatem errant, credentes eos nobiles qui non sunt, tangendum est de erroribus hominum circa nobilitatem, et declarandum est quae sit nobilitas vera, et signa ponenda". Sul concetto di nobiltà in questo trattato, cf. William C. McDONALD, *The Nobility of Soul: Uncharted Echoes of the Peraldean Tradition in Late Medieval German Literature*, in: Deutsche Vierteljahrsschrift für Literaturwissenschaft und Geistesgeschichte 60,4 (1986), pp. 543-571; CASTELNUOVO, *Être noble dans la cité*, pp. 146-148.

[50] GUILLELMUS PERALDUS, *De eruditione principum*, I, 4, p. 395a.

Riprendendo la struttura della trattazione della *Summa*, Peraldo elenca prima gli errori di chi fraintende la nobiltà, poi le caratteristiche della *vera nobilitas*, per passare alla trattazione della *superbia*, vizio in cui cade chi si crede nobile e non lo è[51]. Le ragioni del fraintendimento del concetto di *nobilitas* sono riassumibili in due motivazioni: assegnare troppa importanza al corpo anziché all'anima e credere di ereditare la nobiltà dagli antenati.

In effetti, dice Peraldo, il credersi nobili grazie alla nobiltà del corpo seduce molte persone, nonostante esse abbiano un'anima ignobile e siano serve dei vizi e del diavolo[52]. La nobiltà del corpo è un dono molto gravoso e, in assenza di nobiltà della mente, di poco valore. I vantaggi di una posizione autorevole, o di un incarico importante – come si legge, con una corrispondenza letterale, nella *Summa*[53] – non pagano le pene che ne conseguono e impongono molti più obblighi dei profitti che se ne ricava. Bisogna, quindi, come qualche nobile ammette, vendersi al diavolo e ipotecare la propria parte di Paradiso per poter portare il fardello della nobiltà[54]. La pretesa, poi, che un corpo sia più nobile di un altro è del tutto ridicola, vista la condizione servile che pertiene al corpo, essendo stato fatto per obbedire all'anima[55].

L'altra ragione che porta al fraintendimento del significato di *nobilitas* consiste nel ritenersi nobili grazie alla nobiltà altrui: così come non si è sapienti grazie alla sapienza del padre – lo dimostra il caso di Salomone che fu molto stolto, nonostante avesse un padre sapientissimo –, così non ci si può vantare della nobiltà dei genitori quando si è decaduti[56]. In effetti, si continua ingiustamente a chiamare nobile colui

[51] L'idea che il vizio più grande per un nobile sia la superbia, fonte di tutti i vizi, non è nuova, la usa già Gilberto di Tournai, cf. VECCHIO, *Le pouvoir au miroir du prédicateur*, p. 269 che cita GUIBERTI DE TORNACO *Eruditio regum et principum*, I, 9, ed. Alphonse DE POORTER, Louvain 1914, pp. 32-36; NEWHAUSER, *Pride, the Prince, and the Prelate*, pp. 237-239.

[52] GUILLELMUS PERALDUS, *De eruditione principum*, I, 4, p. 395a: "Unus error circa nobilitatem est quod multi credunt se, vel alios esse nobiles, propter nobilitatem corporis, licet habeant ignobilitatem mentis, et sint servi vitiorum et Diaboli".

[53] Questo errore riprende il settimo motivo di disprezzo esposto nella *Summa de vitiis*, cf. *supra*, n. 26.

[54] GUILLELMUS PERALDUS, *De eruditione principum*, I, 4, p. 395b: "Septimus error est [...] Nobilitas corporis est possessio magni oneris et parvi valoris si sit sine nobilitate mentis, et sequelae pestilentis. Magni honoris comitatus, vel magni episcopatus non sufficient ad solvendum censum quo onerata est, et faciendum expensas quas requirit: immo ultra reditus quas habent, oportet, sicut nobiles aliqui recognoscunt, ut se Diabolo et obligent et regnum caelorum impignorent, ut onus nobilitatis portare possint".

[55] GUILLELMUS PERALDUS, *De eruditione principum*, I, 4, p. 395b: "Quartus error est quod ipsi iudicant unum altero nobiliorem secundum corpus quod est servilis conditionis, datum enim est ad serviendum spiritui: quod ridiculum est illud judicium, sicut si aliquis iudicaret servum vel rusticum, aliis servis vel rusticis nobiliorem".

[56] GUILLELMUS PERALDUS, *De eruditione principum*, I, 4, p. 395a: "Secundus error est quod aliquem nobilem reputant propter nobilitatem alienam. Non est aliquis sapiens propter sapientiam quam pater habuit, ut in filio Salomonis patet, qui fuit valde stultus, cum pater ejus fuerit sapientissimus, nec aliquis dives propter divitias quas parentes ejus habuerunt,

che ha perduto la sua nobiltà per ozio o per vigliaccheria e che ha disonorato la famiglia, mentre non si considera nobile colui che ha acquisito la nobiltà con fatica, conservando con cura la sua reputazione e facendo onore alla sua famiglia[57]. Alcuni credono di essere nobili perché le loro origini sono nobili, ma poiché l'origine è la stessa per tutti, allora dovremmo essere tutti nobili, come ci ricorda Malachia più volte evocato nella *Summa*[58].

Come si può notare, Peraldo utilizza per lo più le stesse ragioni esposte nella *Summa*, in quanto gli errori elencati nel *De eruditione principum* sono accumunati dallo sbaglio di credere che la vera nobiltà sia la nobiltà del corpo, la quale, invece, è da disprezzare per i dieci motivi visti nella *Summa*. Anche le *auctoritates* citate sono pressappoco le stesse: alle citazioni bibliche e a quelle tratte da Girolamo e da Seneca, si aggiungono nel trattato citazioni più frequenti da Agostino e da Bernardo di Chiaravalle.

L'argomento più forte contro la *nobilitas corporis* – in questo capitolo del *De eruditione* così come nella *Summa de vitiis* – è quello che svela "l'ugualitarismo radicale" di Peraldo[59]: tutti gli uomini sono creati uguali dall'unico Dio e tutti, discendenti di Adamo e Eva, sono ugualmente nobili. Senza dubbio questo è il tema che sta più a cuore a Guglielmo ed egli vi dedica in entrambe le opere una lunga digressione che si ripete quasi alla lettera. Nel *De eruditione principum* organizza la discussione su tre piani: in riferimento alla prima causa siamo tutti uguali perché abbiamo tutti la stessa origine da Dio; in riferimento ad una causa creata siamo tutti uguali perché tutti abbiamo avuto lo stesso primo padre Adamo e la stessa prima madre Eva; infine bisogna ammettere che dalla stessa radice può essere generato il nobile e l'ignobile, come la rosa e la spina.

A chiusura della digressione, Peraldo inserisce un blocco di citazioni, etichettate come pareri dei *philosophi*, già presenti nella *Summa de vitiis* – in merito alle quali avevo lasciato la discussione in sospeso – quasi tutte desunte da opere di Seneca,

quae ad eum non pervenerunt; sic non est aliquis gloriosus nobilitate quam parentes ejus habuerunt, si ipse degeneravit". Lo stesso tema è ribadito dal quinto errore, cf. *Ivi*, p. 395b: "Quintus error est, quod judicant homines habere nobilitatem per vilis portionis a corpore parentum traductionem. Non sic sentiebat Job 16, qui ait: putredini dixi, pater meus es".

[57] Si tratta del sesto errore, l'unico che introduce, rispetto alla *Summa*, un elemento nuovo, quello della nobiltà decaduta per disonore, cf. GUILLELMUS PERALDUS, *De eruditione principum*, I, 4, p. 395b: "Sextus error est, quod nobilem reputant eum qui per ignaviam nobilitatem amisit, et non illum qui virtute eam acquisivit: illum reputant nobilem qui a probitate destitit, non illum qui in probitate perstitit, nobilem eum reputant qui degeneravit, et genus suum obscuravit, et non illum qui genus suum ornavit et illustravit".

[58] Cf. GUILLELMUS PERALDUS, *De eruditione principum*, I, 4, p. 395a: "Tertius error est, quod credunt aliquos esse nobiles, quia a nobilioribus originem habuerunt, qui error multipliciter potest manifestari. Primo quia si habeatur respectus ad primam causam, scilicet hominum, ab uno omnes originem habemus; unde quantum ad hoc omnes homines sunt aeque nobiles. Malach. 2: 'Numquid non Deus unus creavit nos, quare despicit fratrem suum unusquisque vestrum?'".

[59] L'espressione è usata da VECCHIO, *Le pouvoir au miroir du prédicateur*, p. 268.

salvo una, la cui attribuzione è dubbia ed ha un ruolo cruciale nella storia del concetto di *nobilitas*[60].

Mi pare interessante analizzare queste citazioni nel dettaglio: la prima è il già citato adagio di Seneca, *De beneficiis* III, 28: "nessuno è più nobile di un altro, se non colui che ha un'indole più retta ed adatta al bene"[61]; di seguito compare la citazione problematica: "La nobiltà non è nient'altro che il possesso di antiche ricchezze"[62]; seguono altre due citazioni dalle *Epistulae* di Seneca: "Che cos'è un cavaliere o un liberto o uno schiavo? Sono nomi derivati dall'ambizione o dal sopruso"[63], "Platone afferma che non c'è nessun re che non tragga le sue origini da schiavi e nessuno schiavo che non derivi da re"[64].

Nella cornice disegnata dalla prima, terza e quarta citazione, avente lo scopo di confutare la superiorità della *nobilitas corporis*, appare incongruente la seconda citazione che definisce la nobiltà come proprietà di ricchezze da lungo tempo possedute, ereditate dagli antenati, prerogativa in genere di chi appartiene alla nobiltà di stirpe.

Non solo sembra una citazione fuori luogo, ma anche la paternità suscita molti problemi. Richard Newhauser nella sua edizione del cap. 28 della *Summa de vitiis* rimanda, nell'apparato delle fonti, alla *Politica* di Aristotele. Sebbene nel luogo indicato (*Politica* IV, 8, 1294a21-22) si legga, in effetti, un'affermazione molto simile – "ingenuitas enim est virtus et divitiae antiquae" – non è possibile che Peraldo nel 1236, o in prossimità di questa data, abbia conosciuto la *Politica* perché quest'opera è stata tradotta molto tardi: Guglielmo di Moerbeke ha prodotto una versione parziale dei libri I-II,11 verso il 1260 e poi nel 1265 ha rivisto e completato la traduzione[65]. Parimenti, anche per il *De eruditione* sembra improbabile che Peraldo, intorno al 1265, avesse già a disposizione la traduzione del IV libro della *Politica*. Del resto, appare altrettanto difficile pensare che Peraldo abbia citato la definizione aristotelica in modo incompleto, privandola proprio di quella componente, la virtù, che connota la *vera nobilitas* secondo il domenicano.

Fermo restando che potrebbe trattarsi di un'interpolazione e che, in assenza di edizione critica, ogni ipotesi è provvisoria, si deve comunque notare che in entram-

[60] Cf. *infra*, note 95-96.

[61] SENECA, *I benefici*, III, 18, trad. a cura di GUGLIELMINO, pp. 163-165 (*De beneficiis*, ed. HOSIUS, p. 70,4); GUILLELMUS PERALDUS, *De eruditione principum*, I, 4, p. 395b: "Nemo altero nobilior, nisi cui rectius est ingenium et bonis artibus aptius". Vedi *supra*, n. 19.

[62] GUILLELMUS PERALDUS, *De eruditione principum*, I, 4, p. 395b: "Item nihil aliud est nobilitas, quam antiquatae divitiae".

[63] GUILLELMUS PERALDUS, *De eruditione principum*, I, 4, p. 395b: "Item quis est eques, aut servus, aut libertinus? Nomina ex ambitione, vel injuria nata", cf. SENECA, *Lettere a Lucilio*, 31,11, trad. a cura di MONTI, p. 231.

[64] GUILLELMUS PERALDUS, *De eruditione principum*, I, 4, p. 395b: "Plato ait neminem regem nisi ex servis oriundum esse, neminem servum nisi ex regibus: omnia ista longa varietas miscuit, et sursum deorsum fortuna versavit", cf. SENECA, *Lettere a Lucilio*, 44, 4, trad. a cura di MONTI, pp. 275-277.

[65] Cf. BRAMS, *La riscoperta di Aristotele*, Milano 2003, p. 111.

bi i testi di Peraldo si legge *antiquate* non *antique*, benché quest'ultima sia una variante presente in alcuni codici[66]. L'uso di *antiquate* determina uno slittamento dispregiativo da "ricchezza di antica data"[67] a "ricchezza diventata vecchia" e quindi "scaduta" di valore. In questo senso dispregiativo, la frase si armonizza con le altre tre: la nobiltà di stirpe, dotata di ricchezze ormai decadute, non è la vera nobiltà.

Se non mi inganno, si dovrebbe quindi ritenere che questa citazione non sia di provenienza aristotelica e si potrebbe, invece, supporre che si tratti di un adagio – o di una sua riformulazione beffarda? – presente nei florilegi, nelle raccolte enciclopediche, da compilazioni e compendi di largo uso a quell'epoca[68]. Peraldo non introduce, dunque, alcuna *auctoritas* nuova nella trattazione sulla nobiltà del *De eruditione* e si limita non solo a riprendere quanto detto nella *Summa* ma addirittura a copiarlo alla lettera, come accade in questo blocco di citazioni che chiude la digressione sull'ugualitarismo.

L'affermazione secondo cui siamo tutti uguali implica che, per stabilire chi è nobile e chi non lo è, si sposti il discorso della nobiltà sul piano dei costumi, quindi la nobiltà viene intesa in senso spirituale e designa le qualità morali del principe. Peraldo affronta questa connotazione della nobiltà nel capitolo successivo intitolato *De vera nobilitate*[69], dove ribadisce la duplicità della vera nobiltà, naturale e gratuita, non senza aver prima riaffermato con Ildeberto: "nobilitas sola est animum quae moribus ornat"[70]. A sostegno della nobiltà naturale offre due definizioni di Seneca, l'una, già usata nella *Summa* nello stesso contesto, estratta dalle *Epistulae morales ad Lucilium* (44,5): "è nobile colui che è stato ben disposto dalla natura alla virtù", e l'altra, più volte citata, desunta da *De beneficiis* (III,28): "nessuno è più nobile di un altro, se non colui che ha un'indole più retta ed adatta al bene"[71]. La vera nobiltà gratuita, invece, è quella che plasma i figli di Dio e i coeredi di Gesù Cristo[72]. Di seguito, Peraldo sintetizza le caratteristiche, già esposte nella *Summa*, di chi possie-

[66] Cf. GUILLELMUS PERALDUS, *Summa de vitiis*, p. 576 (si veda l'apparato delle fonti).

[67] Cf. ARISTOTELE, *Politica*, trad. a cura di Renato LAURENTI, Bari 2011[11], p. 132.

[68] Non mi è stato possibile condurre delle verifiche per comprovare la mia ipotesi, tuttavia il ricorso ai florilegi è una prassi ben nota; si vedano gli esempi portati da CASTELNUOVO, *Être noble dans la cité*, pp. 134-144. Il florilegio *Parvi flores* della fine del XIII secolo, invece, riporta alla lettera la sentenza di *Politica* IV, 8, 1294a21-22, cf. Jacqueline HAMESSE, *Les 'Auctoritates Aristotelis': un florilège médiéval. Étude historique et édition critique*, Louvain-la-Neuve–Paris 1974, p. 257,94: "Ingenuitas et nobilitas sunt virtutes et divitiae antiquae".

[69] Cf. GUILLELMUS PERALDUS, *De eruditione principum*, I, 5, pp. 395b-396b.

[70] GUILLELMUS PERALDUS, *De eruditione principum*, I, 5, pp. 395b: "Vera nobilitas animi est secundum illud, nobilitas sola est animum quae moribus ornat", si veda *supra*, n. 31.

[71] GUILLELMUS PERALDUS, *De eruditione principum*, I, 5, pp. 395b-396a: "Et haec duplex est: quaedam naturalis, de qua dixit Sapiens: 'Quis est generosus ad virtutem? Bene a natura compositus'. Item: 'Nemo altero nobilior nisi cui rectius est ingenium, et bonis artibus aptius'".

[72] GUILLELMUS PERALDUS, *De eruditione principum*, I, 5, p. 396a: "altera est gratuita, quae filios Dei et Christi cohaeredes facit".

de la *vera nobilitas*: un principe veramente nobile deve essere esente da bassezze e dalla vergognosa "servitù", non deve lasciarsi dominare da nessun sentimento basso e grossolano, deve aborrire tutto ciò che è vile e vergognoso; deve essere generoso verso i sottoposti, severo con i ribelli, sdegnoso delle piccole cose e desideroso delle grandi, affrontare le difficoltà senza paura e condurre le imprese con coraggio e perseveranza[73].

In modo un po' disordinato, Peraldo inserisce nuovamente un elenco di circostanze in cui "non est vera nobilitas" e quindi ritornano alcune delle argomentazioni già viste in precedenza per disprezzare la nobiltà del corpo, in particolare insiste sull'ignobilità del corpo e di conseguenza biasima chi si piega alle sue passioni[74].

Nella sezione in cui definisce, invece, la *vera nobilitas* le qualità del nobile elencate sono i *sex signa* già esposti nella *Summa*, qui riferiti in modo meno strutturato, ma con lunghe sezioni ricopiate per intero dalla sua prima opera[75]: il vero nobile aborrisce la turpitudine, evita la vergogna del peccato, serve in maniera inviolabile la fede, si mostra riconoscente (*largitas*) verso chi lo "copre" di beni, dona con generosità (*liberalitas*), è clemente verso i sottoposti, disprezza le cose piccole e apprezza le grandi. Anche la chiosa finale è la stessa del cap. 29 della *Summa de vitiis*: il vero nobile pronuncia le parole di David del Salmo 72, 25: "Chi ho in cielo all'infuori di te? Con te, null'altro desidero sulla terra"[76].

Da quanto detto risulta che Peraldo, in merito alla nobiltà, nel *De eruditione principum* ribadisce, riformulando o citando alla lettera, quanto già trattato nei capitoli 28 e 29 della *Summa de vitiis*. Per questa ragione, l'analisi condotta, seppur limitata a questa sezione molto ristretta del primo libro del trattato, mi porta a condividere la riflessione di Silvana Vecchio riguardante il trattato nel suo insieme: "l'allure peu systématique du *De eruditione principum*, son manque d'originalité et la difficulté d'identifier une structure dans ce traité, suggère que celui-ci doit être considéré comme un appendice de la *Summa*"[77]. Tuttavia, il dubbio – insinuato da

[73] GUILLELMUS PERALDUS, *De eruditione principum*, I, 5, p. 396a: "Ad veram principis nobilitatem pertinet ut ipse sit sine ignobilitate, sine erubescibili servitute, a nulla rusticitate superari se permittat, turpitudinem omnem abhorreat, ad largitatem bonorum bene se habeat, bona sua libenter et liberaliter tribuat, subjectis sit clemens et pius, in rebelles severus, parva despiciat, magna appetat, aggrediatur ardua, non vano timore ab eo quod aggressus est citra consummationem desistat".

[74] GUILLELMUS PERALDUS, *De eruditione principum*, I, 5, p. 396a: "Non enim est nobilitas vera, quae non est pura, sed ignobilitati admixta est, vel sociata, qualis est in eo qui habet nobilitatem carnis cum ignobilitate mentis. Non est vere nobilis qui servit Diabolo et vitiis [...]. Non est vere nobilis, qui servus est membrorum erubescibilium, quae generationi sunt deputata, et adeo subiectus est eis, ut obediat cum ei imperant mortem suam. Potius eligendum esset servum esse unius leprosi, quam esse in servitute tali".

[75] Cf. GUILLELMUS PERALDUS, *De eruditione principum*, I, 5, p. 396a-b.

[76] Cf. *supra*, n. 42.

[77] VECCHIO, *Le pouvoir au miroir du prédicateur*, p. 265.

Maria Corti in una nota della sua indagine sulle fonti del *Fiore di virtù* proprio in merito alla dottrina della *nobilitas* esposta nel *De eruditione* – permane e resta da risolvere:

> uno studio accurato dovrebbe stabilire se il Peraldo ha riassunto se stesso (cosa non molto probabile, perché non avrebbe omesso attribuzioni di massime a lui note) o se l'operetta è di un ignoto compilatore, in tal caso di classe molto mediocre, data l'estensione del plagio[78].

III. Osservazioni conclusive

Considerando nel suo complesso la dottrina della nobiltà formulata da Guglielmo – e assunta come esempio distintivo del suo pensiero – mi pare che si debba dare ragione a Antoine Dondaine: Peraldo resta immune dall'influenza del razionalismo portato dalla saggezza greco-araba. Questo, come già detto, non stupisce, vista la circolazione tarda dell'*Ethica Nicomachea* e della *Politica* aristotelica, e trova spiegazione anche nel fatto che, in merito alla *nobilitas*, il *De eruditione principum*, anziché innovare, come avrebbe potuto fare a quell'altezza cronologica, riproduce per intero la dottrina della *Summa de vitiis*. Per questo il *De eruditione principum* – sottolinea giustamente Silvana Vecchio – è l'ultimo della serie di *specula principum* redatti prima dell'introduzione massiccia del pensiero politico di Aristotele, la cui influenza sarà decisiva nei trattati composti dopo il 1270, a cominciare da quelli di Tommaso d'Aquino e di Egidio Romano[79].

Al di là delle ragioni 'materiali' legate alla trasmissione dei testi aristotelici, si ha comunque l'impressione che la distanza dal pensiero di Aristotele – citato di rado, quasi come ornamento – derivi da una scelta ben precisa dell'autore, quella di restare nel solco della tradizione continuando ad attingere ad autorità classiche e cristiane e a citare *exempla* tratti dalla Bibbia[80]. Come nella *Summa*, così nel *De eruditione*, abbiamo visto Peraldo fare ricorso a *auctoritates* tradizionali, rivelando la medesima attitudine moralista, nonché la stessa intenzione pastorale, proprio come affermava Dondaine.

[78] CORTI, *Le fonti del «Fiore di virtù»*, p. 112, n. 62. In questa stessa nota, la studiosa esprime stupore per il fatto che gli specialisti occupatisi dell'attribuzione del *De eruditione principum* (Pierre Mandonnet e Hans Kellner) non avessero notato le somiglianze che legano l'"operetta" con la *Summa de vitiis* di Peraldo.

[79] Cf. VECCHIO, *Le pouvoir au miroir du prédicateur*, p. 264.

[80] Che si tratti di una scelta, lo dimostra anche il fatto che, come dice BEJCZY, *The Cardinal Virtues in The Middle Ages*, p. 148, il lavoro di Peraldo, sebbene eviti di nominare gli autori più recenti di Bernardo di Chiaravalle, tradisce la conoscenza della teologia morale contemporanea: il suo uso della *Summa de bono* di Filippo il Cancelliere è palese. Lo aveva già affermato René-Antoine GAUTHIER, *Magnanimité: l'idéal de la grandeur dans la philosophie païenne et dans la théologie chrétienne*, Paris 1951, pp. 278-279 e 307: Peraldo si serve anche del *De bono* di Alberto Magno.

Se avesse avuto accesso alle opere aristoteliche, quale concezione di *nobilitas* vi avrebbe letto?[81] Nella *Politica* e nella *Retorica* (tradotta verso il 1266), avrebbe trovato la nozione di nobiltà di nascita e l'identificazione sociale del nobile con il ricco ereditario. Nella *Politica*, infatti, non solo si legge, come si è visto, che la nobiltà consiste in ricchezze di antica data e virtù (IV, 8, 1294a21-22), ma anche che essa si manifesta nella buona nascita (εὐγένεια) ed è ornata di ricchezze e di virtù personali o di stirpe (IV, 4, 1291b28-30)[82]. Nella *Retorica* (I, 5, 1360b31-38), Aristotele afferma che la nobiltà di nascita (εὐγένεια) di un popolo o di una città deriva dall'essere autoctoni o di antica origine, mentre per il singolo individuo "i nobili natali vengono o da parte di padre o da parte di madre; consistono nella legittimità di nascita da entrambe le parti, nel fatto che, nel contesto cittadino, gli avi sono noti per virtù, o per ricchezza, o per un'altra delle cose che si tengono in pregio"[83].

A fronte dell'importanza assegnata nella *Politica* e nella *Retorica* alla nobiltà di stirpe[84], nell'*Ethica Nicomachea* l'attenzione si concentra, invece, sulla virtù (ἀρετή) che ha la preminenza sulla nobiltà di nascita (εὐγένεια)[85]. Le azioni secondo virtù sono nobili e tendono al bene, così l'uomo buono fa tutto in vista del bene; per questo, benché "si considerino degni di onore i nobili (εὐγενεῖς), i potenti e i ricchi, dato che sono in una posizione elevata [...], in verità, solo il [uomo] buono è degno di onore" (IV, 8, 1124a21-24)[86]. Questo e molti altri passaggi sottolineano l'importanza delle virtù acquisite per Aristotele. Tuttavia, si trovano spesso precisazioni – ad

[81] Per una rapida presentazione del concetto di *nobilitas* in Aristotele, cf. CASTELNUOVO, *Être noble dans la cité*, pp. 100-103.

[82] Cf. rispettivamente *Politica*, IV, 8, 1294a21-22; *translatio Guillelmi de Morbeka*, ed. Franz SUSEMIHL, Leipzig 1872 (Aristoteles Latinus, 29,2), p. 409,11-12: "ingenuitas enim est virtus et divitiae antiquae"; *Pol.*, IV, 4, 1291b28-30; *translatio Guillelmi de Morbeka*, ed. SUSEMIHL, p. 393,11-12: "et utique si qua talis alterius multitudinis species, insignium autem divitiae, nobilitas [*eugeneia*], virtus, disciplina et hiis similia dicta secundum eandem differentiam".

[83] Cf. ARISTOTELE, *Retorica*, trad. a cura di Fabio CANNAVÒ, Milano 2014, p. 43; *translatio anonyma sive vetus et translatio Guillelmi de Morbeka*, ed. Bernhardus SCHNEIDER, Leiden 1978 (Aristoteles Latinus 31,1-2), p. 21,20-24: "Nobilitas quidem igitur est genti et civitati ibidem esse genitos aut antiquos esse et prepositos primos apparentes, et multos apparentes fieri ex ipsis in invidis; propria autem nobilitas aut a maribus aut a mulieribus, et consanguinitas ab utrisque, et, quemadmodum in civitate, primos cognitos aut a virtute aut a divitiis aut ab alio honorabilium".

[84] Si segnala, tuttavia, che nella *Retorica* (II, 15, 1390b1621-24) Aristotele critica i nobili di nascita (εὐγενές) in quanto incapaci di preservare il proprio *status* perché privi di merito, rispetto al nobile che ha una "natura che non degenera", vale a dire rispetto a chi ha la capacità di mantenere la sua nobiltà grazie alle qualità morali.

[85] Cf. ARISTOTELES, *Ethica Nicomachea*, V, 6, 1131a28-29; *translatio Roberti Grosseteste Lincolniensis sive 'Liber Ethicorium'. Recensio pura*, ed. René-Antoine GAUTHIER, Leiden 1972 (Aristoteles Latinus, 26,3), p. 232,11-13: "Set democratici quidem, libertatem, oligarchiki autem, divicias, quidam autem, generis nobilitatem, aristokratici autem, virtutem".

[86] ARISTOTELE, *Ethica Nicomachea*, trad. a cura di Carlo NATALI, Bari 1999, p. 147.

esempio, "colui che somma entrambe le cose, nobiltà di nascita e virtù, è ancora più stimabile" (IV, 8, 1124a25-26) – che rivelano il vero pensiero dello Stagirita: i discorsi formulati nell'*Ethica*, dice in chiusura dell'opera, «rendono un carattere, nobile per natura (εὐγενές) e veramente amante del bello, adatto a ospitare la virtù» (1179b8-10)[87]. Anche nell'*Ethica*, quindi, la nobiltà di nascita resta un prerequisito importante per il pieno conseguimento della virtù.

Di conseguenza, pur condividendo l'opinione di Dondaine secondo cui, ai tempi di Guglielmo, il pensiero aristotelico non aveva ancora assunto un ruolo dominante altrimenti "Peyraut l'aurait-il connue, aussitôt il lui eût fait une large place; nous ne pouvons en douter"[88], si deve comunque ammettere che il domenicano non avrebbe trovato in Aristotele una concezione di nobiltà in linea con la propria, fatta di disprezzo per la nobiltà ereditaria e di elogio per la pura nobiltà d'animo. Forse avrebbe apprezzato – anche in ragione dell'affinità con l'adagio senechiano citato frequentemente: *bene a natura compositus* – il concetto di εὐθυής, «uomo di buona disposizione naturale», usato nel terzo libro dell'*Ethica* (III, 5, 1114b8-12) – libro circolante all'epoca di Peraldo come *Ethica vetus* – per indicare colui che è "dotato per natura di un 'occhio' con cui giudicare correttamente e scegliere il vero bene"[89]. Questo concetto ricorre in varie altre opere di Aristotele, in particolare in *Topici* VIII, 14, 163b11-15 a designare chi è "dotato di una natura nobile", "capace di scegliere rettamente il vero ed evitare il falso"[90]. Grazie alla traduzione che Boezio fece nel VI secolo di quest'opera, il concetto, reso in latino con l'espressione *bene natus*, è penetrato, ed ha avuto un'ampia fortuna, nell'Occidente latino, andando ad indicare quella componente nobile innata, necessaria per fare il bene, ma anche per il conseguimento della contemplazione filosofica[91].

[87] Cf. ARISTOTELES, *Ethica Nicomachea. Translatio Roberti Grosseteste Lincolniensis sive 'Liber Ethicorium'. Recensio pura*, ed. GAUTHIER, p. 365,1-2: "Nunc autem videntur provocare quidem et movere iuvenum liberales posse sermones et morem nobilem, et ut vere amantem bonum facere"; trad. a cura di NATALI, p. 441.

[88] Cf. *supra*, n. 8.

[89] ARISTOTELE, *Ethica Nicomachea*, trad. a cura di NATALI, p. 99.

[90] ARISTOTELES, *Topica*, VIII, 14, 163b11-15; *translatio Boethii*, ed. Lorenzo MINIO-PALUELLO adiuv. Bernard G. DOD, Bruxelles–Paris 1969 (Aristoteles Latinus 5,1-3), p. 177,21-23: "Oportet autem ad huiusmodi inesse boni ingenii; et hoc est secundum veritatem bonum ingenium, posse bene eligere verum et fugere falsum; quod qui nati sunt bene possunt facere bene; nam qui amant et qui odiunt hoc quod profertur facile discernunt optimum".

[91] Per l'analisi della fortuna di questa accezione filosofica di nobiltà, si veda ROBIGLIO, *The Thinker as a Noble Man (*bene natus*)*, pp. 226-242. Si veda anche ID., *Dante "bene nato". Guido Cavalcanti e Margherita Porete in Par. V, 115*, in: L'Alighieri, 26 (2005), pp. 45-62: 50-55. La diffusione dell'adagio dei *Topici* è certificata dalla sua presenza nel florilegio *Parvi flores*: cf. HAMESSE, *Les 'Auctoritates Aristotelis'*, p. 331,76: "Qui bene nati sunt benefacere possunt".

Le posizioni aristoteliche, la cui ricezione si consoliderà a partire dalla metà del XIII secolo[92], sono assenti in Peraldo che rimane legato a dottrine formulate nei secoli precedenti (XI-XII sec.), quando il *topos* del "contemptus nobilitatis natalium" (o *sanguinis* o *carnis*) è dominante[93]. L'*auctoritas* che mi pare esprimere meglio la dottrina della vera nobiltà del nostro domenicano è la definizione di Giovenale ("Nobilitas animi sola est atque unica virtus") che Peraldo usa nella riformulazione di Ildeberto ("Nobilitas sola est, animum quae moribus ornat")[94]: essa esprime appieno il ruolo insostituibile della virtù, la quale non accresce o migliora una nobiltà di stirpe preesistente, come sostiene Aristotele, bensì da sola nobilita l'animo umano.

Anche Brunetto Latini nel *Tresor*[95] e Dante Alighieri nella *Monarchia* fanno ricorso alla definizione di Giovenale. Dante la pone come alternativa alla nobiltà degli antenati espressa con la formula aristotelica:

> Est enim nobilitas 'virtus et divitie antique', iuxta Phylosophum in Politicis, et iuxta Iuvenalem 'Nobilitas animi sola est atque unica virtus' que due sententie ad duas nobilitates dantur, propriam scilicet et maiorum[96].

L'Alighieri aveva già citato nel *Convivio* (IV iii 6) la definizione aristotelica ma ascrivendola all'imperatore Federico II: "Dove è da sapere che Federigo di Soave, ultimo imperadore delli Romani [...], domandato che fosse gentilezza, rispuose ch'era antica ricchezza e belli costumi"[97]. Nella *Monarchia* Dante attribuisce corret-

92 Cf. Castelnuovo, *Être noble dans la cité*, pp. 100-104. Il nesso fra nobiltà di nascita e ricchezze sarà ritenuto, a partire dai commentatori dal XIII secolo in poi, la vera posizione aristotelica, cf. Marco Toste, *Nobiles, optimi viri, philosophi. The Role of the Philosopher in the Political Community at the Faculty of Arts in Paris in the Late Thirteenth Cenrury*, in: *Itinéraires de la raison. Études de philosophie médiévale offertes à Maria Cândida Pacheco*, éd. par José Francisco Meirinhos, Louvain-la-Neuve 2005, pp. 269-308: 275-277, qui 307.

93 Cf. Castelnuovo, *Être noble dans la cité*, pp. 126-135. La superiorità della virtù sulle ricchezze, sugli onori, sulla stirpe affonda le sue radici in Agostino, Severino Boezio e Isidoro di Siviglia, cf. *Ivi*, pp. 116-124.

94 Cf. *supra*, note 30-31.

95 Cf. Castelnuovo, *Être noble dans la cité*, pp. 211-213. Brunetto scambia Giovenale con Orazio: "de la droite noblece dit Oraces que ele est vertu solement", cf. Brunetto Latini, *Tresor*, II 114,3, ed. Pietro G. Beltrami et alii, Torino 2007, p. 594. Cf. Pietro G. Beltrami, *La voce nobiltà del* Tesoro *della lingua italiana delle origini*, in: *Studi per Umberto Carpi: un saluto da allievi e colleghi pisani*, a cura di Marco Santagata, Alfredo Stussi, Pisa 2000, pp. 155-180; Id., *Introduzione*, a: Brunetto Latini, *Tresor*, pp. VII-XXVI: XVIII-XIX sottolinea il debito di Brunetto verso la *Summa de virtutibus* del Peraldo per la redazione della seconda parte del libro II del *Tresor*.

96 Dante Alighieri, *Monarchia*, II iii 4, a cura di Diego Quaglioni, in: Dante Alighieri, *Opere*. Edizione diretta da Marco Santagata, II, *Convivio, Monarchia, Epistole, Egloge*, a cura di Gianfranco Fioravanti, Claudio Giunta, Diego Quaglioni, Claudia Villa, Gabriella Albanese, Milano 2014, pp. 807-1415: p. 1072.

97 Per i numerosi studi riguardanti l'attribuzione di questo passo a Federico II, si veda il commento di Gianfranco Fioravanti, cf. Dante Alighieri, *Convivio*, a cura di Gianfranco

tamente la definizione ad Aristotele e vi contrappone quella di Giovenale, ricreando la consueta antitesi fra *nobilitas generis* e *nobilitas animi*[98], ma senza tuttavia condannare (né qui né altrove) in modo esplicito la nobiltà di sangue[99].

Per Guglielmo, invece, che non conosce ancora la definizione aristotelica di nobiltà come sintesi di virtù e di antiche ricchezze, la nobiltà d'animo è del tutto alternativa e superiore alla *nobilitas carnis*. Quest'ultima, nella prospettiva della riflessione cristiana, da un lato subisce il disprezzo che pertiene al corpo quale ricettacolo di peccati e passioni, e da un altro lato riceve il rimprovero che spetta al vizio della superbia. Negando qualsiasi valore alla nobiltà ereditaria e politica, Peraldo esalta la *nobilitas animi* che può essere donata gratuitamente da Dio, ma che, nei testi del domenicano, risulta soprattutto prodotta dalla disposizione naturale alla virtù (*bene a natura compositus*), come dice Seneca. In questo senso, possiamo dire che Peraldo costituisce uno degli ultimi baluardi della *nobilitas animi* – intesa come nobiltà morale prodotta dalla virtù individuale e cristiana – prima del sopravvento dell'esegesi dei testi aristotelici che determinerà una revisione di entrambe le nozioni di *nobilitas generis* e *nobilitas animi*.

Fioravanti, Claudio Giunta, in: Id., *Opere*, II, pp. 3-805: 558-559. Come avverte Robiglio – che segnala i due passi del *Convivio* e della *Monachia* per la loro somiglianza con la sentenza citata dal florilegio *Parvi flores* (cf. *supra*, n. 68) – l'errata attribuzione della citazione nel *Convivio* non significa necessariamente una minor dimestichezza con Aristotele rispetto ai tempi della stesura della *Monarchia*, cf. Andrea A. Robiglio, *Dante e le* Auctoritates Aristotelis, in: *Les Auctoritates Aristotelis, leur utilisation et leur influence chez les auteurs médiévaux. État de la question 40 ans après la publication*, éd. par Jacqueline Hamesse, José Francisco Meirinhos, Madrid–Turnhout, in corso di stampa, n. 32. Si segnala, inoltre, che il *Fiore di virtù* e il *Convivio* di Dante desumono dalla *Summa de vitiis* varie caratteristiche della teoria della nobiltà (cf. Corti, *Le fonti del «Fiore di virtù»*, pp. 93-99, 104-110), si veda in particolare *Convivio* IV xv 3, xx 7, cf. Franco Mancini, *Un'*auctoritas *di Dante*, in: Studi danteschi, 45 (1968) pp. 95-119.

[98] Per l'esegesi di questo brano si vedano i commenti di Diego Quaglioni (Dante Alighieri, *Monarchia*, pp. 1072-1075) e di Andrea Tabarroni in Dante Alighieri, *Monarchia*, a cura di Paolo Chiesa e Andrea Tabarroni, Roma 2013, pp. 82-85. Secondo Umberto Carpi, *La nobiltà di Dante*, Firenze 2004, vol. 1, pp. 20-21, 24: "Insomma, due *auctoritates* per due *nobilitates* distinte ma nient'affatto contrapposte, se ad assicurare il diritto alla signoria è proprio la loro compresenza [...]. Nella *Monarchia*, dunque, Giovenale non nega più Aristotele, lo integra".

[99] Cf. Paolo Borsa, «Sub nomine nobilitatis»: *Dante e Bartolo da Sassoferrato*, in: *Studi dedicati a Gennaro Barbarisi*, a cura di Claudia Berra, Michele Mari, Milano 2007, pp. 59-121: 72. Come Dante, così nessun maestro delle Arti condanna o rifiuta la nobiltà di stirpe, cf. Toste, *Nobiles, optimi viri, philosophi*, p. 283.

ANDREA COLLI

Appunti per un ritratto dell' "uomo nobile" negli scritti di Alberto Magno*

L'idea di "nobiltà" caratterizza molti aspetti della riflessione di Alberto Magno. Se decidessimo di passare in rassegna tutte le occorrenze del sostantivo *nobilitas* (509) e dell'aggettivo *nobilis* (2021) contenute nelle sue opere, ci renderemmo conto che nella maggior parte dei casi, per il maestro domenicano, "nobile" non è semplicemente un sinonimo raffinato di "superiore" o "migliore", bensì un attributo scelto in modo molto accurato[1]. Ciò è indubbiamente legato al fatto che nei suoi scritti convergono tradizioni filosofiche e teologiche – talvolta assai differenti tra loro – che sembrano tuttavia condividere un uso 'tecnico' della nozione di nobiltà. In tal senso, è da leggersi, ad esempio, la centralità che Alberto conferisce all'espressione *anima nobilis* ereditata dal *Liber de causis*[2], così come il frequente richiamo all'adagio ari-

* Il presente studio è stato realizzato nell'ambito del progetto di ricerca "NOBILITAS" presentato sul Bando post-doc 2011 (Provincia Autonoma di Trento).

1 Il conteggio delle occorrenze lessicali del sostantivo *nobilitas* e dell'aggettivo *nobilis* nelle opere di Alberto Magno considera le opere pubblicate all'interno del progetto editoriale *Editio coloniensis* (Alberti Magni Opera omnia. Editio Coloniensis, Münster 1951-), gli scritti editati da Auguste BORGNET non ancora resi disponibili in edizione critica (Beati Alberti Magni Opera omnia, Paris 1890-1899), i testi del *De animalibus libri XXVI* e del *De principiis motus processivi* (ALBERTUS MAGNUS, *De animalibus libri XXVI*, 2 Bde, ed. Hermann STADLER [Beiträge zur Geschichte der Philosophie des Mittelalters. Texte und Untersuchungen, 15-16], Münster 1916-1920; ALBERTUS MAGNUS, *De principiis motus processivi*, ed. Hermann STADLER, München 1909), il *De vegetabilibus* (ALBERTUS MAGNUS, *De vegetabilibus*, edd. Ernest MEYER, Carl JESSEN, Berlin 1867) e il *Super Iob* (ALBERTUS MAGNUS, *Commentarii in Iob*, ed. Melchior WEISS, Freiburg in Br. 1904). Un'individuazione puntuale delle occorrenze è stata possibile anche grazie all'uso di *Alberti Magni Opera Omnia Editio Digitalis* (http://albertus-magnus-online.de/) e di *Alberti Magni e-corpus* (http://albertusmagnus.uwaterloo.ca).

2 *Liber de causis*, ed. Adriaan PATTIN, in Tijdschrift voor Filosofie, 28 (1966), prop. III, p. 139,98-99: "Omnis anima nobilis tres habet operationes: nam ex operationibus eius est operatio animalis et operatio intellectibilis et operatio divina". Per uno studio aggiornato sull'influenza del *Liber de causis* nel XIII secolo si veda Dragos CALMA, *Du neoplatonisme au realisme et retour, parcours latins du Liber de causis aux XIIIe-XVIe siecles*, in: Bulletin de philosophie médiévale, 54 (2012), pp. 217-275. Desidero inoltre ringraziare la dott.ssa Silvia Negri (Albert-Ludwigs Universität Freiburg) che mi ha permesso di leggere il suo saggio di prossima pubblicazione *The 'noble soul' between heaven and earth. Reflexions on the third proposition of* Liber de causis *and its employment in Dante's* Convivio.

stotelico, in base al quale "ciò che agisce è più nobile di ciò che patisce"[3]. O ancora, nel commento al *De divinis nominibus* dello pseudo-Dionigi è significativo che il maestro domenicano consideri *esse*, *vivere* e *intelligere* come *nobilitates* metafisiche[4], oppure che nella parafrasi al *De caelo et mundo* e al *De animalibus libri XXVI* egli adoperi abbondantemente l'accostamento aristotelico di "separato" e "nobile"[5]. Infine è piuttosto ricorrente l'abitudine, sempre mutuata dalla tradizione aristotelica, di classificare le scienze in base alla maggiore o minore nobiltà del loro soggetto[6].

Ora, tra i differenti versanti della riflessione albertina in cui è possibile identificare un uso specifico della nozione di "nobiltà", quello antropologico è verosimilmente uno dei più fecondi e, al tempo stesso, più complessi da esaminare, anche perché ricomprende molti degli usi elencati poc'anzi. Se la definizione di uomo come *animal nobilissimum*, anch'essa ereditata dalla tradizione peripatetica, sembra essere un incoraggiante punto di partenza, non è tuttavia un'impresa semplice provare ad offrire un contributo originale, anche se minimo, alla già ricca costellazione di studi sull'antropologia albertina. In ogni caso, seguendo alcune delle tracce lasciate dalle occorrenze dell'aggettivo *nobilis* e del sostantivo *nobilitas* negli scritti di Alberto Magno, proverò ad abbozzare un ritratto di quello che, secondo il maestro domenicano, è un "uomo nobile".

[3] ARISTOTELES, *De anima*, III, 5, 430a18-19, ed. William D. ROSS, Oxford 1961, p. 72. Per la traduzione latina del testo si rimanda alla *translatio Iacobi Veneti*, edd. Jos DECORTE (†) e Jozef BRAMS (Aristoteles Latinus, 12,1), in preparazione, e alla *translatio Guillelmi de Moerbeka*, in: THOMAS DE AQUINO, *Sentencia libri de anima*, ed. René-Antoine GAUTHIER (Sancti Thomae de Aquino Opera omnia, 45,1), Roma–Paris 1984, pp. 218-220; alla *translatio Michaeli Scoti*, in: AVERROES, *Commentarium magnum in Aristotelis De anima libros* (Corpus Commentariorum Averrois in Aristotelem, 6,1) ed. Francis S. CRAWFORD, Cambridge Mass. 1953, p. 440. Sulla presenza e sull'uso di questo adagio negli scritti di Alberto Magno si veda Andrea COLLI, *Augustine's De Genesi ad litteram as a Commentary on the* De anima. *A significant Case of Comparison between Authority and Translations in the Thirteenth Century*, in: *The Medieval Translator. Traduire au Moyen Âge* n° 16 – *Translation and Authority – Authorities in Translation*, ed. by Pieter DE LEEMANS, Michèle GOYENS (The Medieval Translator, 16), Turnhout 2016, pp. 329-344: 337-342.

[4] Per un approfondimento su questo tema specifico si rimanda al saggio di Silvia Negri contenuto in questo volume. In particolare, il paragrafo III.

[5] Sulla ricezione del binomio aristotelico *nobilis-separatus* negli scritti di Alberto e, in modo particolare, nel *De animalibus*, si veda Andrea COLLI, *La conoscenza decurtata delle substantiae nobilissimae. Traduzioni e "tradimenti" nel De animalibus libri XXVI di Alberto il Grande*, in: *Raccolta di saggi in onore di Marco Arosio*, a cura di Marco MARTORANA, Rafael PASCUAL, Veronica REGOLI, Roma 2014, pp. 7-21.

[6] La diretta corrispondenza, di matrice aristotelica, tra i gradi di nobiltà della natura e il modo di conoscerla è segnalata in Bruno TREMBLAY, *Albert on Metaphysics as First and Most Certain Philosophy*, in: *A Companion to Albert the Great. Theology, Philosophy, and the Sciences*, ed. Irven M. RESNICK (Brill's Companions to the Christian Tradition, 38), Leiden 2013, pp. 561-594: 572-575.

I. L'uomo tra *Bildtheologie* e *creaturae nobilissimae*

I numerosi scritti teologici redatti tra il 1234 e il 1247[7] costituiscono un punto di partenza imprescindibile per iniziare a mettere a fuoco quella che è la concezione di uomo sviluppata da Alberto Magno e per scoprire se, e in che modo, la nobiltà intervenga nella formazione delle convinzioni albertine in materia antropologica[8]. Ciò è dovuto non soltanto alla precedenza cronologica di questo gruppo di testi, ma anche alla funzione fondativa[9] che essi sembrano aver svolto nella costituzione e nello sviluppo del pensiero albertino sull'uomo. A questo proposito, in uno dei suoi numerosi e accurati lavori dedicati a questo argomento, Henryk Anzulewicz sostiene che la *Kernfrage* della sintesi antropologica teorizzata da Alberto sia di natura teologica, e, in modo particolare, debba essere ricondotta alla nozione di uomo "ad imaginem Dei factus"[10]. In altre parole, la definizione e la descrizione dell'uomo che emergono dai primi scritti di Alberto[11] non sarebbero altro che la diretta conseguenza di una sorta di teologia dell'immagine (*Bildtheologie*), secondo la quale l'uomo gode del privilegio di essere stato creato, unico tra gli esseri viventi, ad immagine e somiglianza di Dio, o più precisamente, della Trinità divina[12]. Per corroborare la

[7] Per una cronologia aggiornata dei testi di Alberto si veda la tavola sinottica allegata a *Albertus Magnus und sein System der Wissenschaften. Schlüsseltexte in Übersetzung Lateinisch-Deutsch*, hrsg. von Hannes MÖHLE, Henryk ANZULEWICZ, Maria BURGER, Silvia DONATI, Ruth MEYER, Martin BREDENBECK, Susanna BULLIDO DEL BARRIO, Münster 2011, pp. 28-31. Per quanto riguarda la datazione delle prime opere si segnala Catherina RIGO, *Zur Redaktionsfrage der Frühschriften des Albertus Magnus*, in: *Albertus Magnus und die Anfänge der Aristoteles-Rezeption im lateinischen Mittelalter: von Richardus Rufus bis zu Franciscus de Mayronis*, hrsg. von Ludger HONNEFELDER (Subsidia Albertina, 1), Münster 2005, pp. 325-374.

[8] Gli studi sull'antropologia albertina sono molto numerosi. Si segnalano, tra gli altri, Henryk ANZULEWICZ, *Individuum und Individualität in der Anthropologie des Albertus Magnus*, in: *Individuum und Individualität im Mittelalter*, hrsg. von Jan A. AERTSEN, Andreas SPEER (Miscellanea Mediaevalia, 24), Berlin–New York 1996, pp. 124-160; ID., *Der Anthropologieentwurf des Albertus Magnus und die Frage nach dem Begriff und wissenschaftssystematischen Ort einer mittelalterlichen Anthropologie*, in: *Was ist Philosophie im Mittelalter?* hrsg. von Jan A. AERTSEN, Andreas SPEER (Miscellanea Mediaevalia, 26), Berlin–New York 1998, pp. 756-766; Georg WIELAND, *Zwischen Natur und Vernunft. Alberts des Großen Begriff vom Menschen* (Lectio Albertina, 2), Münster 1999; Henryk ANZULEWICZ, *Solus homo est nexus Dei et mundi. Albertus Magnus über den Menschen*, in: *Multifariam. Homenaje a los profesores Anneliese Meis, Antonio Bentué y Sergio Silva*, Suplementos a Teología y Vida, Santiago 2010, pp. 321-335; ID., *Anthropology: the Concept of Man in Albert the Great*, in: *Albert the Great: theology, philosophy, and the Sciences*, pp. 325-346.

[9] ANZULEWICZ, *Anthropology: the Concept of Man in Albert the Great*, p. 333.

[10] ANZULEWICZ, *De forma resultante in speculo des Albertus Magnus: eine textkritische und begriffsgeschichtliche Untersuchung. Die Theologische Relevanz des Bildbegriffs und des Spiegelbildmodells in den Frühwerken des Albertus Magnus* (Beiträge zur Geschichte der Philosophie des Mittelalters. Neue Folge, 53,2), Münster 1999, p. 201.

[11] Anzulewicz assume come punti di riferimento il *De homine* e il *Super Sententiarum*.

[12] ANZULEWICZ, *De forma resultante in speculo des Albertus Magnus*, p. 202.

sua interpretazione Anzulewicz intraprende uno studio che, per certi versi, presenta alcune affinità con quello che vuole essere qui il nostro modo di procedere: egli va infatti a svolgere una ricerca lessicale su una serie di vocaboli (*aenigma, aequalitas, exemplar, figura, forma, iconia* e *icos, idea, idolum, imago, paradigma, signum* e *signaculum, similitudo, species, symbolum, typus, umbra, vestigium*) che possono aver contribuito alla formazione di quel *Bildbegriff* di cui Alberto sembra servirsi per porre in relazione teologia e antropologia[13].

Ora, la nozione di nobiltà, pur essendo ampiamente chiamata in causa negli scritti teologici parigini[14], non sembra poter essere ricompresa in questa particolare definizione di uomo.

In effetti, nella tradizione teologica tardoantica e altomedievale cui Alberto si riferisce, accostamenti dell'aggettivo *nobilis* all'idea di uomo sono davvero molto limitati. Solo due sono, ad esempio, i riferimenti alla *nobilitas* nel *Liber Sententiarum* di Pietro Lombardo, entrambi nel IV libro e, a ben guardare, non particolarmente significativi per il nostro studio, dato che – parafrasando il *Libro dei Proverbi* – si limitano a definire lo *status* della sposa nel sacramento del matrimonio[15].

Negli scritti di Agostino, che è indubbiamente una fonte primaria del lavoro teologico (e non solo) di Alberto Magno[16], le occorrenze del sostantivo *nobilitas* e dell'aggettivo *nobilis* sono abbastanza numerose (223), ciononostante è difficile stabilire con precisione quali fossero gli scritti realmente a disposizione dei maestri del XIII secolo e, nel nostro caso specifico, di un novizio, baccelliere e poi teologo domenicano[17]. Se la conoscenza integrale di testi quali le *Confessiones*, il *De civitate Dei*, il *De libero arbitrio*, il *De doctrina christiana*, il *De vera religione* e il *De Genesi*

[13] ANZULEWICZ, *De forma resultante in speculo des Albertus Magnus*, pp. 55-145.

[14] Complessivamente possono essere identificate 121 occorrenze di *nobilitas* e 439 di *nobilis*.

[15] PETRUS LOMBARDUS, *Sententiae in quattuor libris distinctae*, t. 2, IV, dist. 30, 1, Editiones Collegii S. Bonaventurae ad Claras Aquas (Spicilegium Bonaventurianum, 4), Grottaferrata 1981, p. 438; IV, dist. 47, 3, p. 539.

[16] Henryk ANZULEWICZ, *Rezeption und Reinterpretation. Pseudo-Dionysius Areopagita, die Peripatetiker und die Umdeutung der augustinischen Illuminationslehre bei Albertus Magnus*, in: *Kulturkontakte und Rezeptionsvorgänge in der Theologie des 12. und 13. Jahrhunderts*, hrsg. von Ulrich KÖPF, Dieter R. BAUER (Archa Verbi. Subsidia, 8), Münster 2011, pp. 103-126: 107-108.

[17] Qualche indicazione sui testi teologici studiati dai novizi domenicani si può reperire in HUMBERTUS DE ROMANIS, *Opera de vita regulari*, ed. Joachim BERTHIER, Torino 1956, vol. 2, p. 110 e Raymond CREYTENS, *Commentaires inédits d'Humbert de Romans sur quelques point des Constitutions dominicaines*, in: Archivum Fratrum Praedicatorum, 21 (1951), pp. 205-214. Tuttavia si tratta di indicazioni valide fino a un certo punto, dal momento che Alberto Magno si forma prima che Umberto di Romans stabilisca questi testi; non sappiamo dunque se essi si limitino a regolarizzare prassi già consolidate o introducano piuttosto qualche elemento di novità. I testi 'ufficiali' non esauriscono tuttavia il materiale che potrebbe aver esercitato il ruolo di fonte per l'uso di espressioni contenenti l'aggettivo *nobilis* o il sostantivo *nobilitas*: a tal proposito, si pensi ai salmi, agli inni e alle orazioni dei breviari adottati per recitare l'ufficio delle letture che potevano contenere riferimenti all'idea di "nobiltà".

ad litteram, sembra essere fortemente plausibile, poche sono le informazioni a proposito della lettura completa di opere quali le *Epistulae* o dei commenti alla *Sacra Scrittura*. In molti casi, è presumibilmente decisiva la mediazione di scritti, antologie alto-medievali che non è così ovvio che riportino espressioni e parole nella forma originariamente scelta dall'autore[18]. In ogni caso, la maggior parte degli usi e delle funzioni che Agostino attribuisce alla nobiltà non sembrano interessare direttamente la definizione di uomo. In un numero considerevole di casi egli allude a un particolare grado sociale e politico[19]; quindi, in altri passi, la *nobilitas* qualifica il valore di un'azione[20].

Se infine volessimo dare uno sguardo alla versione della *Biblia sacra* che presumibilmente circolava a Parigi nella prima metà del XIII secolo – la cosiddetta *Biblia Parisiensis* – ci accorgeremmo che le occorrenze del lemma *nobil-* sono inaspettatamente solo 36[21]. Nell'Antico Testamento la nobiltà è essenzialmente un problema

[18] Per un quadro complessivo del problema si veda Marike DE KROON, *Pseudo-Augustin im Mittelalter. Entwurf eines Forschungsberichts*, in: Augustiniana, 22 (1972), pp. 511-530; Martin W. F. STONE, *Augustine and Medieval Philosophy*, in: *The Cambridge Companion to Augustine*, ed. by Eleonor STUMP, Norman KRETZMANN, Cambridge 2005, pp. 253-266; Reinhold RIEGER, *Sentenzenwerk des Petrus Lombardus*, in: *Augustin. Handbuch* hrsg. von Volker H. DRECOLL, Tübingen 2007, pp. 587-592. Per qualche ulteriore osservazione, mi permetto di rimandare a Andrea COLLI, *Tracce agostiniane nell'opera di Teodorico di Freiberg* (Collana di Saggistica, 121), Milano–Genova 2010, pp. 34-40.

[19] Si vedano, tra gli altri, AUGUSTINUS, *Confessionum libri XIII*, VII, 6, 9, ed. Luc VERHEIJEN (Corpus Christianorum. Series Latina, 27), Turnhout 1981, pp. 98-99; VIII, 2, 3, ed. VERHEIJEN, p. 115; ID., *De civitate Dei*, I, 19, 1, edd. Bernardus DOMBART, Alfonsus KALB (Corpus Christianorum. Series Latina, 47-48), Turnhout 1955, p. 20; V, 22, edd. DOMBART, KALB, p. 158; XXII, 8, 22, edd. DOMBART, KALB, pp. 824-825; ID., *De vera religione*, 45, 84, ed. Ioseph MARTIN (Corpus Christianorum. Series Latina, 32), Turnhout 1962, p. 243; ID., *De sermone Domini in monte*, II, 4, 16, ed. Almut MUTZENBECHER (Corpus Christianorum. Series Latina, 35), Turnhout 1967, pp. 106-107; ID., *In Iohannis evangelium tractatus*, VII, 17, ed. Radbodus WILLEMS (Corpus Christianorum. Series Latina, 36), Turnhout 1990, pp. 76-77; ID., *Enarrationes in Psalmos LI-C*, 58, 1, 7, ed. Eligius DEKKERS, Iohannes FRAIPONT (Corpus Christianorum. Series Latina, 39), Turnhout 1956, p. 734; ID., *Sermones 94/A, 2 (Sermones ab A.B. Caillau et B. Saint-Yves editi,* 2,6) in: *Miscellanea Agostiniana. Testi e studi pubblicati a cura dell'ordine eremitano di s. Agostino nel XV centenario dalla morte del santo dottore 1-2, Roma 1930-31*, Roma 1930, p. 253; ID., *Sermones* 289, 6, Patrologia Latina 38, 1312.

[20] Si vedano ad esempio, AUGUSTINUS, *De ordine*, I, 11, 32, ed. William M. GREEN (Corpus Christianorum. Series Latina, 29), Turnhout 1970, pp. 105-106; ID., *Quaestiones evangeliorum*, II, q. 46, ed. Almut MUTZENBECHER (Corpus Christianorum. Series Latina, 44B), Turnhout 1980, p. 109; ID., *Sermones*, 200, 1, 2, Patrologia Latina 38, 1029; ID., *De baptismo*, VI, 25, 48, ed. Michael PETSCHENIG, Georg FREYTAG (Corpus Scriptorum Ecclesiasticorum Latinorum, 51), Leipzig 1998, p. 324; ID., *Contra Iulianum*, II, 3, 7, Patrologia Latina 44, 677.

[21] Per quanto riguarda le versioni e le revisioni della Bibbia tra XII e XIII secolo si veda, tra gli altri, Laura LIGHT, *Versions et révisions du texte biblique*, in: *Le Moyen Âge et la Bible*, éd par Pierre RICHÉ, Guy LOBRICHON (Bible de tous les temps, 4), Paris 1984, pp. 55-94.

di classe sociale. Ad esempio, sono *nobilissimi principes* gli uomini designati da Mosé e Aronne a capo delle tribù di Israele[22], oppure, in tutt'altro contesto, *nobiles* sono i guerrieri che combattono al fianco del re Davide[23]. O ancora, sono proprio i *nobiles Iudae* ad essere uccisi dal re di Babilonia durante la presa di Gerusalemme[24] e ad essere abbandonati a una tragica sorte[25]. Diversamente, nel *I libro di Samuele*, vediamo emergere un'altra idea di nobiltà, più direttamente collegata al legame con divino che al prestigio politico ("vir Dei [...] vir nobilis: omne omne quod loquitur absque ambiguitate venit")[26] che potrebbe fare più il caso nostro; ma si tratta di un esempio isolato.

Un'accezione 'ampia' dell'idea di nobiltà, che dunque non è unicamente la conseguenza di un riconoscimento di tipo politico o sociale, è quella che si ritrova nel *Nuovo Testamento*. Giuseppe d'Arimatea, è – secondo l'evangelista Marco – un uomo nobile, perché giusto[27]. Un uso ancor più complesso dell'idea di nobiltà è poi quello che si trova in *Luca*, nella parabola del buon Samaritano ("homo quidam nobilis abiit in regionem longinquam")[28]. Da ultimo, anche Paolo di Tarso sembra propendere in più occasioni per un uso dell'idea di nobiltà che eccede la dimensione politica, andando a definire piuttosto un carattere etico-morale[29].

Uniche eccezioni a queste interpretazioni della *nobilitas*, associata perlopiù a una superiorità sociale o etica, sembrano essere alcune, pur isolate, espressioni altomedievali, in cui si fa riferimento all'uomo come *creatura nobilissima*[30]. Proprio quest'ultima espressione potrebbe essere la breccia attraverso cui inserire l'idea di nobiltà nel quadro della definizione teologica di uomo come *imago Dei*. Se infatti

Ringrazio il prof. Marco Rainini OP (Università Cattolica del Sacro Cuore) per le preziose indicazioni bibliografiche.

22 *Num.* 1,16.

23 *2 Sam.* 23,19-23.

24 *Ier.* 39,6.

25 *Psal.* 149,8.

26 *1 Sam.* 9,6.

27 *Marc.* 15, 43.

28 *Luc.* 19,12.

29 *Rom.* 16,7; 1 *Cor.* 1,26-31.

30 Si vedano a titolo meramente esemplificativo Bernardus Claraevallensis, *Sermones de diversis*, 29, 2, edd. Jean Leclercq, Henri Rochais (Bernardi Opera, 6,1), Roma 1970, p. 211,7; 40, 3, p. 236,10; 42, 2, p. 256,16; Id., *Sermones in adnuntiatione dominica*, edd. Jean Leclercq, Henri Rochais (Bernardi Opera, 5), Roma 1968, 1 (alia recensio), 6, p. 18,17; 1 (alia recensio), 10, p. 24,16; Id., *Sermones in aduentu Domini*, edd. Jean Leclercq, Henri Rochais (Bernardi Opera, 4), Roma 1966, 1, 4, p. 164,8; Id., *Sermones super Cantica Canticorum*, edd. Jean Leclercq, H. Rochais (Bernardi Opera, 1), Roma 1957-1958, 11, 5, p. 57,21; 21, 6, p. 125,23; Id., *Sermones in ascensione Domini*, 4, edd. Leclercq, Rochais (Bernardi Opera, 5), p. 3, p. 139,20. Per ulteriori osservazioni su questo tema mi permetto di rimandare a Andrea Colli, *Dalla creatura nobilissima al vir desideriorum: Aristotele e la definizione di uomo nel Commento alle Sentenze di Bonaventura da Bagnoregio*, in: *Il desiderio nel Medioevo*, a cura di Alessandro Palazzo (Temi e Testi, 132), Roma 2014, pp. 165-181: 166-168.

l'uomo è l'unica creatura che può vantare il privilegio di essere stata creata "a immagine e somiglianza di Dio", dovrebbe a rigor di logica essere definibile come "creatura nobilissima". Tuttavia intraprendere questa strada ci riserva alcune sorprese che ci costringono a proporre quantomeno un'integrazione alla soluzione prospettata da Anzulewicz.

In primo luogo – come si poteva immaginare alla luce di quanto abbiamo appena osservato a proposito delle fonti – sono molto rare le occorrenze dell'espressione *creatura nobilissima* o *creatura nobilis* negli scritti albertini; in secondo luogo, laddove sono presenti, vengono utilizzate per definire le creature angeliche e non l'uomo, come documenta in modo inequivocabile questo passo del *Super Sententiarum*:

> Sine praejudicio dicimus, quod angelica natura in natura considerata, multo nobilior est quam humana et nobilior est etiam quam anima rationalis in sua natura considerata Sine praejudicio dicimus, quod angelica natura in natura considerata, multo nobilior est quam humana: et nobilior est etiam quam anima rationalis in sua natura considerata: quia animae rationali naturale est uniri corpori, et haec unibilitas ipsius facit ipsam materialiorem et viciniorem materiae, quam sit Angelus [...][31].

Alberto, dunque, non solo considera gli angeli *creaturae nobilissimae*, ma indica anche quali sono le ragioni per cui possono dirsi "più nobili" rispetto agli uomini. *In natura considerata* ciò che discrimina il grado di nobiltà tra le diverse creature, nel caso specifico, tra l'anima razionale – e dunque ciò che è superiore nell'uomo – e gli angeli, è la prossimità o la distanza dalla materia: in effetti, ciò che non ci permette di considerare l'uomo una creatura nobile, tanto quanto un angelo, è proprio il suo essere *materialior et vicinior materiae*.

Che i problemi angelologici siano un terreno fecondo per poter insistere sulla contrapposizione tra le equazioni "nobile-separato" e "ignobile-corporale", è ulteriormente dimostrato da un altro passo del *Super Sententiarum* nel quale viene messo in discussione il tempo della creazione degli angeli (*de tempore creationis angelorum*):

> Dicendum, quod Angeli non duratione, sed ordine dignitatis facti sunt ante corporalem creaturam. Et ad hoc intelligendum sumenda est distinctio Augustini de confessione, quod prius alterum altero dicitur, scilicet aeternitate, ut Deus praecedit omnia: dignitate sive electione, sicut melius et nobilius praeponitur minus nobili vel utili, et hoc modo fructus praecedit florem: origine, et hoc modo sonus praecedit cantum, quia in sono modulatio facit cantum: et tempore, et hoc modo praecedit flos fructum[32].

Per provare la superiore dignità degli angeli rispetto alle creature corporee, Alberto propone una classificazione dei criteri di anteriorità che ha come riferimen-

[31] ALBERTUS MAGNUS, *Super Sententiarum*, I, dist. 16, a. 12, ed. Auguste BORGNET (Beati Alberti Magni Opera omnia, 26), Paris 1893 p. 458B.

[32] ALBERTUS MAGNUS, *Super Sententiarum*, II, dist. 2, a. 1, ed. BORGNET, p. 45A.

to non tanto le *Confessiones* di Agostino – come egli sembra suggerire, se ci atteniamo all'edizione Borgnet (*Augustini de confessione*) – , bensì il XII capitolo delle *Categoriae* di Aristotele[33], con tutta probabilità secondo quello che è il *Commentarium Magnum* di Averroè al testo aristotelico[34]. Proprio come suggerito dalla tradizione peripatetica, infatti, l'anteriorità in natura può essere letta anche secondo la *dignitas* o *honorabilitas* delle sostanze, criterio che nel commento di Averroè viene reso dagli opposti *nobilis-ignobilis*. Dietro le argomentazioni teologiche sembra trovare spazio, dunque, una lettura complessiva della natura di matrice peripatetica che, nelle sue

33 ARISTOTELES, *Categoriae*, 12, 14a26-b9, *translatio Boethii*, ed. Lorenzo MINIO-PALUELLO (Aristoteles Latinus, 1,1), Bruges–Paris 1961, pp. 37,11–38,2: "Prius alterum altero dicitur quadrupliciter. Primo quidem et proprie secundum tempus, secundum quod scilicet antiquius alterum altero et senius dicimus (eo enim quod plus est temporis longaevius et antiquius dicitur). Secundo quod non convertitur secundum subsistendi consequentiam, ut unus duobus prius est (cum enim duo sint, consequitur mox unum esse, cum vero sit unum non est necesse duo esse; quare non convertitur ab uno consequentia alterius subsistentiae); prius autem videtur esse illud a quo non convertitur subsistentiae consequentia. Tertio vero secundum quendam ordinem prius dicitur, quemadmodum et in disciplinis et in orationibus; in demonstrativis enim disciplinis inest prius et posterius secundum ordinem (elementa enim priora sunt descriptionibus secundum ordinem, et in grammatica elementa priora sunt syllabis), et in orationibus similiter (exordium enim narratione prius est ordine). Amplius praeter haec omnia, quod melius et honorabilius est, prius natura esse videtur; solent autem plures honoratiores [magis] et quos ipsi maxime venerantur priores esse dicere; est autem hic modus paene alienissimus"; *editio composita*, ed. Lorenzo MINIO-PALUELLO (Aristoteles Latinus, 1,2), pp. 75,20-76,9: "Prius autem alterum altero dicitur quadrupliciter. Primo quidem et proprie secundum tempus, secundum quod scilicet antiquius alterum altero et senius dicitur (in eo enim quod tempus amplius est, et antiquius et senius dicitur). Secundo autem quod non convertitur secundum subsistendi consequentiam, ut unus duobus prior est (duobus enim existentibus, mox consequens est unum esse, uno autem existente, non necessarium est duo esse; idcirco non convertitur ab uno consequentia ut sit reliquum); prius autem videtur illud esse a quo non convertitur in eo quod est esse consequentia. Tertio vero secundum quendam ordinem prius dicitur, quemadmodum et in disciplinis et in orationibus; nam et in demonstrativis disciplinis est prius et posterius per ordinem (elementa enim priora sunt his quae describuntur per ordinem, sed et in grammatica elementa priora sunt syllabis), et in orationibus similiter (prooemium enim prius est narratione per ordinem). Amplius supra ea quae dicta sunt, quod melius est et honorabilius, prius naturaliter esse videtur; consueverunt autem et plurimi honorabiliores et magis dilectos a se priores dicere apud se; est quidem et paene alienissimus priorum hic modus".

34 AVERROES, *In Aristotelis Praedicamenta*, 2, Venetiis 1562-1574, vol. 1 (repr. Frankfurt 1962), 58rC-E: "Dixit prius autem alterum altero quadrupliciter dicitur. Primo quidem atque famoso illorum modo dicitur, prius tempore: ut dicimus aliquem esse seniorem et antiquiorem alio. Secundo modo dicitur, prius natura: et est quidem illud, quod reperitur, repto posteriori : sed ablato ipso, aufertur et posterius et non convertitur cum eo secundum esse: videlicet, ut si reperiatur prius, reperiatur quoque posterius, et si aufertur prius, aufertur et posterius: sed ablato posteriori non aufertur prius: ut se habet unum ad duo in prioritate, nam repertis duobus reperitur et unum; sed reperto uno, non est necessarium ut reperiantur ipsa duo et quicquid reperitur reperta aliqua alia re, sed non reperiatur illa res reperto illum dicitur quidem illud esse prius illa re. Tertio modo dicitur prius ordine: ut cum

varie possibilità, prevede che le sostanze possano essere ordinate secondo nobiltà (*ordo nobilitatis*)[35].

Sebbene da un punto di vista differente, nelle *Quaestiones theologicae* – redatte negli stessi anni del *Super Sententiarum* –, l'idea di nobiltà si ripresenta come principio che ci permette di distinguere assiologicamente ciò che è spirituale da ciò che è corporeo:

> [...] nobilius secundum esse non dependet ab ignobiliori; nobilior autem est spiritualis natura quam corporalis; ergo secundum esse non dependet ad ipsam; sed angeli sunt de natura spirituali et locus corporeus de natura corporali; ergo secundum esse angeli non dependent ad locum corporeum [...] Dicendum videtur mihi, quod esse angeli non dependet ad locum corporeum, et quod bene posset esse sine loco corporeo, sicut accipitur expresse ex dictis sanctorum et philosophorum. Non tamen dico, quod creati sint ante mundum, sed cum mundo[36].

Santi e filosofi sembrano, dunque, concordare sul fatto che le creature angeliche non possano essere concepite come creature vincolate fisicamente a un luogo corporeo (*non dependent ad locum corporeum*) e, aldilà di tutte le argomentazioni che possono essere portate a sostegno di questa tesi, è singolare che alla base del ragionamento di Alberto stia ancora una volta un'assioma intrinsecamente legato all'idea di nobiltà: "nobilius secundum esse non dependet ab ignobiliori".

Ora, queste osservazioni documentano in modo inequivocabile come – se considerato in quanto creatura – l'uomo non possa conferirsi un grado assoluto di nobiltà, ma debba piuttosto cedere questo primato agli angeli, in virtù della loro assoluta indipendenza dalla materia. La *Bildtheologie* che starebbe alla base della definizione albertina di uomo, esaltandone la corrispondenza iconica con il divino, entra dunque in contrapposizione con quello che sembra essere un altro modello antropologico che si focalizza piuttosto sull'aspetto più deficitario dell'essere umano: la corporeità.

dicitur in scientiis et artibus, quod definitiones et descriptiones, quas Geometrae proponunt ipsis figuris, sunt priores in ordine doctrinae ad id quod volunt demonstrationem probare et in scribenda disciplina cognitio elementorum simplicium praecedit doctrinam scripturae, id est idem et poemium in oratione prius est ordine ipsa narratione. Quarto modo est prioritas dignitatis et praestantiae: nam quod est natura nobilius, videlicet esse prius ignobiliori".

35 Cf. Marco TOSTE, *Nobiles, optimi viri, philosophi. The Role of the Philosopher in the Political Community at the Faculty of Arts in Paris in the Late Thirteenth Century*, in: *Itinéraires de la raison. Études de philosophie médiévale offertes à Maria Cândida Pacheco*, éd. par José F. MEIRINHOS (Textes et Études du Moyen Âge, 32), Louvain-la-Neuve 2005, p. 276.

36 ALBERTUS MAGNUS, *Quaestiones*, *q. de Angelis*, a. 1, edd. Albert FRIES, Wilhelm KÜBEL, Henryk ANZULEWICZ (Alberti Magni Opera omnia. Editio Coloniensis, 25,2), Münster 1993, p. 267,27-32.53-56.

II. L'uomo *animal nobilissimum* e l'*ordo secundum gradus nobilitatis naturae*

L'interpretazione teologica non esaurisce le definizioni di uomo che Alberto Magno propone nei suoi primi scritti, soprattutto se continuiamo a verificare come l'idea di *nobilitas* possa essere ricompresa all'interno della sua concezione antropologica. Già nel *De homine*, e dunque una decina d'anni prima dell'inizio del lavoro sistematico sui testi aristotelici, ma negli stessi anni in cui veniva redatto il *Super Sententiarum*, Alberto si serve del celebre adagio peripatetico in base al quale l'uomo è *animal nobilissimum*[37]:

> Omne animal optime dispositum secundum naturam animalis optime disponi debet secundum sensum; homo optime dispositum est animal secundum naturam animalis; ergo optime disponi debet secundum sensum; ergo secundum olfactum. Prima probatur per hoc quod differentia constitutiva animalis est sensus, et sic nobilissimum animal nobilissimum debet habere sensum[38].

Questa breve descrizione del funzionamento dell'olfatto animale, che si conclude con l'affermazione "l'uomo è animale nobilissimo", sembra fare leva su premesse diametralmente opposte rispetto a quelle che portano il maestro domenicano ad affermare che gli angeli sono le *creaturae nobilissimae* per eccellenza. In un caso, infatti, egli sta costituendo un'antropologia "dall'alto", dove ad emergere sono i limiti e le mancanze dell'essere umano, ossia la corporeità; qui, invece, poiché la prospettiva è eminentemente fisico-biologica, l'uomo non può che eccellere in nobiltà[39]. Inoltre, in questo passaggio del *De homine*, ciò che discrimina una maggiore o minore nobiltà sembra essere la "migliore disposizione" (*optime disponi*), piuttosto che il grado di separazione dalla materia, cui si allude nel *Super Sententiarum*.

Ora, che dalla differente genesi delle due definizioni faccia seguito anche un diverso modo di intendere la nozione di *nobilitas*, ossia che esista una *nobilitas* "teo-

[37] L'adagio latino *homo animal nobilissimum* si consolida attraverso la diffusione di florilegi che riportano questa definizione: *Les Auctoritates Aristotelis. Un florilège médiéval*, ed. Jaqueline HAMESSE, Louvain–Paris 1974, p. 209 (n. 3): "Nobilissimum et altissimum apud nos, notius et magis fixum animal est homo", p. 273 (n. 29): "Nobilissimum animalium est homo". Come sottolinea Theodor Köhler nel suo monumentale studio su questo tema, l'adagio dovrebbe risalire alla traduzione latina di Michele Scoto ad ARISTOTELES, *Historia animalium*, I, 7, 491a19-23: "[...] nam ipse [homo] est nobilissimus et altissimus omnium animalium, et est aput nos notior et magis fixus sibi diversis necessario [...]". Cf. Theodor W. KÖHLER, *Homo animal nobilissimum. Konturen des spezifisch menschlichen in der naturphilosophischen Aristoteleskommentierung des dreizehnten Jahrhunderts. Teilband 1* (Studien und Texte zur Geistesgeschichte des Mittelalters, 94), Leiden–Boston 2008, p. 183, n. 78.

[38] ALBERTUS MAGNUS, *De homine*, edd. Henryk ANZULEWICZ, Joachim R. SÖDER (Alberti Magni Opera omnia. Editio Coloniensis 27,2), Münster 2008, p. 226,44-51.

[39] A questo proposito un'analisi esaustiva si trova in Guy GULDENTOPS, *Albert the Great's Zoological Anthropocentrism*, in: Micrologus, 8 (2000), pp. 217-235: 222-233.

logica" e una "biologica", sembra essere smentito proprio dalla relazione che si può stabilire tra il contesto in cui nel *De homine* emerge la definizione di uomo quale *animal nobilissimum*, e quanto dedotto precedentemente a proposito delle fonti peripatetiche che starebbero alla base della nobiltà attribuita a ciò che è più separato dalla materia (gli angeli).

Come anticipato, il punto di vista assunto da Alberto in questa descrizione dell'olfatto è quello peripatetico e, in modo particolare nella *solutio*, egli parla di *auctores naturales*, tra i quali è possibile identificare il già citato *De animalibus libri XXVI* di Aristotele, ma anche il *Liber de VI naturalium* di Avicenna e le *Quaestiones* di Nicola Peripatetico[40]. Se andiamo poi a verificare le ragioni per cui questi autori, secondo Alberto, possono provare la maggiore nobiltà dell'olfatto umano su quello animale, ci rendiamo conto che l'elemento discriminante consiste ancora una volta nella capacità o meno di elevarsi dalla materialità: nel caso specifico, nel fare in modo che l'esperienza dell'odorato coinvolga il giudizio dell'intelletto[41].

In fondo, dietro alla migliore o peggiore disposizione degli organi, cui fa riferimento Alberto poco prima di proporre l'adagio aristotelico, *homo animal nobilissimum*, sembra esservi è ancora una volta un problema di maggiore o minore dipendenza dal corpo, elemento squalificante, almeno se considerato in relazione alla condizione di separatezza.

Ora, se prendessimo in esame alcune tra le numerose occorrenze di *nobilis* e di *nobilitas* contenute nella parafrasi al *De animalibus libri XXVI* e nelle *Quaestiones super de animalibus*[42], queste osservazioni non sembrerebbero così originali. In effetti, attraverso la mediazione delle traduzioni latine a sua disposizione, Alberto non sembra fare altro che riproporre le frequenti associazioni aristoteliche degli aggettivi *tìmios* e *choristòs*[43]. A risultare insolita è presumibilmente la pretesa di considerare questo principio di matrice aristotelica già determinante negli scritti teologici del primo periodo. Eppure sono ancora le occorrenze dell'aggettivo *nobilis*, contenute nel *De homine*, a darci conferma di questa possibilità:

40 Per i riferimenti specifici si rimanda alle note dell'edizione critica: ALBERTUS MAGNUS, *De homine*, ed. ANZULEWICZ pp. 226-227.

41 ALBERTUS MAGNUS, *De homine*, ed. ANZULEWICZ, p. 227,17-21: "Causa autem huius iam dicta est; homo enim inter omnia animalia rationalis est, et propter hoc oportet, ut perveniant species rerum purae optime receptae et optime retentae inter omnia animalia".

42 Si vedano a titolo esemplificativo ALBERTUS MAGNUS, *De animalibus libri XXVI*, XIII, 1, 4, ed. STADLER, p. 903; XVI, 1, 1, ed. STADLER, p. 1059; ID., *Quaestiones super de animalibus*, XII, q. 20, ed. Ephrem FILTHAUT (Alberti Magni Opera omnia. Editio Coloniensis, 12), Münster 1955, p. 237,20-21.31-34.

43 Sulla nozione aristotelica di "separato" si vedano, tra gli altri, Harold F. CHERNISS, *Aristotle's Criticism of Plato and the Academy*, Baltimore 1944, pp. 318-376; Émile DE STRYCKER, *La notion Aristotélicienne de séparation dans son application aux Idées de Platon*, in: Autour d'Aristote, éd. par AA. VV., Louvain 1955, pp. 119-139; Gail FINE, *Separation*, in: Oxford Studies in Ancient Philosophy, 2 (1984), pp. 31-87; Donald R. MORRISON, *Separation in Aristotle's Metaphysics*, in: Oxford Studies in Ancient Philosophy, 3 (1985), pp. 125-157; ID., *Chôristos in Aristotle*, in: Harvard Studies in Classical Philology, 89 (1985), pp. 89-105. Sulla

[...] anima est nobilior, melior et mirabilior corpore [...][44]

[...] Rationabilissimum enim esse anima habet, nobilissimum et proprium secundum naturam. Et rationabilissimum est maxime speciei et rationis tributivum. Nobilissimum autem est, quod non sic alligatur materiae ut qualitas quaedam elementalis, secundum quam est agere et pati, sed movet corpus secundum proprietatem suarum virium [...][45]

Et hoc videtur innui in libro de causis, ubi dicitur quod 'omnis anima nobilis habet tres operationes; nam ex operationibus eius est operatio animalis et operatio intellectualis et operatio divina'; anima enim nobilis dicitur hic anima integra, ut dicit Philosophus. Dicit enim Alexander Graecus in libro de intellectu et intelligibili quod sola anima hominis integra est[46].

Se leggiamo in sequenza le affermazioni a proposito della maggiore nobiltà dell'olfatto umano, queste ultime osservazioni sull'anima umana – cui non solo spetta l'appellativo *anima nobilis*, ma è anche capace di *divinae operationes* – e le giustificazioni contenute nel *Super Sententiarum* riguardanti la nobiltà angelica, si deve pensare a una visione albertina del creato come insieme di parti disposte secondo maggiore o minore nobiltà. Servendosi della puntualizzazione offerta dallo stesso Alberto nel passo del *Liber Sententiarum* citato nel paragrafo precedente, potremmo ancor più opportunamente sostenere che, *in natura considerata*, è la nobiltà che ci permette di stabilire i rapporti di priorità tra le creature; tale principio – di matrice peripatetica – si fonda essenzialmente sul maggiore o minore affrancamento dalla materia.

Il fatto poi che si tratti di un principio non eminentemente biologico, bensì di una "regola" che possa interessare coerentemente anche la definizione "teologica" di uomo sembra essere documentato dal riferimento esplicito al *Liber de causis*, da cui Alberto recupera ovviamente l'idea di *anima nobilis*, associata – in questo caso specifico – all'*anima hominis integra*. Pur non trattandosi di una fonte compresa nella tradizione della *sapientia christiana*, dove peraltro abbiamo potuto constatare che l'aggettivo *nobilis* non è così utilizzato, è innegabile che per il maestro domenicano si tratti di un contributo teologico[47], che si inserisce peraltro – almeno secondo le

ricezione del concetto nel XIII secolo si segnala Pasquale Porro, *Immateriality and Separation in Avicenna and Thomas Aquinas*, in: *The Arabic, Hebrew and Latin Reception of Avicenna's Metaphysics*, ed. by Dag N. Hasse, Amos Bertolacci, Berlin 2012, pp. 275-308: 278-281. Infine mi permetto di rimandare a Andrea Colli, *La conoscenza decurtata delle substantiae nobilissimae*, pp. 7-20: pp. 7-11.

44 Albertus Magnus, *De homine*, ed. Anzulewicz, p. 3,11-12.

45 Albertus Magnus, *De homine*, ed. Anzulewicz, p. 5,7-13.

46 Albertus Magnus, *De homine*, ed. Anzulewicz, p. 96,32-39.

47 Sulla ricezione e la funzione svolta dal *Liber de causis* nei primi scritti albertini si vedano, tra gli altri, Loris Sturlese, *Il dibattito sul Proclo latino nel Medioevo fra l'università di Parigi e lo* Studium *di Colonia*, in: *Proclus et son influence. Actes du Colloque de Neuchâtel*, éd. par Gilbert Boss, Gerhard Seel, Zürich 1987, pp. 268-269; Id., *Storia della filosofia tedesca*

sue conoscenze[48] – in modo perfettamente coerente nel solco tracciato dal binomio peripatetico "nobile-separato".

Un'ulteriore conferma del fatto che Alberto voglia estendere la nobiltà – cui Aristotele fa riferimento negli scritti di filosofia della natura – oltre i confini tracciati dalla riflessione biologica, ci viene offerta dalle osservazioni che, sempre nel *De homine*, egli formula a proposito della relazione che si stabilisce tra le *bonitates*[49] della prima causa (o sommo bene), e le diverse creature che ne partecipano, in un contesto argomentativo che ha come punto di riferimento uno scritto teologico: il *De divinis nominibus* dello Pseudo-Dionigi[50].

nel Medioevo. Il secolo XIII (Accademia toscana di Scienze e Lettere "La Colombaria". Studi, 149), Firenze 1996, p. 96; Henryk ANZULEWICZ, *Plato and Platonic/Neoplatonic Sources in Albert*, in: *A Companion to Albert the Great. Theology, Philosophy, and the Sciences*, pp. 595-601.

48 Sul fatto che Alberto Magno considerasse il *Liber de causis*, in tutto e per tutto, un testo di Aristotele sono state avanzate alcune perplessità. Tuttavia, sarebbe altresì imprudente annoverare l'opera come una fonte neoplatonica di Alberto, poiché anche nei suoi ultimi scritti il maestro domenicano non sembra considerarla tale. La soluzione più opportuna e condivisa è quella di considerare il *Liber de causis* come un testo che, pur senza essere stato scritto da Aristotele, è comunque – per Alberto – di provenienza peripatetica. Su questo argomento si veda Winfried FAUSER, *Prolegomena*, in: ALBERTUS MAGNUS, *De causis et processu universitatis a prima causa*, ed. Winfried FAUSER (Alberti Magni Opera omnia. Editio Coloniensis, 17,2), Münster 1993, pp. VI-VII.

49 Sebbene il maestro domenicano insista nell'attribuire allo Pseudo-Dionigi un uso piuttosto ricorrente e significativo della nozione di nobiltà (solo nella parafrasi al *De divinis nominibus* si contano 41 occorrenze del sostantivo *nobilitas* e 90 dell'aggettivo *nobilis*), rendendo equivalenti i termini *bonitates* e *nobilitates*, nelle traduzioni latine di Giovanni Saraceno e Giovanni Scoto Eriugena, indicate dagli editori *dell'Editio Coloniensis* quali punti di riferimento principali della parafrasi albertina, non compare mai il sostantivo *nobilitas* e l'aggettivo *nobilis* è utilizzato soltanto in cinque casi, non particolarmente degni di nota. Cf. DIONYSIUS AREOPAGITA, *De divinis nominibus, translatio Iohannis Sarraceni*, in: *Dionysiaca. Recueil donnant l'ensemble des traductions latines des ouvrages attribués au Denys de l'Aréopage*, éd. par Philippe CHEVALLIER, vol. I, Bruges 1937, pp. 101, 128, 224; DIONYSIUS AREOPAGITA, *Epistulae, translatio Iohannis Sarraceni*, in: *Dionysiaca. Recueil donnant l'ensemble des traductions latines des ouvrages attribués au Denys de l'Aréopage*, éd. par Philippe CHEVALLIER, vol. IV, Stuttgart 1989, p. 1501. Il quadro non sarebbe differente, se decidessimo di tener conto di tutte le versioni latine a nostra disposizione: le occorrenze del lemma *nobil-* che potremmo aggiungere al conteggio precedente sarebbero soltanto due. DIONYSIUS AREOPAGITA, *De ecclesiastica hierarchia, translatio Iohannis Sarraceni*, in: *Dionysiaca. Recueil donnant l'ensemble des traductions latines des ouvrages attribués au Denys de l'Aréopage*, éd. par CHEVALLIER, vol. IV, p. 1107; DIONYSIUS AREOPAGITA, *De ecclesiastica hierarchia, translatio Roberti Grossateste, in: Dionysiaca. Recueil donnant l'ensemble des traductions latines des ouvrages attribués au Denys de l'Aréopage*, éd. par CHEVALLIER, *Dionysiaca. Recueil donnant l'ensemble des traductions latines des ouvrages attribués au Denys de l'Aréopage*, vol. IV, p. 1107. L'impressione è dunque che anche nella scelta di usare talvolta *nobilitas*, in luogo di *bonitas*, Alberto sia influenzato dalla tradizione peripatetica o, nel caso del *Liber de causis*, che egli riteneva tale.

50 Come scrive Loris Sturlese, i testi del *Corpus Dionysiacum* sono considerarsi una "sorta di autorevole appendice al Nuovo Testamento". Cf. Loris STURLESE, *Storia della filosofia*

> Et nota, quod bonitates primae causae quae sunt vivere, sentire, ratiocinari, intelligere, in superioribus creaturis, ut in Angelis et in animabus, dicuntur unitae, quia in eis sunt unum: et dicuntur unitivae, quia uniunt ad primum secundum gradum nobilitatis naturae: in caeteris autem dicuntur partitae, quia in quodam eorum invenitur esse tantum, in quodam autem vivere super esse, in quodam autem sentire super haec duo[51].

Vivere, *sentire*, *ratiocinari* e *intelligere* sono *bonitates* unite nel sommo bene, che discendono nella realtà creata, caratterizzandola secondo il grado di nobiltà di ogni singola creatura (*secundum gradum nobilitatis naturae*). In altri termini, esistono diversi livelli di nobiltà naturale che determinano la capacità ricettiva dei doni effusi dalla causa prima.

Ora, che questo riferimento alla *nobilitas* non sia una semplice coincidenza lessicale risulta ancor più evidente da un passo del commento che Alberto dedica specificamente al *De divinis nominibus*, qualche anno più tardi:

> [...] natura animalis ascendit ab aquaticis omnino ad omnino silvestria per media quaedam quae pascuntur in aquis et generantur in terra vel e converso, ut dicit Philosophus in VII de animalibus. Et similiter vita transfertur de plantis in animalia perfecta per quaedam media, quae sunt affixa ut plantae et habent sensum ut animalia, ut conchylia. Ita etiam natura generalis, quae est unius ordinis, determinatur per differentias quasdam, licet nobis ignotas, distinctas secundum gradus nobilitatis [...][52].

Anche in questo caso il maestro domenicano si interroga sulle modalità in base alle quali le *bonitates*, congiunte nel sommo bene – nel caso specifico *vivere* e *sentire* –, si trovano nelle singole creature e, a questo proposito, fa nuovamente riferimento al *gradum nobilitatis*, come principio di organizzazione e gerarchizzazione del creato, citando peraltro in modo esplicito proprio il *De animalibus libri XXVI* di Aristotele. Esiste una distinzione *secundum gradum nobilitatis*, molto spesso "nobis ignota", che costituisce tuttavia il criterio in base al quale alcune creature dispongono in modo maggiore o minore delle *bonitates* che discendono dal sommo bene.

Per concludere, Alberto Magno può parlare degli angeli come *creaturae nobilissimae* e allo stesso tempo, con assoluta coerenza, definire l'uomo *animal nobilissimum*, perché fa riferimento a un principio di nobiltà che interessa biologicamente e teo-

tedesca nel Medioevo. Il XIII secolo, p. 77. Sull'influenza della teologia dello Pseudo-Dionigi nel primo Alberto si veda Henryk ANZULEWICZ, *Pseudo-Dionysius Areopagita und das Strukturprinzip des Denkens von Albert dem Grossen*, in: *Die Dionysius-Rezeption im Mittelalter Internationales Kolloquium in Sofia vom 8. bis 11. April 1999*, hrsg. von Tzotcho BOIADJIEV, Georgi KAPRIEV, Andreas SPEER (Rencontres de Philosophie Médiévale, 9), Turnhout 2000, pp. 251-295.

51 ALBERTUS MAGNUS, *De homine*, ed. ANZULEWICZ, p. 25,22-31.

52 ALBERTUS MAGNUS, *Super Dionysium de caelesti hierarchia*, 10, edd. Paul SIMON, Wilhelm KÜBEL (Alberti Magni Opera Omnia. Editio Coloniensis, 36,1), Münster 1993, p. 165,27-44.

logicamente la natura (*secundum gradum nobilitatis naturae*). Tale criterio si fonda essenzialmente sul maggiore o minore grado di separazione dalla materia. Quanto più una creatura si eleva al di sopra della materialità, tanto più potrà dirsi "nobile". L'uomo è perciò *animal nobilissimum*, in quanto non vi è altra specie animale che dispone della sua possibilità ad elevarsi al di sopra della materialità; ciononostante, non può essere definito *creatura nobilissima*, dal momento che il grado di separazione degli angeli è decisamente maggiore.

Si tratta ora di verificare quali siano le conseguenze di questa lettura del problema antropologico. Se infatti la stretta connessione tra *Bildtheologie* e antropologia esaltava una condizione strutturale condivisa da tutti gli uomini, ossia la somiglianza con il divino; al contrario, una definizione fondata su un principio come quello di nobiltà, peraltro strettamente connesso alla delicata questione del rapporto con la corporeità, comporta alcuni problemi che proverò a segnalare nell'ultima parte di questo studio, riassumendoli con l'interrogativo "tutti gli uomini sono nobili?"

III. Alla ricerca dell'uomo nobile

Un'idea di natura costituita *secundum gradum nobilitatis* ci restituisce una definizione di uomo strutturalmente legata all'idea di nobiltà: l'uomo a differenza delle altre specie animali dispone di capacità che gli consentono di elevarsi al di sopra della materialità e della sensibilità, pur non potendo raggiungere il grado di separazione caratterizzante le creature angeliche.

Ora, seguendo fedelmente le tracce lasciate dall'uso albertino dell'aggettivo *nobilis* e del sostantivo *nobilitas*, ci rendiamo conto che già nei primi scritti si profila un'altra idea di nobiltà, decisamente più affine al significato etico-morale cui si riferisce la *sapientia christiana*, ma anche la morale ciceroniana e l'etica aristotelica, che per certi versi potrebbe essere ricompresa nel ritratto dell'uomo nobile che abbiamo iniziato ad abbozzare.

Nel *De natura boni* – testo scritto quasi dieci anni prima del *De homine* –, Alberto elenca quelle che sono le circostanze che possono determinare la vita di una persona (*de circumstantia personae attributa*)[53] – tema ripreso piuttosto fedelmente dal *De inventione* di Cicerone[54] –, il maestro domenicano distingue undici condizioni che rendono un uomo lodevole o biasimabile ("undecim enim sunt in persona

[53] ALBERTUS MAGNUS, *De natura boni*, II, 1, 1, ed. Ephrem FILTHAUT (Alberti Magni Opera omnia. Editio Coloniensis, 25,1), Münster 1974, p. 11. Per un commento più approfondito su questo testo si rimanda a Andrea COLLI, *Il libero arbitrio* in circumstantiis *nei primi scritti di Alberto Magno*, in: *Libertà va cercando. Percorsi di filosofia medievale*, a cura di Marco FERRARI (Filosofie, 472), Milano 2016, pp. 39-52.

[54] CICERO, *Rhetorici libri duo de inventione*, I, 25, 35, ed. Eduard STROEBEL, Stuttgart 1977, p. 33b,3-6: "in fortuna quaeritur, servus sit an liber, pecuniosus an tenuis, privatus an cum potestate: si cum potestate, iure an iniuria; felix, clarus an contra".

considerata, quae opus suum magis laudabile vel vituperabile faciunt")[55]. Tra essi, oltre al "nome", alla "natura", allo "studio", vi è la "fortuna":

> 'In fortuna' autem circa personam consideratur, ut utrum 'servus vel liber', dives an pauper, nobilis vel ignobilis, 'cum potestate' vel 'privatus', utrum fortunatos filios <habuerit> vel non, 'felix, clarus' et huiusmodi[56].

Così come un uomo può nascere ricco e un altro povero, allo stesso modo si troveranno persone "nobili" o "ignobili" dalla nascita e ciò non sarà ovviamente una conseguenza delle loro scelte o delle loro virtù, bensì frutto del caso. Alberto torna quindi sul medesimo argomento nel lungo paragrafo che dedica in modo specifico alla fortuna[57]. Dapprima, seguendo in modo ancor più fedele il testo ciceroniano, enumera i medesimi esempi di circostanze più o meno fortunate, cui aveva alluso all'inizio della sua trattazione, tra i quali torna nuovamente la contrapposizione tra *nobilis* e *ignobilis*[58]. Quindi entra più dettagliatamente nel merito dei singoli casi:

> Alia vero pars fortunae est, 'utrum sit servus vel liber, nobilis vel ignobilis'. Quae etiam quaedam peccata augent et quaedam diminuunt et quaedam merita e contrario. Si enim servus ad coactionem domini quandoque aliquid mali operetur, minus erit, quam si liber faceret, quem nemo cogit. [...] Similiter etiam a nobili quaedam facta turpiora sunt quam ab ignobili et quaedam ab ignobili turpiora. Unde Isaias III, quando prophetat destitutionem Ierusalem, dicit, quod destituentur in hoc quod 'tumultuabitur puer contra senem et ignobilis contra nobilem', et Iob, quod ignobilis contra nobilem suscitatur, et ad Rom. XIII Apostolus, ut omnibus reddamus debita: 'Cui tributum tributum, cui vectigal vectigal, cui timorem timorem, cui honorem honorem'. Honor enim nobilibus et magnis debetur, magis autem peccat ignobilis et pauper, si nobilem non honorat, quam si e contrario fieret[59].

A differenza di *servus-liber*, *privatus-cum potestate*, *clarus*, *felix*, la coppia concettuale *nobilis-ignobilis* non proviene dal *De inventione* di Cicerone, ma sembra piuttosto un'integrazione finalizzata all'inserimento nell'argomentazione delle citazioni congiunte di Isaia, Giobbe, e Paolo. Inoltre, la lettura offerta da Alberto a proposito

[55] ALBERTUS MAGNUS, *De natura boni*, II, 1, 1, ed. FILTHAUT, p. 11,19-21. Per un'analisi specifica della posizione di Alberto a proposito della determinazione delle circostanze, si veda, Johannes GRÜNDEL, *Die Lehre von den Umständen de menschlichen Handlung im Mittelalter* (Beiträge zur Geschichte der Philosophie des Mittelalters, 39,5), Münster 1963, pp. 486-492.

[56] ALBERTUS MAGNUS, *De natura boni*, II, 1, 1, ed. FILTHAUT, p. 11,53-56.

[57] ALBERTUS MAGNUS, *De natura boni*, II, 1, 3, 4, ed. FILTHAUT, pp. 22-23.

[58] ALBERTUS MAGNUS, *De natura boni*, II, 1, 3, 4, ed. FILTHAUT, p. 22, 4-9: "Quarta personae circumstantia est, quam Tullius vocat 'fortunam', cuius etiam partes enumerat dicens, quod consideretur in fortuna, utrum servus vel liber, dives vel pauper, nobilis vel ignobilis, cum potestate vel privatus potestate, fortunatos habeat filios vel non, felix vel infelix, clarus vel non clarus".

[59] ALBERTUS MAGNUS, *De natura boni*, II, 1, 3, 4, pp. 22,78-83, 23,1-12.

della differente nobiltà, cui sono accidentalmente destinati i singoli uomini, può essere ambigua almeno nelle sue conseguenze etiche. Da un lato, il maestro domenicano sembra insistere su una forma di compensazione in base alla quale gli individui sfortunatamente nati ignobili possono vedere condonati i propri peccati, in virtù della loro già misera condizione di partenza; dall'altro, non transige sul fatto che gli uomini ignobili devono comunque rendere omaggio e onore a quelli più nobili per il solo fatto che la fortuna li ha voluti così. Un discorso diametralmente opposto è quello che interessa i nobili: essi sono maggiormente responsabili delle loro azioni, in virtù del dono ricevuto in partenza, senza alcun merito, ma possono godere del privilegio di essere onorati dagli uomini inferiori per nobiltà.

Tutto questo ragionamento, che Alberto riprende peraltro anche nel *De bono*[60], non sembra aver nulla a che vedere con la nozione di nobiltà che abbiamo visto caratterizzare la definizione di uomo e l'ordine naturale in senso lato, dal momento che in questo caso sembra essere utilizzata esclusivamente per indicare una sorta di diritto di nascita. Si potrebbe dunque concludere che ci si trova dinanzi a due usi equivoci della nostra nozione, conseguenza del fatto che differenti sono le fonti cui Alberto fa riferimento.

Tuttavia, alcune occorrenze dell'aggettivo *nobilis* contenute nel I libro *Super Ethica* ci inducono ad essere prudenti nel sottoscrivere queste conclusioni:

> [...] dicendum, quod ad operationes hominis, inquantum est homo, quae sunt intrinsecae, aequaliter se habet nobilis et ignobilis, sed in regimine aliorum non, quia homines dedignantur ignobiles sibi praeferri et spernunt eos; unde non bene possunt regere ut in pluribus, licet aliquando aliter sit ut raro[61].

Secondo quanto sostiene Aristotele un'operazione intellettuale esercitata da qualsiasi uomo è *opus rationis* e per questa ragione, può essere considerata intrinsecamente buona[62]. Di conseguenza, l'attività conoscitiva dei *nobiles* e degli *ignobiles*

[60] ALBERTUS MAGNUS, *De bono*, tr. 1, q. 3, a. 2, ed. Heinrich KÜHLE (Alberti Magni Opera omnia. Editio Coloniensis, 28), Münster 1951, p. 39,40-44: "In fortuna autem circa personam consideratur, utrum servus vel liber, dives vel pauper, nobilis vel ignobilis, cum potestate vel privatus potestate, utrum fortunatos filios habuerit vel non, felix et huiusmodi"; ALBERTUS MAGNUS, *De bono*, tr. II, q. 1, a. 3, ed. Karl FECKES, p. 89,34-35: "Item, omne agens dignius et nobilius est patiente, ut dicit Philosophus in III De anima".

[61] ALBERTUS MAGNUS, *Super Ethica*, I, lect. 10, ed. Wilhelm KÜBEL (Alberti Magni Opera omnia. Editio Coloniensis, 14,1), Münster 1968, p. 53,20-26.

[62] Cf. ARISTOTELES LATINUS, *Ethica Nicomachea. Translatio Roberti Grossateste Lincolniensis sive "Liber Ethicorum"(Recensio pura)*, ed. René-Antoine GAUTHIER (Aristoteles Latinus, 26,1-3.3), Leiden–Bruxelles 1972, pp. 150,16-151,17. Il testo è parafrasato da Alberto in *Super Ethica*, I, lect. 8, pp. 40-41. Sulla relazione *opus naturae-opus intelligentiae* si rimanda a James A. WEISHEIPL, *The Axiom Opus naturae est opus intelligentiae and its Origins*, in: *Albertus Magnus Doctor Universalis 1280/1980*, hrsg. von Gerbert MEYER, Albert ZIMMERMANN (Walberberger Studien, 6), Mainz 1980, pp. 441-465. Su quelle che potrebbero essere

può essere collocata sullo stesso piano. Alberto, presumibilmente persuaso che l'idea di nobiltà abbia in sé una carica di significato più ampia di quella che sembra essere prospettata qui da Aristotele – che individua nell'attività razionale la specificità (e quindi la nobiltà) dell'uomo –, ritiene opportuno specificare che nelle azioni volte al bene comune (*in regimine aliorum*) è meglio affidarsi ai nobili piuttosto che agli ignobili. La *nobilitas* infatti sembra facilitare la possibilità di un comportamento virtuoso. In altre parole "essere nobili" non è semplicemente una *circumstantia* fortunata, ma un abito che mette nelle condizioni di agire più virtuosamente di quanto è possibile agli "uomini comuni".

In tal senso è emblematico che nel IV libro del *Super Ethica*, il maestro domenicano stabilisca una stretta connessione tra la *nobilitas generis* e *optimum statum virtutis*[63]:

> Praeterea, virtutes omnibus sunt communes; ergo aeque referuntur ad ignobiles sicut ad nobiles [...] Ad tertium dicendum, quod quantum ad essentialia virtutis virtus est communis omnibus, sed quantum ad id quod exigitur ad optimum statum virtutis, non oportet[64].

Dunque, tutti possono essere *essentialiter* virtuosi, ma solo chi è nobile nel genere lo è *optime*.

Ora, pur essendo notevoli le differenze tra questi ragionamenti e la descrizione della natura *secundum gradum nobilitatis* da cui scaturiva la definizione di uomo, non passa di certo inosservato il fatto che, assumendo come centro di interesse l'idea di *nobilitas*, si costituisca in entrambi i casi una classificazione in base alla quale qualcuno (o qualcosa) eccelle naturalmente su qualche cos'altro. Anche nel passo appena citato sarebbe inesatto indicare nel solo esercizio della virtù, e dunque nella propria scelta, l'origine di un comportamento virtuoso, dal momento che esistono uomini nobili che saranno naturalmente facilitati nel raggiungimento dell'*optimum statum virtutis*.

Immaginando dunque di tirare un filo rosso tra la definizione di uomo quale *animal nobilissimum* e quanto detto a proposito della dimensione "etica" della nozione di nobiltà, potremmo concludere che l'uomo è l'animale più nobile, ma all'interno della specie umana vi sono uomini più nobili di altri.

Perché questa tesi possa essere sostenuta con maggior convinzione occorre stabilire in che cosa consisterebbe tale nobiltà esclusiva di alcuni uomini e soprattutto se possa in qualche modo essere ricollegata a quella separatezza dalla materialità che era criterio dirimente per stabilire quale fosse l'animale, ma anche la creatura

alcune implicazioni etiche e politiche di questo assioma si veda Andrea Colli, *What makes a good politician? A note on Albert the Great's political thought*, in Medioevo. Rivista di filosofia medievale, 40 (2015), pp. 97-115.

[63] Sulla relazione tra *nobilitas generis* e *optimum statum virtutis* si veda Guido Castelnuovo, *Être noble dans la cité. Les noblesse italiennes en quête d'identité (XIIIe-XVe siècle)*, Paris 2014, pp. 126-235.

[64] Albertus Magnus, *Super Ethica*, IV, lect. 7, ed. Kübel, p. 250.

più nobile. A tal proposito intendo formulare due ipotesi che costituiranno anche i tratti conclusivi del ritratto dell'uomo nobile albertino che ho inteso proporre in questo studio.

IV.1. Lo scienziato: "un'anima più nobile"

Quando nel *De summo bono*, Ulrico di Strasburgo ci parla del suo maestro Alberto Magno, sceglie di definirlo come "vir in omni scientia adeo divinus, ut nostri temporis stupor et miraculum congrue vocari possit"[65]. Fa riflettere il fatto che proprio la caratterizzazione utilizzata da Ulrico per definire i contorni della figura del suo maestro presenti significative assonanze con quello che per Alberto è il vero sapiente in cui – come scrive Loris Sturlese – "l'apprendimento [...] avviene velocemente e in virtù di una naturale facilità"[66].

Nel II libro del *Super Ethica*, Alberto riconduce infatti la superiorità di questi uomini sapienti a una particolare inventività naturale:

> [...] qui habent scientiam per naturales inventiones, sicut supra dixit, quod quidam sunt, qui ex se habent, sicut dicitur de Hippocrate, quod per se didicit philosophiam [...][67]

Ma è nella parafrasi al *De anima*, scritta tra il 1254 e il 1257, che possiamo identificare un'occorrenza dell'aggettivo *nobilis* molto preziosa per tirare le fila del nostro ragionamento:

> [...] oportet scire, quod quidam nobilioris animae existentes quasi omnia quaerenda in philosophia quasi per seipsos facile intelligunt, sicut dicebatur de Hippocrate Cheo[68].

[65] Ulricus de Argentina, *De summo bono*, IV, 3, 9, ed. Alessandro Palazzo (Corpus Philosophorum Teutonicorum Medii Aevi, 1,4.4), Hamburg 2005, p. 142. A questo proposito, si veda Alessandro Palazzo, *Le apparizioni angeliche e demoniache secondo Alberto il Grande ed Ulrico di Strasburgo*, in: Giornale critico della filosofia italiana, 85 (87) (2006), pp. 237-253; Id., *Ulrich of Strasbourg's Philosophical Theology Textual and Doctrinal Remarks on 'De summo bono'*, in: *Schüler und Meister*, hrsg. von Andreas Speer, Thomas Jeschke, Berlin 2016 (Miscellanea Mediaevalia, 39), pp. 205-242.

[66] Loris Sturlese, *«Intelletto acquisito e divino». La dottrina filosofica di Alberto il Grande sulla perfezione della ragione umana*, in: Giornale critico della filosofia italiana, 23 (2003), p. 170. Su questo problema, dello stesso autore, si vedano *Storia della filosofia tedesca nel Medioevo. Il secolo XIII*, pp. 113-122; *«Intellectus adeptus». L'intelletto e i suoi limiti secondo Alberto il Grande e la sua scuola*, in: *Intellect et imagination dans la Philosophie Médiévale. Actes du XIe Congrès International de Philosophie Médiévale de la Société Internationale pour l'Étude de la Philosophie Médiévale (S.I.E.P.M.)* éd. par Maria C. Pacheco, Josè F. Meirinhos (Rencontres de Philosophie Médiévale, 11), Turnhout 2006, pp. 305-322.

[67] Albertus Magnus, *Super Ethica*, II, lect. 1, ed. Kübel, p. 91, ll. 42-46.

[68] Albertus Magnus, *De anima*, III, 3, 11, ed. Clemens Stroick (Alberti Magni Opera omnia. Editio Coloniensis, 7,1), Münster 1968, p. 223,20-24.

In questa breve sottolineatura – in cui sono evidenti i richiami *all'aptitudo subtilitatis* della noetica avicenniana[69] – compare un riferimento all'*anima nobilis* o, più precisamente, si sostiene che alcuni uomini abbiano un'anima più nobile. Se decidessimo di accostare il riferimento all'*anima nobilis* del *Liber de causis*, contenuto nel passo del *De homine*, che abbiamo esaminato in precedenza, con questa occorrenza di *nobilis*, potremmo ragionevolmente concludere che per definizione "solamente l'anima dell'uomo è integra" e dunque "nobile" a tutti gli effetti, ossia capace di compiere operazioni non solo "animali", ma anche "intellettuali" e "divine"; tuttavia non tutti gli uomini sono di fatto nobili allo stesso modo perché esistono alcune anime più nobili che naturalmente conoscono tutte le cose. In questo confronto di citazioni che il fattore discriminante sia una maggiore propensione naturale ad elevarsi al di sopra del sensibile e dunque ad esercitare le operazioni intellettuali e divine sembra essere fuori discussione[70].

L'uomo nobile, dunque, vestirebbe i panni del sapiente e il suo ritratto non sarebbe altro che la conclusione coerente di un significato specifico che Alberto attribuisce alla nobiltà fin dalle sue prime opere. *In natura considerata* vi sono creature più o meno nobili. Gli uomini non possono vantarsi di essere *creaturae nobilissimae*, ma possono a buon diritto ritenersi *animalia nobilissima*. Tra essi vi è tuttavia chi, sempre *in natura considerata*, è più nobile degli altri.

IV.2. La *nobilitas generis* e il problema della *bona nativitas*

Il fatto che sia la figura del sapiente a coincidere con quello che è il ritratto dell'uomo nobile albertino non sembra tuttavia rendere adeguatamente giustizia di quei riferimenti alla *nobilitas generis* che consentirebbe solamente a pochi *praelati* di raggiungere un *optimum statum virtutis*. Il sapiente (o scienziato), infatti, dispone di un'"anima più nobile", anzitutto non perché agisce scegliendo il bene, ma – come detto – perché in possesso di *naturales inventiones*, ossia – per riprendere le parole di Sturlese "della capacità di trovare il termine di quel sillogismo nel quale secondo la dottrina della *Summa Parisiensis* consiste qualsiasi apprendimento scientifico"[71].

Ciononostante non sono certo pochi gli indizi che lasciano supporre che dalla sapienza dello scienziato nobile discenda anche la saggezza nello scegliere e fare il bene. In fondo, gli uomini "eccellenti" sono coloro "che operano cose mirabili tra-

[69] Sulla natura dell'influenza avicenniana su questo particolare aspetto della riflessione di Alberto Magno si rimanda nuovamente alle puntuali osservazioni di Sturlese. Cf. Loris STURLESE, *«Intelletto acquisito e divino». La dottrina filosofica di Alberto il Grande sulla perfezione della ragione umana*, pp. 161-189: 171-176.

[70] Cf. STURLESE, *Storia della filosofia tedesca nel Medioevo. Il secolo XIII*, p. 118.

[71] STURLESE, *«Intelletto acquisito e divino»*, p. 170.

sformando uomini ed enti di natura"[72], ottimi "nelle scienze e nelle virtù"[73] e questo – come messo in luce da Alessandro Palazzo – esalta quel carattere magico-profetico che Alberto attribuisce alla figura dello scienziato[74]. Tuttavia ciò non ci impedisce di supporre che alludendo alla "trasformazione degli uomini" il maestro domenicano abbia in mente quella *nobilitas* naturale che facilita un agire pratico retto e di conseguenza la possibilità di governare più rettamente di tutti gli altri uomini che difficilmente raggiungono un *optimum statum virtutis*[75]. A tal proposito esiste un passo della parafrasi ai Topica – individuato molto opportunamente da Andrea Robiglio[76] – che sembra rendere verosimile l'ipotesi che stiamo formulando. Oggetto di discussione è la *bona nativitas* che possiamo accostare alla *nobilitas generis* cui si faceva riferimento nel *Super Ethica*:

> Oportet autem ad hujus electionem aliquem esse boni ingenii secundum virtutem naturae rationalis: esse autem boni ingenii est posse ex ingenio eligere verum in quolibet, et fugere falsum: quia qui nati sunt bene, hoc est, quibus bene innatum est, hoc possunt bene facere: quia ingenium dicitur intus genitus, et hic est qui subtiles habet spiritus et expeditas animales operationes, et bonam rationem collativam: nam qui amant verum tanquam naturae suae applicabile, et qui odio habent falsum quod profertur tanquam naturae suae inimicum, facile discernunt per artem juvantem naturam optimum in omnibus[77].

La *bona nativitas* costituisce un requisito essenziale per scegliere il vero e rifiutare il falso in ogni cosa ("eligere verum in quolibet, et fugere falsum"). Tale caratteristica non sarebbe di per sé così dissimile dalla *naturalis inventio* riconosciuta allo scienziato, se Alberto non vi alludesse servendosi del verbo *eligere* che è generalmente utilizzato per definire l'attività di discernimento del bene dal male. In altre parole,

[72] ALBERTUS MAGNUS, *De intellectu et intelligibili*, II, 11, ed. Auguste BORGNET, Paris 1890, p. 519: "[...] quod operantur mirabilia in conversionibus hominum et naturarum [...]".

[73] ALBERTUS MAGNUS, *De intellectu et intelligibili*, II, 11, ed. BORGNET, p. 517: «[...] in scientiis et virtutibus [...]».

[74] Alessandro PALAZZO, *Albert the Great's doctrine of fate*, in: *Mantik, Schicksal und Freiheit im Mittelalter*, hrsg. von Loris STURLESE (Beihefte zum Archiv für Kulturgeschichte, 70), Köln 2011, pp. 65-95: 80-84.

[75] Cf. Marco TOSTE, *Nobiles, optimi viri, philosophi*, pp. 290-295.

[76] Alla centralità di questo passo nella concezione della *bona nativitas* in Alberto Magno dedica alcune importanti osservazioni Andrea Robiglio: "The point is mainly biological: intellectual activity and learning is facilitated by a good physical disposition and well balanced mind-body relation (note the reference to the *ratio collativa*). Additionally, an innate quality claim is consonant with the original distinction among free-born and slave-born men (according to the reading of Aristotle's Politics)". Cf. Andrea A. ROBIGLIO, *The thinker as a Noble Man (*bene natus*): Preliminary Remarks on the Concept of Nobility in the Medieval Schools of Thought*, in: Vivarium, 44 (2006), pp. 205-247: 230.

[77] ALBERTUS MAGNUS, *Topica*, VIII, 3, ed. Auguste BORGNET (Beati Alberti Magni Opera omnia, 2), Paris 1890, p. 521.

l'*electio* (o *prohairesis*), ovvero la scelta, riguarda la sfera pratica dell'agire, non un'azione cognitiva. Alberto ci autorizza dunque a credere che la sapienza (*eligere verum*) sia da concepire in stretta relazione con una condotta virtuosa (*bene facere*). Pertanto, esiste un numero ristretto di persone che possiedono *bonum ingenium secundum virtutem naturae rationalis*, che sono in grado di scegliere il vero e fuggire il falso in ogni cosa e, di conseguenza, che sanno distinguere il bene dal male. Che Alberto Magno abbia qui in mente la *nobilitas* più volte affiancata all'idea di uomo nelle prime opere è dunque più che una congettura.

Ora, se l'uomo è *animal nobilissimum*, ossia l'espressione più alta dell'animalità, la specie umana contiene, al suo interno, un insieme di individui che possono a loro volta essere considerati "più nobili". Tale "privilegio" spetta a questa cerchia ristretta di uomini per una condizione naturale particolare che li rende capaci di discernere con maggior immediatezza il vero dal falso e il bene dal male. Si tratta dunque di una capacità cognitiva esclusiva che comporta conseguenze pratiche.

Il ritratto dell'uomo nobile sembra dunque caratterizzarsi come uno *speculum* di ciò che già avviene in senso lato nell'universo: *in natura considerata* il creato è un insieme di parti più o meno nobili in virtù della loro vicinanza o lontananza dalla materialità. In effetti, unendo tra loro le numerose occorrenze del sostantivo *nobilitas* e dell'aggettivo *nobilis* che Alberto Magno associa in differenti contesti alla definizione di uomo, si svela un'immagine di uomo intrinsecamente legata alla nozione di nobiltà, dal momento che non solo la sua animalità è costitutivamente la più nobile in natura, ma proprio quegli elementi che la rendono tale – ossia il ricercato affrancamento dalla corporeità – sono gli stessi che permettono di identificare quegli uomini che a buon diritto possono ritenersi "uomini nobili". Si tratta di scienziati, sapienti legislatori, politici o più genericamente "uomini naturalmente virtuosi"? Le ipotesi che abbiamo formulato non ci consentono di stabilire se una definizione preceda l'altra o se queste caratterizzazioni vadano effettivamente a coincidere in un'unica personalità. Ciò che tuttavia pare evidente è che quello dell'"uomo nobile" sia un ritratto esclusivo. Agli "uomini comuni" non resta presumibilmente che fermarsi a contemplarlo.

VALÉRIE CORDONIER

Noblesse et bon naturel chez les lecteurs du *Liber de bona fortuna* de Thomas d'Aquin à Duns Scot: histoire d'un rapprochement

Dans l'histoire des idées sur la noblesse, le tournant des XIIIe et XIVe siècles a été assez récemment reconnu comme étant important, notamment pour avoir vu se former un concept héréditaire de noblesse et une idée de "sang noble" développés à partir de l'anthropologie naturaliste à l'œuvre dans les écrits biologiques et zoologiques d'Aristote rendus alors accessibles en latin[1]. Les écrits éthiques du Philosophe également, "redécouverts" eux aussi au XIIIe siècle[2], ont apporté leur contribution aux débats médiévaux sur la noblesse, mais d'une façon inégale suivant les termes ou expressions considérés. L'apport aristotélicien apparaît par exemple avoir été nul dans le cas de la figure hellène du "bel et bon" (*kalos kagathos*), qui n'a guère été comprise par les meilleurs experts qu'étaient Albert le Grand, Thomas d'Aquin et Gilles de Rome[3]. Les ouvrages éthiques d'Aristote ont eu, en réalité, plus d'influence par d'autres termes ou expressions connotant la noblesse, qui avaient été relayés dans la langue et la littérature latines antiques suffisamment pour être compris sans difficulté par les médiévaux: les notions correspondantes

[1] Voir notamment Maaike VAN DER LUGT, Charles DE MIRAMON, *Penser l'hérédité au Moyen Âge: une introduction*, in: *L'hérédité entre Moyen Âge et Époque Moderne. Perspectives historiques* (Micrologus Library, 27), éd. par Maaike VAN DER LUGT, Charles DE MIRAMON, Florence 2008, pp. 3-37.

[2] Le terme de "redécouverte" peut désigner aussi bien le fait qu'un texte d'Aristote inconnu des Latins depuis l'Antiquité ait été traduit en latin pour la première fois au XIIIe siècle, que le fait qu'un texte déjà traduit au XIIe siècle n'ait été vraiment diffusé qu'au siècle suivant: le corpus biologique et zoologique relève du premier cas de figure tandis que le corpus éthique ou moral relève du second. Voir Valérie CORDONIER, Pieter DE LEEMANS, Carlos STEEL, *Drittes Kapitel, §8: Quellen und Rezeption A: Corpus Aristotelicum*, in: *Grundriss der Geschichte der Philosophie, begründet von Friedrich Ueberweg. Die Philosophie des Mittelalters, Bd 3: 13. Jahrhundert*, hrsg. v. Peter SCHULTHESS, Alexander BRUNGS, Vilem MUDROCH, Basel (sous presse).

[3] En effet, cette vertu grecque par excellence qu'est la *kalokagathia* – qu'Aristote mentionne dans son *Éthique à Nicomaque* et dans sa *Politique* et qu'il traite plus amplement dans les *Magna moralia* et dans l'*Éthique à Eudème* – n'a pas été reconnue comme une forme spécifique de noblesse par les lecteurs scolastiques de ces textes – alors même que les explications de Robert Grosseteste donnaient bien accès au sens des mots formant les expressions correspondantes: voir Valérie CORDONIER, Kalokagathia *chez les traducteurs et les lecteurs d'Aristote à la fin du 13e siècle latin*, in: *Mots médiévaux offerts à Ruedi Imbach*, éd. par Iñigo ATUCHA, Dragos CALMA, Catherine KÖNIG-PRALONG, Irene ZAVATTERO (Textes et Études du Moyen Âge, 57), Turnhout 2011, pp. 343-355.

ont été alors reprises par les lecteurs du Philosophe soit avec un contenu proche de celui qu'elles avaient déjà dans l'antiquité tardive – comme c'est le cas pour la *nobilitas* en question dans l'*Éthique à Nicomaque* et dans la *Politique*[4] – soit avec un contenu davantage enrichi ou réorienté. Un cas de réorientation bien connu grâce aux travaux de René-Antoine Gauthier est l'appropriation chrétienne de la notion de magnanimité par les lecteurs latins[5]. Un cas très intéressant d'enrichissement sémantique concerne les expressions désignant l'homme doté d'un bon naturel, ou "bien né" (*bene natus*, *bene naturatus*), dont l'importance pour les discussions sur la noblesse a été soulignée par Andrea A. Robiglio[6].

Or, si l'on veut faire une histoire des idées sur la "noblesse" et le "bon naturel" au moyen âge, il ne faut pas perdre de vue qu'il s'agit là de deux notions bien distinctes chez Aristote, qui ne se trouvent rapprochées qu'occasionnellement, sans qu'un lien autre qu'accidentel ne soit posé entre elles[7]. Ainsi, l'assimilation de ces deux notions dans une certaine tradition médiévale – notamment chez Dante – ne va-t-elle pas de soi, et mérite d'être étudiée du point de vue de sa genèse même. C'est dans cette optique qu'il s'agira ici d'analyser l'interprétation de ces deux notions par les lecteurs du *Liber de bona fortuna* – texte constitué en latin vers 1265 à partir d'extraits

[4] En effet, la distinction déjà posée par Aristote entre une noblesse liée à la classe sociale de l'individu et une noblesse morale venant du comportement vertueux qu'il adopte, et l'idée que cette seconde forme de noblesse doit en fait primer sur la noblesse de classe, a été largement relayée à la fin du Moyen Âge, mais sans que les lecteurs médiévaux ne lui donnent de poids spécifique ni de valeur nouvelle par rapport aux doctrines déjà largement répandues à ce propos au moins depuis l'Antiquité romaine. Voir Fulvio Delle Donne, *Una disputa sulla nobiltà alla corte di Federico II di Svevia*, in: Medioevo Romanzo, 23 (1999), pp. 3-20; Geneviève et Philippe Contamine, *Noblesse, vertu, lignage et* anciennes richesses. *Jalons pour l'histoire médiévale de deux citations:* Juvénal, Satires 8,20 *et* Aristote, Politiques 5,1, in: *La tradition vive. Mélanges d'Histoire des Textes en l'honneur de Louis Holtz*, éd. par Pierre Lardet (Bibliologia, Elementa ad librorum studia pertinentia, 20), Turhhout 2003, pp. 321-334; Marco Toste, Nobiles, Optimi uiri, Philosophi. *The role of the philosopher in the political community at the faculty of arts in Paris in the late thirteenth century*, in: *Itinéraires de la raison. Études de philosophie médiévale offertes à Maria Cândida Pacheco*, éd. par José F. Meirinhos (Textes et Études du Moyen-Âge, 32), Louvain-la-Neuve 2005, pp. 269-308: 274-279; Guido Castelnuovo, *Revisiter un classique: noblesse, hérédité et vertu d'Aristote à Dante et à Bartole (Italie communale, début XIIIe-milieu XIVe siècle)*, in: *L'hérédité entre Moyen Âge et Époque Moderne*, éd. par van der Lugt, de Miramon, pp. 105-155.

[5] René-Antoine Gauthier, *Magnanimité. L'idéal de grandeur dans la philosophie païenne et dans la théologie chrétienne*, Paris 1951.

[6] Andrea A. Robiglio, *Dante* bene nato*: Guido Cavalcanti e Margherita Porete in* Par. V, 115, in: L'Alighieri, Rassegna dantesca, 26 (2005), pp. 45-62 et Id., *The Thinker as a Noble Man (*bene natus*) and Preliminary Remarks on the Medieval Concepts of Nobility*, in: Vivarium, 44, 2-3 (2006), pp. 205-247.

[7] L'unique texte où les notions de bon naturel et de noblesse sont mises en œuvre ensemble est Aristote, *Ethica Nicomachea*, X, 10, 1179b4-b31. Or, symptomatiquement, la noblesse (*εὐγενεία*) y est entendue dans un sens dérivé de noblesse *morale*, pour qualifier les actions ou l'existence de l'homme en question.

des *Magna moralia* et de l'*Éthique à Eudème*. Sur la base du travail accompli ces dernières années sur la tradition manuscrite et la réception de ce traité au XIIIe siècle, je montrerai comment celui-ci a donné lieu à une histoire où la figure de l'homme "bien né" a été – dans un même temps – rapprochée de celle de l'homme "noble" (*nobilis*) et investie d'un contenu qui n'avait jamais été attesté jusqu'alors pour aucune de ces deux expressions. L'histoire de ces deux avancées concomitantes sera reconstruite ici en suivant un ordre chronologique: après avoir présenté les traits de l'homme "bien né" dans le *Liber de bona fortuna* (I), il s'agira ensuite de voir les interprétations qui ont été données de cette figure par quelques théologiens parmi les plus importants pour la réception de l'opuscule aux XIIIe et XIVe siècles, Thomas d'Aquin (II), Gilles de Rome (III), puis Henri de Gand et Duns Scot (IV).

I. Traductions et signification du bon naturel dans le *Liber de bona fortuna*

Le *Liber de bona fortuna* consiste en un petit traité dont les deux chapitres correspondent à la traduction latine de deux extraits originellement séparés dans le grec mais portant sur le même problème de la bonne fortune (*εὐτυχία*): un extrait du deuxième livre des *Magna moralia* (1206b30-1207b19) constitue le premier chapitre, et un extrait du huitième livre de l'*Éthique à Eudème* (1246b37-1248b11) constitue le second, tous les deux étant traduits par Guillaume de Moerbeke[8]. L'assemblage de ces deux passages, dont plusieurs indices suggèrent fortement qu'il est intervenu après que le traducteur a rendu en latin un extrait plus large de l'*Éthique à Eudème* incluant aussi le chapitre final sur la *kalokagathia* (1246b37-1249b25), répondait à une demande en matière de textes aristotéliciens sur la providence divine et a été probablement conditionné par le projet thomasien de reconstituer une doctrine aristotélicienne de la providence divine compatible avec la foi chrétienne[9]. Afin de faire voir la spécificité de la figure de l'homme "bien né"

[8] La paternité de Moerbeke a été établie par Valérie CORDONIER, Carlos STEEL, *Guillaume de Moerbeke traducteur du* Liber de bona fortuna *et de l'*Éthique à Eudème, in: *The Letter before the Spirit: the Importance of Text Editions for the Study of the Reception of Aristotle*, ed. by Aafke M. I. VAN OPPENRAAIJ (Aristoteles Semitico-Latinus, 23), Turnhout 2012, pp. 401-446.

[9] Il s'agit là des éléments principaux de l'hypothèse que j'ai proposée pour expliquer la genèse de l'opuscule dans Valérie CORDONIER, *Sauver le Dieu du Philosophe: Albert le Grand, Thomas d'Aquin, Guillaume de Moerbeke et l'invention du* Liber de bona fortuna *comme alternative autorisée à l'interprétation averroïste de la doctrine aristotélicienne de la providence divine*, in: *Christian Readings of Aristotle from the Middle Ages to the Renaissance*, ed. by Luca BIANCHI (Studia Artistarum, 29), Turnhout 2011, pp. 65-114. Précisons que cette hypothèse ne dit pas, ni implique aucune des idées suivantes: que Moerbeke ait traduit les morceaux *à la demande* de Thomas; que Thomas ait passé commande à Moerbeke; que Thomas ait passé commande aux auteurs des exemplaires parisiens; que Thomas ait composé lui-même le *Liber de bona fortuna* par un autre geste que la lecture même qu'il a faite des deux chapitres dans sa *Somme contre les Gentils*.

dans le *Liber de bona fortuna* et la terminologie variée sous laquelle cette figure y apparaît, résumons le problème posé par ce traité et les solutions qu'il propose, au cours desquelles intervient le "bon naturel".

La question que traite le *Liber de bona fortuna* est celle de savoir pourquoi tels individus et non pas d'autres voient fréquemment certaines des actions qu'ils ont posées sans trop réfléchir suivies d'effets imprévus mais bénéfiques. Les trois explications possibles envisagées d'emblée dans le premier chapitre du traité (*Magna moralia* 1206b30-1207b19) tiennent que la fortune proviendrait, respectivement, de la nature des individus (1206b38-1207a2), de leur intelligence (1207a2-5) ou d'une intervention divine (1207a6-11). C'est l'examen critique de ces trois hypothèses qui constitue la substance de l'opuscule. Le premier chapitre, après une évaluation méticuleuse de chacune d'elles (1207a11-35), aboutit à la formulation d'une explication combinant l'idée d'une bonne fortune naturelle et celle d'une bonne fortune issue d'une inspiration divine. La bonne fortune, affirme ainsi Aristote, est une "nature irrationnelle" (*sine ratione natura*) par laquelle un individu est porté vers des biens sans pouvoir indiquer les motifs qui l'y ont poussé, comme s'il était inspiré par une divinité:

> La bonne fortune est donc une nature sans raison. Le bien fortuné est, en effet, un [individu] qui a sans raison une impulsion vers des biens et y parvient alors que cela même vient de la nature. Dans l'âme en effet il y a, par nature, un tel [principe] par l'impulsion duquel nous sommes portés sans raison vers des [choses] que nous posséderons avec bonheur. Et si l'on demande à celui qui se trouve être dans cet état "pourquoi te plaît-il d'agir <ainsi>?", il répondra: "Je ne sais pas, mais cela me plaît", subissant la même chose que ceux qui sont conduits par un dieu (ceux qui sont conduits par le dieu eux aussi ont en effet, sans raison, une impulsion pour accomplir quelque chose)[10].

Le second chapitre de l'opuscule (*Éthique à Eudème* 1246b37-1248b11), sans combiner de la même façon les deux explications, leur donne cependant à chacune une place importante tout en les développant davantage que le premier chapitre. À la fin du *Liber de bona fortuna*, Aristote affirme et justifie l'idée que ce doit être Dieu lui-même qui, ultimement, inspire nos choix irrationnels débouchant sur des biens imprévisibles: Il est le principe de tous les mouvements de l'âme, comme Il est celui de tous les mouvements dans le monde, de sorte que la cause de la

[10] [Ps.-]ARISTOTE, *De bona fortuna*, 1, 1207a35-b5, ed. Valérie CORDONIER, in: *Ethica Eudemica (fragmentum); Liber de bona fortuna, Translatio Moerbekana, Recensio Vulgata, textus praevius paratus a Valérie Cordonier* (Aristoteles Latinus Database, Release 3 [ALD-3]), 2016, www.brepolis.com: "Est igitur bona fortuna sine ratione natura. Bene fortunatus est enim sine ratione habens impetum ad bona, et hec adipiscens, hoc autem est nature. In anima enim inest natura tale quo impetu ferimur sine ratione ad que utique bene habebimus. Et si quis interroget sic habentem 'propter quid hoc placet tibi operari', 'nescio', inquid, 'sed placet michi', simile patiens hiis qui a deo aguntur. Et enim a deo uecti sine ratione impetum habent ad operari aliquid".

bonne fortune est un "instinct divin" (*instinctus divinus*) dispensant, dans certains cas, l'homme de délibérer[11]. Mais avant d'accentuer ainsi le rôle de l'inspiration divine, le second chapitre du *Liber de bona fortuna* a donné plus de poids et de consistance à l'hypothèse d'une fortune naturelle. Car ici comme dans les *Magna moralia*, l'évaluation des trois causes possibles de la bonne fortune – la constitution naturelle de l'individu (1247a9-13), ses facultés intellectuelles (1247a13-23) ou une certaine providence (1247a23-29) – a d'abord tourné à l'avantage de la nature, dans la mesure où les objections formulées contre l'explication théologique ont alors paru décisives. C'est dans ce contexte a priori favorable à l'hypothèse naturaliste (1247a30-48a1) qu'intervient plusieurs fois la mention de l'homme "bien né". La première occurrence de cette figure se lit dans la seconde objection formulée contre l'idée que la bonne fortune vienne de la nature, objection qui consiste en un argument par l'absurde. Aristote fait ici valoir que l'explication de la fortune par la nature aurait pour conséquence de vider le sens même du mot "fortune", puisque l'homme jouissant de ce privilège devrait être appelé non pas "bien fortuné", mais "bien né":

> En outre, si, parce qu'[il est] tel, il faut qu'il advienne que, parce qu'il a les yeux clairs, il n'ait pas bonne vue, ce n'est pas la fortune, mais la nature qui est en cause ; et il n'est donc pas bien fortuné, mais bien né [*bene naturatus*]. Et c'est pourquoi il faudra alors dire que ceux que nous disons être bien fortunés ne le sont pas grâce à la fortune[12].

L'expression *bene naturatus* correspond, dans le grec d'Aristote, à l'adjectif εὐφυής (1247a38). À propos de cette traduction, deux données méritent d'être signalées. Premièrement, dans la tradition manuscrite du *Liber de bona fortuna*, le deuxième terme de l'expression se trouve être affecté d'un très grand nombre de variations graphiques, dont certaines pourraient aussi être lues comme des abréviations de *natus*[13]. Deuxièmement, dans les traductions éditées de Guillaume de Moerbeke, le choix de traduire εὐφυής par *bene naturatus* est loin d'être usuel.

[11] [Ps.-]Aristote, *De bona fortuna*, 2, 1248a23-34, ed. Cordonier: "Quod autem queritur hoc est, quid motus principium in anima. Palam quemadmodum in toto deus, et omne illud: mouet enim aliquo modo omnia quod in nobis diuinum. Rationis autem principium non ratio, sed aliquid melius. Quid igitur utique erit melius et scientia et intellectu nisi deus? Uirtus enim intellectus organum. Et propter hoc, quod olim dicebatur, bene fortunati uocantur qui si impetum faciant, dirigunt sine ratione existentes, et consiliari non expedit ipsis: habent enim principium tale quod melius intellectu et consilio; qui autem rationem, hoc autem non habent neque diuinus instinctus, hoc non possunt. Sine ratione enim existentes adipiscuntur".

[12] [Ps.-]Aristote, *De bona fortuna*, 2, 1247a36-39, ed. Cordonier: "Adhuc si, quia talis, oportet accidere sicut, quia glaucus, non acute uidet, non fortuna causa, sed natura; non igitur est bene fortunatus, sed uelut bene naturatus. Quare hoc utique erit dicendum, quia quos dicimus bene fortunatos, non propter fortunam sunt".

[13] Voici, en effet, les diverses graphies collationnées à cet endroit: *ñt'*, *ñtus*, *nat'*, *n*^{a}*tus*, *nāt'*, *nātus*, *ñturz*, *naturat'*, *naturatus*.

En effet, les quatre autres occurrences de cet adjectif grec dans ce corpus sont en réalité rendues par *bene natus*[14], suivant une option déjà attestée chez Boèce et chez Grosseteste[15]. L'unique autre occurrence de l'expression *bene naturatus* dans les textes de Moerbeke disponibles en édition critique correspond à un passage de la *Rhétorique* où le grec d'Aristote présente non pas l'adjectif εὐφυής, mais le participe passé πεφυκός[16]. À considérer ces données ensemble, il paraît légitime de mettre en question l'authenticité de la leçon *bene naturatus* qu'on lit dans une partie de la tradition manuscrite du *Liber de bona fortuna*, et de plutôt supposer que l'autographe – ou, peut-être plus vraisemblablement, une copie de celui-ci située très haut dans cette tradition – comportait la leçon *natus* (originale) surmontée d'un signe accidentel, qui aura été interprété par le(s) copiste(s) comme une abréviation de *naturatus*.

Un argument supplémentaire en faveur de cette hypothèse est le fait que l'occurrence suivante du terme εὐφυής dans l'*Éthique à Eudème* (une occurrence où ce terme a le même sens que dans la précédente) est elle-même rendue dans la traduction de Moerbeke non pas par *bene naturatus* mais par *bene natus*. Cette occurrence de la traduction d'εὐφυής par *bene natus* (1247b22) est, dans le passage en question du *Liber de bona fortuna*, suivie d'un autre emploi de la même expression latine, où celle-ci est cette fois accompagnée du verbe "être" à l'indicatif présent pour rendre l'expression εὖ πεφύκασι (1247b23)[17]. Au plan du contenu du traité, ces deux occurrences très rapprochées de l'expression *bene natus* se présentent à un moment de l'argumentation où, alors que l'examen des trois hypothèses initialement envisagées pour expliquer la bonne fortune s'est soldé par

[14] Voir ARISTOTE, *Eth. Nic.*, III, 6, 1114b8; *translatio Grosseteste textus recognitus*, ed. René-Antoine GAUTHIER, (Aristoteles Latinus, 26,1-3.4), Leiden–Bruxelles 1973, p. 420,5; *De generatione animalium*, II, 8, 748b9; *translatio Guillelmi de Moerbeka*, ed. Hendrik Joan DROSSAART-LULOFS (Aristoteles Latinus, 17,2), Bruges–Paris 1966, p. 82,1; *Metaphysica*, IV, 2, 1003b1-5; *recensio et translatio Guillelmi de Moerbeka*, ed. Gudrun VUILLEMIN-DIEM (Aristoteles Latinus, 25,3.2) Leiden–New York–Köln 1995, p. 68,1, et *Rhetorica*, I, 6, 1363a36; *translatio Guillelmi de Moerbeka*, ed. Bernhardus SCHNEIDER (Aristoteles Latinus, 31,2), Leiden 1978, p. 182,12.

[15] Pour Boèce, voir quelques références dans ROBIGLIO, *The Thinker as a Noble Man*, pp. 227-228; *Dante* bene nato, p. 51. Pour un exemple de cette traduction chez Grosseteste, voir ARISTOTE, *Eth. Nic.*, III, 8, 1114b8; *translatio Grosseteste textus purus*, ed. René-Antoine GAUTHIER (Aristoteles Latinus, 26,1-3.3), Leiden–Bruxelles 1972, p. 189,26.

[16] ARISTOTE, *Rhet.*, I, 15, 1376b21-22: καὶ τὸ μὲν δίκαιον οὐκ ἔστι [...] (πεφυκὸς γάρ ἔστιν): tandis que le traducteur anonyme de la *Rhétorique* rend la dernière expression par *innatum est* (*translatio anonyma sive vetus*, ed. Bernhardus SCHNEIDER [Aristoteles Latinus, 31,1], Leiden 1978, p. 62,26), Moerbeke la rend par *naturatum enim est* (*translatio Guillelmi*, ed. SCHNEIDER, p. 216,15).

[17] En effet, souvent Moerbeke rend le parfait de φύω (πέφυκα) par *natus sum*. Voir par exemple ALEXANDRE D'APHRODISIAS, *Commentaire sur les Météores d'Aristote, Traduction de Guillaume de Moerbeke*, ed. Alfons J. SMET (Corpus Latinum Commentariorum in Aristotelem Graecorum, 4), Louvain-la-Neuve–Paris 1968, p. 20,78 et p. 118,84 (*natus* rend πεφυκός, cf. p. 31,19-20 et p. 40,12). En révisant *l'Éthique à Nicomaque*, Moerbeke s'en tient à l'option de Grosseteste et alterne *natus sum* (10x) et *aptus natus sum* (6x).

un bilan négatif, Aristote a posé un nouveau réquisit: vu que l'existence d'effets manifestement dus à la fortune se constate par expérience, il faut estimer, dit-il, que la fortune existe et qu'elle est une cause (1247b1-10). Est alors proposée une analyse du mécanisme psychologique correspondant à une telle tendance à réussir:

> Qu'est-ce qui empêche que de telles choses arrivent à un tel en série et souvent, non parce qu'elles le doivent, mais comme on jetterait les dés avec bonheur? Or qu'est-ce à dire? N'est-ce pas qu'il y a dans l'âme des impulsions venant, les unes du raisonnement, les autres de l'appétit, et que celles-ci sont premières? Si en effet le délectable perçu par la concupiscence et l'appétit [pour lui] sont naturels, alors on tendra, par nature du moins, vers le bien régulièrement. Ainsi donc, si certains sont naturellement bien nés [*bene nati* / εὐφυεῖς] – comme les incultes ne sachant pas ce qu'il faut sont ainsi bien nés [*bene nati sunt* / εὖ πεφύκασι] –, qu'ils ont sans raison une impulsion en fonction de ce à quoi est disposée leur nature et qu'ils désirent telle chose, à tel moment, comme il le faut et quand il faut, et qu'ils aboutiront même s'ils se trouvent être insensés et sans raison (tout comme réussissent ceux qui ne sont pas cultivés), tandis que sont bien fortunés ceux qui, sans raison, réussissent dans la plupart des cas, alors c'est par nature qu'ils seront bien fortunés[18].

Ainsi les hommes "bien nés" se démarquent-ils des autres par cette capacité naturelle à être portés fréquemment vers des options qui, prises "comme il faut" et au bon moment, ont des effets secondaires, inattendus et pour eux bénéfiques. Ce bon naturel, à l'instar de la "nature sans raison" dont il est question dans les passages des *Magna moralia* considérés plus haut, se traduit par une impulsion (*impetus*) échappant à l'emprise de la raison. Ainsi le bon naturel dont il est question dans ces passages du *Liber de bona fortuna* ainsi qu'un peu plus loin avec le substantif *eufya*/ εὐφυΐα (1247b39)[19] recouvre-t-il une qualité différente de celle qui est désignée sous les mêmes expressions dans l'*Éthique à Nicomaque*: alors que dans cet ouvrage il s'agit d'un tempérament à l'origine de capacités à discerner le bien véritable, à obéir

[18] [Ps.-Aristote], *De bona fortuna*, 2, 1247b15-28, ed. Cordonier: "Quid igitur prohibet accidere alicui deinceps talia multotiens, non quia hos oportet, sed quale utique erit cubos semper longa iacere. Numquid igitur non sunt impetus in anima, hii quidem a ratiocinatione, hii autem ab appetitu et primi ipsi sunt. Natura quidem, si propter concupiscienciam delectabilis et appetitus, natura quidem ad bonum tendet semper. *Si itaque quidam sunt bene nati* [εὐφυεῖς], *quemadmodum indocti non scientes que oportet sic bene nati sunt* [εὖ πεφύκασι], *et sine ratione impetum faciunt, secundum quod natura apta nata est*, et concupiscunt et hoc et tunc et sic ut oportet et quod oportet, et quando isti dirigent, et si contingat insipientes existentes et sine ratione (quemadmodum et bene erunt non docibiles existentes), tales autem bene fortunati quicumque sine ratione dirigunt ut in pluribus, natura igitur bene fortunati erunt utique".

[19] À cet endroit, le traducteur n'a pas traduit le substantif, mais il s'est contenté de le translittérer (*eufya*), voir [Ps.-Aristote], *De bona fortuna*, 2, 1247b37-1248a1, ed. Cordonier: "Sed aliquando propter concupiscenciam raciocinatus est, uerumtamen sic et infortunate egit. In aliis itaque quomodo erit bona fortuna secundum eufyam appetitus et concupiscencie?".

aux exhortations sapientielles et à persévérer dans la vie vertueuse et rationnelle[20], dans l'*Éthique à Eudème* il s'agit d'une aptitude innée à agir d'une façon impétueuse par une sorte de réflexe étanche aux délibérations de la raison[21]. Le type de causalité qu'exerce ce tempérament propre à l'homme fortuné et le rôle de ses effets dans la réalisation de la bonne fortune seront au cœur des discussions conduites à propos du *Liber de bona fortuna*. Mais avant que ces discussions s'amorcent, il a fallu que Thomas d'Aquin emploie ce texte et lui fasse subir quelques inflexions, à la fois problématiques et fécondes.

II. Bon naturel et influences supérieures: Thomas d'Aquin, *SCG* III, 92

Un texte décisif pour les discussions à propos de l'homme bien né dans le *Liber de bona fortuna* est le chapitre 92 du troisième livre de la *Somme contre les Gentils*. Ce texte, d'une façon plus tangible et déterminante que la dizaine de textes ultérieurs où Thomas cite la fin du chapitre de l'*Éthique à Eudème* sur la bonne fortune[22], a constitué un point de référence pour les discussions de la bonne fortune jusqu'au XIVe siècle au moins. Ce texte est aussi unique au sein de la production thomasienne. D'abord, c'est le seul qui soit entièrement et expressément consacré au problème de la bonne fortune. Ensuite, il s'agit du seul cas où Thomas cite les *Magna moralia*. Mais il faut ajouter d'emblée qu'il se réfère aussi au passage parallèle de l'*Éthique à Eudème*, dont la présence dans le chapitre prend, même sans citation explicite, deux formes repérables: d'abord en fournissant l'un des présupposés sur lesquels le chapitre développera la notion de bonne fortune en l'expliquant par une influence divine[23], ensuite d'une façon plus limitée en étant à la source de la description

[20] Voir Aristote, *Eth. Nic.*, III, 7, 1114b12; *translatio Grosseteste textus recognitus*, ed. Gauthier, p. 420,9; VI, 13, 1144b34 ; *translatio Grosseteste textus recognitus*, ed. Gauthier, p. 492,30, et X, 10, 1179b10; *translatio Grosseteste textus recognitus*, ed. Gauthier, p. 583,2.

[21] Thomas Deman, *Le* Liber de bona fortuna *dans la théologie de St Thomas d'Aquin*, in: Revue des sciences philosophiques et théologiques, 17 (1928), pp. 46-48 avait noté la spécificité du concept d'ὁρμή à l'œuvre ici. C'est à tort que Cornelio Fabro, *Le* Liber de bona fortuna *de l'*Éthique à Eudème *d'Aristote et la dialectique de la divine providence chez saint Thomas*, in: Revue thomiste, 88 (1988), pp. 556-572, dit (p. 558, 570, n. 36; p. 571) que ce terme ὁρμή est rendu par *instinctus divinus* (alors que cette expression rend l'ἐνθουσιασμοί de 1248a33).

[22] Une liste des emplois du *Liber de bona fortuna* par Thomas est donnée par René-Antoine Gauthier, *Thomas d'Aquin, Somme contre les Gentils, Introduction*, Paris–Bruges 1993, p. 82, liste à laquelle il faut ajouter Thomas d'Aquin, *Super Epistolam ad Romanos lectura*, c. 9, lc. 3, n° 773, in: *Thomae Aquinatis Super Epistolas S. Pauli lectura*, t. 1, ed. Raffaele Cai, Torino–Roma 1953[8], p. 138; Id., *Super secundam Epistolam ad Corinthios lectura*, c. 9, lc. 1, n° 86-87, in: *Thomae Aquinatis Super Epistolas S. Pauli lectura*, t. 1, p. 459.

[23] En effet, le chapitre 92 se présente comme ayant une dépendance argumentative directe par rapport au premier texte thomasien citant l'*Éthique à Eudème*, à savoir *Summa contra Gentiles*, III, 89 (*Quod motus uoluntatis causatur a Deo et non solum potentia uoluntatis*):

et de la discussion thomasiennes de la figure de l'homme "bien né". Le travail thomasien effectué à partir de ces deux sources doit ici être analysé en examinant à la fois la réponse et la formulation données à la question qui ouvre ce chapitre 92: "comment un tel est-il dit bien fortuné, et comment l'homme est-il aidé par les causes supérieures"[24]. La première partie de la question, qui interroge l'emploi et le sens du qualificatif "bien fortuné", est celle qu'Aristote lui-même affrontait dans les chapitres des *Magna moralia* et de l'*Éthique à Eudème* sur la bonne fortune. La seconde partie de la question, qui interroge les modalités de l'aide prodiguée à l'homme par lesdites causes supérieures, est plus originale. Mais ce sont les réponses aux *deux* questions qui s'écartent de la doctrine d'Aristote, comme on va le voir.

En effet, la clarification de l'expression "bien fortuné" innove déjà dans sa façon de combiner et de réaménager deux exemples aristotéliciens. Est bien fortuné, dit Thomas tout d'abord, celui à qui il advient un événement bénéfique qu'il n'a pourtant pas visé à obtenir par son action, comme lorsqu'un homme creusant son jardin y découvre un trésor que cependant il n'avait pas cherché [25]: il s'agit d'un exemple traditionnel illustrant, depuis Aristote, des cas d'effets accidentels ou, plus précisément, fortunés[26]. À cet exemple, Thomas ajoute celui de deux serviteurs du même maître qui, sommés chacun individuellement d'aller au même lieu en même temps, s'y rencontrent en croyant alors au hasard, ignorant l'ordre donné à l'autre: leur rencontre est fortunée à leurs yeux, alors qu'elle était prévue par le maître qui les a envoyés[27]. Cet exemple est certes inspiré, en tant que tel, des passages de la

THOMAS D'AQUIN, *Summa contra Gentiles Libri III*, III, 89 (Sancti Thomae Aquinatis Opera omnia, 14), Roma 1926, p. 273b,7-9: "Argumentatur ad hoc Aristoteles, in VIII Eudemice Ethice, per hunc modum. Huius quod aliquis intelligat et consilietur et eligat et uelit, oportet aliquid esse causam: *quia omne nouum oportet quod habeat aliquam causam.* [...] *Est igitur deus primum principium nostrorum consiliorum et uoluntatum*". La source de la citation est ARISTOTELES, *De bona fortuna*, 2, 1248a22-39 (cf. *supra*, n. 11).

[24] THOMAS D'AQUIN, *Summa contra Gentiles*, III, 92, p. 279a: "Quomodo dicitur aliquis bene fortunatus et quomodo adiuuetur homo ex superioribus causis".

[25] THOMAS D'AQUIN, *Summa contra Gentiles*, III, 92, p. 279a,1-7: "Ex his autem apparere potest quomodo aliquis possit dici bene fortunatus. Dicitur enim alicui homini bene secundum fortunam contingere, 'quando aliquod bonum accidit sibi preter intentionem', sicut cum aliquis, fodiens in agro, inuenit thesaurum, quem non querebat". À l'exception du mot d'*intentio* – absent du texte aristotélicien –, la formule entre guillemets recoupe *Magna moralia*, II, 8, 1207a27-31 dans la version de Moerbeke: *aliquod bonum* et *accidere* sont les termes par lesquels celui-ci rend en 1207a28 des mots que Barthélémy de Messine rend par *quid bonorum* et *euenire*. Cette parenté lexicale vient confirmer ce que laissait penser déjà le fait que le seul passage thomasien citant les *Magna moralia* renvoie au chapitre sur la bonne fortune: Thomas lit cet ouvrage dans la traduction de Moerbeke et non dans celle de Barthélémy.

[26] ARISTOTE, *Metaph.*, V, 30, 1025a14-19, où il illustre la première définition de l'accident; *Rhet.*, I, 5, 1362a9 et *Eth. Nic.*, III, 5, 1112a27, où il illustre l'un des effets de la fortune (τύχη).

[27] THOMAS D'AQUIN, *Summa contra gentiles*, III, 92, p. 279a,7-18: "Contingit autem aliquem operantem preter intentionem operari propriam, non tamen preter intentionem

Physique où Aristote illustre la fortune par le cas d'un homme rencontrant son débiteur au marché sans l'y avoir cherché[28]. Mais ce créditeur venu à l'agora *de son propre chef* devient chez Thomas un serviteur *envoyé par son chef* au même endroit qu'un autre serviteur[29]: cette idée d'un concours de séries causales coordonnées par un unique agent (le maître) relève de la veine néoplatonicienne notamment suivie par la *Consolation de Philosophie* de Boèce, qui analyse le hasard et la fortune comme étant les effets de la convergence de séries causales en soi indépendantes[30]. Ainsi, ce qui pour le Philosophe est tout à fait accidentel est chez Thomas inscrit dans un plan providentiel où la bonne fortune perd sa contingence: en vertu d'une telle réduction du "par accident" au "par soi", la fin du chapitre 92 insiste sur le fait que, pour Dieu, rien n'est fortuit ou fortuné[31]. Mais à ce stade, cette réponse à la première partie de la question prépare celle que Thomas apporte à la seconde, en précisant les sortes d'aide reçues par l'homme des "causes supérieures":

> Ainsi donc, puisque l'homme est subordonné quant à son corps aux corps célestes, quant à son intellect aux anges, et quant à sa volonté à Dieu, il peut se produire quelque chose de

alicuius superioris, cui ipse subest, sicut, si dominus aliquis precipiat alicui seruo quod uadat ad aliquem locum quo ipse alium seruum iam miserat illo ignorante, *inuentio conserui est preter intentionem serui missi, non autem preter intentionem domini mittentis*; et ideo, licet par comparationem ad hunc seruum sit fortuitum et casuale, non autem per comparationem ad dominum, sed est aliquid ordinatum".

[28] L'exemple se lit tout d'abord en Aristote, *Physica*, II, 4, 196a2-5, avant d'être repris et discuté plus en détail en *Phys.*, II, 5, 196b32-197a5.

[29] Les esclaves envoyés dans le même lieu au même moment par leur maître à leur insu se rencontrent, chez Thomas, seulement à partir de la *Somme contre les Gentils*: dans le *Manuel de théologie* (*Compendium theologiae seu Brevis compilatio theologiae ad Fratrem Raynaldum*, I, 137, ed. Hyacinthe François Dondaine, in: *Compendium theologiae, De articulis fidei et ecclesiae sacramentis, etc.* [Sancti Thomae de Aquino Opera omnia, 42]:, Roma 1979, p. 134a,8-10), dans la *Somme de Théologie* (*Summa theologiae*, I^{a}, q. 22, a. 2, ad 1 [Sancti Thomae Aquinatis Opera omnia, 4], Rome 1888, p. 265b,14-17; I^{a}, q. 116, a. 1, [Sancti Thomae de Aquino Opera omnia, 5], Romae 1889, p. 552a,28-34), et dans le commentaire au *De interpretatione* (*Expositio libri Peryermenias editio altera retractata*, I, lect. XIV, ed. René-Antoine Gauthier [Sancti Thomae de Aquino Opera omnia, 1*,1], Romae–Paris 1989, p. 76,329-333 au cours d'un excursus d'une longueur exceptionnelle consacré aux notions de nécessaire et de possible (pp. 73,160-79,522). Ce dernier texte marque un jalon décisif dans la formation de l'interprétation spécifiquement thomasienne de l'exemple des deux esclaves se rencontrant au marché.

[30] L'expression de *causae confluentes* revient deux fois, et les composés du verbe *concurrere* sont fréquents dans Boèce, *Consol. Philos.*, V, pros. 1 dans le passage où l'examen de la question de l'existence du hasard et du fortuit (*casus et fortuitum*) est conduit à partir de l'exemple de l'homme creusant un trou dans son jardin et trouvant un trésor (dont les sources ont été indiquées *supra*, n. 26).

[31] Thomas d'Aquin, *Summa contra Gentiles*, III, 92, p. 280b,15-31 et p. 281b,10-52. Ces précisions constituent la marque distinctive d'un système qui a été qualifié de "déterminisme providentiel", par Pasquale Porro, Lex necessitatis vel contingentiae. *Necessità, contingenza e providenza nell'universo di Tommaso d'Aquino*, in: Revue des sciences philosophiques et théologiques, 96,3 (2012), pp. 401-450.

contraire à l'intention de l'homme qui, pourtant, est conforme à l'ordre des corps célestes, ou à la disposition des anges ou même à celle de Dieu. Or même si Dieu seul agit en vue d'un choix de l'homme de façon directe, l'action de l'ange agit en quelque façon sur le mode de la persuasion, et l'action du corps céleste, quant à elle, [le fait] sur le mode de ce qui dispose, en tant que les impressions des corps célestes dans nos corps disposent à certains choix[32].

Dans cette analyse des conditionnements supra-rationnels de toute décision proprement humaine (*electio hominis*), Thomas s'écarte du texte aristotélicien par son évocation de deux types de causes supérieures qui ne sont nullement évoquées par Aristote, à savoir les anges et les astres. La présence des anges correspond à un *topos* biblique et patristique dont il serait vain de chercher la source précise, tandis que l'idée d'une influence astrale est l'interprétation "naturelle" qu'un médiéval peut donner au bon tempérament évoqué par la figure de l'homme "bien né". Car si le *Liber de bona fortuna* ne parle jamais d'astres, le terme *natiuitas* désigne couramment dans les traités d'astrologie la configuration du ciel au-dessus de l'enfant à sa conception ou à sa naissance[33]. Aussi est-ce par une discussion des rapports entre les figures du "bien né" et du "bien fortuné" que Thomas, dans la suite du chapitre 92, cherche à préciser la portée et les limites de cette influence astrale sur le destin des individus[34]. Et c'est dans ce contexte qu'interviennent, à quelques lignes de distance,

[32] THOMAS D'AQUIN, *Summa contra Gentiles*, III, 92, p. 279a18-b10: "Cum igitur homo sit ordinatus secundum corpus sub corporibus celestibus, secundum intellectum uero sub angelis, secundum uoluntatem autem sub Deo, potest contingere aliquid preter intentionem hominis quod tamen est secundum ordinem celestium corporum, uel dispositionem angelorum, uel etiam Dei. Quamuis autem Deus solus directe ad electionem hominis operetur, tamen actio angeli operatur aliquid ad electionem hominis per modum persuasionis, actio uero corporis celestis per modum disponentis, inquantum corporales impressiones celestium corporum in corpora nostra disponunt ad aliquas electiones".

[33] Ce sens technique se lit en THOMAS D'AQUIN, *Summa contra Gentiles*, III, 92, p. 279a18-b10, tandis que Ptolémée est évoqué à l'appui d'une telle doctrine peu auparavant au chapitre 84 du même livre (p. 250a6-b7). Plus particulièrement, vers 1263, la *natiuitas* comme facteur de fortune se lit dans le second commentaire (1260) d'Albert à l'*Éthique à Nicomaque*: ALBERT LE GRAND, *Ethica*, ed. Auguste BORGNET (Beati Alberti Magni Opera omnia, 7), Paris 1891, pp. 115, 130; 507B; cf. ALBERT LE GRAND, *Super Ethica*, III, lect. 7, ed. Wilhelm KÜBEL (Alberti Magni Opera omnia. Editio Coloniensis, 14,1), Münster i.W. 1968, p. 173,42-68. C'est cette *fortuna* qui est visée par le décret d'Étienne Tempier 1277 dans l'article 106, in Roland HISSETTE, *Enquête sur les 219 articles condamnés à Paris le 7 mars 1277* (Philosophes Médiévaux, 22), Louvain-la-Neuve–Paris 1977, pp. 174-175, a. 106 (206 Piché): "Quod sanitatem, infirmitatem, vitam et mortem attribuit positioni siderum et aspectui fortune, dicens quod si eum aspexit erit fortuna, vivet; si non aspexerit, morietur".

[34] Au début du texte, l'action des astres est évoquée vaguement (p. 279b7-10), tandis qu'il est précisé plus loin que la "disposition corporelle" a été "laissée" (*relicta*) dans nos corps par les astres (p. 280a,6-7: *ex dispositione relicta ex corpore celesti in corpore nostro*). Ainsi, le trait distinctif de l'homme bien né reste inscrit de façon permanente dans son organisme. Mais pour que cette disposition fonctionne, c'est-à-dire produise ses effets au cours de

les deux expressions désignant l'homme bien né dans la tradition latine de l'*Éthique à Eudème*. D'abord, l'expression *bene naturatus* intervient dans une première mise au point qui contient l'unique mention thomasienne des *Magna moralia*:

> Or à ce propos il faut remarquer une différence. En effet, les impressions des corps célestes sur nos corps causent pour nous des dispositions naturelles de type corporel. Et pour cette raison, suivant la disposition laissée dans notre corps par le corps céleste, un tel est dit non seulement bien ou mal fortuné, mais aussi bien ou mal né [*bene naturatus vel male*]. C'est en fonction de cela que le Philosophe affirme dans les *Magna moralia* qu'être bien fortuné, c'est être bien né [*bene naturatum*][35].

En intégrant la figure de l'homme "bien né" à son étude, Thomas donne sa place à la première hypothèse des *Magna moralia*, qui calquait la fortune sur la bonne constitution naturelle des individus. Mais il prend aussitôt bien soin de relativiser ce facteur naturel de la bonne fortune, en combinant cette explication avec celle faisant intervenir l'inspiration divine: toute la fin du chapitre 92 vise justement à clarifier les relations entre ces deux parties de l'explication ainsi qu'avec l'influence angélique du moment que Dieu, l'ange et les astres recouvrent chacun un facteur bien distinct du phénomène bonne fortune. Dans cette optique, l'un des nombreux distinguos formulés par Thomas insiste en particulier sur le fait que l'influence des astres ne concerne que les corps et non pas les facultés spirituelles que sont l'intelligence et la volonté: car si ce don inné était lié à l'âme ou à l'une de ses facultés, il ferait partie des traits spécifiques à l'espèce humaine, et tous seraient alors bien fortunés, ce qui n'est pas le cas[36]. C'est cette limitation du "bon naturel" au corporel qui impose une restriction à l'emploi de l'étiquette "bien né", laquelle sera réservée aux seuls cas où l'on entend désigner une telle disposition purement corporelle. Et c'est dans la formulation de cette restriction qu'intervient chez Thomas l'expression *bene natus* (alors qu'il a, jusqu'ici, parlé de *bene naturatus*):

l'existence, il faut qu'elle soit connectée aux astres, qui suivant leur position diffusent des influences diverses (cf. *Summa contra Gentiles* III, 85, p. 256b12-37).

35 Thomas d'Aquin, *Summa contra Gentiles*, III, 92, p. 280a3-11. L'affirmation que Thomas prête ici à Aristote dans les *Magna moralia* correspond à [Ps.-]Aristote, *De bona fortuna*, 1, 1207a35-b5, ed. Cordonier (cf. *supra*, n. 10).

36 Thomas d'Aquin, *Summa contra Gentiles*, III, 92, p. 280a11-19: "Non enim potest intelligi quod hoc ex natura intellectus diuersa procedat, quod unus utilia sibi eligit et alius nociua preter rationem propriam, cum natura intellectus et uoluntatis in omnibus hominibus sit una: diuersitas enim formalis induceret diuersitatem secundum speciem; diuersitas autem materialis inducit diuersitatem secundum numerum". Une question, et un raisonnement semblables, se retrouveront dans les discussions d'Henri de Gand et de Duns Scot concernant le *Liber de bona fortuna*: cf. *infra*, n. 84 à 86 (pour Henri), puis n. 93 (pour Duns Scot).

Ainsi, en tant que l'intellect de l'homme est illuminé en vue de faire quelque chose chose ou que sa volonté y est encouragée par Dieu, l'homme n'est pas dit "bien né" [*bene natus*], mais plutôt "gardé" ou "gouverné"[37].

Plusieurs remarques s'imposent et certaines questions se posent, à propos des deux expressions utilisées pour désigner l'homme "bien né" ici et dans l'extrait précédent du chapitre 92. Premièrement, maintenant que le *Liber de bona fortuna* est mieux connu, il apparaît que l'expression *bene naturatus* employée dans l'extrait précédent correspond au passage où Moerbeke traduisait εὐφυής ainsi (1247a38), tandis que l'expression *bene natus* dans cet extrait correspond aux occurrences suivantes de cette expression dans le traité (1247b22-23)[38]. Ces deux passages de l'*Éthique à Eudème* sont probablement présents en quelque façon à l'esprit de l'auteur du chapitre 92 puisque c'est là que l'expression "bien né" se lit, alors qu'elle est absente dans le chapitre des *Magna moralia* sur la bonne fortune. Autrement dit, alors que Thomas ne cite que les *Magna moralia* et exploite bien sûr aussi ce texte[39], c'est dans l'*Éthique à Eudème* qu'il trouve une discussion des rapports entre le fait d'être "bien fortuné" et le fait d'être "bien né": cette dernière figure lui permet à la fois de résumer efficacement le résultat "naturaliste" atteint par les *Magna moralia*[40], d'associer ce résultat à un contenu astrologique, et d'inscrire ces données dans un cadre théologique qui se trouve exprimé et choisi de façon bien plus explicite dans l'*Éthique à Eudème*, qui culminait sur l'idée d'une action divine sur les mouvements de notre volonté.

Tout ceci donne matière à revenir à nouveaux frais sur les références thomasiennes à la figure de l'homme bien né. Sur la base des éléments mis en évidence par ailleurs dans la tradition manuscrite du *Liber de bona fortuna*, il convient à présent de relativiser la chronologie des documents entrant en jeu dans l'histoire de ce traité

37 THOMAS D'AQUIN, *Summa contra Gentiles*, III, 92, p. 280a19-22: "Unde secundum quod intellectus hominis illustratur ad aliquid agendum, uel uoluntas a Deo instigatur, non dicitur homo bene natus sed magis custoditus uel gubernatus".

38 Dans ces occurrences, l'expression rendait les deux expressions grecques bien différentes εὐφυεῖς et εὖ πεφύκασι: cf. *supra*, n. 18.

39 Outre la citation explicite des *Magna moralia* faite en p. 280a3-11 (cf. *supra*, n. 35), on peut en relever un usage implicite un peu après l'extrait juste cité, à savoir THOMAS D'AQUIN, *Summa contra Gentiles*, III, 92, p. 280a54-b4: "Et ideo quandoque homo estimat quod aliquid sit bonum fieri, si tamen quereretur quare, responderet se nescire. Unde, quando perueniet in finem utilem quem non preconsiderauit, erit sibi fortuitum". Cf. *Magna moralia*, II, 8, 1207b1-2 (cf. *supra*, n. 10).

40 Il est donc possible de rectifier l'affirmation de René-Antoine Gauthier, selon laquelle l'expression de *bene naturatus* a été "forgée" par Thomas en référence à *Magna Moralia*, II, 8, 1207a35-b1 – voir René-Antoine GAUTHIER, *Thomas d'Aquin, Somme contre les Gentils, Introduction*, Paris–Bruges 1993, p. 82, n. 29. La présence de l'*Éthique à Eudème* dans le chapitre 92 à propos de cette expression a été par contre correctement identifiée par Karl ALLGAIER (hrsg. v.), *Thomas von Aquin Summe Gegen die Heiden, Dritter Band, Teil 2, Buch III, Kapitel 84-163*, Darmstadt 1996, p. 48.

et la manière dont on se représente leurs rapports: le geste de lecture, pratiqué par Thomas dans le chapitre 92 du troisième livre de la *Somme contre les Gentils* et qui consiste à combiner l'apport des *Magna moralia* et celui de l'*Éthique à Eudème*, est ainsi attesté à une époque – le milieu des années soixante – où aucun indice n'indique par ailleurs l'existence d'un opuscule autonome sur la bonne fortune[41]. Et dès lors, la variation qui marque la figure de l'homme "bien né" à la fois dans l'*Éthique à Eudème* et dans les références thomasiennes à ce texte est susceptible d'être interprétée de plusieurs façons au plan de l'histoire des textes. En effet, on peut certes estimer que Thomas – ou le responsable de l'apographe de la *Somme contre les Gentils* – est tributaire d'un accident dans la tradition manuscrite de l'*Éthique à Eudème*, mais il n'est pas exclu que l'inverse soit vrai, c'est-à-dire que ce soient les copies du texte – soit dès le moment où le morceau de l'*Éthique à Eudème* circulait séparément, soit après que le *Liber de bona fortuna* a été constitué comme traité autonome à supposer que ce fût déjà le cas – qui aient été affectées par la variation *bene natus* à *bene naturatus* sous l'influence des deux expressions lues dans la *Somme contre les Gentils*[42].

Cependant, de quelque manière que l'on conçoive la genèse de cette variation lexicale marquant la figure de l'homme "bien né" dans les textes ayant constitué l'histoire du *Liber de bona fortuna*, il reste que cette variation ne semble recouvrir nulle distinction *notionnelle* dans le chapitre 92. En effet, aux expressions *bene natus* et *bene naturatus* présentes aussi dans la version latine de l'*Éthique à Eudème*, Thomas ne donne pas un autre sens que celui qu'elles ont déjà dans ce texte: les deux formules interviennent même dans un même argument et auraient pu être soit interverties soit uniformisées sans que le sens du texte soit modifié, tandis que ce chapitre ne contient aucune indication permettant de distinguer par ailleurs leur sens. Il ne s'agit bien sûr pas de nier que ces termes aient pu avoir un sens distinct dans la *langue* classique ou scolastique, ni qu'ils aient pu être éventuellement investis de significations différenciées par certains auteurs à l'époque de Thomas; il s'agit seulement de dire que dans ce chapitre 92, ces possibilités sont absentes et seraient même incohérentes avec l'argumentation[43]. Enfin, dans le même ordre d'idée, soulignons qu'à aucun moment Thomas ne rapproche dans ce contexte le "bon naturel" (celui de l'homme *bene natus* et/ou *bene naturatus*) de la "noblesse" (celle de

[41] Sur tout cela, voir CORDONIER, *Sauver le Dieu du Philosophe*.

[42] À ce propos, voir *supra*, n. 12, 13 et 18.

[43] C'est pourquoi sur ce point précis, je ne suis pas convaincue par les distinctions sémantiques introduites à propos de ce texte par ROBIGLIO, *The Thinker as a Noble Man*, p. 231, n. 66: "Aquinas uses the expression *bene natus* as equivalent to *bene fortunatus*, referring to 'fortune' rather than to ingenuity. In the same context he speaks of the *bene naturatus* man, who has a fine bodily complexion". Au contraire, il me paraît que: (i) le sens ici associé au *bene naturatus* l'est aussi au *bene natus* et ce, dans le cadre du même argument; (ii) Thomas, loin d'employer *bene natus* comme équivalent de *bene fortunatus*, critique cette équation, en détaillant les sens et les emplois distinctifs de chacune des deux expressions. Voir *infra*, n. 44.

l'homme *nobilis*)[44]. Ce fait est d'autant plus intéressant qu'il n'est pas exceptionnel, mais remarquablement constant dans les lectures du *Liber de bona fortuna* jusqu'à la fin du XIIIe siècle. Dans les deux parties suivantes de la présente étude, il s'agira de voir alors comment le rapprochement des figures du *nobilis* et du *bene natu(ratu) s*, traitées indépendamment l'une de l'autre jusqu'à Gilles de Rome, ont été ensuite rapprochées par Henri de Gand à l'occasion même des critiques que celui-ci a adressées à Gilles à propos du *Liber de bona fortuna.*

III. L'étanchéité de la noblesse et du "bon naturel" chez Gilles de Rome

L'étanchéité de la figure du "noble" et de l'homme "bien né", qui se laissait voir chez Thomas pour ainsi dire par défaut, est encore nettement plus marquée chez Gilles de Rome étant donné certaines options exégétiques claires et explicites que celui-ci prend dans sa *Sententia de bona fortuna* – composée à la fin des années soixante-dix, et qui constitue le premier commentaire connu du *Liber de bona fortuna*[45]. En effet, il est frappant que tout au long de ses explications du texte aristotélicien, Gilles maintienne entre les deux notions en question une individualité lexicale systématique et une distinction conceptuelle bien tranchée. Par "individualité lexicale systématique", j'entends le fait qu'il ne fasse jamais intervenir le lexique de la "noblesse" et celui de la "bonne nature" dans le même passage, et ne suggère nullement que ces familles de mots puissent avoir en commun quelque trait: cette pratique ne connaît aucune exception dans la *Sententia de bona fortuna.* Par "distinction conceptuelle tranchée", j'entends le fait que, positivement, Gilles définisse les contours des figures de l'homme "bien né" et du "noble" en prêtant à chacune d'elles des traits qui excluent toute intersection avec l'autre. Ce fait, dont la systématicité n'a bien sûr pas pu être confirmée dans *toute* la production égidienne, est cependant indéniable et frappant dans sa *Sententia de bona fortuna,*

[44] L'homme "bien né" est un candidat à la fortune non pas parce qu'il est noble, mais parce qu'il est naturellement doté d'une aptitude à faire spontanément des choix judicieux conduisant à des effets bénéfiques. C'est l'un des rares éléments qu'il importe de corriger dans les vues de Pierre Marc, qui estimait que *bene naturatus* équivaut au *nobilis* (εὐγενής) de *Magna Moralia*, II, 8, 1207a 24: Pierre Marc (éd.), *Thomas Aquinatis 'Liber de veritate catholicae Fidei'*, vol. III, Roma–Torino 1961, pp. 133-4, n. 8. En effet, chez Thomas, il n'y a pas encore de réflexionsur les rapports entre la noblesse et la bonne fortune, ni entre la noblesse et le bon naturel; il y a par contre une réflexion sur les rapports entre bon naturel et fortune (c'est le sujet de *SCG* III,92).

[45] Sur l'importance de ce premier commentaire de l'opuscule pour la tradition du *Liber de bona fortuna*, voir Valérie Cordonier, *Une lecture critique de la théologie d'Aristote: le* Quodlibet VI, 10 *d'Henri de Gand comme réponse à Gilles de Rome*, in *L'aristotélisme exposé: aspects du débat philosophique entre Henri de Gand et Gilles de Rome*, éd. par Valérie Cordonier, Tiziana Suarez-Nani (Dokimion, 38), Fribourg 2014, pp. 81-180, dont l'Annexe (pp. 143-180) propose une édition de sept extraits de cet ouvrage ainsi qu'une première présentation de sa tradition manuscrite.

comme il peut d'ailleurs se constater également dans un ouvrage de Gilles à peu près contemporain, son traité *Sur le gouvernement des Principes (De regimine principum)* – que je mentionnerai ci-après incidemment à titre de complément[46].

Les pages de la *Sententia de bona fortuna* relatives aux passages où Aristote évoque, d'une part, le "bon naturel" (εὐφυΐα, εὐφυής, εὖ πέφυκα) et, de l'autre, la figure de l'homme "noble" (εὐγενής) développent les termes en jeu d'une façon qui, en comparaison avec leur usage chez Aristote, accentue encore davantage la distinction conceptuelle entre les deux familles de mots. Il y a même quasiment opposition entre elles, vu l'insistance de Gilles sur l'intériorité du bon naturel d'une part et l'extériorité de la noblesse d'autre part. L'extériorité de la noblesse est en effet soulignée dans le commentaire égidien à la seule occurrence de cette notion dans le *Liber de bona fortuna*, le passage du début du traité où Aristote cite le cas de l'homme noble (*nobilis*/εὐγενής) comme exemple d'individu possédant les biens extérieurs et représentant ainsi un candidat possible au titre d'homme bien fortuné – puisque la fortune est traditionnellement réputée être la cause des biens extérieurs dont fait partie la noblesse (1207a23-26)[47]. Gilles, qui estime qu'Aristote fait ici le départ entre ce qui relève de la bonne fortune "principalement" et ce qui n'en relève "pas principalement", dit que la noblesse est alors placée dans le second groupe, justement parce qu'elle est un bien extérieur et ne dépend nullement des actions de l'individu[48]: cette noblesse est donnée par les circonstances de la naissance et, plus

[46] Sur cet ouvrage, voir principalement Roberto Lambertini, *Il filosofo, il principe et la virtù. Note sulla recezione e l'uso dell'*Etica Nicomachea *nel* De regimine principum *di Egidio Romano*, in: Documenti e Studi sulla Tradizione filosofica medievale, 2 (1991), pp. 239-279; Id., Philosophus videtur tangere tres rationes. *Egidio Romano lettore ed interprete della* Politica *nel terzo libro del* De regimine principum, in: Documenti e Studi sulla Tradizione filosofica medievale, 1 (1990), pp. 277-325; Id., *The Prince in the Mirror of Philosophy. Uses of Aristotle in Giles of Rome's* De regimine principum, in: *Les philosophies morales et politiques au Moyen Âge – Moral and Political Philosophies in the Middle Ages. Actes du IXe Congrès international de Philosophie médiévale, Ottawa, du 17 au 22 août 1992*, éd. par Bernardo Carlos Bazán et al., New York–Ottawa–Toronto 1992, pp. 1523-1534; Lidia Lanza, *La* Politica *di Aristotele e il* De regimine principum *di Egidio Romano*, in: Medioevo e Rinascimento, 15 (2001), pp. 19-75. Sur la réception vernaculaire du traité: Noëlle-Laetitia Perret, *Les traductions françaises du "De regimine principum" de Gilles de Rome. Parcours matériel, culturel et intellectuel d'un discours sur l'éducation* (Education and Society in the Middle Ages and Renaissance, 39), Fribourg 2011.

[47] [Pseudo-Aristote], *De bona fortuna*, 1, 1207a23-26, ed. Cordonier: "Sed iam et in talibus conuenientissime bonam fortunam dicemus. Nobilem enim bene fortunatum dicimus, et totaliter cui talia bonorum existunt, quorum non ipse dominus est". Pour la mention de la *nobilitas* parmi les biens qualifiés d'extérieurs, voir Aristote, *Eth. Nic.*, I, 10, 1099b1-9; IV, 5, 1122b27-31 et *Rhet.* I, 5, 1360b14-28; pour l'idée, traditionnelle, selon laquelle la fortune est responsable de la répartition des biens extérieurs, voir Aristote, *Eth. Nic.*, I, 8, 1098b12-14; I, 9, 1099a30-b10; VII, 14, 1153b18-21 et *Rhet.*, I, 5, 1360b26-1361b39.

[48] Gilles de Rome, *Sententia de bona fortuna*, 1 (1207a23-26): "Deinde cum dicit: 'nobilem enim', ostendit in quibus bona fortuna sit principaliter, et in quibus non. [...] Dicit ergo quod nobilem dicimus esse bene fortunatum et totaliter dicimus bene fortunatum cui talia bonorum existunt, quorum ipse non est dominus, idest non sint in potestate sua habere

particulièrement, par la position sociale de la famille et ses richesses anciennes, dont les fils de nobles héritent sans aucun mérite individuel[49].

Ainsi Gilles, en commentant l'occurrence de la figure du "noble" (*nobilis*) dans le *Liber de bona fortuna*, calque-t-il son analyse sur la catégorisation aristotélicienne de cette noblesse parmi les biens extérieurs, mais en la déconnectant du comportement de l'individu concerné. Une telle déconnection, qui est opérée également dans le *De Regimine Principum*[50], est cohérente avec une certaine lecture des formules de la *Politique* où Aristote caractérisait la noblesse comme une possession de richesses anciennes associée à un comportement vertueux: ces formules ont été, dès l'antiquité tardive puis au Moyen Âge, souvent détachées de la mention de la vertu pour constituer un type spécifique de noblesse liée aux privilèges de la naissance et opposée alors à la noblesse morale acquise par un comportement digne[51]. Dans

uel non habere, bona illa nec ipse acquisiuit ea et subdit: 'sed tamen neque utique hic – idest in talibus – principaliter dicetur esse bona fortuna'". Pour ce lemme non édité dans CORDONIER, *Une lecture critique de la théologie d'Aristote*, je cite, dans cette note et la suivante, la *Sententia de bona fortuna* selon le texte de mon édition (en préparation).

49 GILLES DE ROME, *Sententia de bona fortuna*, 1 (1207a23-26): "Notandum autem quod non solum habens exteriora bona – quia in talibus ut plurimum fortuna est domina – dicitur esse bene fortunatus, sed etiam et filii eorum qui habent exteriora bona dicuntur ex hoc esse bene fortunati, et quia nobilitas secundum unum modum accipiendi idem est quod antiquate diuitie – cum habere antiquatas diuitias esse non possit nisi quis sit filius diuitum –, si esse filium diuitum reducetur ad bonam fortunam et esse nobilem ad bonam fortunam reducitur, non tamen ut in pluribus in talibus est principaliter bona fortuna, quia diuitie parentum, etsi faciunt bene fortunatos filios, non tamen sunt accisite ex opere filiorum".

50 Dans ce traité, Gilles met en effet régulièrement en œuvre une catégorisation sélective des biens extérieurs limitée à trois types de biens que sont la noblesse, la richesse et la puissance politique, des biens Voir par exemple GILLES DE ROME, *De Regimine Principum*, Lib. I, pars 3, c. 5, *Aegidii Romani (...) De Regimine Principum libri III (...)*, ed. Antonius BLADUS, Rome 1556, f. 99v (où la noblesse est précisée comme *nobilitas generis*); Lib. I, pars 4, c. 1, ed. BLADUS, f. 112r (où *nobilitas*, *potentia* et *diuitie* sont présentés comme issus de la fortune); Lib. I, pars 4, c. 7, ed. BLADUS, f. 125r (où Gilles insiste sur la distinction entre ces trois types de biens extérieurs, chacun d'eux pouvant être possédé par un individu donné sans du tout que les deux ou l'un des deux autres le soient) et *ibid.*, f. 126v (où il insiste sur la différence entre biens extérieurs et biens intérieurs). Sur la noblesse de lignage chez Gilles, voir Gianluca BRIGUGLIA, *Lo* comun *di Cicerone et la* gentilezza *di Egidio Romano. Alcune considerazioni su pensiero politico e lingue volgari nel tardo Medioaevo*, in: Il pensiero politico 44,3 (2011), pp. 397-411: 408-410 et Raffaella ZANNI, *Tra curialitas e cortesia nel pensiero dantesco. Una ricognizione e una proposta per* Dve I, Xviii, 4-5, in: *Ortodossia ed eterodossia in Dante Alighieri, Atti del convegno di Madrid (5-7 novembre 2012)*, a cura di Carlota CATTERMOLE, Celia DE ALDAMA, Chiara GIORDANO (Colección Bártulos, 13), Alpedrete (Madrid) 2014, pp. 233-249: 238-241.

51 ARISTOTE, *Politica*, V, 2, 1301b1-5; *Aristotelis Politicorum libri octo cum vetusta translatione Guilelmi de Morbekka*, ed. Franz SUSEMIHL, Leipzig 1872, p. 497,4-7: "Sunt autem quidam, qui secundum genus excellentes non dignificant equalibus se ipsos propter inequalitatem hanc: nobiles enim esse uidentur, quibus existunt progenitorum uirtus et diuitie"; IV, 8, 1294a19-25, ed. SUSEMIHL, p. 409,11-12: "ingenuitas enim est uirtus et diuitie

sa *Sententia de bona fortuna*, Gilles soumet les formules de la *Politique* à un même traitement, purgeant cette noblesse de toute connotation morale et l'excluant dès lors de la catégorie des biens concernés principalement par la fortune en jeu dans l'opuscule, dont Gilles est d'ailleurs le premier à bien distinguer la spécificité par rapport à la fortune en question dans les autres textes aristotéliciens. Car si Thomas avait conscience de la récurrence qui caractérise en propre les effets de la bonne fortune décrite dans l'*Éthique à Eudème* et les *Magna moralia*, il n'en avait pas moins aligné celle-ci sur la fortune décrite dans la *Physique*[52]. Gilles, pour sa part, va plus loin dans la distinction de la fortune à l'œuvre dans le *Liber de bona fortuna* et dans la reconnaissance du type de contingence unique auquel elle correspond: à plusieurs reprises, il souligne que cette bonne fortune qu'il qualifie de "continue" diffère de la fortune "non continue" en jeu dans d'autres textes du corpus par le fait de produire ses effets avec une certaine fréquence (*ut in pluribus*)[53].

Contrairement à la "noblesse", le "bon naturel" se présente en revanche chez Gilles comme un bien intérieur. Il faudra revenir sur les formes lexicales qu'adopte le "bon naturel" et sur ce que cette notion recouvre chez cet auteur. Pour l'instant, contentons-nous d'indiquer qu'en contraste avec l'idée que la noblesse fait partie des biens extérieurs, la "nature" évoquée par le *Liber de bona fortuna* comme facteur possible de bonne fortune "continue" est à ranger selon Gilles parmi les biens intérieurs. Cette catégorisation est moins directement affirmée par Gilles que

antique". Voir les exemples d'usages "tronqués" de ces formules aristotéliciennes donnés par Geneviève et Philippe CONTAMINE, *Noblesse, vertu, lignage et* anciennes richesses, pp. 321-334. Voir aussi ANONYME, *Gloses au Liber de bona fortuna*, ms. Melk 796, f. 152v, marge supérieure, cité dans Valérie CORDONIER, *Réussir sans raison(s). Autour du texte et des gloses du* Liber De bona fortuna Aristotilis *dans le manuscrit de Melk 796 (1308)*, in: *1308. Eine Topographie historischer Gleichzeitigkeit* (Miscellanea Mediaevalia, 35), hrsg. von Andreas SPEER, David WIRMER, Berlin–New York 2010, pp. 704-770: 730-731.

52 En effet, l'idée que l'homme bien fortuné au sens de l'*Éthique à Eudème* implique une récurrence d'effets heureux poind à la fin du chapitre 92 du troisième livre de la *Somme contre les Gentils*, où Thomas évoque la fortune *universaliter* et *ad omnia* (THOMAS D'AQUIN, *Summa contra gentiles*, III, 92, pp. 281b53-282b10). Mais cette évocation, conforme à l'*Éthique à Eudème*, V, 14, 1247b15-18 ("multociens"), est restée chez Thomas locale, sans que la modalité ontologique correspondant à ce type de bonne fortune ne soit thématisée. Chez Gilles, en revanche, la distinction est clairement posée et expliquée, pour occuper le premier plan des analyses (voir n. 53).

53 Voir GILLES DE ROME, *Sententia de bona fortuna*, 1 (1206b36-1207a2), ed. CORDONIER, pp. 144,26-145,44: "Nam ut dicetur circa finem huius libelli [1248b6-7], duplex est bona fortuna, quedam continua, quedam non continua et, ut infra patebit, hic principalius intenditur de bona fortuna continua quam de non continua. Igitur bona fortuna de qua hic intenditur non est ut in paucioribus sed ut in pluribus. [...] Possumus autem et tertio respondere quod licet sit duplex bona fortuna et una sit magis continua quam altera, nulla tamen est adeo continua nec habet esse sic in pluribus ut natura. Quare licet una bona fortuna possit dici quasi continua respectu alterius, nulla tamen est continua nec est ut in pluribus respectu nature. Propter quod bene dictum est fortunam a natura differe propter hoc quod natura est similiter et ut in pluribus" Voir aussi, *Ivi* (1207a30-36), ed. CORDONIER, pp. 145,52-146,65.

celle de l'εὐγενεία comme bien extérieur, mais elle est indéniable. Cette intériorité octroyée au "bon naturel" par Gilles se laisse aisément constater dans le résumé qu'il donne du traité en commentant un passage de la *Rhétorique* où Aristote, après avoir énuméré les biens extérieurs nécessaires au bonheur voire constitutifs de celui-ci (*Rhet.*, I, 5, 1360b18-1361b2), donne une liste de biens relatifs au corps et à l'âme (1361b3-1362a14); or Gilles, en commentant le texte qui ouvre la liste (1361b3sgg.), élabore plus qu'Aristote cette catégorie des biens "intérieurs", de façon à y inclure l'amitié et la fortune évoquées un peu plus loin (1361b35-1362a12), et il justifie cette inclusion par l'idée que "la bonne fortune en un certain sens est un bien intérieur" dans la mesure où c'est "naturellement" (*naturaliter*) que l'on peut être dit fortuné d'une certaine façon, selon "le Philosophe dans le chapitre sur la bonne fortune"[54].

Effectivement, Gilles situe toute la charge doctrinale du *Liber de bona fortuna* dans l'hypothèse faisant de la fortune un effet de la nature: ce bien intérieur qu'est la bonne nature à l'origine de la fortune de tel individu représente la notion clé du traité selon lui, de telle sorte que la formule des *Magna moralia* faisant de la bonne fortune une "nature sans raison" (1207a35-37) hante son commentaire[55]. Mais le "bon naturel" en jeu ici est traité par lui d'une façon particulière, résultant d'une combinaison de positions thomasiennes radicalisées et orientées en fonction d'une approche résolument "philosophique" de la fortune. Cette approche est non pas – comme elle l'était chez Thomas – harmonieusement *articulée* avec le donné de la foi révélée, mais elle se veut méthodologiquement *exclusive* de ce donné. Cette exclusion porte tout à la fois sur le type de "biens" concernés par la fortune en question et sur la manière dont l'homme parvient à les atteindre. Le type de biens que l'auteur du *Liber de bona fortuna* est censé avoir considérés selon Gilles, ce sont les biens "de la nature", c'est-à-dire ceux que l'homme peut atteindre sans aucune intervention de la grâce (*ex puris naturalibus*)[56]. Cela n'implique bien sûr pas – quant à la manière

[54] GILLES DE ROME, *In Rhetoricam*, in *Aegidii Romani Commentaria in Rhetoricam Aristotelis*, Venezia 1515 [réimpr. Frankfurt a.M. 1968], I, 5, 1361b3-6, fol. 21va: "Amicitia enim, licet non sit intrinsecum bonum simpliciter, est tamen intrinsecum quodammodo, inquantum amicus est alter ipse, et amicabilia que sunt ad alterum surrexerunt ex his que sunt ad seipsum. Sicut etiam bona fortuna quodammodo est bonum intrinsecum inquantum naturaliter quis potest aliquo modo dici fortunatus, ut potest patere ex philosopho in capitulo de bona fortuna".

[55] Voir à ce propos CORDONIER, *Une lecture critique de la théologie d'Aristote*, pp. 81-180: 96-101 ainsi que les extraits de la *Sententia de bona fortuna* édités dans l'annexe de l'article *Texte 1*, §2, p. 144,12, 14, 20, 24; §3, pp. 144,32-p.145,44; *Texte 2*, §1, p. 145,54-55; *Texte 3*, §1, p. 146,73-77; §2, p. 146,78-82, *Texte 4*, §1, pp. 147,125-p. 148,128; §2, p. 148,129-133; §3, p. 148,144-146; §4, p. 148,153-159; *Texte 5* et *Texte 6*, *passim*.

[56] GILLES DE ROME, *Sententia de bona fortuna*, 1 (1207b2-4) ed. CORDONIER, p. 148,149-152: "Notandum etiam quod cum dicimus habentes naturam talem quod impetu dei aguntur et adipiscuntur bona bene fortunatos esse, intelligendum est de bonis nature, que possumus ex puris naturalibus adipisci, quia de aliis bonis non inuenimus philosophum

d'atteindre ces biens – que Gilles fasse l'économie de Dieu dans son explication du succès de l'homme bien fortuné; seulement, il ne s'agit pas du Dieu de la foi, mais de celui des philosophes. Or ce dieu-là se trouve avoir dans l'optique égidienne un rapport très précis à l'ordre naturel qu'il convient ici de clarifier brièvement – à nouveau à partir de certaines options thomasiennes.

Selon l'auteur de la *Sententia de bona fortuna*, une explication philosophique de la fortune doit prendre en compte l'influence de Dieu sur le choix de l'individu qui en bénéficie; c'est même la question la plus importante concernant l'opuscule, que de savoir *comment* la fortune "continue", qui y est spécifiquement traitée, se ramène à la bienveillance divine. Pour le clarifier, Gilles reproduit très globalement le geste de Thomas dans le chapitre 92 du troisième livre de la *Somme contre les Gentils*, qui consiste à lire le passage des *Magna moralia* validant provisoirement l'explication naturelle de la fortune (1207a35-b5), à la lumière de la fin du chapitre de l'*Éthique à Eudème* posant Dieu comme étant le principe des mouvements de la volonté comme il est celui de tous les êtres de la nature (1248a23-34)[57]. Mais ce faisant, Gilles donne au "bon naturel" une portée tout autre que celle qu'elle avait dans la *Somme contre les Gentils*, et plus en phase avec le contenu d'autres passages thomasiens tirés des commentaires d'Aristote. Gilles reprend en effet de Thomas l'idée que le désir *naturel* de l'homme pour le Bien posé au début de l'*Éthique à Nicomaque* soit une "inclination" présente en lui sous l'action du premier moteur[58] et, plus précisément, que cette inclination corresponde à la *nature* posée à la fin de *Métaphysique Lambda* comme étant le principe par lequel chacun des êtres est conduit à sa fin – nature

tractasse". Cette approche pour ainsi dire "immanentiste" de l'éthique aristotélicienne n'est qu'exposée par Gilles, sans être forcément adoptée à son propre compte, comme le suggère en tout cas un passage de son traité *De Regimine Principum* dans lequel il mentionne une telle conception du bien pour l'écarter: GILLES DE ROME, *De Regimine Principum*, Lib. I, pars 3, c. 33, ed. BLADUS, f. 90r. Sur les ambiguïtés de l'approche exégétique de Gilles, qui ont eu leur fécondité, voir Valérie CORDONIER, *Giles of Rome on the reduction of fortune to divine benevolence: the creative error of a Parisian theologian in the 1270s*, in: *Irrtum-Error-Erreur. Irrtum und Fortschritt – Mittelalterhistoriographie im Wandel, 40. Kölner Mediaevistentagung* (Miscellanea Medievalia, 40), ed. Andreas SPEER, Maxime MAURIÈGE, Berlin–New-York 2018 (sous presse). Cet article développe en détail une partie des analyses présentées dans les paragraphes qui suivent.

[57] Ces deux passages de l'opuscule sont reproduits *supra*, n. 10-11; pour la manière dont Thomas les combine dans son analyse de la bonne fortune, voir n. 37 et 39 et le corps de texte correspondant. Peut-être est-il utile d'indiquer que la notion de "geste" employée ici ne présuppose pas forcément une *volonté délibérée* de combiner ainsi les deux chapitres aristotéliciens: il s'agit simplement d'une manière de les lire – dans le même sens mais pour un autre aspect de l'histoire du *Liber de bona fortuna*, voir *supra*, n. 9.

[58] THOMAS D'AQUIN, *Sententia libri Ethicorum. Libri I-III*, I, 2 (1094a18-22), ed. René-Antoine GAUTHIER (Sancti Thomae Aquinatis Opera omnia, 47,1), Roma 1969, p. 8,44-46: "quia naturale desiderium nihil aliud est quam inclinatio inherens rebus ex primi mouentis". Cette idée est plaquée par Thomas sur l'*Éthique à Nicomaque* à partir de ce qu'il lit par ailleurs dans la *Métaphysique* (cf. *infra*, n. 59).

à propos de laquelle Thomas ajoute qu'elle a été impartie à chacun des êtres par le premier moteur[59].

De ces idées, exposées par Thomas ponctuellement dans des ouvrages qui restaient latéraux par rapport à ses synthèse théologiques, Gilles tire les grandes lignes du cadre à l'intérieur duquel il interprète le "bon naturel" impliqué dans la bonne fortune décrite dans le *Liber de bona fortuna*. Selon lui, il ne s'agit par là plus d'un bon tempérament physique reçu par tel homme suivant l'influence des astres sur son organisme, comme c'était le cas dans le chapitre 92 du troisième livre de la *Somme contre les Gentils*[60]: toute référence à l'astrologie, aux corps célestes et en fait même aux anges, est absente de la *Sententia de bona fortuna*. On peut y voir bien sûr premièrement une stratégie d'évitement adoptée par rapport à des thèmes contestés aux alentours de la condamnation de 1277 – les astres, et toute forme de médiation de l'action du premier principe[61]. Mais plus positivement, il y a aussi là une conséquence de l'optique délibérément adoptée par Gilles dans son commentaire: celle qui consiste à concentrer l'analyse de la bonne fortune sur les facteurs qui relèvent de la psychologie humaine ou s'y laissent ramener, autrement dit sur la "réponse" de l'homme à l'impulsion vers le bien inscrite dans sa nature:

[59] Thomas d'Aquin, *In duodecim libros Metaphysicorum Aristotelis expositio*, XII, lc. 12, ed. Marie-René Cathala, Torino–Roma 1935, n° 2634, p. 741: "Sicuti enim qui est in domo per praeceptum patrisfamilias *ad aliquid inclinatur, ita aliqua res naturalis per naturam propriam*. Et ipsa natura uniuscuiusque est *quaedam inclinatio indita ei a primo movente*, ordinans ipsam in debitum finem. Et ex hoc patet, quod res naturales agunt propter finem, licet finem non cognoscant, *quia a primo intelligente assequuntur inclinationem in finem*". À partir des mentions éparses d'Aristote, *Met.*, XII, 10, 1075a11 et 1075a23, Thomas tire l'idée que cette nature inscrite dans chacun des étants permet en somme d'articuler l'ordre mutuel qu'ont les étants entre eux avec l'ordre qui les conduit, chacun, à leur fin ultime.

[60] Autrement dit, Gilles choisit seulement la seconde des types de "causes divines" indiquées par Thomas, *Super Eth.*, X, 14, 1179b18-35: Thomas d'Aquin, *Sententia libri Ethicorum. Libri IV-X*, X, 14, ed. René-Antoine Gauthier (Sancti Thomae Aquinatis Opera omnia, 47,2), Roma 1969, p. 599a,111-120: "Sed illud quod ad naturam pertinet manifestum est quod non existit in potestate nostra, sed prouenit hominibus ex aliqua diuina causa, *puta ex impressione celestium corporum quantum ad corporis humani dispositionem et ab ipso deo, qui solus est supra intellectum, quantum ad hoc quod mens hominis moueatur ad bonum*, et ex hoc homines uere sunt bene fortunati quod per diuinam causam inclinantur ad bonum, ut patet in capitulo de bona fortuna".

[61] Voir Étienne Tempier et al., *Décret de 1277*, in Hissette, *Enquête sur les 219 articles condamnés*, pp. 162-163, a. 94 (195 Piché): "Quod fatum, quod est dispositio universi, procedit ex providentia divina non inmediate, set mediante motu <corporum> superiorum; et quod istud fatum non imponit necessitatem inferioribus, quia habent contrarietatem, set superioribus", ainsi que surtout p. 174, a. 104 (143 Piché): "Quod ex diversis signis celi signantur diverse conditiones in hominibus, tam donorum spiritualium quam rerum temporalium". et a. 105 (207 Piché): "Quod, in hora generationis hominis, in corpore suo et per consequens in anima, que sequitur corpus, ex ordine causarum superiorum et inferiorum, inest homini dispositio inclinans ad tales actiones et eventus. – *Error, nisi intelligatur de eventibus naturalibus, et per viam dispositionis*".

c'est cette réponse qui constitue le sujet de l'éthique individuelle, dont relève le *Liber de bona fortuna* selon Gilles[62]. Ainsi la critique égidienne de l'équation pure et simple entre les figures de l'homme bien né et de l'homme bien fortuné prend-elle un tour très différent de celui qu'elle avait chez Thomas. Voici comment Gilles développe le passage où Aristote critique – par l'absurde – l'équation entre nature et fortune (1247a36-39)[63]:

En effet, si la nature était cause d'effets fortunés de sorte qu'elle suffirait à les produire, cette objection serait contraignante puisqu'alors le bien fortuné serait bien né, et la cause des choses venant de la fortune ne serait pas la fortune, mais la nature. Mais comme on l'a dit, il en va de la fortune en quelque sorte comme de la chute des dés. Car même si certains dés sont, comme tels, constitués de sorte qu'ils tombent davantage sur un point que sur un autre, cependant, parce que cette aptitude ne suffit pas à ce qu'on obtienne toujours ce point, mais qu'il faut qu'y concourent une certaine position du dé et une certaine impulsion, alors vu que cette impulsion est par accident, la chute des dés, à moins qu'on ne joue en trichant, est casuelle et vient de la fortune. Ainsi, parce que le mouvement naturel que nous avons vers le bien ne suffit pas à ce que nous poursuivions le bien et soyons bien fortunés, mais qu'il nous faut aussi percevoir cette impulsion et agir en fonction d'elle, et puisque – comme on l'a dit plus haut – le fait que tous [ces facteurs] concourent vient de la fortune, pour cette raison c'est la fortune qui est la cause de l'événement bien fortuné, et le bien fortuné, en tant que tel, doit plutôt être dit "bien fortuné" que "bien né", parce que la prédication formelle prime sur la prédication matérielle[64].

62 Dans son prologue à l'opuscule, Gilles indique en effet que, dans le corpus aristotélicien, le *Liber de bona fortuna* forme un appendice à l'*Éthique à Nicomaque* et aux *Magna moralia* (cette dernière œuvre étant selon lui une récapitulation de ce qui est traité dans la première), dans la mesure où l'opuscule traite d'un élément – la bonne fortune – qui est nécessaire au véritable bonheur. Ainsi le *Liber de bona fortuna* vient-il selon lui compléter le corpus éthique en abordant un thème qui n'est pas suffisamment élaboré dans les deux autres œuvres éthiques d'Aristote. Une étude de ce prologue de la *Sententia de bona fortuna* est en préparation.

63 Le texte d'Aristote qui marque la première occurrence de la figure du *bene natus* dans l'opuscule est cité *supra*, n. 12.

64 Gilles de Rome, *Sententia de bona fortuna*, 2 (1247a 35-1247b), ed. Cordonier, p. 151,248-263: "Nam si natura sic esset causa eorum que sunt a fortuna quod sufficienter efficeret illa, ratio de necessitate concluderet, quia tunc bene fortunatus esset bene natus et eorum que sunt a fortuna non esset fortuna causa sed natura. Sed ut dictum est, quasi simile est de fortuna sicut de casu taxillorum. Nam etsi aliqui taxilli de se sunt apti ut magis cadant in uno puncto quam in alio, tamen quia illa aptitudo non sufficit ad hoc quod semper ueniat ille punctus, sed oportet ibi concurrere determinatus situs taxilli et determinatus impulsus, cum huiusmodi impulsus sit per accidens, casus taxillorum, nisi quis malitiose ludat, est casualis et a fortuna. Sic quia non sufficit motus naturalis quem habemus ad bonum ad hoc quod consequamur bonum et simus bene fortunati, sed oportet percipere illum impetum et agere secundum ipsum, et quia hic omnia concurrere, ut dicebatur supra, est a fortuna, ideo boni fortunii fortuna est causa, et bene fortunatus, secundum quod huiusmodi, magis debet dici bene fortunatus quam bene natus, quia predicatio formalis potior est predicatione materiali".

Chez Thomas, l'écart entre la figure de l'homme "bien né" et l'homme "bien fortuné" et donc la spécificité de la seconde figure étaient garantis par le fait que le "bien né" n'est fortuné que sous l'action des astres et l'est donc de la façon ponctuelle et limitée que permet la causalité corporelle alors que Dieu peut, lui, assurer la fortune *universaliter* et *ad omnia*[65]; chez Gilles, l'écart entre les deux figures coïncide bien plutôt avec la marge de manœuvre qu'a l'homme dans la façon dont il parvient, dans des circonstances données, à instancier ce mouvement vers le bien naturellement inscrit dans son être: tout comme la configuration physique d'un dé ne suffit pas à déterminer son point de chute sur un bon numéro (résultat qui dépend également de la position du dé dans la main du lanceur et de la force de projection ou de la direction qui marque son lancer), de même l'impetus naturel de l'homme ou sa tendance vers ce qui est bon ne suffit pas à le rendre bien fortuné (résultat qui dépend également de ce que cette impulsion soit perçue, puis mise à exécution en conséquence par l'homme). On pourrait estimer que cela revient au même que ce qu'avait "voulu dire" Thomas dans le chapitre de la *Somme contre les Gentils* consacré aux influences qui s'exercent sur l'être humain. Mais dans ce cas comme dans d'autres, il me semble intéressant de prêter attention à la *façon* dont les choses sont dites ou ne le sont précisément pas. Ce faisant, on remarque que Gilles, en somme, développe le pendant moral ou éthique d'une réalité anthropologique – l'homme gouverné par Dieu en même temps qu'agent rationnel libre – que Thomas avait décrite sous un angle ontologique.

Dans cette description égidienne du mécanisme de la bonne fortune, deux éléments sont à noter, qui ne sont pas sans lien l'un avec l'autre. Notons d'abord l'équivalence ici supposée entre le fait d'être animé dudit "mouvement naturel vers le bien" – aussi décrit comme une *aptitudo* ou un *impetus* – et le fait d'être "bien né"[66]. Notons ensuite l'indétermination laissée par Gilles quant à savoir en quoi consistent les deux autres facteurs combinés avec ce bon naturel pour donner lieu à la fortune: l'origine de la perception qu'a tel individu de son mouvement naturel vers le bien, de même que les raisons faisant qu'il le mettra à exécution pour suivre ce mouvement restent mystérieuses. C'est que la doctrine de Gilles n'est totalement arrêtée ni sur cette dernière question ni sur le contenu exact de l'idée de "bon naturel". Ces deux points sont en fait cruciaux pour sa lecture, mais sans être jamais traités de façon transparente dans la *Sententia de bona fortuna*. La discussion la plus directe qui leur soit consacrée se lit dans un passage dense et long du commentaire de Gilles, dans lequel sont multipliés les distinguos et les mises au point méthodologiques[67]

[65] THOMAS D'AQUIN, *Summa contra Gentiles*, III, 92, p. 280a3-22 (*supra*, nn. 35-37, cf. n. 51). Voir n. 60.

[66] La variété des descriptions de la réalité en question est en effet frappante: la *natura* posée au départ (GILLES DE ROME, *Sententia de bona fortuna*, 2 [1247a 35-1247b], ed. CORDONIER, p. 151,248), est spécifiée ensuite comme une *aptitudo* (p. 151,252 et 253), comme un *impetus naturalis quem habemus ad bonum* (p. 151,257, cf. 151,243, 245, 257) et, enfin, comme le fait d'être *bene natus* (p. 151,247, 250, 262).

[67] Ce passage figure en premier dans la liste de dix extraits de la *Sententia de bona fortuna* sélectionnés par Godefroid de Fontaines dans le ms. Paris, BnF, lat. 16096: voir CORDONIER,

concernant le texte où Aristote, à partir de l'équivalence entre fortune et "nature sans raison" (1207a35-37), compare l'inspiration des biens fortunés à une forme d'enthousiasme (1207b2-4)[68]. Gilles y propose une explication centrée sur la notion de "nature" et donnant à cette notion une extension plus large que dans le texte juste vu – sans pourtant mieux déterminer son sens. L'extrait débute par un résumé du lemme aristotélicien, dans lequel l'enthousiasme est traduit par les termes d'*impetus naturalis* et de *motus a deo*[69]. La suite consiste en trois notes, suivies d'un doute. La première des notes met en parallèle le mouvement ou impetus en question avec celui par lequel Dieu régit le monde en son ensemble (*naturam totam*[70]): ainsi est-il établi que Dieu attire – *meut* – tous les hommes vers leur bien, mais que seuls ceux qui suivent ce mouvement seront fortunés, bénéficiant d'un résultat qu'Il est le seul à pouvoir prévoir[71]. Les notes suivantes et le doute contiennent la contribution la plus personnelle de Gilles à l'interprétation de la bonne fortune. Pour spécifier le mode par lequel Dieu meut les êtres et les raisons pour lesquelles certains seulement suivent cette motion, il explique que celle-ci, tout en étant communiquée à tous, est néanmoins reçue différemment selon la réceptivité des sujets:

> Il faut aussi noter qu'il dit que le bien fortuné est semblable à ceux qui sont conduits par un dieu, parce que Dieu, selon cet ordre que nous voyons, pour ce qui est de lui, meut pareillement, mais cependant à cause de la diversité de ceux qui reçoivent, tous ne perçoivent pas son mouvement de la même façon. Ainsi, en ce qui concerne ce qui vient de Dieu, les bien fortunés subissent quelque chose de similaire à tous les autres qui sont conduits et mus

Une lecture critique de la théologie d'Aristote, pp. 177-180. Il constitue à ma connaissance le texte où Gilles expose le plus explicitement les options particulières qui font le caractère résolument philosophique de son approche d'Aristote et la manière dont il pense les rapports entre cette approche et le donné de la foi révélée.

68 Il s'agit de la fin de l'extrait reproduit *supra*, n. 10, dans lequel les expressions *qui a deo agitur* et *a deo uectus* (1207b3 et b4) rendent en latin le participe ἐνθουσιάζων.

69 Gilles de Rome, *Sententia de bona fortuna*, 2 (1207b2-4), ed. Cordonier, pp. 147,124-148,128: "Deinde cum dicit: 'simile patiens' [1207b2], ostendit quomodo bona fortuna reducitur in beniuolentiam diuinam, dicens quod bene fortunatus et sequens *naturalem impetum* est simile patiens hiis qui aguntur [*id est qui mouentur*] a deo, et quod tales uecti [*id est ducti et moti*] a deo, sine ratione *habent impetum ad operari* [id est ut operentur aliquid bonum]".

70 Gilles de Rome, *Sententia de bona fortuna*, 2 (1207b2-4), ed. Cordonier, p. 148,129-136: "Notandum autem quod deus mouet naturam totam et mouet animas nostras, et quia ipse est essentialiter bonus, semper ad bonum mouet. Sequentes igitur talem motionem diuinam et impetum factum a deo in animas nostras bona consequuntur et adipiscuntur, quamuis nesciant assignare rationem quare oporteat sic agere. Prouidet enim deus, ut dicetur infra, futurum bonum quod isti debent adipisci, et mouet eos ad illud bonum, quod bonum ipsi sic moti prouidere non possunt, ideo nesciunt rationem assignare".

71 Dans ce passage de la *Sententia de bona fortuna*, les présupposés repris par Gilles de commentaires de Thomas d'Aquin (*supra*, n. 58-59) transparaissent de la manière la plus nette.

par Dieu puisque, comme il a été dit, selon cet ordre que nous voyons, Dieu active ou agite ou meut tous, aussi bien les biens fortunés que les autres. Cependant tous ne sont pas activés ou mus pareillement, mais ceux qui ont une nature telle et disposée de telle manière à ce qu'ils soient activés par l'impetus de Dieu, ceux-là sont bien fortunés selon la doctrine du Philosophe. Quant à savoir si Dieu peut faire [quelque chose] outre cet ordre et peut, pour ce qui est de lui, mouvoir d'une manière non semblable, cela ne relève pas de la réflexion actuelle[72].

Ce passage offre la formulation la plus claire de ce que Giorgio Pini a caractérisé comme la doctrine de l'action divine uniforme – doctrine présente dans les ouvrages du jeune Gilles[73]. Mais ce qui fait l'intérêt du passage ici est précisément ce qui ne se lit pas dans les autres œuvres de Gilles et qui est même traité différemment que dans les autres passages de sa *Sententia de bona fortuna*: l'idée d'une "nature disposée de telle manière" que les individus concernés sachent suivre et mettre à exécution l'impetus pour le bien. Cette notion de nature, différemment de ce qui se passait dans le passage précédemment vu de la *Sententia de bona fortuna*, recouvre ici non pas seulement le mouvement vers le bien inscrit naturellement dans chaque être sous l'action de son Créateur, mais aussi notre capacité à le percevoir et à le mettre à exécution[74]. Il semble dès lors que, dans l'optique philosophique à travers laquelle Gilles aborde la fortune, l'action divine risque d'être conditionnée par la naturalité des dispositions qui le rendent plus ou moins réceptifs à cet attrait et capables de le mettre à exécution. Ce risque est d'autant plus clair que les bonnes dispositions

[72] Gilles de Rome, *Sententia de bona fortuna*, 2 (1207b2-4), ed. Cordonier, p. 148,137-148: "Notandum etiam quod ait quod bene fortunatus est simile patiens hiis qui a deo aguntur, quia deus secundum istum ordinem quem uidemus, quantum est de se, similiter mouet, tamen propter diuersitatem recipientium non omnes similiter percipiunt huius motum. Quantum est ergo ex parte dei, bene fortunati sunt simile patientes omnibus aliis qui aguntur et qui mouentur a deo quia, ut dictum est, secundum istum ordinem quem uidemus, deus omnes, tam bene fortunatos quam alios, similiter agit siue agitat et mouet. Tamen non omnes similiter aguntur et mouentur, sed qui habent naturam talem et sic dispositam quod impetu dei aguntur, hii secundum sententiam philosophi bene fortunati sunt. Utrum autem deus posset facere preter istum ordinem et posset quantum est de se dissimiliter mouere, non est presentis speculationis".

[73] Giorgio Pini, *Being and Creation in Giles of Rome*, in *Nach der Verurteilung von 1277. Philosophie und Theologie an der Universität von Paris im letzten Viertel des 13. Jahrhunderts, Studien und Texte*, hrsg. von Jan A. Aertsen, Kent J. Emery, Andreas Speer (Miscellanea Mediaevalia, 28), Berlin 2001, pp. 390-409: 396. Cet article ne tient pas compte du tout de la *Sententia de bona fortuna*, qui apporte pourtant au dossier plusieurs éléments importants: voir Cordonier, *Giles of Rome on the reduction of fortune to divine benevolence* (n. 56).

[74] Cela est établi clairement au début du "doute" (couvrant les pp. 148,153-149,170), là où la notion même d'"aptitude" est convoquée comme équivalent des autres expressions antérieures du bon naturel et déclinée en deux capacités que sont la perception et la mise à exécution. Voir Gilles de Rome, *Sententia de bona fortuna*, 2 (1207b2-4), ed. Cordonier, pp. 148,153-149,170: "Dubitaret forte aliquis, cum bona fortuna de qua hic principaliter intenditur sit a deo mouente et *ab aptitudine naturali* secundum quam percipere

naturelles sont devenues, dans la *Sententia de bona fortuna*, des conditions *nécessaires* à l'obtention de fortune – alors que tel n'était pas le cas chez Thomas[75]. C'est à partir de là que s'explique la critique suscitée par l'exégèse de Gilles auprès d'Henri de Gand: ce sont, tout à la fois, cette invasion de l'analyse de la bonne fortune par une *naturalité* jugée nécessaire à l'accomplissement du processus, l'élargissement qui s'ensuit pour cette notion et, enfin et surtout, l'idée que ces options correspondent à une approche philosophique de la fortune faisant abstraction de la liberté et de la toute-puissance propres au Dieu des Chrétiens, qui ont provoqué la réaction d'Henri, au cours d'une discussion qui a fait évoluer la figure de l'homme bien né et favorisera son rapprochement avec celle de l'homme noble. Il s'agira, pour finir, de retracter cette évolution.

IV. Un nouveau contenu pour le bon naturel: Henri de Gand et Duns Scot

Il a pu être établi que les vues soutenues par Gilles de Rome dans sa *Sententia de bona fortuna* sont à l'origine de la question posée par Henri de Gand dans *Quodl. VI*, q. 10: "est-ce que la bonne fortune est naturelle à l'homme ?"[76]. Gilles est la cible principale de ce texte, et la critique d'Henri, complexe et savamment argumentée, porte au cœur du dispositif exégétique égidien, c'est-à-dire sur la conception des rapports entre une analyse philosophique de la fortune et une

possumus motionem illam et agere secundum eam, quare philosophus magis attribuit bonam fortunam *ipsi nature uel ipsi dispositioni naturali* quam beniuolentie diuine".

[75] En effet, Thomas d'Aquin précisait que le bon naturel n'est pas une condition suffisante pour devenir bien fortuné, mais – contrairement à ce qui est affirmé dans CORDONIER, *Une lecture critique de la théologie d'Aristote*, p. 106, *mea culpa* – jamais il n'a indiqué qu'il s'agissait là d'une condition nécessaire: c'est même un trait distinctif de son approche que de laisser ouvertes des options que Gilles a ensuite exclues.

[76] HENRI DE GAND, *Quodlibet VI*, q. 10, ed. Gordon A. WILSON (Henrici de Gandavo Opera omnia, 10), Leuven 1987, p. 87,3-5: "Sequuntur pertinentia ad animam ex parte uolitiue. Quorum unum erat de motiuo ipsius uoluntatis, alia uero quedam de habitibus eius. Illud unum erat, utrum bona fortuna sit homini naturalis". L'orthographe a été modifiée, de même que la ponctuation et la délimitation des références à Aristote (qui seront indiquées par des guillemets). Le rapport entre ce texte et la *Sententia de bona fortuna* de Gilles a été signalé en note dans CORDONIER, *Réussir sans raison(s)*, p. 738. L'éditeur du *Quodl. VI*, q. 10 en a ensuite tenu compte dans Gordon A. WILSON, *Henry of Ghent on Fatalism and Naturalism*, in *Fate, Providence and Moral Responsibility in Ancient, Medieval and Early Modern Thought. Studies in Honour of Carlos Steel*, ed. by Pieter D'HOINE, Gerd VAN RIEL (Ancient and Medieval Philosophy. De Wulf-Mansion Centre. Series 1, 49), Leuven 2014, pp. 591-603. Les enjeux principaux du débat ont été analysés dans CORDONIER, *Une lecture critique de la théologie d'Aristote*, pp. 101-134.

analyse théologique éclairée par la foi. En effet, alors que Gilles entend se concentrer sur les causes prochaines et secondaires de la bonne fortune en faisant abstraction de l'agir gracieux de Dieu, Henri nie la validité d'une telle démarche, parce qu'il estime que la cause suprême a, *en tant que telle*, des modes d'action différents voire diamétralement opposés selon que l'on se place du point de vue de la philosophie ou de celui de la foi révélée. Ces modes d'action correspondent, selon Henri, à des concepts différents de "providence". Il faut en effet distinguer, selon lui, dans l'agir divin *ad extra* une providence générale et une providence spéciale, la première d'entre elles gouvernant les étants suivant leurs natures et sur le mode de la nécessité, tandis que la seconde ne se calque pas sur la nature des étants, mais suit la grâce librement octroyée par Dieu: le premier type de providence donne raison à Aristote et Gilles, mais ceux-ci ont tort d'ignorer le second type, une providence qui en réalité prévaut sur l'autre dans le cas des hommes, jusqu'à même parfois la contredire. Voici en effet ce qu'affirme Henri à la fin de son *Quodlibet*:

> C'est d'elle [*scilicet* la providence spéciale] qu'il vient que, ceux qu'Il a élus pour la vie éternelle et à qui reviennent les mérites de cette vie, il permet qu'ils soient souvent affectés de nombreuses misères et de privations des biens temporels, de sorte qu'en matière d'acquisition des biens de la fortune ils soient réputés presque entièrement infortunés, en dépit du fait qu'ils sont aussi dans leur disposition naturelle tels que le Philosophe les qualifie de bien nés et de bien fortunés. À certains d'entre eux en revanche, qu'Il réserve aux peines éternelles, c'est une abondance de biens temporels qu'il dispense, comme s'ils étaient bien fortunés selon la définition du Philosophe et alors même que, quant à leur disposition naturelle, ils ne sont pas bien nés de sorte à pouvoir être bien fortunés suivant la définition du Philosophe[77].

Il est intéressant de se pencher, à la lumière des analyses déjà faites, sur l'histoire de la "disposition naturelle" qu'Henri associe ici à la notion de "bon naturel" chez le Philosophe. Cette expression est en réalité absente du *Liber de bona fortuna* – même si une idée proche s'y lit sous l'expression *aptus natus esse* dans l'un des passages étudiés plus haut[78]. L'expression "disposition naturelle" apparaît en revanche dans le chapitre de la *Somme contre les Gentils* sur la bonne fortune où Thomas, travaillant la distinction entre les figures de l'homme "bien né" et "bien fortuné" par le biais d'une spécification des types de causalité à l'œuvre dans le cas de l'action divine sur les volontés, de celle des anges sur les intelligences et de celle des corps célestes sur

77 Henri de Gand, *Quodl.* VI, q. 10, ed. Wilson, p. 106,44-53: "Ex qua procedit quod illis quos ad uitam eternam eligit, et quibus merita uite suffragantur, sepius affici sinit inediis pluribus et rerum temporalium defectibus, ut circa adeptionem rerum fortune quasi omnino infortunati esse ideantur, *non obstante hoc quod etiam sint tales in dispositione naturali, quales philosophus ponit esse bene natos et bene fortunatos. Aliquibus ex illis autem quos ad penas seruat eternas, temporalium bonorum concedit affluentiam, quasi sint secundum determinationem Philosophi bene fortunati, cum tamen in naturali dispositione non sit iuxta Philosophi determinationem bene nati ut possint esse bene fortunati*".

78 Voir [Ps.-Aristote], *De bona fortuna*, 2, 1247b15-28, voir *supra*, n. 18.

les organismes, insistait sur le caractère strictement corporel des influences célestes. Cependant, c'est dans les analyses de Gilles qu'Henri a trouvé la formulation la plus restrictive du rapport entre bon naturel et fortune: c'est à la *Sententia de bona fortuna* – et en particulier au passage qu'on vient d'étudier – qu'il renvoie surtout dans ce morceau décisif pour sa propre doctrine de la bonne fortune[79]. Le nerf de la critique adressée par Henri à son collègue consiste ainsi à montrer qu'une analyse laissant de côté le donné de la foi aboutit à un système qui tient Dieu prisonnier des conditions de réceptivité préalables de l'homme bénéficiaire de son action, et ne lui permet ainsi pas de rendre bien fortunés que ceux qui sont bien nés (*bene nati*). Cette critique répond au souci – "quasi obsessionnel" chez Henri – de sauver la toute puissance et la souveraineté de l'action divine *ad extra*[80]. L'identité entre le bon naturel et la capacité à recevoir l'impetus issu du Dieu créateur, qui était suggérée par les raisonnements de la *Sententia de bona fortuna* de Gilles, est ainsi soulignée par Henri, qui en somme noue plus solidement que son collègue les données et les présupposés de sa propre théorie de l'uniformité de l'action divine[81].

Or, cette critique de Gilles par Henri est créative non seulement par l'ordre et la cohérence que le second apporte, par la formulation même de sa critique, aux propos exégétiques du premier, mais aussi par des évolutions conceptuelles plus ponctuelles mais non moins importantes. Celle qui, parmi ces évolutions, nous importe ici touche à la noblesse: il s'agit de l'incidence indirecte qu'a la critique d'Henri sur le sens donné à la notion même de bon naturel. En effet, on constate qu'un premier rapprochement entre les qualités naturelles à l'origine de la fortune et la noblesse (*nobilitas*) est opéré incidemment dans un passage antérieur du *Quodl. VI*, q. 10 dans lequel Henri discute précisément l'idée de Gilles suivant laquelle l'action de Dieu est uniforme de son côté mais différenciée seulement par la réceptivité diverse des êtres qui en bénéficient[82]. Puis dans le cadre de la discussion qui suit, où Henri

[79] Voir donc Thomas d'Aquin, *Summa contra Gentiles*, III, 92, p. 280a3-11, en rapport avec [Ps.-]Aristote, *De bona fortuna*, 1, 1207a35-b5, cité *supra*, n. 10 et 35, ainsi que Gilles de Rome, *Sententia de bona fortuna*, 2 (1207b2-4), ed. Cordonier, p. 148,137-148, cité *supra*, n. 72.

[80] Voir sur ce point Luca Bianchi, *Onnipotenza divina e ordine del mondo fra XIII e XIV secolo*, in *Medioevo* 10 (1983), pp. 106-153, en particulier pp. 109-110 et Luca Bianchi, *Il vescovo e I filosofi: la condanna parigina del 1277 e l'evoluzione dell'aristotelismo scolastico*, Bergamo 1990, p. 65, qui souligne l'importance de la distinction entre deux images de Dieu dans la pensée d'Henri - sans pourtant se référer au débat à propos du *Liber de bona fortuna*.

[81] Voir *supra*, n. 73.

[82] Voici comment Henri pose les termes du problème: Henri de Gand, *Quodl.* VI, q. 10, ed. Wilson, p. 96,92-98: "Sed non sufficit natura illa ad faciendum impetum ex se sine alio principio mouente, cuiusmodi est motor uniuersalis, qui licet quantum est de se uniformiter omnium animas impellit et mouet ad bonum, ut infra dicetur, *propter tamen naturalis principii maiorem habilitatem in uno quam in altero fortius illo impetu mouetur unus quam alter*, et sic, quia uniuersalis uirtus determinatur per inclinatiuum particulare, ideo Philosophus istum impetum isti particulari cause tribuit".

reprend plusieurs éléments des analyses formulées par Gilles dans le "doute" fermant l'important passage de la *Sententia de bona fortuna* étudié plus haut[83], est abordée la question de savoir si cette disposition de certains individus à être plus réceptifs que d'autres à l'influence divine, vient du corps ou de l'âme; et c'est là que se constate un rapprochement entre noblesse et bon naturel:

Mais il y a en outre une question, celle de savoir s'il faut poser une telle disposition [comme existant] naturellement depuis la naissance dans l'âme de l'un et non pas dans l'âme de l'autre, et si l'âme se la procure à partir du corps ou la possède en elle-même dans un état purement naturel. Du côté de l'âme cela ne peut pas être posé dans les réalités substantielles sans poser des niveaux entre les âmes de telle sorte que le bien fortuné reçoive en partage une âme meilleure et plus noble qu'une autre, ou peut-être plus simple, en raison de ce qu'il dit à la fin: "Le principe semble avoir plus d'effet lorsque la raison est absente, comme les aveugles se remémorent mieux et que, lorsque les données relatives à la vision sont absentes, ce qu'on se remémore – se trouve – avoir plus de vigueur" [1248a37-b3]. Il ne veut donc pas que la nature du bien fortuné provienne de la noblesse de la raison mais d'un défaut [de raison], défaut naturel non pas selon un niveau naturel mais accidentel, qui peut lui advenir comme advient à l'homme la cécité[84].

La question qu'Henri aborde ici se présente comme donnée: l'expression "Il y a une question" (*est questio*) est à entendre au sens où la question existe déjà sur l'horizon à partir duquel pense Henri. Et le contexte dans lequel cette question a été posée avant lui est – comme on peut maintenant s'y attendre – le chapitre 92 du troisième livre de la *Somme contre les Gentils*[85]. Quant à la réponse donnée à la question également, Henri reprend celle donnée par Thomas, à savoir que cette disposition à être plus ou moins bien fortuné vient, chez l'individu qui en bénéficie, non pas de l'âme mais du corps. Mais le raisonnement par lequel Henri établit un tel résultat est bien plus développé qu'il ne l'était chez Thomas, et se laisse résumer de la manière suivante: face à l'alternative exclusive selon laquelle cette disposition ne peut venir que du corps ou de l'âme (p. 97,32-24), Henri commence par exclure

83 GILLES DE ROME, *Sententia de bona fortuna*, 2 (1207b2-4), ed. CORDONIER, pp. 148,153-149,183, voir *supra*, n. 69, 70, 71 et 72.

84 HENRI DE GAND, *Quodl.* VI, q. 10, ed. WILSON, p. 97,32-43: "Sed adhuc est questio, si talem diapositionem sit ponere naturaliter a natiuitate in anima unius, et non alterius, et an anima eam contrahat a corpore, an habeat eam ex puris naturalibus in se ipsa. Ex parte anime hoc non potest poni in substantialibus, nisi ponendo gradus in animabus, ut bene fortunatus sortiatur meliorem et nobiliorem animam alia, aut forte simpliciorem, propter hoc quod dicit in fine: "uidetur principium amissa ratione magis ualere, quemadmodum ceci memorantur magis, amissisque his qui ad uisibilia, uirtuosius esse, quod memorantur" [1248a37-b3], scilicet, contingit. Non ergo uult quod natura bene fortunati sit ex rationis nobilitate, sed ex defectu, et hoc non naturali secundum gradum nature, sed accidentali, qui possit ei contingere, quemadmodum contingit homini cecitas".

85 THOMAS D'AQUIN, *Summa contra Gentiles*, III, 92, p. 280a11-19.

qu'elle vienne de l'âme dans un état purement naturel (*ex puris naturalibus*), sans tenir compte de l'infusion de la grâce (p. 97,35-43); il en tire alors l'idée qu'elle vient du corps (p. 97,44-48), et qu'elle consiste, précisément, en une disposition passive à recevoir l'impulsion active issue du principe extérieur qu'est Dieu (p. 97,48-51)[86]. Relevons que cette dernière idée était absente du chapitre 92 du troisième livre de la *Somme contre les Gentils*, de même aussi que le lexique de la "noblesse" (*nobilitas*) ici convoqué par Henri. Vu que cette innovation lexicale coïncide avec le rapprochement inédit entre noblesse et bon naturel, il est intéressant d'essayer de comprendre ce qui autorise Henri à désigner le bon naturel dont il est question dans l'opuscule comme une "noblesse".

En réalité, si le lexique de la *nobilitas* intervient ici, ce n'est manifestement pas à partir des interprétations antérieures du *Liber de bona fortuna*, mais bien plutôt dans le prolongement d'une discussion alors plus ancienne, relative à la question de l'égalité des âmes au moment de la création. Cette question, posée dans les *Sentences* de Pierre Lombard (*An anime ex creatione sint equales in donis naturalibus*[87]), se trouve en effet avoir été relayée par certains auteurs – dont Thomas d'Aquin lui-même dans son *Commentaire des Sentences* – ayant eux-mêmes recours au lexique de la *nobilitas*[88]. Et ce même vocabulaire réapparaît dans l'article du décret de 1277 consacré à la même question, sous un angle un peu différent:

> Il est inconvenant de supposer que certains intellects soient plus nobles que d'autres parce que, comme cette diversité ne pourrait pas être du côté des corps, il faudrait qu'elle soit du côté des intelligences, et ainsi les âmes nobles et ignobles seraient nécessairement de diverses espèces, comme les intelligences [célestes]. – C'est une erreur, car ainsi l'âme du Christ ne serait pas plus noble que celle de Judas[89].

[86] Henri de Gand, *Quodl.* VI, q. 10, ed. Wilson, p. 98,44-52: "Quare, cum illud potest contingere in simplicibus asininis ex corporis dispositione obumbrante rationem, hoc potius uidetur mihi ponendum, ut secundum hoc rationis uigor nullo modo sit causa bene fortunati, nec bona fortuna sit ratio aut ars aut aliquid huiusmodi, *sed dispositio naturalis obumbrans rationem secundum aliquam dispositionem, qua anima nata sit magis oboedire impulsui superioris*, ita quod illa natura non sit ex se causa uel dispositio agens impetum, sed dispositio passiua recipiendi impetum a principio extra, quod in primo actu uolendi de non uolente facit uolentem".

[87] Peter Lombard, *Sententiae in IV libris distinctae*, 2 voll., edd. PP. Collegii S. Bonaventurae Ad Claras Aquas (Specilegium Bonaventurianum, 4), Grottaferrata 1971-1981, vol. 1, p. 517.

[88] Sur cela, voir notamment Henrik Wels, *Die substanzielle Gleichheit der menschlichen Seelen*, in *Der Aristotelismus and den europäischen Universitäte der fühen Neuzeit*, hrsg. von Rolf Darge, Emmanuel J. Bauer, Günter Frank, Stuttgart 2010, pp. 269-290 et Henrik Wels, *Durandus de St. Porciano – ein Wendepunkt in der Debatte um die Gleichheit der Seelen?*, in *1308. Eine Topographie historischer Gleichzeitigkeit*, hrsg. von Speer, Wirmer, pp. 370-387: 375, n. 17 (Thomas d'Aquin) et 380, n. 31 (Jean Quidort).

[89] Étienne Tempier et al., *Décret de 1270*, in Hissette, *Enquête sur les 219 articles*, p. 227, a. 147 (Piché n. 124): "Quod inconueniens est ponere aliquos *intellectus nobiliores* aliis, quia, cum ista diuersitas non possit esse a parte corporum, oportet quod sit a parte

Quel que soit le rôle qu'on veut bien attribuer à Henri dans la condamnation de 1277, il semble clair en tout les cas que cet article est un élément important du cadre à partir duquel cet auteur aborde la question au détour de son *Quodl. VI*, q. 10. Bien sûr, la position qu'il adopte alors est opposée à celle des censeurs et coïncide avec celle qui est condamnée: cela vient probablement du fait qu'Henri, dans ce texte, reprend à son compte les analyses de Thomas d'Aquin dans la *Somme contre les Gentils* dans la perspective de retracer à titre préliminaire dans le premier acte de son *Quodlibet* (pp. 87,3-103,85), la doctrine aristotélicienne de la bonne fortune qu'il critiquera ouvertement dans le reste du texte (pp. 103,85-127,65). C'est donc dans cette optique dialectique qu'il reprend la thèse thomasienne tout en la replaçant dans le cadre de la doctrine égidienne de l'uniformité de l'action divine *ad extra* lue dans la *Sententia de bona fortuna*, de façon à expliquer les fortunes variables des différents individus par leur réceptivité différente. Ce sont ces options doctrinales et stratégiques combinées qui forment ensemble le contexte de l'apparition du lexique de la noblesse (*nobilitas*) dans ce texte – à une époque par ailleurs connue pour avoir vu naître un concept biologique et héréditaire de la noblesse[90].

Mais il est à noter qu'à ce stade de l'évolution des notions de bon naturel et de noblesse, le rapprochement entre ces deux notions n'est pas opéré *explicitement* puisque Henri, sans employer le lexique du bon naturel, parle seulement de "nature" et de "disposition". Dans aucun passage du *Quodl. VI*, q. 10, il ne met en équivalence le vocabulaire du "bon naturel" avec celui de la noblesse, alors même que la première partie du texte est criblée de références au bon naturel reprises de Gilles. Autrement dit, le lexique de la noblesse intervient dans le *Quodl. VI*, q. 10 de façon incidente à l'occasion du débat ancien sur l'égalité des âmes, plutôt que par un rapprochement conceptuel conscient entre cette notion et le bon naturel. Et une certaine distance

intelligentiarum, et *sic anime nobiles et ignobiles* essent necessario diuersarum specierum sicut intelligentie. – *Error, quia sic anima Christi non esset nobilior anima Jude*". La traduction donnée dans le texte est celle de David Piché, *La condamnation parisienne de 1277*, Paris 1999, p. 117. Voir Wels, *Die substanzielle Gleichheit*, p. 273, n. 13 et Id., *Durandus de St. Porciano*, p. 378, n. 24, et Gilles de Rome, *Quodl.* XVIII, q. 3 ("Utrum anime humane sint equales in naturalibus"), in B. Aegidii Columnae Romani *Quodlibeta*, ed. Petrus Damasius de Coninck, Louvain 1956, pp. 95-97. Sur le débat concernant l'égalité des âmes en tant que tel, voir la contribution de Pasquale Porro dans ce volume.

90 Un rapprochement entre la noblesse sociale aristotélicienne et le bon naturel lié au tempérament physique est d'ailleurs opéré dans le *Quodl.* IX, q. 18, expressément consacré à la question de l'origine de la noblesse et, plus précisément, à la possibilité que la noblesse soit ultimement issue d'un état de vilité initial ("Utrum nobilitas generis ab initio processerit ab ignobili"): voir Henry de Gand, *Quodlibet IX*, q. 18, ed. Raymond Macken, (Henrici de Gandavo Opera omnia, 13), Leuven 1983, pp. 288-292: 290,52-55 et 291,80-81. Cette question mériterait une étude qui lui soit entièrement consacrée: sur la base d'autorités principalement aristotéliciennes – et en particulier la *Politique* et la *Rhétorique* –, elle propose une analyse qui opère une intéressante rupture par rapport à la notion de noblesse présente chez Aristote, ce dernier ayant laissé ouverte la possibilité d'une dégénérescence mais non pas d'une regénération.

entre les termes de bon naturel et de noblesse est aussi maintenue par Duns Scot dans son *Quodl. I*, q. 21, où il discute, en référence à la partie finale du *Quodl. VI*, q. 10 d'Henri, la question de la compatibilité entre la doctrine du *Liber de bona fortuna* et celle de *Physique VIII*[91]. En effet, dans ce *Quodlibet* qui est le dernier de la production du Docteur Subtil, celui-ci affronte à son tour la question de l'égalité des âmes et, par l'intermédiaire d'Henri, il se réfère également à la doctrine égidienne de l'uniformité de l'agent premier à l'origine de l'impulsion vers le bien. Comme Henri l'avait fait à la suite de Thomas, Scot commence par refuser que la distinction entre des hommes plus ou moins fortunés vienne de leur raison. Cette distinction entre les différents êtres humains vient, dit-il, de leur nature – non pas spécifique, mais individuelle[92]. Et Scot de revenir sur la prémisse de cette conclusion juste atteinte, à savoir sur l'affirmation que cette différence ne peut venir de la raison. C'est dans ce développement qu'il confirme et prolonge certaines avancées faites par Henri concernant l'idée de noblesse:

Que ce ne soit pas la raison [*scilicet* qui est à l'origine de ces différences de bonnes fortunes entre les êtres humains], cela est rendu clair par ce que "là où il y a plus d'intelligence et de raison, là il y a moins de fortune tandis que là où il y a moins de fortune, il y a moins d'intelligence", selon Aristote [*De bona fortuna*, 1, 1207a4-5]. Et ce n'est pas la volonté non plus, parce qu'il peut y avoir le même acte de volonté de part et d'autre alors que l'un obtient l'effet bien fortuné que l'autre ne l'obtient pas. Donc cet élément intrinsèque [*scilicet* élément qui explique ces différences de bonnes fortunes entre les êtres humains] est un impetus provenant de la nature. *C'est pourquoi il dit que le bien fortuné est bien né, parce qu'il y a en lui une disposition par laquelle il est poussé vers l'objet désiré, ce en fonction de quoi lui arriveront des événements bénéfiques*. Mais cette disposition naturelle vient-elle de l'âme ou du corps? Je réponds: si Aristote a entendu que les âmes diffèrent selon un niveau naturel en noblesse et en perfection, alors le noble a une estimative plus noble et un instinct naturel plus noble,

[91] DUNS SCOT, *Cuestiones cuodlibetales*, Quodl. I, q. 21 "Vtrum ponens mundi eternitatem possit sustinere aliquem esse uniuersaliter bene fortunatum", ed. Felix ALLUNTIS, (Obras del Doctor Sutil Juan Duns Escoto, edicion bilingüe), Madrid 1968, pp. 748-767, texte repris de Lucas WADDING (Paris 1891-1895, voll. 25-26). Cf. Gordon A. WILSON, *Good fortune and the eternity of the world: Henry of Ghent and John Duns Scotus*, in: Recherches de théologie et philosophie médiévales 65 (1998), pp. 40-51.

[92] DUNS SCOT, *Quodl.* I, 21, ed. ALLUNTIS, n° 23, p. 758: "Vult dicere quod aliqui habent uelle ad quod sequitur bonum aliquod preter intentum ex impetu et istum sine ratione, et causa huius impetus est natura. Et diuersitatem hominum accipit Aristoteles per experientiam, quod enim iste impellatur et iste non, cum sine ratione eius qui impellitur hoc accidit, non potest esse ratio: ergo est natura. Sed illa differencia uel diuersitas non ponit differentiam specificam in natura, sed indiuidualem: *quod enim agens extrinsecum uniformiter agens moueat istum ad bonum et non alium eiusdem rationis exsistentes*, non potest esse nisi propter aliquid intrinsecum in uno quod non est in alio. Hoc autem non potest esse ratio, ut dictum est, nec aliquid consequens speciem, quia illud uniformiter cuilibet inest, est ergo aliquid pertinens ad indiuiduum" Cf. HENRI DE GAND, *Quodl.* VI, 10, ed. WILSON, pp. 97,32-98,52 (texte cité *infra*, n. 84 et 86).

le poussant à obtenir un effet commode plus important. Mais je ne crois pas qu'Aristote ait entendu [les choses] ainsi, à savoir que cet impetus soit donné à quelqu'un en fonction de la noblesse de son âme, parce qu'il dit "là où il y a moins d'intelligence, il y a plus de fortune" [cf. *De bona fortuna*, 1, 1207a5]. À partir de là, il dit que celui-ci n'a "pas besoin de délibérer" [*De bona fortuna*, 2, 1248a31]: cela convient donc à l'intellect non pas par sa perfection propre, mais parce qu'il est mu par un principe plus noble, comme le bateau difficilement gouvernable souvent navigue mieux non pas grâce à lui-même mais parce qu'il a un bon pilote. Donc dans le corps cette disposition résulte d'une complexion déterminée[93].

Ce texte, malgré le caractère abrupt de son style – il s'agit d'une *reportatio* non révisée par l'auteur de la leçon correspondante – présente un intérêt considérable pour l'histoire des idées relatives à la noblesse. Remarquable est, en effet, tout d'abord la manière dont Scot retravaille le fameux principe caractéristique du *Liber de bona fortuna* établissant une proportion inverse entre la fortune et l'activité de l'intelligence: à partir d'une première mention fidèle du passage, il le reprend pour le formuler d'une manière encore plus paradoxale, attestant ainsi une conscience sans doute plus aiguë de la spécificité du contenu du petit traité en comparaison des autres ouvrages du corpus aristotélicien d'éthique. À noter également est la façon dont Scot revisite les idées reprises d'Henri concernant le bon naturel, dans un cadre qui reste cependant hérité de Thomas – celui qui consistait à combiner le début et la fin de l'opuscule pour coordonner les explications de la fortune par la nature et par l'influence divine[94]. En effet, au plan de ce que l'on peut appeler le strict contenu doctrinal, la réponse donnée ici à la question traditionnelle de la noblesse des âmes, est très semblable à celle que donnait Henri dans son *Quodl. VI*, q. 10. Cependant, cette réponse est nouvelle dans la formulation que Scot donne à ce contenu, et c'est

[93] DUNS SCOT, *Quodl.* I, 21, ed. ALLUNTIS, n° 23, pp. 758-759: "Quod autem non sit ratio, patet quia 'ubi plurimus intellectus et ratio, ibi minima fortuna, ubi autem plurima fortuna, ibi minimus intellectus', secundum Aristotelem [cf. *De bona fortuna*, 1, 1207a4-5]. Nec etiam uoluntas quia similis potest esse actus uoluntatis in utroque, et tamen unus assequitur effectum fortuitum et alius non assequitur. Ergo illud intrinsecum est impetus a natura proueniens. *Ideo dicit bene fortunatum bene natum, quia in eo est dispositio qua a superiore motore impellitur ad propositum, secundum quod eueniunt sibi commoda.* Sed illa dispositio naturalis estne dispositio ex parte anime uel corporis ? Respondeo: si Aristoteles intellexit quod anime differunt secundum gradus naturales in nobilitate et perfectione, tunc nobilis habet nobiliorem estimationem et nobiliorem instinctum naturalem, ad assequendum commodum maius. Sed non credo Aristotelem sic intellexisse, scilicet quod iste impetus sequatur aliquem ex nobilitate anime, quia dicit 'ubi minimus intellectus, ibi maxima fortuna' [cf. 1207a5]. Unde dicit quod talem 'non expedit consiliari' [*De bona fortuna*, 2, 1248a31, cf. *supra*, n. 11]: non ergo hoc conuenit intellectui ex sua perfectione, sed quia habet nobiliorem impellentem, sicut nauis male regibilis melius frequenter nauigat, sed non propter seipsam, sed quia habet bonum gubernatorem. In corpore ergo ista dispositio est consequens complexionem determinatam".

[94] À ce propos, voir *supra*, nn. 10-12, et 18.

par ce biais précisément qu'elle opère un pas important pour l'histoire de la noblesse – un pas qu'il faut considérer pour terminer.

Ainsi, il faut noter qu'ici, la discussion de la question de la noblesse variable des âmes donne lieu à une plus grande proximité entre le lexique de la noblesse et du bon naturel qu'il n'y en avait dans le *Quodl. VI*, q. 10 d'Henri: la fin du texte en particulier suggère une quasi équivalence entre les deux familles de mots. Ensuite et surtout, ce texte de Duns Scot formule explicitement une idée qui, comme indiqué plus haut, traverse le débat entre Gilles et Henri à propos du *Liber de bona fortuna*, mais sans être formulée jamais par eux expressément: il s'agit de l'idée que le bon naturel *en tant que tel* – non plus seulement ladite "disposition naturelle" ou la "nature" – recouvre une réceptivité à l'influence du moteur supérieur. Face à ces deux faits remarquables qui se présentent comme simultanés, il est dès lors tentant d'estimer qu'ils pourraient être en rapport – au plan de la genèse doctrinale. Quoi qu'il en soit, la nouvelle formulation, proposée par Scot, de ce que c'est que d'être "bien né", qui intervient dans un contexte criblé de mentions de la *nobilitas*, n'est assurément pas insignifiante pour l'histoire des théories de la noblesse à cette époque. Dans ses travaux sur la noblesse, Andrea A. Robiglio a mentionné l'intéressant emploi qu'une Marguerite Porete fait de la figure d'*optime natus*, figure justement distinguée par sa réceptivité à l'influence divine et l'absence de tout recours aux fonctions habituelles de la raison[95]. Ce qui, alors que l'histoire du *Liber de bona fortuna* était encore mal connue, pouvait sembler à Robiglio relever d'un emploi "anti-aristotélicien" du bon naturel pourrait désormais apparaître comme le fruit d'une approche lentement mise en place par les théologiens de la fin du XIIIe siècle, que Scot n'a eu qu'à intégrer et formuler plus clairement que ses devanciers parisiens, une approche qui a alors pu s'imposer ailleurs que chez des théologiens (chez un Dante, par exemple).

***

Résumons, pour finir, les constats formulés plus haut à chaque étape du parcours, pour voir ce que ces constats disent de l'histoire du rapprochement entre noblesse et bon naturel chez les lecteurs d'Aristote. Dans les premières étapes du parcours (I-II), il s'est agi de présenter les traits de l'homme "bien né" dans le second chapitre du *Liber de bona fortuna* (tiré de l'*Éthique à Eudème*), en indiquant les formes lexicales sous lesquelles apparaît cette figure et la spécificité conceptuelle qu'elle a dans ce texte d'Aristote ainsi que dans la lecture pionnière que lui a consacrée Thomas d'Aquin au chapitre 92 du troisième livre de sa *Somme contre les Gentils*. Cette enquête a d'abord fait ressortir à la fois la spécificité conceptuelle du bon naturel en question dans

[95] Robiglio, *The Thinker as a Noble Man*, p. 232: "The innate ability to understand and to use the tools of logic seems no longer to be the necessary condition of nobility" et Id., Dante *bene nato*, p. 56.

l'opuscule en comparaison avec d'autres ouvrages d'Aristote, et la variété lexicale sous laquelle ce bon naturel était exprimé dans les textes en question, probablement suite à des accidents de transmission, mais en tout cas sans que les termes concernés (*bene natus* et *bene naturatus*) ne recouvrent aucune nuance sémantique. Cette analyse a ensuite permis de reconstruire la critique thomasienne de l'équation posée par l'opuscule entre les figures de l'homme "bien né" et de l'homme "bien fortuné": cette critique est apparue avoir été élaborée à partir d'une spécification des types de causalité à l'œuvre dans chacun des facteurs contribuant à la bonne fortune de tel ou tel individu – Dieu, les anges et les corps célestes – sans pourtant que Thomas n'aborde encore, ce faisant, la question qu'allaient affronter ses successeurs, celle de savoir si Dieu peut rendre bien fortuné un homme qui serait mal né.

Si la discussion thomasienne de l'équation aristotélicienne entre le "bien né" et le "bien fortuné" s'opérait sur un terrain entièrement imprégné par le donné propre à la révélation chrétienne, c'est sur un terrain philosophique et plus spécifiquement éthique ou moral que Gilles de Rome s'est avéré, dans sa *Sententia de bona fortuna*, aborder le même problème. À partir de là, la deuxième partie de l'article (III-IV) a visé à comprendre comment les traits nouveaux prêtés, dans ce commentaire, à la nature et au bon naturel ainsi que les imprécisions et les ambiguïtés entourant ces notions ont suscité auprès d'Henri de Gand une réaction qui, tout en étant dirigée contre les prétentions philosophiques de Gilles, a joué un rôle non négligeable dans l'évolution du concept de bon naturel en permettant un enrichissement de sa signification ainsi que son rapprochement avec la notion de noblesse à proprement parler (*nobilitas*). Il est en effet apparu que le *Quodl. VI*, q. 10 d'Henri, au cours d'une réplique imposant à l'auteur de la *Sententia de bona fortuna* des idées qu'il n'avait fait que suggérer ou présupposer, a d'une part pour la première fois employé le lexique de la *nobilitas* comme équivalent de celui du "bon naturel" et d'autre part exprimé en toutes lettres l'idée que la "nature" ou les "dispositions naturelles" en jeu dans l'opuscule recouvrent une forme de réceptivité – différente suivant les individus – à l'attraction exercée par Dieu pour guider chaque étant vers son bien. Ces deux nouveautés, occasionnées incidemment par la critique adressée à Gilles par Henri, ont été reprises ensemble dans le *Quodl. I*, q. 21 de Duns Scot pour être formulées expressément à propos de la figure de l'homme bien né, à une époque où le "bon naturel" se trouvait être pensé, aussi par d'autres auteurs parisiens, comme une réceptivité aux influences supérieures.

Qu'il me soit permis de terminer cette étude par une note de méthode. Face aux analyses conduites ici, on pourrait estimer que celles-ci donnent bien trop de poids aux mots alors que ce sont les choses ou les idées qui comptent en histoire de la philosophie. Ce serait là, me semble-t-il, méconnaître un aspect important du contexte intellectuel dans lequel ont travaillé les savants étudiés ici: le fait que leurs textes de référence soient des traductions littérales, reconnues comme telles, si bien que les "idées" qui y sont convoquées sont censées être relayées par des expressions traduites du grec selon l'idéal du rendu *verbum de verbo*, en respectant au plus près les catégorisations sémantiques et lexicales de cette langue. Or ces traductions ne sont pas seulement la base des élaborations conceptuelles des scolastiques, mais elles sont également pour eux des modèles. Dans ces conditions, la manière même par laquelle les lecteurs médiévaux d'Aristote reprennent et détournent (ou non) des expressions désignant respectivement la noblesse et le bon naturel dans le *Liber de bona fortuna* mérite d'être prise en compte. En l'occurrence: c'est le respect rigoureux – voire parfois servile – avec lequel Thomas d'Aquin et Gilles de Rome ont repris les expressions d'Aristote dans l'opuscule, qui a permis de mesurer, en contraste, la nouveauté des usages détournés d'Henri de Gand et Duns Scot et des vues qu'ils développent alors à propos de la noblesse et du bon naturel. À cet égard, le fait que, chez Duns Scot, la formulation d'une nouvelle idée de noblesse – désormais identifiée au bon naturel – se présente à une époque où d'autres auteurs pensent aussi la noblesse comme étant une réceptivité à l'influence divine, pourrait ne pas être tout à fait fortuit. Il est clair que la direction des "influences" qui s'exercent entre un auteur ou un contexte et l'autre restera difficile à préciser. Il n'en reste pas moins que les discussions ici retracées ont permis un rapprochement entre la figure du "noble" et celle de l'homme "bien né".

PASQUALE PORRO

Ci sono anime più nobili delle altre? Tommaso d'Aquino, Enrico di Gand, Egidio Romano e la condanna del 1277

I.

"Iam vero quam sit inane, quam futile nobilitatis nomen, quis non videat?"[1] Chi non vede invero quanto sia vano, quanto futile il nome della nobiltà? Questa condanna senza appello viene in realtà da un senatore romano, poi *magister officiorum* presso il sovrano del primo grande regno barbarico d'Italia, forse uno degli ultimi grandi membri dell'aristocrazia romana tardo-antica di cui si sia serbata memoria: Severino Boezio. A pronunciare la condanna è la Filosofia, nel III libro della *Consolatio*, e precisamente nel corso dello smascheramento di tutti i beni che gli uomini ricercano per ottenere, invano, la felicità: le ricchezze, le dignità, il potere, la gloria, i piaceri. La *nobilitas*, in questo contesto, è associata alla gloria (*fama*, *celebritas*). La gloria è ingannevole o inutile: ingannevole, se chi ne gode non la merita; inutile, perché anche qualora fosse meritata, non aggiunge nulla alla consapevolezza del saggio, che misura il proprio bene non a partire da ciò che si dice di lui, ma dalla verità della coscienza. La stessa cosa vale per la nobiltà. Se essa si riferisce alla rinomanza (*claritudo*), appartiene di fatto agli altri, perché non è altro se non la lode che proviene dai meriti degli antenati: "videtur namque esse nobilitas quaedam de meritis veniens laus parentum"[2]. In realtà, sono quindi gli antenati a meritare le lodi, e la *claritudo* che ne consegue: e ciò che non si possiede in proprio non merita alcuna lode. Se vi è dunque qualche bene nella nobiltà – conclude la sua requisitoria la Filosofia – si trova soltanto nell'obbligo imposto ai nobili, a quel che sembra, di non degenerare o non allontanarsi dalla virtù dei loro antenati: "Quodsi quid est in nobilitate bonum, id esse arbitror solum, ut imposita nobilibus necessitudo videatur ne a maiorum virtute degeneret"[3]. Colui che di norma, convenzionalmente, viene considerato il primo filosofo medievale non ha dunque una visione particolarmente positiva della nobiltà: essa indica più un compito (essere all'altezza dei meriti dei propri avi) che qualcosa di acquisito, o di lodevole in sé.

[1] Boethius, *Consolatio Philosophiae*, III, pr. 6, ed. Claudio Moreschini, München–Leipzig 2000, p. 72,20-21.

[2] Boethius, *Consolatio Philosophiae*, III, pr. 6, ed. Moreschini, p. 72,22-23.

[3] Boethius, *Consolatio Philosophiae*, III, pr. 6, ed. Moreschini, p. 72,26-28.

La ragione di fondo di questa presa di distanza è espressa da Boezio (o, se si preferisce, dalla Filosofia) nel carme immediatamente successivo:

Tutto il genere umano sulla terra da un simile principio si diparte;
uno è il Padre degli esseri, e quell'uno soltanto al tutto impera.
A Febo i raggi ha dato, ed alla luna ha dato la sua falce;
ha pure dato gli uomini alla terra, ed al cielo le stelle.
Egli ha chiuso le anime nei corpi, tratte da eccelsa sede;
un nobile germe ha dunque generato tutti quanti i mortali.
Che vantar giova la stirpe e gli antenati? Se le vostre origini
considerate, e Dio che ne è creatore, nessun può dirsi ignobile
tranne chi, donde nacque trascurando, nutre nei vizi il male[4].

I versi affermano senza esitazione l'uguaglianza di tutto il genere umano ("Omne hominum genus in terris simili surgit ab ortu") a partire dall'unicità del principio da cui dipende ("unus enim rerum pater est, [...] mortales igitur cunctos edit nobile germen"). Per la comune discendenza da tale *nobile germen*, nessuno può essere considerato ignobile, all'interno dell'umanità, se non chi coltiva il male nei vizi. La negazione della nobiltà si accompagna dunque in Boezio a una delle rivendicazioni più esplicite dell'uguaglianza degli uomini che sia possibile ritrovare in tutta la produzione medievale latina[5]. Per quanto il passo sia celebre, e sia ben noto nel corso

[4] Boethius, *Consolatio Philosophiae*, III, vi, ed. Moreschini, p. 72, vv. 1-9: "Omne hominum genus in terris simili surgit ab ortu: / unus enim rerum pater est, unus cuncta ministrat. / Ille dedit Phoebo radios, dedit et cornua lunae, / ille homines etiam terris dedit et sidera caelo; / hic clausit membris animos celsa sede petitos; / mortales igitur cunctos edit nobile germen. / Quid genus et proavos strepitis? si primordia vestra / auctoremque deum spectes, nullus degener exstat, / ni vitiis peiora fovens proprium deserat ortum". La traduzione italiana citata nel testo è quella di Luca Obertello: Boezio, *La consolazione della filosofia – Gli opuscoli teologici*, a cura di Luca Obertello, Milano 1979, p. 210.

[5] Per un approccio alle implicazioni filosofiche della questione della nobiltà nel Medioevo cf. Marco Toste, *Nobiles, optimi viri, philosophi. The Role of the Philosopher in the Political Community at the Faculty of Arts in Paris in the Late Thirteenth Century*, in: *Itinéraires de la raison. Études de philosophie médiévale offertes à Maria Cândida Pacheco*, éd. par José F. Meirinhos (Textes et Études du Moyen Âge, 32), Louvain-la-Neuve 2005, pp. 269-308 (in particolare sul contrasto almeno presunto tra la nobiltà di sangue e la "nobiltà di spirito" dei filosofi); Andrea Aldo Robiglio, *The Thinker as a Noble Man (*bene natus*) and Preliminary Remarks on the Medieval Concepts of Nobility*, in: Vivarium, 44 (2006), pp. 205-247 (una ricognizione ineludibile delle differenti concezioni medievali della nobiltà e delle valenze delle espressioni *bene nasci* e *bene natus*, anche in rapporto alla magnanimità aristotelica); Id., *Appunti sulla nobiltà in Pietro di Giovanni Olivi*, in: *Pierre de Jean Olivi – Philosophe et théologien*, éd. par Catherine König-Pralong, Olivier Ribordy, Tiziana Suarez-Nani (Scrinium Friburgense, 29), Berlin–New York 2010, pp. 113-134.

di tutto il Medioevo, questo appello radicale all'uguaglianza – l'idea cioè che tutti gli uomini possiedano uguale dignità, in ragione del loro comune principio – non sembra essere stato poi veramente ripreso e utilizzato nella filosofia e nella teologia dei secoli successivi, e in particolare nella Scolastica.

II.

Per rendersene conto, sarà sufficiente ricordare – se mi si concede un salto di più di sette secoli – due articoli della condanna del 7 marzo 1277, e cioè il 124 e il 187 nella numerazione del *Chartularium*:

> 124 (147). Quod inconueniens est ponere aliquos intellectus nobiliores aliis, quia, cum ista diuersitas non possit esse a parte corporum, oportet quod sit a parte intelligentiarum, et sic anime nobiles et ignobiles essent necessario diuersarum specierum, sicut intelligentie. – Error, quia sic anima christi non esset nobilior anima iude[6].

> 187 (146). Quod nos peius aut melius intelligimus, hoc prouenit ab intellectu passiuo, quem dicit esse potentiam sensitiuam. – Error, quia hoc ponit unum intellectum in omnibus, aut equalitatem in animabus[7].

Il primo di questi due articoli pone un problema teologico: secondo la tesi condannata, sarebbe sconveniente porre che alcuni intelletti sono più nobili di altri perché tale diversità non potrebbe essere ricavata dai corpi, ma dagli intelletti stessi, e così le anime nobili e quelle "ignobili" costituirebbero delle specie diverse, come accade (secondo i "filosofi") nel caso delle intelligenze separate. L'articolo non viene tuttavia condannato da Tempier (e/o dai maestri di teologia chiamati a fare parte della commissione istituita dal vescovo) perché rappresenterebbe un possibile attentato all'onnipotenza divina, come accade appunto per la tesi che pone l'impossibilità di avere più individui all'interno di una medesima specie di sostanze separate. La ragione è ben più immediata o diretta: se tutte le anime fossero davvero uguali, l'anima di Cristo non sarebbe più nobile dell'anima di Giuda.

L'inconveniente relativo al secondo articolo è invece di natura psicologica o noetica: la capacità di comprendere o pensare meglio o peggio dipenderebbe, secondo l'articolo, dall'intelletto *passivo*, considerato come una potenza sensitiva. L'articolo ha dunque una – almeno remota – matrice averroista: è la cogitativa (il vertice delle potenze dell'anima sensitiva) ciò che determina ogni differenza nell'esercizio

[6] *La condamnation parisienne de 1277*, éd. David PICHÉ avec la collaboration de Claude LAFLEUR, Paris 1999, pp. 116-117.

[7] *La condamnation parisienne de 1277*, éd. PICHÉ, pp. 136-137.

del pensiero. Ma solo la prima ragione addotta dal vescovo (e/o dai teologi) per denunciare l'errore è effettivamente diretta contro il monopsichismo averroista ("Error, quia hoc ponit unum intellectum in omnibus"); la seconda invece si fonda sul fatto che, mantenendo la pluralità delle anime razionali individuali, si verrebbe a porre la loro perfetta uguaglianza. Non viene qui spiegato perché l'uguaglianza delle anime rappresenti un presupposto inaccettabile: si può presumere che il motivo sia identico a quello esplicitato nell'art. 124. Dunque, per Tempier e per i teologi della sua commissione l'uguaglianza delle anime non è né un fatto scontato, né qualcosa di positivo: è piuttosto un errore da evitare.

La cosa non passa inosservata; come molti altri articoli della condanna di Tempier, anche questi (e in particolare l'art. 124) suscitano prese di posizione differenti. Vorrei qui allora concentrare la mia attenzione su due di esse: quella di Enrico di Gand (unico maestro parigino di teologia ad aver ammesso di aver fatto parte della commissione istituita da Tempier in vista della condanna) e quella del suo grande avversario Egidio Romano. Si tratta di questioni quodlibetali che si collocano negli anni immediatamente successivi alla censura: già nel 1278 nel caso di Enrico, e dopo il 1285 (dopo cioè il ritorno a Parigi) nel caso di Egidio. Prima ancora, tuttavia, vorrei considerare anche la posizione di Tommaso d'Aquino, che non solo precede cronologicamente l'intervento di Tempier, ma sembra in qualche modo essere chiamata in causa da quest'ultimo.

III.

Occorre a questo proposito forse brevemente ricordare che la tesi della disuguaglianza delle anime si era già fatta strada a Parigi prima della condanna del 1277 a partire, come di consueto, dalle *Sententiae* di Pietro Lombardo. In verità le *Sentenze* sollevano la questione in modo molto sintetico, alla fine della dist. 32 del II libro (*An animae creatione sint aequales in donis naturalibus*). Tuttavia, sembra comunque innegabile che Pietro Lombardo propenda già appunto per la tesi della disuguaglianza:

> Illud quoque non incongrue quaeri solet, utrum omnes animae ex creatione aequales sint, an aliae aliis excellentiores. Pluribus non irrationabiliter videtur quod ex ipsa creatione aliae aliis excellant in naturalibus donis, ut in essentia alia aliis sit subtilior, et ad intelligendum memorandumque habilior, utpote acutiori ingenio et perspicaciori intellectu praedita. Quod non improbabiliter dicitur, cum in angelis ita fuisse constet. Et licet naturalibus donis aliae prae aliis polleant, tamen ante baptismum a corpore discedentes, parem poenam, et post baptismum statim aequalem coronam sortiuntur, quia ingenii acumen vel tarditas, praemium vel poenam in futuro non collocat[8].

[8] PETRUS LOMBARDUS, *Sententiae in quattuor libris distinctae*, II, dist. 32, 8, Editiones Collegii S. Bonaventurae ad Claras Aquas (Spicilegium Bonaventurianum, 4), Grottaferrata 1971, p. 517,11-21.

Com'è evidente, l'ipotesi della disuguaglianza sembra essere derivata soprattutto da una constatazione empirica, e cioè il fatto che alcuni intelletti sembrano essere più acuti, più perspicaci e più capaci di ricordare di altri. Degno di nota è anche il parallelo con gli angeli, che esclude in qualche modo il corpo come possibile motivo di diversificazione essenziale delle anime. Ma sostanzialmente il passo è piuttosto avaro di indicazioni; a Pietro preme soprattutto sottolineare che la disuguaglianza a cui si fa qui riferimento riguarda esclusivamente i doni naturali, ma in nessun modo ciò che riguarda la grazia e il destino escatologico: l'acume o la tardità dell'ingegno non procurano alcuna ricompensa o alcuna pena nella vita futura.

Commentando questo passo delle *Sentenze* Tommaso d'Aquino fornisce una spiegazione più articolata (*In II Sent.*, dist. 32, q. 2, a. 3), il cui punto di partenza è rappresentato dalla consueta polemica contro l'ilemorfismo universale. Coloro che pongono una composizione di materia e forma negli angeli e nelle anime non hanno evidentemente alcuna difficoltà a sostenere che la disuguaglianza delle anime non deriva dal loro aspetto formale (che assicura l'identità specifica), ma dal loro aspetto materiale. E questo potrebbe essere, secondo Tommaso, anche il senso del parallelismo tra angeli e anime evocato da Pietro Lombardo nel passo delle *Sentenze* in questione[9]. Ma se invece si nega ogni composizione ilemorfica all'interno delle sostanze separate (angeli e anime), ammettendo unicamente una composizione tra *esse* e *quod est*, come appunto Tommaso fa fin dall'inizio del suo insegnamento, non resta che adottare una strategia diversa, dissociando il caso degli angeli da quello delle anime umane: per i primi, la differenza non può che essere puramente formale, e mette necessariamente capo a specie diverse (ogni specie angelica non contiene che un solo individuo, secondo la ben nota tesi che Tommaso sosterrà lungo l'intero corso della sua produzione e che sarà poi condannata da Tempier). Le seconde, le anime razionali umane, costituiscono invece un'unica specie, e ammettono pertanto solo una distinzione numerica (una distinzione cioè tra più individui all'interno della stessa specie). Ogni distinzione di questo tipo deriva sempre dalla materia: ma se si esclude che le anime possiedano una loro materia spirituale, come si diceva, non resta che far riferimento a questo proposito a una materia esterna, e cioè al corpo[10]. Così,

[9] Cf. THOMAS DE AQUINO, *Scriptum super libros Sententiarum*, II, dist. 32, a. 3, ed. Pierre MANDONNET, Paris 1929, pp. 838-839: "Quidam enim dicunt animam et angelum ex materia et forma compositum, vel ex aliquibus duobus, quae sunt partes essentiae ejus: et secundum hoc potest forte aliquis modus inveniri quo assignetur differentia animarum et angelorum, ut sint plures in specie una etiam ex seipsis; quia unitas speciei erit ex principio formali in ipsis, diversitas autem individuorum est ex diversitate materialis principii, et ex hac etiam posset in eis gradus quidam nobilitatis attendi: et hoc videntur verba Magistri sonare, qui dicit eo modo in animabus esse differentiam quo etiam in angelis est".

[10] Cf. THOMAS DE AQUINO, *Scriptum super libros Sententiarum*, II, dist. 32, a. 3, ed. MANDONNET, p. 839: "Sed quia supra dictum est, secundum aliam opinionem, quia anima

secondo Tommaso, la presenza di gradi diversi di anime è causata dalla diversità dei corpi, nel senso che quanto migliore è la complessione del corpo, tanto più nobile è l'anima che riceve ("et ideo, cum anima non habeat materiam partem sui, oportet quod diversitas et distinctio gradus in animabus causetur ex diversitate corporis: ut quanto corpus melius complexionatum fuerit, nobiliorem animam sortiatur")[11] – una conclusione che Tommaso giustifica sulla base del noto assioma neoplatonico, mutuato dal *De causis* e più mediatamente da Proclo, secondo cui tutto quel che è ricevuto, è ricevuto sempre secondo il modo o la misura di ciò che lo riceve ("cum omne quod in aliquo recipitur per modum recipientis sit receptum"). Almeno due "segni" sembrano per altro confermare questa stessa conclusione. Il primo è che lo stesso principio giustifica la diversità delle anime in generi diversi, ovvero il fatto che piante, animali irrazionali e uomini sembrano partecipare di un genere di anima progressivamente più nobile in proporzione alla nobiltà della complessione dei rispettivi corpi: si può dunque presumere che anche all'interno del medesimo genere

et angelus naturae simplices sunt, et non est in eis compositio, nisi ex esse et quod est; ideo oportet quod quaecumque differentia in eis est ex seipsis, sit differentia formalis, speciei diversitatem inducens: et propter hoc etiam factum est quod in angelis tot sunt species quot individua; et ideo non est possibile ut diversitas animarum ponatur ad modum illum quo distinguuntur gradus in natura angelica, cum omnes animae rationales unius speciei sint, differunt autem numero solo. Omnis autem talis diversitas ex materia causatur [...]".

[11] Thomas de Aquino, *Scriptum super libros Sententiarum*, II, dist. 32, a. 3, ed. Mandonnet, p. 839. Mi limito qui solo a ricordare che l'idea di un rapporto proporzionale tra la nobiltà dell'anima e la complessione del corpo è condivisa e sostenuta anche da Dante nel IV libro del *Convivio* – senza dubbio uno dei testi più rappresentativi delle discussioni medievali sulla nobiltà. Dante propone in realtà – com'è noto – uno schema più articolato: la nobiltà è il "seme di felicità" infuso da Dio nell'anima ben disposta, alla cui purezza concorrono la *virtus* formativa dell'anima generante, la complessione del seme e la disposizione dei cieli (IV, xxi, 4-7). O per utilizzare le parole dello stesso Dante, "è manifesto che nobilitade umana non sia altro che 'seme di felicitade', messo da Dio nell'anima ben posta, cioè lo cui corpo è d'ogni parte disposto perfettamente" (IV, xx, 9). Cf. in proposito soprattutto Paolo Falzone, *Desiderio della scienza e desiderio di Dio nel* Convivio *di Dante*, Bologna 2010, in part. pp. 1-68 e ancor più la relativa Appendice II ("Nobiltà dell'anima e complessione corporea in Dante e in alcuni teologi della seconda metà del XIII secolo", pp. 81-99), a cui si rimanda in particolare per la presentazione della posizione in proposito di Matteo d'Acquasparta. Tra i contributi più recenti sulla concezione dantesca della nobiltà si vedano almeno: Paolo Borsa, *«Sub nomine nobilitatis»: Dante e Bartolo da Sassoferrato*, in: *Studi dedicati a Gennaro Barbarisi*, a cura di Claudia Berra, Michele Mari, Milano 2007, pp. 59-121; Gianfranco Fioravanti, *La prima trattazione «sottile» della nobiltà,* Convivio, *Trattato Quarto*, in: *Rivista di filosofia neo-scolastica*, 105 (2013), pp. 97-104; Guido Castelnuovo, *Être noble dans la cité. Les noblesses italiennes en quête d'identité (XIIIe-XVe siècle)*, Paris 2014, in part. pp. 341-370; Gianfranco Fioravanti, *La nobiltà spiegata ai nobili. Una nuova funzione della filosofia*, in: *Il* Convivio *di Dante*, a cura di Johannes Bartuschat, Andrea Aldo Robiglio (Memoria del tempo, 44), Ravenna 2015, pp. 157-163; Andrea Aldo Robiglio, *La nobiltà di spada in Dante: un appunto su Convivio IV xiv 11*, in: *Il* Convivio *di Dante*, pp. 191-204.

la diversità delle anime si fondi su quella dei corpi[12]. Il secondo "segno" è invece tratto dal *De anima* di Aristotele, e precisamente dal luogo (nel II libro) dove Aristotele afferma che coloro che sono dotati di buon tatto e carni molli sono più atti a pensare o comprendere[13]. Un buon tatto è un indice di buona complessione corporea, e ciò conduce Tommaso a ribadire la sua conclusione: "Unde patet quod ex diversitate corporis animarum diversitas resultat"[14]. Nelle risposte agli argomenti iniziali, Tommaso aggiunge qualche precisazione degna di nota. Almeno quattro meritano di essere ricordate: in primo luogo, il fatto che la differenza formale tra le anime debba essere intesa in senso accidentale, non essenziale, in quanto prodotta appunto dalla diversità della materia. Poi, il rifiuto di intendere in senso ontologico forte la tesi dell'uguaglianza delle anime, che Tommaso ricava non dalla *Consolatio* boeziana, da cui abbiamo preso le mosse, ma dai *Moralia* di Gregorio Magno[15]: per Tommaso, l'uguaglianza a cui Gregorio fa riferimento è solo quella strettamente "politica" ("quae attenditur secundum dominium et subjectionem")[16], e non riguarda dunque la natura stessa delle anime. Ancora, la confutazione del principio, che abbiamo anch'esso parzialmente trovato in Boezio, secondo cui da un solo agente uniforme non possono che derivare effetti uniformi: se le anime umane sono create immediatamente da Dio, senza l'ausilio o la mediazione di cause seconde, esse dovrebbero quindi risultare ontologicamente uniformi. Tommaso non nega, a questo proposito, che Dio sia un agente uniforme, ma sottolinea piuttosto il fatto che si tratta di un agente volontario, che può produrre effetti multiformi secondo le decisioni della propria volontà: ma la diversità, ribadisce Tommaso una volta di più, non può essere ottenuta dalla forma, perché in tal caso Dio verrebbe per assurdo a creare qualcosa di contraddittorio (e cioè una diversità di forme che non mette capo a una diversità di specie), e deve quindi essere ricondotta alla materia[17]. Infine, all'obiezione secondo

[12] Cf. THOMAS DE AQUINO, *Scriptum super libros Sententiarum*, II, dist. 32, a. 3, ed. MANDONNET, p. 839: "[...] et hoc quidem duplici signo patet. Primo ex his quae diversi generis sunt: quia unumquodque invenitur tanto nobilius genus animae participare, quanto corpus ejus ad nobilius genus complexionis pertingit, ut in hominibus, brutis et plantis. Unde etiam in his quae sunt unius generis, ex hoc contingit diversitas animarum, quod est in corporibus diversitas [...]".

[13] Cf. ARIST., *De anima*, II, 9, 421a23-26.

[14] THOMAS DE AQUINO, *Scriptum super libros Sententiarum*, II, dist. 32, a. 3, ed. MANDONNET, p. 839.

[15] Cf. GREGORIUS MAGNUS, *Moralia in Iob*, XXI, 15, ed. Marc ADRIAEN (Corpus Christianorum. Series Latina, 143A), Turnhout 1979, p. 1082,12-14: "[...] omnes homines natura aequales genuit, sed uariante meritorum ordine, alios aliis dispensatio occulta postponit".

[16] THOMAS DE AQUINO, *Scriptum super libros Sententiarum*, II, dist. 32, a. 3, ad 2um, ed. MANDONNET, p. 840.

[17] Cf. THOMAS DE AQUINO, *Scriptum super libros Sententiarum*, II, dist. 32, a. 3, ad 3um, ed. MANDONNET, p. 840: "[...] quamvis Deus sit unum agens in quo nulla est diversitas, tamen quia per voluntatem agit, potest multiformes effectus producere pro libito suae voluntatis. Sed

cui l'intelletto è separato dal corpo, e dunque non può derivare la sua bontà dalla bontà di quest'ultimo, Tommaso risponde che l'intelletto è sì separato dal corpo quanto alla sua operazione, ma mantiene tuttavia pur sempre una duplice congiunzione con il corpo stesso: (i) dal punto di vista dell'essenza (l'anima razionale è forma del corpo, e anzi l'unica forma del corpo, secondo la più classica delle tesi propriamente tommasiane) e (ii) per quel che riguarda le potenze sensitive inferiori, da cui trae sempre origine il processo intellettivo. Ed è in questo modo che la diversità dei corpi influisce su quella degli intelletti ("et per istum modum diversitas corporis in diversitatem intellectus redundat")[18]. Tommaso postula dunque una continuità molto forte, ma pienamente in linea con la tradizione peripatetica (specie araba), tra i livelli più elevati della conoscenza sensibile e la conoscenza puramente intellettiva.

In effetti, qualche anno più tardi, Tommaso ribadisce questa stessa convinzione anche nella *Summa theologiae*, e precisamente nella q. 85, a. 7 della Iª *pars*, in cui ci si chiede se una stessa cosa possa essere intesa o compresa da uno meglio che da un altro. La risposta di Tommaso è affermativa, e le ragioni addotte ripropongono quelle già esposte nello *Scriptum super Sententiis*: da una parte, l'idea che l'intelletto è tanto più perfetto quanto migliore è la disposizione del corpo, dal momento che ogni forma è ricevuta nella materia secondo la capacità della materia stessa ("Manifestum est enim quod quanto corpus est melius dispositum, tanto meliorem sortitur animam: quod manifeste apparet in his quae sunt secundum speciem diversa. Cuius ratio est, quia actus et forma recipitur in materia secundum materiae capacitatem. Unde cum etiam in hominibus quidam habeant corpus melius dispositum, sortiuntur animam maioris virtutis in intelligendo"[19]; segue la stessa citazione dal II libro del *De anima* già utilizzata nel *Commento alle Sentenze*); dall'altra, la necessità del rapporto con le virtù inferiori, di cui l'intelletto ha bisogno per la propria attività. Come Tommaso afferma qui in maniera ancora più esplicita, coloro che possiedono dei sensi interni meglio disposti, sono ugualmente meglio disposti a pensare: "Illi enim in quibus virtus imaginativa et cogitativa et memorativa est melius disposita, sunt melius dispositi ad intelligendum"[20].

Ora, la vicinanza di questa formulazione a quella dell'art. 187 condannato da Tempier nel 1277 è evidente: le capacità intellettuali sono condizionate e diversificate dalla disposizione delle potenze sensitive interne. È evidente che Tommaso non condivide i due presupposti denunciati da Tempier come possibili radici di

hoc esse non potest quod aliqua in specie convenientia, in forma habeant diversitatem: quia haec contradictionem implicant; et ideo oportet quod diversitas quae est in animabus ejusdem speciei, in diversitatem materiae reducatur".

[18] Thomas de Aquino, *Scriptum super libros Sententiarum*, II, dist. 32, a. 3, ad 7um, ed. Mandonnet, p. 840.

[19] Thomas de Aquino, *Summa theologiae*, Iª, q. 85, a. 7, p. 417 (faccio riferimento qui all'edizione in un solo volume – basata sul testo leonino e con correzioni proposte dalla stessa *Commissio* – pubblicata da San Paolo Edizioni, Cinisello Balsamo 1999).

[20] Thomas de Aquino, *Summa theol.*, Iª, q. 85, a. 7, Editiones Paulinae, p. 417.

questo errore, e cioè il monopsichismo averroista e l'idea dell'uguaglianza delle anime, ma in realtà proprio questo secondo aspetto deve essere considerato con attenzione: Tommaso fonda la diversità delle anime nella materia (nel corpo), e dunque implicitamente ammette che di per sé le anime siano formalmente identiche – il che equivale a dire che l'anima di Cristo e l'anima di Giuda, dal punto di vista delle doti naturali, possiedono una nobiltà diversa rispetto alla complessione dei rispettivi corpi, e non in sé. Tommaso è così di fatto sfiorato, se non proprio direttamente toccato, dalla condanna dell'articolo 187, al di là o anche a dispetto della sua ferma opposizione alla noetica e alla psicologia averroiste.

IV.

Ed è proprio forse la posizione di Tommaso a creare imbarazzo negli interventi di Enrico e Egidio successivi alla condanna. Nella q. 5 del *Quodlibet* III, disputato come già si diceva immediatamente a ridosso della condanna, Enrico affronta la questione *Utrum anima Christi, circumscripta omni dispositione corporis et circumscriptis donis gratuitis, scilicet solum ut in puris naturalibus existens, sit nobilior qualibet anima cuiuslibet alterius*. L'argomento iniziale contro la diversità è che – messi da parte i doni gratuiti, ma *soprattutto messo da parte il corpo* – nell'anima non si ritrovano che la sua essenza e le sue proprietà essenziali: ma qualunque diversità nell'essenza o nelle proprietà essenziali determinerebbe una diversità specifica, non numerica[21]. L'argomento a favore della disuguaglianza è costituito dalla sola citazione dell'articolo 124 della lista di Tempier. Enrico imposta la sua *responsio* distinguendo tra tre tipi di forme: quelle del tutto separate, quelle naturali e immanenti (le forme delle cose naturali), e quelle intermedie, in parte congiunte e in parte separabili, e cioè le anime razionali umane. Nel caso delle forme delle sostanze separate e delle forme immanenti, per ragioni opposte, il problema evidentemente non si pone – almeno dal punto di vista filosofico. La difficoltà riguarda dunque solo le anime razionali, che

[21] Cf. Henricus de Gandavo, *Quodlibet* III, q. 5, in: *Quodlibeta*, vaenundantur ab Iodoco Badio Ascensio, Parisiis 1518, rist. anast., Louvain 1961, f. 53rV: "arguitur quod anima Christi in puris naturalibus non potuit esse nobilior quam anima alterius, quia in natura animae non sunt nisi natura speciei et essentiae eius, et essentiales sive naturales proprietates. Si ergo anima Christi fuisset nobilior alia, aut ergo ratione naturae speciei et essentiae eius, vel naturalium proprietatum. Non ratione essentiae quia in essentia et natura speciei non est gradus vel ordo, nisi secundum speciem, sicut neque in numeris, ut vult Philosophus VIII° *Metaphysicae*. Aut ergo non est anima Christi in alio gradu dignitatis et naturae quam sint aliae animae, aut non est eadem specie cum eis: quod est inconveniens. Neque ratione essentialium proprietatum, quia tales proprietates non diversificantur nisi propter diversitatem naturae, quia sunt diversae et eaedem, secundum quod natura est eadem vel diversa. Si ergo non potest esse gradus in natura et essentia, neque in istis proprietatibus; ergo etc." (qui, come nelle citazioni successive, è stata modificata l'interpunzione dell'edizione Badius).

possono pur sempre sussistere per sé, e che non subiscono una mutazione essenziale nella loro congiunzione ai corpi (per quanto derivino dai corpi stessi, secondo la rielaborazione di un modello avicenniano fatta propria anche da Tommaso d'Aquino, il principio della loro individuazione). Da ciò alcuni hanno concluso – e il riferimento sembra essere proprio a Tommaso – che nelle anime razionali non può darsi alcuna differenza formale, e che pertanto la differenza delle capacità intellettive individuali non può che essere riportata alla differente disposizione delle potenze sensitive: coloro che possiedono una *vis imaginativa* meglio sviluppata sono meglio disposti alla conoscenza intellettuale. Ma questa è appunto la tesi che Tempier, come Enrico stesso ricorda, condanna nell'art. 187[22]. Enrico sembra così avvalorare, almeno implicitamente, l'ipotesi che uno dei bersagli dell'articolo sia appunto rappresentato da Tommaso d'Aquino. Ma Enrico stesso non prende qui invece posizione, limitandosi a ricordare che altri hanno ritenuto che il modello tommasiano impedisce di fatto di spiegare in che modo un'anima determinata possa essere appropriata a un determinato corpo, dal momento che tutte le anime dovrebbero essere considerate uguali e indifferenti prima della congiunzione ai corpi. La soluzione alternativa citata da Enrico presuppone la rinuncia all'uniformità delle anime e, corrispondentemente, l'assunzione che sussistano gradi diversi di dignità nell'essenza specifica dell'anima umana[23], ovvero che una natura possa ammettere o "subire" (*patire*) gradi differenti senza che tali gradi modifichino, per quel che riguarda in senso stretto la determinazione *specifica*, la natura stessa: si tratterebbe quindi di gradi *all'interno* della medesima specie (dunque, gradi di perfezione), che non produrrebbero in quanto tali una diversificazione o plurificazione delle specie stesse. Come ciò possa accadere – aggiunge Enrico – potrebbe forse essere spiegato a partire da ciò che si riscontra nelle forme naturali, dove all'interno della medesima natura si ritrovano gradi diversi di intensità (*intensio et remissio*): se è possibile di fatto riscontrare gradi diversi di

[22] Cf. Henricus de Gandavo, *Quodlibet* III, q. 5, ed. Parisiis 1518, f. 53vY-Z: "Videri ergo potest ex hoc alicui quod sub specie animae rationalis non possunt esse duae animae quarum una excedit aliam in gradu dignitatis, essentiae, vel accidentium per se consequentium essentiam, sicut neque sub eadem specie angeli [...]. Qui hanc positionem vellet sustinere, diceret quod omnis diversitas actionis animarum in corpore ex parte intellectus convenit ex diversitate virium inferiorum animalium et naturalium, quibus utitur tamquam adminiculis vis intellectiva in sua operatione. Unde illi in quibus est vis imaginativa melius ordinata, melius sunt dispositi ad intelligendum. Sed hoc damnat alius articulus episcopalis quid dicit sic: 'Quod nos melius vel peius intelligimus hoc provenit ex intellectu passivo, qui est potentia sensitiva – Error, quia hic [*sic*] ponit unum intellectum in omnibus aut aequalitatem in omnibus animabus'".

[23] Cf. Henricus de Gandavo, *Quodlibet* III, q. 5, ed. Parisiis 1518, f. 53vZ: "Quidam igitur in animabus uniformitatem non ponunt, sed gradus in essentia speciei secundum maiorem dignitatem et minorem, secundum quod ordinantur ad perficiendum corpus bene vel melius dispositum, ut corpus quanto melius sit dispositum, tanto meliorem in natura et dignitate speciei sortiatur animam".

bianchezza nelle diverse cose bianche, ciò significa che la bianchezza in quanto tale può ammettere 'gradi' all'interno dell'estensione della propria natura. Il tema della *latitudo formarum* viene così applicato, almeno implicitamente e indirettamente, per supportare un possibile modello teorico in grado di giustificare una differenza formale tra le anime all'interno della medesima e unica specie[24]. Si tratta tuttavia di un'ipotesi che contraddice chiaramente alcuni presupposti aristotelici: la *latitudo* delle forme si sottrae al parallelismo che Aristotele introduce tra le forme e i numeri (nessun numero ammette al suo interno una gradazione di intensità o una differenza formale) e soprattutto rende il caso delle forme sostanziali simile a quello delle forme accidentali, annullando di fatto la distinzione tra le une e le altre. Per questa ragione – anche se si può ipotizzare che le sue simpatie vadano in direzione di quest'ultimo modello – Enrico stesso si astiene, come detto, dal prendere una posizione netta, e dal determinare la questione: "Quid tamen sentiendum sit iudicio rationis et intellectus revera ignoro: propter quod super hoc, quia episcopus in hac quaestione sententiavit, nihil determino omnino"[25].

V.

Dopo la riabilitazione e il ritorno di Egidio Romano a Parigi, la questione si riaffaccia nella q. 18 del II *Quodlibet* (*Utrum animae humanae sint aequales in naturalibus*) del maestro agostiniano, disputato nel 1287, a dieci anni di distanza

24 Cf. Henricus de Gandavo, *Quodlibet* III, q. 5, ed. Parisiis 1518, f. 53vZ: "Et forte videri possit alicui quod ratio inducta pro opinione praecedenti de formis separatis et animabus rationalibus, quod non possunt habere supposita differentia secundum gradus dignitatis in natura speciei, eandem efficaciam habet circa formas omnino materiales et accidentales, de quibus manifestius videtur quod in natura speciei suae suscipiunt magis et minus, intensionem videlicet et remissionem, sicut patet in albedine. Sicut enim species in materialibus omnino consistit in indivisibili, sicut et species numeri, similiter, ut videtur, etiam species albedinis, ita quod si ponatur albedo per se separata in suppositis, quodlibet illorum non est nisi ipsa species non habens in se nisi esse ipsius speciei et totum eius esse. Ita quod non fit magis in eis gradus dignitatis maioris et minoris quoad esse speciei quam in duobus angelis eiusdem speciei. Non enim una albedo si esset separata esset magis albedo quam alia, sicut unus angelus non est magis angelus in natura speciei suae quam alter. Nec huiusmodi gradus, ut videtur, potest contrahi ex coniunctione huiusmodi formae cum materia, si ipsum non patitur ex se in sua essentia, quia super impossibile non cadit potentia, ut deducatur in actum. Si ergo species in natura sua nullo modo patitur gradus, coniunctio cum materia nullo modo potest ipsos ei dare. Unde si habet eos in materia, natura speciei patitur eos, ut si albedo in corpore uno superiori gradu formae albedinis sit quam alia in alio, ut per hoc unum corpus dicatur albius alio, patet plane quod natura speciei quantum est de se patitur in se illos gradus. Et si natura albedinis patitur eos in materia et non extra, quia non est nata esse extra, similiter pateretur illos separata si posset separari. Quare consimili ratione nec ullius speciei creaturae, ut videtur, repugnat quin dicti gradus possunt esse in ea".

25 Henricus de Gandavo, *Quodlibet* III, q. 5, ed. Parisiis 1518, f. 53vZ.

dalla condanna di Tempier, e a poco meno dall'intervento cauto, o perplesso, di Enrico. Significativamente, Egidio imposta la sua risposta citando congiuntamente gli articoli di Tempier che abbiamo richiamato in precedenza: il problema è appunto, per Egidio, quello di interpretare il senso corretto dell'intervento, cercando se possibile di sottrarre alla sua portata la tesi avanzata da Tommaso d'Aquino. Per Egidio, è evidente che il vescovo non può aver voluto sostenere la disuguaglianza delle anime per ciò che riguarda la specie, ma solo per ciò che riguarda gli individui[26]. Ma se si fa riferimento all'individuazione prodotta dalla materia, si accresce soltanto la difficoltà della questione: "Sed si sic dicamus, augemus quaestionis difficutatem, et videmur omnino obviare articulis, quibus nullo modo intendimus obviare, sed magis exponere et declarare"[27]. È in effetti evidente, per Egidio, che Dio potrebbe individuare le anime senza i corpi, e Agostino sembra sostenere che la creazione delle anime (almeno, quella di Eva) precede il momento della congiunzione con i corpi. L'intento di Tempier è allora quello, secondo Egidio, di evitare un possibile equivoco, quello cioè di riportare immediatamente e direttamente la diversità delle anime a quella dei corpi, come se un fabbro potesse risultare migliore di un altro perché il suo martello risulta migliore dei martelli degli altri[28]. E tuttavia resta vero – e ciò permetterebbe di salvare almeno in parte la posizione di Tommaso – che l'anima diviene una determinata anima ("haec anima") in virtù della congiunzione al corpo, acquisendo così una determinata nobiltà naturale: se la qualità del martello, in altri termini, non aggiunge o toglie nulla alla qualità del fabbro, il corpo è invece ciò che fa sì – più o meno direttamente – che un'anima diventi *quella* data anima individuale. Dunque, gli articoli vanno interpretati nel senso che essi escludono che sia solo la nobiltà del corpo a determinare la nobiltà dell'anima, ma non escludono che l'anima possieda una *sua* nobiltà che trae origine dalla sua individuazione, e

[26] Cf. AEGIDIUS ROMANUS, *Quodlibet* II, q. 18, in: *Quodlibeta*, Typis Hieronimi Nempaei, Lovanii 1646, p. 96a: "[...] sciendum quod non sit credibile, quod articulus velit ponere inaequalitatem in animabus quantum ad ea quae pertinent ad speciem, quia tunc sequeretur quod animae humanae non essent ejusdem speciei, et per consequens, nec homines: quod nullus diceret. Oportet ergo istam inaequalitatem referre ad ea quae spectant ad individua, non ad ea quae pertinent ad rationem speciei, ut non in eo, quod anima una sit inaequalis alii, sed in eo, quod haec anima" (anche in questo caso abbiamo modificato, qui come in seguito, l'interpunzione originaria dell'edizione del 1646).

[27] AEGIDIUS ROMANUS, *Quodlibet* II, q. 18, ed. Lovanii 1646, p. 96b.

[28] Cf. AEGIDIUS ROMANUS, *Quodlibet* II, q. 18, ed. Lovanii 1646, p. 96b: "Propter quod sciendum quod articulus forte intendat removere malum intellectum qui posset haberi ex hoc modo loquendi, quod una anima sit nobilior alia, quia unum corpus est nobilius alio. Non enim debemus imaginari quod omnino sit simile, de anima et de corpore, et de artifice et organi; nam artifex in se non est melior ex eo quod habeat melius organum, ut non est unus faber melior alio, ex quo quod unus habeat meliorem martellum quam alius (nihil enim resultat in fabro ex bonitate martelli). Non autem sic est de forma et materia, nec de anima et corpore [...]".

dunque dal rapporto con il corpo[29]. Egidio chiarisce la differenza servendosi di un celebre esempio tratto da Averroè: da una parte, la diversità delle forme produce la diversità della materia a livello specifico, ma dall'altra, all'interno della stessa specie, è la diversità della materia a determinare una differenza individuale delle forme: e così, i corpi e le membra del leone e del cervo sono diversi *perché le loro anime sono specificamente diverse*, ma le anime di due cervi determinati e di due leoni determinati differiscono tra loro *perché i loro corpi sono numericamente diversi*[30]. Che tutte le anime poi siano prodotte da un unico agente uniforme (per tornare al principio boeziano da cui eravamo partiti) non è per Egidio un inconveniente: anche se procedono da una causa invariabile, le anime acquisiscono la loro propria disuguaglianza in virtù dell'individuazione[31].

VI.

Questo richiamo al punto di partenza mi permette di passare a delle rapide conclusioni. Due sono di natura più strettamente storiografica, e riguardano l'interpretazione della condanna del 1277: in primo luogo, la questione della nobiltà e dell'uguaglianza delle anime permette forse di aggiungere almeno un altro articolo (se non due) all'elenco di quelli il cui bersaglio potrebbe essere rappresentato, più o meno direttamente, da Tommaso d'Aquino, e la testimonianza in questo senso di Enrico di Gand è a questo proposito, per quanto implicita, sufficientemente indicativa.

[29] Cf. Aegidius Romanus, *Quodlibet* II, q. 18, ed. Lovanii 1646, p. 97a: "Animae ergo ex modo suae individuationis aliquam dignitatem naturalem acquirunt, quae nobilitas non est ex eo quod anima (quia in hoc non differt una anima ab alia), sed in eo est, quod sit haec anima. Cum ergo dicitur quod major nobilitas in anima non sit in eo, scilicet ex majori nobilitate corporum, si intelligatur quod ipsa anima non sit nobilior, sed solum corpus nobilius, ita ut nihil nobilitatis naturalis sit in una anima, quae non sit in alia, neque bona aptitudo, neque bona dispositio, nec aliquid tale, non approbatur hoc dictum, quia talia sunt in anima una, quae non sunt in alia, et ex modo suae individuationis acquirunt ista, undecumque istum modum individuationis acquirant".

[30] Cf. Aegidius Romanus, *Quodlibet* II, q. 18, ed. Lovanii 1646, p. 97b: "Et si loquamur de illis formis, quae sunt eductae de potentia materiae, non habet dubium, quia in his quae pertinent ad speciem, materia diversificatur propter formam, in his autem, quae ad individuum, forma propter materiam; ideo membra leonis et membra cervi differunt, quia animae differunt, sed anima hujus cervi et illius cervi differunt quia corpora differunt". Cf. Averroes Cordubensis, *Commentarium Magnum in Aristotelis De anima libros*, I, comm. 53, ed. Frederick S. Crawford, Cambridge MA 1953, p. 75,17-19: "Membra enim leonis non differunt a membris cervi nisi propter diversitatem anime cervi ab anima leonis".

[31] Cf. Aegidius Romanus, *Quodlibet* II, q. 18, ed. Lovanii 1646, p. 97a: "[...] nam animae secundum speciem sunt aequales. Ex suo autem modo individuationis habent inaequalitatem quamcumque [...]".

In secondo luogo, le differenti attitudini dello stesso Enrico e di Egidio rispetto agli artt. 124 e 187 spingono a mettere in dubbio, una volta di più, alcuni stereotipi o automatismi storiografici sul senso complessivo della condanna: è significativo che Enrico, che pure della Commissione aveva appunto fatto parte, si astenga anche in questo caso, come in altri, dal prendere una posizione, e preferisca non schierarsi, senza approvare risolutamente l'operato del vescovo; Egidio, che degli eventi del 1277 era stato vittima, cerca invece di interpretare l'intervento di Tempier adeguandosi di fatto a ciò che il combinato degli articoli dispone, ma mostrando al contempo la compatibilità con essi della posizione di Tommaso d'Aquino.

Infine, una terza considerazione di carattere più generale. Si è discusso molto, negli ultimi anni, e si continua a discutere intorno all'origine di alcuni principî ritenuti ormai come costitutivi della tradizione occidentale, come ad esempio quello dell'uguaglianza: si tratta, in questo caso specifico, di un principio introdotto solo a partire dalla Rivoluzione francese e in conseguenza di essa, o di un principio già in qualche modo presente nella tradizione teologica cristiana? La questione è evidentemente troppo complessa per poter essere affrontata nelle battute conclusive di questo intervento, e in ogni caso non possiedo le competenze necessarie per avanzare una risposta fondata o sensata: mi limito a sottolineare che il piccolo segmento del dibattito su cui mi sono qui soffermato, negli anni che precedono e seguono la condanna del 1277, evidenzia una tensione molto forte tra l'esigenza di mantenere un'identità specifica dell'umanità e quella di riconoscere delle differenze individuali che potrebbero essere considerate *solo accidentali* (come Tommaso si premura di precisare), ma che in realtà segnano profondamente la capacità di ciascun uomo di rispondere alla propria definizione e alla propria *essenza specifica* – la capacità cioè di esercitare la razionalità. La questione della disuguaglianza delle anime – o della loro minore o maggiore nobiltà – coincide così, da un certo punto di vista, con la ricerca di uno spazio intermedio tra ciò che è essenziale e comune e ciò che è individuale in ragione (*anche* o *solo*) del proprio aspetto corporeo o materiale. La tradizione scolastica, come di consueto e com'è anche ovvio che sia, non ha elaborato un modello univoco per rispondere a tale questione, ma ne ha messo in evidenza i tanti aspetti problematici, lungo una tradizione che – come soprattutto Henryk Wels ha mostrato[32] – arriva almeno fino al XVII secolo. Resta forse un rimpianto, e cioè che l'appello della Filosofia nel III libro della *Consolatio* boeziana – l'appello cioè a fare della nobiltà non un dato, ma un compito – sia rimasto per lungo tempo pressoché inascoltato[33].

[32] Cf. Henryk Wels, *Durandus de St. Porciano – ein Wendepunkt in der Debatte um die Gleichheit der Seelen?*, in: *1308. Eine Topographie historischer Gleichzeitigkeit*, hrsg. von Andreas Speer, David Wirmer (Miscellanea Mediaevalia, 35), Berlin–New York 2010, pp. 370-387; Id., *Die substanzielle Gleichheit der menschlichen Seelen im frühneuzeitlichen Aristotelismus*, in: *Der Aristotelismus an der europäischen Universitäten der frühen Neuzeit*, hrsg. von Rolf Darge, Emmanuel J. Bauer, Günter Frank, Stuttgart 2010, pp. 269-290.

[33] Questo contributo è stato preparato e portato a termine nell'ambito del progetto scientifico "Universality and its Limits: Strategies of Inclusion and Exclusion in the History of Philosophy and Contemporary Philosophical Debates" (PRIN 2012).

SILVIA NEGRI

Enrico di Gand e la discussione sulla nobiltà dell'essere e del vivere nel tardo Duecento

I. Enrico di Gand e l'articolo XXVII della *Summa*: la nobiltà del vivere

Fra il 1278 e il 1279 il teologo Enrico di Gand compose a Parigi due questioni disputate *De vivere et vita in Deo*. Raccolta nell'articolo XXVII della sua *Summa quaestionum ordinariarum*, l'analisi sul significato di vita, vivere e vivente si collocava nella sezione dell'opera del maestro belga dedicata alla sostanza divina unica e unitaria, considerata per sé[1]. Le questioni, sinora perlopiù ignorate dalla critica, offrono lo spunto per un'indagine sulla semantica della nobiltà nel discorso scolastico medievale[2]. Per chiarire se e come di Dio possa essere predicata la vita, Enrico vi adottava, infatti, due differenti prospettive di studio: in entrambe, l'attributo di nobiltà ricorreva accanto alla vita divina e al vivere più in generale.

[1] Ho preparato la prima edizione critica moderna del testo delle due questioni nella mia dissertazione. Cf. Silvia NEGRI, *Wissensüberlieferung an der Universität Paris im späten 13. Jh.: kritische Edition der* Summa Quaestionum Ordinariarum *des Heinrich von Gent (Art. XXV-XXVII)*, Tesi di dottorato, Siena–Freiburg i. Br. 2014 [HENRICUS DE GANDAVO, *Quaestiones ordinariae (Summa)*, a. XXVII, q. 1 ("Quid sit vita in vivente") e 2 ("Utrum Deo conveniat vita"), pp. 117-152]. L'edizione verrà accolta nella HENRICI DE GANDAVO OPERA OMNIA. Per l'edizione rinascimentale della *Summa* cf. HENRICUS DE GANDAVO, *Summa quaestionum ordinariarum*, a. XXVII, qq. 1-2, ed. Iodocus BADIUS ASCENSIUS, vol. 1, Parisiis 1520 [rist. anast. St. Bonaventure, N. Y., 1953], ff. 160rZ-164vH. Sulla datazione dell'articolo XXVII della *Summa*, si rimanda a José GÓMEZ CAFFARENA, *Cronología de la 'Suma' de Enrique de Gante por rélación a sus 'Quodlibetos'*, in: Gregorianum, 38 (1957), pp. 116-133: 133 e a Silvia NEGRI, *Wissensüberlieferung an der Universität Paris*, pp. 128-130. Sull'opera di Enrico di Gand in generale cf. Gordon A. WILSON, *Henry of Ghent's Written Legacy*, in: *A Companion to Henry of Ghent*, ed. by Gordon A. WILSON (Brill's Companions to the Christian Tradition, 23), Leiden–Boston 2010, pp. 3-24.

[2] La prima delle due questioni è stata in parte analizzata da Roland J.TESKE, *Distinctions in the Metaphysics of Henry of Ghent*, in: *Essays on the Philosophy of Henry of Ghent*, ed. by Roland J. TESKE (Marquette Studies in Philosophy, 76), Milwaukee 2012, pp. 93-115: 96-104. Sulla metafisica della vita e del vivere nella *Summa Halensis* e in Alberto Magno cf. Louis-Bertrand GEIGER, *Le traité de la vie de la* Summa Fratris Alexandri. *Contribution à l'histoire de la métaphysique de la vie au XIIIe siècle*, in: Harry Austryn Wolfson Jubilee Volume, on the Occasion of his Seventy-Fifth Birthday, ed. by Arthur HYMAN, Saul LIEBERMAN, vol. 1, Jerusalem 1965, pp. 311-334 e ID., *La vie, acte essentiel de l'ame. L'esse acte de l'essence d'apres Albert le Grand*, in: Études d'histoire littéraire et doctrinale, 3 (1962), pp. 49-116.

In un primo senso, Enrico di Gand combinava osservazione della natura e approccio metafisico grazie all'idea di movimento, fisico e spirituale, e attribuiva a Dio la vita più alta e più nobile. Il maestro disegnava una gerarchia ascendente di viventi nella quale Dio occupa il posto dell'eminenza. Nei vegetali e negli animali, affermava il maestro richiamandosi allo pseudo-aristotelico *De Plantis* e al *De Anima* di Aristotele, la vita si manifesta, in maniera più o meno apparente, come movimento autonomo, come intrinseca possibilità di operare. Gli esseri viventi "possiedono la capacità di mettere in atto qualcosa in se stessi e da se stessi", e il vivere esprime l'atto primo del vivente[3]. Rispetto a piante e animali, poi, costretti da impulsi naturali, uomini e angeli, spiegava Enrico, vivono secondo un grado maggiore di perfezione[4]. Seppure con diversa intensità, essi partecipano della vita spirituale che in Dio si manifesta in maniera primaria e principiale[5]. Solo in Dio, infatti, vi è

[3] Cf. Henricus de Gandavo, *Quaestiones ordinariae (Summa)*, a. XXVII, q. 1, ed. Negri, pp. 120,71-121,75.87-89 (ed. Parisiis 1520, f. 160vC-D): "Circa primum istorum sciendum quod in aliquo percipimus actum vitae, qui est vivere, et ei iudicamus vitam inesse, quia percipimus in eo motum sive operationem per seipsum et ex se ipso et in se ipso. Propter quod dicit Philosophus in principio libri De plantis: 'Vita in animalibus et plantis inventa est; in animalibus manifesta apparens, in plantis vero occulta, non evidens' [...] Quare cum ut patet ex modo significandi et intelligendi significatum eius quod est vivere, ipsum significat rationem actus ut agere, et non potest esse actus ut agere secundus". In relazione al primo approccio offerto da Enrico rispetto al problema della vita in Dio, cf. in parallelo la trattazione che Tommaso d'Aquino dedicò, nella *Summa theologiae*, alla medesima questione, e a cui senza dubbio Enrico di Gand si ispirò: Thomas de Aquino, *Summa theologiae*, Ia, q. 18, aa. 1-3, Editiones Paulinae, Cinisello Balsamo 1988, pp. 98-101.

[4] All'inizio della sua *responsio* alla seconda questione, Enrico enunciava il criterio secondo cui avrebbe tracciato la gerarchia ascendente dei viventi: maggiormente viventi sono quegli esseri animati che agiscono con maggiore libertà. Cf. Henricus de Gandavo, *Quaestiones ordinariae (Summa)*, a. XXVII, q. 2, ed. Negri, pp. 146,21-147,29.32-35 (ed. Parisiis 1520, f. 164rB): "Dicendum ad hoc, cum secundum iam determinata vivere dicantur viventia, ex eo quod sunt in tali esse quod habeant vim agendi aliquid in se ipsa et ex se ipsis, quanto igitur hoc perfectius alicui convenit, tanto perfectius dicendum est vivere et perfectior vita ei inesse. Tanto autem perfectius habet vim agendi et operandi ex se ipso et in se ipso, quanto vim agendi habet minus dependentem ab alio tamquam a movente primo qui movet aut sicut finis motus, aut sicut impellens in motum. Agens ergo non dependens omnino a tali motore, neque ut a fine, neque ut ab impellente, maxime debet dici vivere [...] Et generaliter, quanto minori impulsu et quanto magis libere agens feratur in finem, tanto magis dicetur vivere, et verius; et minus, quanto maiori impulsu et minus libere agit".

[5] Quanto alla posizione gerarchica di uomini e angeli rispetto all'attributo di libertà e dunque di vita, affermava Enrico: "In homine autem est adhuc superior et perfectior gradus vitae, quia habet principium movendi se a se ipso absque omni impulsu agentis et formae naturalis, sed libere ex sola apprehensione rationis et intellectus determinantis finem; sed per discursum et deductionem, non per simplicem apprehensionem, quemadmodum determinatur in angelo seu intelligentia. Propter quod expeditiora sunt intellectualia quam rationalia, ut per liberam electionem moveant se ad finem, vel a fine", cf. Henricus de Gandavo, *Quaestiones ordinariae (Summa)*, a. XXVII, q. 2, ed. Negri, p. 149,83-89 (ed. Parisiis 1520, f. 164rD). Secondo l'autore, anche le nature razionali e gli angeli sono tuttavia in qualche modo

perfetta coincidenza di soggetto e oggetto del movimento; solo nel primo principio si realizza quella perfetta autonomia dell'agire che coincide con la totale assenza di cause efficienti o finali esteriori al soggetto d'azione, e che è insieme produzione d'essere[6]. Richiamandosi al sesto capitolo dei *Nomi divini*, Enrico di Gand concludeva che Dio è vita "superiore alla vita", e origine della vita in ogni essere animato. Con Aristotele, poi, il teologo attribuiva al motore primo, intelletto in atto, una vita nobile e sempiterna[7].

In altro senso, per fondare la possibilità dell'attribuzione a Dio del predicato *vivere*, Enrico di Gand si soffermava sulla sua relazione con l'*esse*, e tracciava un'assiologia dei due termini grazie all'impiego dell'aggettivo *nobile*. Enrico muoveva da una considerazione generale: a dispetto della sentenza aristotelica per cui "vivere in viventibus non sit nisi ipsum eorum esse", "essere" e "vivere" non sono semplici sinonimi; diversamente, per ogni cosa "che è", bisognerebbe anche dire "che vive"[8]. Vi è cioè anzitutto una differenza semantica fra "essere" e "vivere". Tale distinzione si esprime anche in relazione a Dio. Nella semplicità assoluta del principio primo, infatti, l'essere e il vivere s'identificano (*re*); diverso è però il significato espresso dai due verbi "essere" e "vivere" nel discorso su Dio (*ratione*). Nelle creature, invece, l'essere e il vivere s'identificano se si considera il vivente nella sua attualità (*re*); si distinguono, tuttavia, qualora si pensi all'origine di ogni essere animato (*intentione*). Richiamandosi all'autorità del *Liber de causis*, Enrico ricordava, infatti, che l'essere è donato alla creatura da Dio per primo e dal nulla, mentre il vivere si aggiunge all'essere per informazione[9]. Da qui, la differenza intenzionale, nelle creature, fra l'essere

eterodiretti. Cf. *Quaestiones ordinariae (Summa)*, a. XXVII, q. 2, ed. Negri, p. 150,97-104 (ed. Parisiis 1520, f. 164vD).

[6] Cf. Henricus de Gandavo, *Quaestiones ordinariae (Summa)*, a. XXVII, q. 2, ed. Negri, pp. 150,107-151, 118 (ed. Parisiis 1520, f. 164vE).

[7] Cf. Henricus de Gandavo, *Quaestiones ordinariae (Summa)*, a. XXVII, q. 2, ed. Negri, p. 151,121-130 (ed. Parisiis 1520, 164vE): "Unde dicit Dionysius cap. VI De divinis nominibus: 'Plus quam vita et vitarum principalis vita et omnis vitae causa est', 'et ut non indigens, magis autem plusquam' 'vita per seipsam vivens, et super omnem vitam vivificans et plus vivens'. Unde et Philosophus ex conditione actionis eius intellectualis concludit nobilitatem vitae eius, cum dicit in XII Metaphysicae: 'Est vita quia actio intelligens est vita, et est intelligens per se, et habet vitam nobilem et semper aeternam'. Et in I cap. et in III dicit: 'Est fixum, non mutatum neque recipit impressiones'. Vita ergo est sempiterna in saecula saeculorum, quia neque finitur neque deficit, et est melior vita".

[8] Cf. Henricus de Gandavo, *Quaestiones ordinariae (Summa)*, a. XXVII, q. 1, ed. Negri, p. 122,116-120 (ed. Parisiis 1520, f. 160vD): "Restat ergo quod vivere sit in re ut actus primus qui est agere. Et cum ille non est nisi ipsum esse, sequitur dictum Philosophi, 'quod vivere in viventibus non sit nisi ipsum eorum esse'; non quod vivere sit synonymon cum esse, et omnino idem re et ratione: tunc enim omne ens diceretur vivere". Cf. Arist., *De anima* II, 4, 415b13-14 in Thomas de Aquino, *Sentencia libri De anima*, cura et studio Fratrum Praedicatorum (Sancti Thomae de Aquino Opera omnia, 45,1), Roma–Paris 1984, p. 95.

[9] Cf. Henricus de Gandavo, *Quaestiones ordinariae (Summa)*, a. XXVII, q. 1, ed. Negri, p. 123,127-135 (ed. Parisiis 1520, ff. 160vD-161rD): "Et secundum rationem

e il vivere, che si somma a quella logico-semantica. Sia in Dio sia nelle creature, in ogni caso, il vivere manifesta, sottolineava Enrico di Gand, una maggiore determinazione dell'essere, una sua perfezione: non solo un modo d'essere, bensì un certo qual modo "nobile" dell'essere ("est enim vivere quoddam esse nobile"):

> Sed vivere dicit quemdam determinatum modum essendi sub ratione scilicet maioris perfectionis quam importat ratio essendi simpliciter, et hoc tam in Deo quam in creaturis. Est enim vivere quoddam esse nobile includens in se rationem esse simpliciter, sicut determinatum confusum[10].

Del lessico della nobiltà e della dignità con riferimento ai nomi divini si serviva Enrico di Gand nella sezione della *Summa* dedicata agli attributi di Dio, nella quale, come ha mostrato Pasquale Porro, la fonte pseudo-dionisiana innerva l'indagine del maestro[11]. L'assegnazione a Dio, secondo eminenza, di quei predicati che convengono in qualche modo anche alle creature e che si aggiungono a un soggetto come suoi accidenti, avviene, affermava il teologo, isolandone gli aspetti nobili e rimuovendo quelli ignobili[12]. Fra i criteri che permettono di distinguere un attributo divino in senso proprio Enrico elencava, infatti, la condizione "che vi sia qualcosa di nobile" ("quod sit nobile quid")[13]. Quanto al significato dei nomi divini, il maestro era chiaro nell'affermare che il nobile nella creatura può indicare la perfezione o nobiltà

nostram intelligendi, etiam in Deo rationem perfectionis cuiusdam vivere addit super esse, et differunt in Deo vivere et esse secundum rationem tantum. In creaturis vero secundum intentionem, propter quod in creaturis Libro de causis dicitur 'esse haberi per creationem, vivere vero per ipsius ipsum esse informationem', eo quod ratio esse prima est. Et ideo oportet eam in creatura procedere ex nihilo nullo praesupposito, vivere autem quasi ex esse educi, licet re vivere et esse id ipsum sint in eodem". Per il riferimento al *Liber de causis*, si veda *Liber de causis*, ed. Adriaan Pattin, in: Tijdschrift voor Filosofie, 28 (1966), pp. 90-203: prop. XVII (XVIII), 148, p. 174,54-59.

10 Henricus de Gandavo, *Quaestiones ordinariae (Summa)*, a. XXVII, q. 1, ed. Negri, pp. 122,120-124 (ed. Parisiis 1520, f. 160vD).

11 Cf. Pasquale Porro, *Pseudo-Dionysius and Henry of Ghent*, in: *Die Dionysius-Rezeption im Mittelalter*, Internationales Kolloquium in Sofia vom 8. Bis 11. April 1999 unter der Schirmherrschaft der Société Internationale pour l'Étude de la Philosophie Médiévale, hrsg. von Tzotcho Boiadjiev, Georgi Kapriev, Andreas Speer (Rencontres de Philosophie Médiévale, 9), Turnhout 2000, pp. 395-427. Sulla dottrina enrichiana dei nomi divini si veda anche Irène Rosier-Catach, *Henri de Gand, le* De Dialectica *d'Augustin, et l'imposition des noms divins*, in: Documenti e studi sulla tradizione filosofica medievale, 6 (1995), pp. 145-253.

12 Cf. Henricus de Gandavo, *Quaestiones ordinariae (Summa)*, a. XXXI, q. 3, ed. Raymond Macken (Henrici de Gandavo Opera omnia, 27), Leuven 1991, p. 19,23-27.

13 Si osservi anche l'abbondante impiego di *nobilitas* e *dignitas* in relazione alla perfezione di ciascuna cosa e alla predicazione degli attributi di Dio ad esempio in Henricus de Gandavo, *Quaestiones ordinariae (Summa)*, a. XXXII, q. 2, ed. Macken, in part. a partire da p. 41,81.

dell'essenza di Dio *ex negativo* o secondo un grado minore, e rimanda all'inafferrabile superiorità di quell'essenza medesima[14].

Lo statuto delle predicazioni "vivere" e "vita" si distingue, tuttavia, secondo Enrico, da quello degli attributi veri e propri[15]. Definite come "rationes prime conceptae in Deo, super quas fundantur conceptus omnium aliarum rationum", esse si predicano in Dio *a creaturis*, ma non indicano nelle creature, diversamente dagli attributi, qualcosa di aggiunto rispetto alla loro essenza medesima[16]. La predicazione di "nobiltà" del "vivere" si distingue di conseguenza dal *quid nobile* compreso in ogni nome divino. La nobiltà d'essere espressa dal vivere risiede anzitutto nel suo esplicare, rispetto all'essere *tout court* – di Dio ma anche delle creature – un maggiore grado di determinazione e di attualità, e dunque un livello più alto di perfezione[17].

[14] Cf. HENRICUS DE GANDAVO, *Quaestiones ordinariae (Summa)*, a. XXXII, q. 4, ed. MACKEN, p. 67,91-93. Su questo si veda Pasquale PORRO, *Pseudo-Dionysius and Henry of Ghent*, pp. 410-411.

[15] Cf. HENRICUS DE GANDAVO, *Quaestiones ordinariae (Summa)*, a. XXVII, q. 2, ed. NEGRI, p. 152,131-136 (ed. Parisiis 1520, f. 164vF).

[16] Nell'articolo XXXII, q. 1, in risposta a uno degli argomenti, Enrico spiegava per quale motivo determinazioni quali "vivere" e "vita" non debbano essere detti attributi di Dio in senso proprio: cf. HENRICUS DE GANDAVO, *Quaestiones ordinariae (Summa)*, a. XXXII, q. 1, ed. MACKEN, pp. 33,16-34,39: "Ad tertium dicendum, quod aliquid conicimus in Deo ex creaturis dupliciter: aut quia per creaturas, aut quia a creaturis. Primo modo conicimus in Deo simplicitatem, immutabilitatem, infinitatem et huiusmodi, quae insunt Deo ratione qua est essentia quaedam, et nullo modo sunt in creaturis. Secundo modo conicimus aliqua in Deo esse dupliciter, aut ab eis quae sunt de essentia creaturae, aut ab eis quae sunt addita essentiae velut accidentia in ea. Primo modo conicimus Deo inesse vivere, essentiam et vitam. Secundo modo conicimus ei inesse sapientiam, bonitatem et huiusmodi, et hoc quia videmus ea aliquo modo inesse creaturis ut aliquid nobile, propter quod ea attribuimus Deo, ut patebit in sequenti quaestione. Quae primo modo coniciuntur in Deo, non dicuntur attributa, nisi extenso nomine. Quae vero secundo modo conicimus Deo inesse ex creaturis, nullo modo dicuntur attributa Deo, sed solum illa quae conicimus ei inesse tertio modo. Ad rationem enim attributi tria requiruntur. Unum, quod ipsum sub se habeat aliquid cui, ut subiecto, fiat attributio, cuius sit quasi dispositio super rationem subiecti. Alterum est quod sit nobile quid. Tertium, quod in creaturis aliquo modo inveniatur. Hoc enim modo se habent sapientia, bonitas et huiusmodi, quae quasi qualitates aut dispositiones sunt additae essentiae. Et ideo illa sola proprie dicuntur attributa; esse autem, vivere, essentia et vita attributa proprie dici non possunt, quia sunt rationes prime conceptae in Deo, super quas fundantur conceptus omnium aliarum rationum; et similiter immutabilitas, simplicitas, aeternitas, infinitas, et huiusmodi attributa dici non possunt, quia creaturis non insunt, et ideo nec ab ipsis Deo tributa, licet per ipsas Deo inesse ductu rationis cognita".

[17] Rispetto all'essere di Dio – sottolineava Enrico di Gand – che pure precontiene tutte le perfezioni, il nome "vivere" esprime una maggiore perfezione rispetto al nome "essere", cf. HENRICUS DE GANDAVO, *Quaestiones ordinariae (Summa)*, a. XXVII, q. 2, ed. NEGRI, p. 123,124-127 (ed. Parisiis 1520, f. 161rC): "Unde licet esse in Deo includat tamquam confusum ratione sui nominis omnes divinas perfectiones, ut habitum est supra, et infra amplius videbitur, ratio tamen maioris perfectionis importatur in Deo nomine vivere quam nomine esse". Sul piano del significato dei nomi, "vivere" dice l'"essere" "sotto un certo rispetto di

L'accostamento di "essere" e "vivere" per il tramite dell'aggettivo "nobile" non ricorreva per la prima volta nell'analisi di Enrico di Gand. Né, come cercherò di mostrare, la scelta dell'aggettivo "nobile" da parte del teologo secolare fu arbitraria o neutrale. Già Alberto Magno e Tommaso d'Aquino avevano selezionato il medesimo attributo per mettere a confronto i predicati di "essere" e "vivere". In particolare, tale impiego del campo semantico della nobiltà ricorreva nei due maestri domenicani con riferimento all'esegesi di passaggi pseudo-dionisiani. La comparazione d'eccellenza fra l'essere e il vivere come manifestazioni del principio primo o come perfezioni partecipate dalle creature trovava origine, infatti, nel V capitolo del Trattato sui *Nomi divini*.

Nelle pagine che seguono, mi concentrerò sulle fonti, dottrinali e testuali, della sentenza enriciana secondo cui "il vivere è un certo modo nobile dell'essere" ("est enim vivere quoddam esse nobile"). A questo proposito, proporrò una breve analisi dei testi d'ispirazione neoplatonica, in particolare della fonte pseudo-dionisiana, che insieme con Aristotele fornirono ai teologi parigini nel XIII secolo materiale di riflessione sulla dialettica fra essere e vivere (II). Mi soffermerò poi sulle scelte esegetiche proposte da Alberto Magno in relazione al V capitolo del *De divinis nominibus* (III), le quali forse influenzarono, perlomeno a livello lessicale, l'impiego frequente, da parte di Tommaso d'Aquino, della comparazione di "essere" e "vivere" secondo il criterio di nobiltà. Di Tommaso prenderò in esame, oltre all'*Expositio* ai *Nomi divini*, diversi passaggi testuali in cui l'autorità dionisiana veniva richiamata, insieme al paragone fra essere e vivere, enti e viventi (IV). Come tenterò di ribadire in sede conclusiva (V), le scelte interpretative e dottrinali dei due maestri domenicani rispetto alla definizione della gerarchia di valore fra l'essere e il vivere prepararono, verosimilmente, il terreno lessicale entro cui Enrico di Gand si mosse, non senza originalità, nell'articolo XXVII, q. 1 della sua *Summa*.

nobiltà", poiché ne afferma il suo aspetto, la sua *ratio*, attuale. Cf. Henricus de Gandavo, *Quaestiones ordinariae (Summa)*, a. XXVII, q. 2, ed. Negri, p. 125,177-181 (ed. Parisiis 1520, f. 161rG): "Tertia vero ratio eiusdem conceptus in Deo est vivere sub ratione vivere, quia significat esse sub ratione cuiusdam nobilitatis quasi determinatum, et hoc sub ratione actus, et ita quasi addat aliquid secundum rationem intelligendi super rationem esse et essentiae". Rispetto alle creature animate, invece, il concetto di vivere ha un'intensione maggiore rispetto a quello di essere, sebbene non lo superi per estensione. L'idea del vivere esprime la medesima idea dell'essere (non c'è vivere senza essere), tuttavia secondo una "determinazione", una contrazione maggiore. Cf. Henricus de Gandavo, *Quaestiones ordinariae (Summa)*, a. XXVII, q. 2, ed. Negri, pp. 134,406-135,417 (ed. Parisiis 1520, f. 162vE): "Secundo modo intentione differt conceptus esse simpliciter a conceptu eius quod est vivere, quia vivere in re vivente super conceptum ipsius esse nihil amplius continet in suo conceptu. Sed praecise exprimit conceptum esse illius, ut scilicet in tali gradu ita quod determinatio huius gradus non constituitur in ipso vivere per aliquid superadditum ipsi esse in illa re, quemadmodum constituitur species per additionem differentiae super genus. Sed ipsum esse simpliciter ut est in tali natura sive essentia perfecte est ipsum vivere eius. Conceptus tamen esse simpliciter non exprimit gradum illum quem exprimit vivere; propter quod conceptus esse includitur in conceptu vivere, et non e converso; propter quod differunt intentione".

II. La gerarchia di essere e vivere nel V capitolo del *De divinis nominibus*

La dottrina di ispirazione neoplatonica dell'essere, della vita e dell'intelletto come triade dialettica di perfezioni principiali e universali era trasmessa ai lettori latini medievali, prima ancora che l'*Elementatio teologica* di Proclo si rendesse disponibile nella traduzione di Guglielmo di Moerbeke nel 1268, da un lato nel *Corpus Pseudo-dionysiacum*, con le note specificità e rielaborazioni, dall'altro nel *Liber de causis*[18]. Prima di soffermarmi più nello specifico sul *De divinis nominibus*, mi sia concessa qualche breve nota sull'insegnamento, poco organico, relativo alla vita offerto dal *De causis*.

Nel trattato a lungo considerato come aristotelico, la vita quale causa universale compariva, accanto all'*esse* e all'*intelligentia*, nella proposizione XI (XII), che affermava il fondamentale adagio della metafisica procliana per cui ogni principio si trova compreso in ogni altro principio nel modo proprio al ricevente[19]. Così, si legge nel *Liber*, l'essere e la vita nell'intelligenza sono due intelligenze; l'essere e l'intelligenza nella vita sono due vite; l'intelligenza e la vita nell'essere sono due volte essere[20]. Nella proposizione XV (XVI), si trova un riferimento alla vita come *bonitas* proveniente dal causato primo, a sua volta causa di successivi beni nelle creature[21]. Inoltre, nella proposizione XVII (XVIII), l'autore del *Liber* parafrasava la sua fonte procliana, affermando che "i viventi si muovono per essenza propria grazie alla vita prima", definita quest'ultima come "processio procedens ex ente primo quieto, sempiterno, et primus motus"[22]. Vita e essere si compenetrano; d'altronde la vita

[18] Sulla dottrina plotiniana relativa a essere, vita e intelletto cf. notoriamente Pierre HADOT, *Être, Vie, Pensée chez Plotin et avant Plotin, in: Les sources de Plotin*, ed. by Eric Robertson DODDS (Entretiens sur l'antiquité classique, 5), Genève 1960, pp. 107-157. Di Hadot si veda anche la panoramica offerta in Pierre HADOT, *Leben. Antike, in: Historisches Wörterbuch der Philosophie*, hrsg. von Joachim RITTER, Karlfried GRÜNDER, Darmstadt 1980, Bd. 5, coll. 52-56. Si veda anche Mark J. EDWARDS, *Being, Life and Mind: a Brief Inquiry*, in: Syllecta Classica, 8 (1997), pp. 191-205. Si veda poi il commento di Dodds alle proposizioni 101 e 102 dell'*Elementatio theologica* di Proclo: PROCLUS, *The Elements of Theology*, ed. Eric Robertson DODDS, Oxford 1963, *Commentary*, pp. 252-253. Per la traduzione latina dell'*Elementatio theologica* si veda PROCLUS, *Elementatio theologica*, translata a Guillelmo de Morbecca, ed. Helmut BOESE (Ancient and Medieval Philosophy, De Wulf-Mansion Centre, Series 1, 5), Leuven 1987. Sulla fortuna di Proclo e del *Liber de causis* nel XIII secolo latino scolastico si veda il contributo di Pasquale PORRO, *The University of Paris in the thirteenth century. Proclus and the Liber de causis*, in: Interpreting Proclus. From Antiquity to the Renaissance, ed. by Stephen GERSH, Cambridge–New York 2014, pp. 264-298.

[19] Cf. *Liber de causis*, prop. XI (XII), 103, ed. PATTIN, p. 161,64-66. Per il riferimento alla fonte procliana cf. PROCLUS, *The Elements of Theology*, prop. 103, ed. DODDS p. 93,13.

[20] Cf. *Liber de causis*, prop. XI (XII), 104-105, ed. PATTIN, p. 161,67-73. Cf. PROCLUS, *The Elements of Theology*, prop.103, ed. DODDS, p. 93,13-16.

[21] Cf. *Liber de causis*, prop. XV (XVI), 137, ed. PATTIN, p. 171,6-14.

[22] Cf. *Liber de causis*, prop. XVII (XVIII), 143-145, ed. PATTIN, p. 173,38-49. Per il riferimento alla fonte procliana cf. PROCLUS, *The Elements of Theology*, prop. 102, ed. DODDS, p. 93,8-10.

emana dall'ente primo: è principio e *bonitas* successiva al primo. La preminenza dell'essere come causa universale veniva del resto esplicitamente affermata in una dottrina fra le più caratteristiche di tutto il libro neoplatonico, e che abbiamo già visto impiegata in Enrico di Gand: quella per cui l'essere si comunica per creazione, mentre le successive determinazioni, fra cui la vita, si comunicano per informazione dell'essere[23].

In maniera più sistematica, l'autore del Trattato sui *Nomi divini* poneva l'essere, principio delle cose che sono, e la vita, causa di tutto ciò che vive, come primi nomi della divinità dopo quello di "bene", e vi dedicava rispettivamente il V e il VI capitolo dell'opera[24]. Considerato per sé, ogni "nome" divino rimanda a una scala di dignità, nella quale la trascendenza del Dio-principio si combina alla manifestazione delle sue proprietà in maniera diversa nei differenti livelli di realtà, ordinati secondo maggiore o minore vicinanza al principio, maggiore o minore universalità[25]. Così, la prima occorrenza del nome – quella suprema, eminente, eccellente – supera in dignità le sue manifestazioni, ma non si separa dai suoi derivati. Nel discorso dionisiano la precedenza di Dio rispetto all'essere ne indica, al contempo, l'intima compenetrazione di ogni essente[26]. Allo stesso modo, la superiorità della vita di Dio è insieme produzione feconda e immanenza vivificatrice[27]. Il nome "vita" sembra rimandare a una triade gerarchicamente disposta, nella quale la determinazione che propriamente conviene al Dio ineffabile è quella di "vita-superiore-alla-vita" (θεία ζωή) (1); la "vita-in-sé" (αὐτοζωή) rappresenta

[23] Cf. *Liber de causis*, prop. XVII (XVIII), 148, ed. PATTIN, p. 174,54-59. Sulla dottrina dell'essere e della creazione nel *De causis* si rimanda a Cristina D'ANCONA, *La doctrine de la création "mediante intelligentia" dans le "Liber de causis" et dans ses sources*, in: Revue des sciences philosophiques et théologiques, 76 (1992), pp. 209-233 [rist. in: Cristina D'ANCONA, *Recherches sur le Liber de causis*, Paris 1995, pp. 73-95]. Per l'interpretazione da parte di Alberto Magno, Tommaso d'Aquino, Enrico di Gand ed Egidio Romano, della IV proposizione del *De causis*, che conteneva la famosa e controversa affermazione secondo cui "Prima rerum creatarum est esse et non est ante ipsum creatum aliud" cf. Pasquale PORRO, *Prima rerum creatarum est esse: Henri de Gand, Gilles de Rome et la quatrième proposition du De causis*, in: *L'aristotélisme exposé: aspects du débat philosophique entre Henri de Gand et Gilles de Rome*, ed. par Valérie CORDONIER, Tiziana SUAREZ-NANI (Dokimion, 38), Fribourg 2014, pp. 55-81.

[24] Cf. PSEUDO-DIONYSIUS AREOPAGITA, *De divinis nominibus*, ed. Beate Regina SUCHLA (Corpus Dionysiacum, 1; Patristische Texte und Studien, 33), Berlin–New York 1990, V e VI, pp. 180-193.

[25] Mi limito qui a rimandare, rispetto alla centrale nozione – non solo metafisica – di gerarchia nello pseudo-Dionigi a René ROQUES, *L'univers dionysien. Structure hiérarchique du monde selon le Pseudo-Denys* (Théologie, 29), Paris 1954.

[26] Cf. PSEUDO-DIONYSIUS AREOPAGITA, *De divinis nominibus*, V, 2, ed. SUCHLA, p. 181,7-15; V, 8, ed. SUCHLA, pp. 186,13-187,16; V, 10, ed. SUCHLA, p. 189,7-190,2.

[27] Cf. PSEUDO-DIONYSIUS AREOPAGITA, *De divinis nominibus*, VI, 1, ed. SUCHLA, p. 190,3-5.

il principio sussistente che si comunica (2) agli enti animati, che in diversi gradi partecipano della vita (3)[28].

A questa scala di eccellenza insita in ogni nome, considerato per sé e nella sua potenza causale, si accompagna, nel Trattato sui *Nomi divini*, la determinazione della gerarchia delle diverse perfezioni in cui Dio stesso si esprime. Nel capitolo V, lo pseudo-Dionigi poneva l'accento su come l'"essere" preceda tutti i nomi che indicano perfezioni successive, fra cui la vita[29]. L'"essere-in-sé" è, infatti, la prima partecipazione del bene supremo[30]; la "vita-in-sé" partecipa anzitutto all'"essere", e solo in questo modo è anche principio di tutti i viventi[31].

Nel medesimo capitolo dei *Nomi divini*, l'autore lasciava spazio a una possibile obiezione relativa alla gerarchia del reale. Essa metteva in scena la polarità fra la superiorità per estensione delle cause universali, e la superiorità per addizione di perfezioni degli enti singoli. Dopo aver, infatti, precisato che il "bene" è il nome divino che manifesta l'azione provvidenziale di Dio, mentre gli altri nomi – essere, vita e sapienza – ne manifestano la provvidenza secondo aspetti generali e particolari[32], lo pseudo-Dionigi riportava il seguente rilievo: per quale motivo, se l'essere è più esteso rispetto alla vita, e così la vita rispetto alla sapienza, e dunque l'essere eccelle sulla vita e questa sulla sapienza, ciò che vive supera, invece, ciò che è, e gli enti dotati di ragione superano gli enti che ne sono sprovvisti[33]?

[28] Cf. PSEUDO-DIONYSIUS AREOPAGITA, *De divinis nominibus*, VI, 1-2, ed. SUCHLA, p. 191,1-10. Sui problemi interpretativi rispetto allo statuto delle "partecipazioni" pseudo-dionisiane cf. la nota n°. 291, p. 571 della traduzione italiana dei *Nomi divini* in DIONIGI AREOPAGITA, *Tutte le opere*, introduzione di Giovanni REALE, traduzione di Piero SCAZZOSO, revisione di Ilaria RAMELLI, saggio introduttivo, prefazioni, parafrasi, note e indici di Enzo BELLINI, saggio integrativo di Carlo Maria MAZZUCCHI, Milano 2009, dove si rimanda a Bernhard BRONS, *Gott und die Seienden. Untersuchungen zum Verhältnis von neuplatonischer Metaphysik und christlicher Tradition bei Dionysius Areopagita* (Forschungen zur Kirchen- und Dogmengeschichte, 28), Göttingen 1976, in part. pp. 130-167. Si veda anche, rispetto alla "vita", l'interpretazione offerta da Christos TÉRÉZIS, *La vie, catégorie ontologique chez Proclus et Denys*, in: Diotima, 23 (1995), pp. 60-63.

[29] Cf. PSEUDO-DIONYSIUS AREOPAGITA, *De divinis nominibus*, V, 5, ed. SUCHLA, pp. 183,18-184,7.

[30] Cf. PSEUDO-DIONYSIUS AREOPAGITA, *De divinis nominibus*, V, 6, ed. SUCHLA, p. 184,17-18.

[31] Cf. PSEUDO-DIONYSIUS AREOPAGITA, *De divinis nominibus*, V, 5, ed. SUCHLA, p. 184,8-16.

[32] Cf. PSEUDO-DIONYSIUS AREOPAGITA, *De divinis nominibus*, V, 2, ed. SUCHLA, p. 181,16-21.

[33] Cf. PSEUDO-DIONYSIUS AREOPAGITA, *De divinis nominibus*, V, 3, ed. SUCHLA, p. 182,1-5: "Καίτοι φαίη τις· Ἀνθ'ὅτου τοῦ ὄντος τὴν ζωὴν καὶ τῆς ζωῆς τὴν σοφίαν ὑπερεκτεινομένης τῶν ὄντων μὲν τὰ ζῶντα, τῶν δὲ ὅσα ζῇ τὰ αἰσθετικὰ καὶ τούτων τὰ λογικὰ καὶ τῶν λογικῶν οἱ νόες ὑπερέχουσι καὶ περὶ θεὸν εἰσὶ καὶ μᾶλλον αὐτῷ πλησιάζουσι; Καίτοι ἔδει τὰ τῶν μειζόνων ἐκ θεοῦ δωρεῶν μετέχοντα καὶ κρείττονα εἶναι καὶ τῶν λοιπῶν ὑπερέχειν." Per le traduzioni latine di Johannes Scotus Eriugena e di Johannes Sarracenus cf. *Dionysiaca*, ed. Ph. CHEVALIER, vol. 2, Brügge 1937 (rist. anast.

Lo pseudo-Dionigi risolveva l'apparente tensione fra le due gerarchie, quella delle cause universali e quella degli enti causati, sulla base del principio generale secondo cui "le creature che maggiormente partecipano del Dio unico, che dà infiniti doni, sono più vicine a lui e più divine delle altre rimaste indietro"[34]. In perfetta sintonia con la metafisica procliana, la regola per cui la maggiore nobiltà o eccellenza si mostra in maniera proporzionale al grado di vicinanza rispetto al principio primo vale, nel testo pseudo-dionisiano, in maniera univoca sia per il regno dell'intelligibile sia per quello del sensibile[35]. Nei due ambiti, diversa è la maniera in cui tale eccellenza si esprime. Negli enti intelligibili, la preminenza gerarchica, e dunque la ricchezza di perfezioni, si realizza come pre-comprensione di determinazioni. Nei principi privi di materia, il possesso è inclusione di proprietà che, non ancora espresse, si raccolgono in una più alta semplicità. Così, le "intelligenze divine" (*θεῖοι νόες*) vivono una vita superiore a quella posseduta dagli enti solo animati[36]. Nei principi universali, cioè, l'inferiore è iscritto nel superiore secondo una perfezione maggiore, secondo eminenza. Negli enti sensibili, invece, la partecipazione a un numero maggiore di perfezioni divine si manifesta nel loro possesso 'accumulativo'[37]. Nella scala gerarchica dei partecipanti alle perfezioni divine le intelligenze si collocano sopra le nature razionali; gli esseri dotati di ragione sopra gli enti sensibili; questi ultimi al di sopra degli enti semplicemente viventi, a loro volta superiori a ciò che è, ma non vive[38]. Una maggiore complessità di costituzione, esprime, nel sensibile, la maggiore vicinanza al divino.

Stuttgart-Bad Cannstatt 1989), pp. 327-329: transl. Eriugena: "Et quidem dixerit quis: contra hoc, eodem existente excedente vitam et vita sapientiam superextenta, existentibus quidem viventia, ea autem quaecumque vivunt sensualia, et eadem rationalia, et rationalia intellectus supereminent, et circa Deum sunt et magis ei appropinquant; et quidem oportebat maximarum ex Deo donationum participantia, et meliora esse et cetera supereminere?"; trad. Sarracenus: "Et quidem dicat aliquis: quare, exsistente excedente vitam et vita sapientiam, exsistentibus quidem viventia, viventibus autem sensibilia, istis autem rationalia, et rationabilibus mentes excellunt, et circa Deum sunt et magis ipsi propinquant; et quidem oportet ea quae majoribus donis ex Deo participant, et meliora esse et reliquis excellere?".

34 Pseudo-Dionysius Areopagita, *De divinis nominibus*, V, 3, ed. Suchla p. 182,14-16: "τὰ μᾶλλον τοῦ ἑνὸς καὶ ἀπειροδώρου θεοῦ μετέχοντα μᾶλλόν εἰσιν αὐτῷ πλησιαίτερα καὶ θειότερα τῶν ἀπολειπομένων". Per le traduzioni latine di Johannes Scotus Eriugena e di Johannes Sarracenus si veda *Dionysiaca*, ed. Chevalier, vol. 2, p. 331: trad. Eriug.: "magis sunt ipsi proximiora et diviniora reliquis"; trad. Sarr.: "magis uno et infiniti datore Deo participantia, magis ipsi sunt propinqua et diviniora derelictis"; per la traduzione italiana cf. Dionigi Areopagita, *Tutte le opere*, p. 459.

35 Per una compatta presentazione della metafisica procliana cf. Radek Chlup, *Proclus. An Introduction*, Cambridge 2012, in part. pp. 47-111.

36 Cf. Pseudo-Dionysius Areopagita, *De divinis nominibus*, V, 3, ed. Suchla, p. 182,8-9.

37 Si veda a questo proposito Eric Perl, *Hierarchy and Participation in Dionysius the Areopagite and Greek Neoplatonism*, in: American Catholic Philosophical Quarterly, 68 (1994), pp. 15-30: 19-21.

38 Cf. Pseudo-Dionysius Areopagita, *De divinis nominibus*, V, 3, ed. Suchla, p. 182,8-14.

Questo impianto assiologico duale, innervato dalla duplice dinamica di "causalità essenziale" da un lato, e di partecipazione progressiva del primo principio da parte degli enti finiti dall'altro, guidò, come cercherò di mostrare nei paragrafi che seguono, le riflessioni di Alberto e Tommaso sui predicati di essere e vivere[39].

III. Alberto Magno esegeta dello pseudo-Dionigi: paradigmi di nobiltà

Nel commento che Alberto Magno dedicò, all'inizio della propria attività presso lo *Studium* di Colonia, dall'anno 1248, al V capitolo del Trattato *De divinis nominibus* il campo semantico della nobiltà definiva l'esegesi del maestro[40]. Le determinazioni del primo, e insieme delle creature, – *essentia, vita, intellectus* – erano chiamate da Alberto *nobilitates*. Parimenti, la sequenza secondo cui gli enti si dispongono nel cosmo veniva definito come un *ordo nobilitatis*. Inoltre, Alberto impiegava l'attributo nobile, nella sua forma comparativa e superlativa, per indicare i rapporti reciproci fra le *nobilitates* medesime.

L'interpretazione della sezione iniziale del capitolo, in cui lo pseudo-Dionigi affermava che l'essere e i successivi attributi divini manifestano la provvidenza causale in modo universale o particolare, suggeriva, nel commento albertino, l'enunciazione di due teoremi della nobiltà. Per il maestro domenicano i differenti nomi divini esprimono la medesima "cosa", il medesimo essere. Insieme, ne dicono

[39] Sulla nozione procliana di "causalità essenziale" e sul suo impiego, con differenti *nuances* e fonti, in Alberto Magno, Ulrico di Strasburgo e Teodorico di Freiberg, cf. Alain DE LIBERA, *Métaphysique et noétique. Albert le Grand*, Vrin 2005, pp. 200-209. Sulla presenza della dottrina procliana della causalità per partecipazione e eminenza in Tommaso cf. Pasquale PORRO, *Tommaso d'Aquino. Un profilo storico-filosofico* (Frecce, 136), Roma 2012, in part. p. 234. Su questo punto insisteva anche, ad esempio, Klaus KREMER, *Die neuplatonische Seinsphilosophie und ihre Wirkung auf Thomas von Aquin* (Studien zur Problemgeschichte der antiken und mittelalterlichen Philosophie, 1), Leiden 1966, in part. pp. 398-403. Una interessante applicazione, in ambito di esegesi biblica, del teorema neoplatonico della causalità essenziale con riferimento alla triade *esse, vivere, intelligere* da parte di Meister Eckhart è descritta in Alessandro PALAZZO, *Philosophical meanings of* lux (Jo. 1,4-5, 1, 9) *in Eckhart's* Commentary on the Gospel of John, in: *"In Principio erat Verbum". Philosophy and Theology in the Commentaries on the Gospel of John (II-XIV Centuries)*, ed. by Fabrizio AMERINI (Archa Verbi. Subsidia, 10), Münster 2013, pp. 247-270: 256-259.

[40] Sulle vicende relative alla trasmissione e ricezione dei testi dello Pseudo-Dionigi nel contesto scolastico latino, si veda Hyachinthe F. DONDAINE, *Le corpus Dionysien de l'université de Paris au XIIIe siècle* (Storia e Letteratura, 44), Roma 1953. In relazione al commento di Alberto ai *Nomi divini*, cf. notoriamente Francis RUELLO, *Les "noms divins" et leurs "raisons" selon Saint Albert le Grand commentateur du "De divinis nominibus"* (Bibliothèque Thomiste, 35), Paris 1963. In generale, poi, sull'opera di commento dell'intero *Corpus Pseudo-Dionysiacum* da parte di Alberto Magno si veda Maria BURGER, *Albertus Magnus: kritische Anfragen an das Werk des Pseudo-Dionysius Areopagita*, in: *Die Dionysius-Rezeption im Mittelalter*, hrsg. von Tzotcho BOIADJIEV, Georgi KAPRIEV, Andreas SPEER (Rencontres de Philosophie Médiévale, 9), Turnhout 2000, pp. 297-316.

la massima perfezione, che si manifesta nel possesso di tutti i predicati attribuibili alle creature, spogliati di qualsiasi forma d'imperfezione[41]. I predicati divini, cioè, non si limitano a significare, come avrebbe inteso dire Dionigi, le manifestazioni dell'essere di Dio secondo maggiore o minore universalità, ma designano, in Dio, "aliud et aliud". Diversamente, Dio sarebbe meno perfetto di quegli enti in cui le *nobilitates* si trovano come espresse e distinte, secondo l'assioma per cui: "illud enim quod habet plures nobilitates, magis perfectum est eo quod habet unam tantum vel pauciores"[42].

Il principio della perfezione come accumulo di nobiltà sembrerebbe scontrarsi tuttavia, così procedeva Alberto, con quello di nobiltà come semplicità. Ammettere che di Dio si predichino *nobilitates* secondo differenti *rationes*, seppure in maniera eminente, potrebbe inficiare la nobiltà propria di ciò che è più semplice:

> Sed adhuc videtur, quod deus non sit simplicissimum et nobilissimum, quia illud de cuius intellectu non est nisi unum, est simplicius et nobilius eo de cuius intellectus sunt plura; si igitur de intellectu dei sunt omnes illae rationes nobilitatum, secundum quas perfectissimus est, videtur, quod ipse non sit simplicissimus et nobilissimus[43].

Per uscire dalla contrapposizione fra i due opposti teoremi di nobiltà, Alberto ricorreva a una nuova distinzione fra ciò che è semplice *secundum esse* e ciò che è

41 ALBERTUS MAGNUS, *Super Dionysium De divinis nominibus*, c. 5, 5, ed. Paulus SIMON (Alberti Magni Opera omnia. Editio Coloniensis, 37,1), Münster 1972, p. 306,28-41: "Quando autem aliquid repertum in creaturis attribuitur deo, illud quod est imperfectionis in ipso, amovendum est ab eo; et ideo vita et sapientia et huiusmodi attribuuntur deo secundum veritatem suarum rationum, ita quod est ibi sapientia secundum veram suam rationem, non tantum quae est in ratiocinante, sed quae est in ipsa re per comparationem ad actum proprium sapientiae, et similiter propria ratio vitae; sed non est ibi vita, secundum quod habet esse in aliquo subiecto vel materia, sed est ipsum per-se-vita. Et ex hac parte remanet in ipso simplicitas, inquantum unum secundum rem est idem cum alio, et tamen est perfectissimum, inquantum sunt in ipso omnes nobilitates secundum suam perfectam rationem".

42 ALBERTUS MAGNUS, *Super Dionysium De divinis nominibus*, c. 5, 5, ed. SIMON, p. 306,5-19: "[...] ita quod quaedam *nominatio*, scilicet hoc nomen 'bonum', *manifestat perfecte providentiam divinam*, quia quantum ad omnes processiones eius, quaedam vero, sicut ens, *universaliter*, quaedam vero, ut vita, *particulariter*. Sed videtur hoc esse falsum. Illud enim quod habet plures nobilitates, magis perfectum est eo quod habet unam tantum vel pauciores. Si igitur vita et bonitas et omnia quae dicuntur de deo, non significant aliud et aliud esse, tunc ipsum non habet nisi unam nobilitatem; cum igitur alia quaedam participent plures nobilitates, ut essentiam, vitam, intellectum, videtur, quod alia quaedam sint magis perfecta quam deus; hoc autem est impossibile; ergo praedicta dicunt aliud et aliud in ipso". Cf. anche ALBERTUS MAGNUS, *Super Dionysium De divinis nominibus*, 4, 9, ed. SIMON, p. 118,35-39: "Ad tertium dicendum, quod proccessiones, secundum quod reducuntur in ipsum, sunt unum secundum rem, differunt tamen in ipso secundum diversas rationes attributorum, sicut omnes lineae in centro sunt unitae".

43 ALBERTUS MAGNUS, *Super Dionysium De divinis nominibus*, c. 5, 6, ed. SIMON, p. 306,42-48.

semplice *secundum resolutionem intellectus*, ovvero *per abstractionem*[44]. In quest'ultima categoria di enti, semplicità, universalità ed estensione si combinano. Tra le forme universali astratte, quelle più estese e più nobili sono anche meno complesse[45]. La semplicità d'essere, invece, non si oppone alla molteplicità delle distinzioni con cui tale essere si dice. Secondo il maestro domenicano, ciò che è semplice nella sostanza è tanto più nobile quanti più aspetti di nobiltà lo manifestano. L'essere massimamente semplice, Dio, si esprime dunque nella totalità di predicati che ne mostrano la nobiltà, ed è in questo senso il più nobile:

> A simplici autem secundum esse non tollit suam simplicitatem pluralitas rationum, si sit identitas omnino ex parte rei, et quanto sunt in ipso plures rationes nobilitatis, tanto nobilius est, et nobilissimum, quod habet in se omnes; et tale simplex est deus[46].

Se in Dio la nobiltà come accumulo di perfezioni si associa alla sua assoluta semplicità d'essere, negli enti creati la nobiltà derivante dal possesso di più determinazioni, che corrisponde a una più completa partecipazione dei nomi divini, si mostra in una composizione reale[47]. Nel commentare l'obiezione risolta nel medesimo V capitolo, Alberto rimarcava infatti con lo pseudo-Dionigi che nell'"ordine delle nobiltà" gli enti non animati sono inferiori ai viventi, i viventi rispetto agli esseri animati dotati di senso: gli uni possiedono un essere più complesso rispetto agli altri. Il contrario invece accade, faceva intendere il maestro, se si considera l'ordine

[44] Cf. ALBERTUS MAGNUS, *Super Dionysium De divinis nominibus*, c. 5, 6, ed. SIMON, p. 306,49-51.

[45] Cf. ALBERTUS MAGNUS, *Super Dionysium De divinis nominibus*, c. 5, 6, ed. SIMON, p. 306,51-58: "Loquendo igitur de simplici per abstractionem verum est, quod quanto pauciora habet de intellecto suo, tanto nobilius et simplicius est, eo quod est informativum plurium; de tali enim simplici intelligitur verbum Philosophi in V Metaphysicae, quod quanto aliquid simplicius est et magis unum, tanto in pluribus invenitur et in pluribus eo indigetur".

[46] ALBERTUS MAGNUS, *Super Dionysium De divinis nominibus*, c. 5, 6, ed. SIMON, p. 306,58-63. Poco più avanti, Alberto sottolineava, insieme a Dionigi, che tutte le perfezioni creaturali si trovano in Dio *abundantius* e come pre-comprese, senza che l'essere di Dio ne venga limitato. Cf. ALBERTUS MAGNUS, *Super Dionysium De divinis nominibus*, c. 5, 16, ed. SIMON, p. 312,1-9.

[47] Cf. ALBERTUS MAGNUS, *Super Dionysium De divinis nominibus*, c. 5, 7, ed. SIMON, p. 307,17-22: "ostenso quod bonitas et vita et sapientia et quaecumque alia de deo dicuntur, non addunt aliquid secundum rem supra ens, sicut est in entibus creatis, osendit consequenter, quod primum ens est causa profundens omnibus entitatem et esse". La dottrina di carattere neoplatonico secondo la quale gli enti creati, se considerati rispetto al loro rapporto con Dio, si dispongono in scala gerarchica di nobiltà secondo la modalità di partecipazione al primo e alle sue *bonitates* si ritrova, evidentemente, in diversi passi albertini. Si veda a titolo di esempio ALBERTUS MAGNUS, *De homine*, ed. Henryk ANZULEWICZ, (Alberti Magni Opera omnia. Editio Coloniensis, 27,2), Münster 2008, p. 595,32-49.

reciproco delle nobiltà in quanto astratte[48]. In questo secondo senso, la nozione di essere è più nobile di quella del vivere.

Nell'esegesi del V capitolo dionisiano, Alberto non si soffermava esplicitamente sul rapporto reciproco fra essere e vivere come *rationes* che dicono l'essere di Dio. In riferimento al capitolo successivo, dedicato al nome "vita", Alberto discuteva e risolveva però la questione "utrum vita sit primum post essentiam primam". In essa, supportava la tesi di Dionigi relativa all'essere quale nome precedente alla vita, e alla vita quale nome direttamente successivo all'essere[49]. A fronte di un'obiezione che, sulla scorta del *Liber de causis* e della sua dottrina dell'intelligenza come "primo causato", affermava la preminenza dell'attributo di conoscenza rispetto a quello di vita in Dio, Alberto si appellava alla distinzione fra ordine dell'essere e ordine dei significati[50]. Considerata in quanto sostanza, l'intelligenza è ciò che più si avvicina a Dio. *Secundum rationem*, invece, "vivere est ante intelligere, quia est simplicius et communius"[51]. L'argomento precedentemente impiegato da Alberto Magno per mostrare l'eccellenza dell'essere sul vivere *secundum abstractionem* veniva riprodotto, qui, in relazione ai significati dell'essere di Dio. Il nome divino "essere" esprime un significato più semplice e più comune di quello di "vivere", e dunque deve essere trattato come primo. Il criterio di maggiore o minore semplicità *secundum rationem* definiva, secondo Alberto interprete dello pseudo-Dionigi, la scelta della sequenza degli attributi di Dio, ordinati a partire dal più nobile al più ignobile[52].

IV. Tommaso d'Aquino: metafisica della nobiltà

Prima di confrontarsi con la nobiltà dell'essere e del vivere nel suo commento al *De divinis nominibus*, intorno al 1266, Tommaso aveva affrontato in differenti occasioni la questione della compenetrazione fra le due accezioni di nobiltà, come semplicità di eccellenza o come ricchezza di determinazioni, proprio con riferimento

[48] Cf. ALBERTUS MAGNUS, *Super Dionysium De divinis nominibus*, c. 5, 6, ed. SIMON, p. 306,72-78: "Sed hoc est falsum, quia videmus e converso, quod secundum ordinem nobilitatis existentia excelluntur a viventibus et viventia a sensibilibus et sensibilia a rationalibus et haec a mentibus, idest intelligentiis; ergo falsum fuit, quod dictum est de ordine istorum abstractorum ad invicem".

[49] Cf. ALBERTUS MAGNUS, *Super Dionysium De divinis nominibus*, c. 6, 2, ed. SIMON, p. 327,60-61.

[50] Cf. ALBERTUS MAGNUS, *Super Dionysium De divinis nominibus*, c. 6, 2, ed. SIMON, p. 328,1-8 e 75-79.

[51] Cf. ALBERTUS MAGNUS, *Super Dionysium De divinis nominibus*, c. 6, 2, ed. SIMON, p. 328,75-79: "Ad tertium dicendum, quod secundum ordinem essendi primum causatum est intelligentia, quod est vicinius deo propter plures participationes, sed secundum rationem vivere est ante intelligere, quia est simplicius et communius".

[52] Cf. ALBERTUS MAGNUS, *Super Dionysium De divinis nominibus*, c. 6, 2, ed. SIMON, p. 328,9-16, 80-84.

al V capitolo del testo dello pseudo-Dionigi[53]. Come noto, il giovane Tommaso era stato incaricato da Alberto Magno, a Colonia, di occuparsi della trascrizione del commento ai *Nomi divini* del maestro. In questo senso, è plausibile rinvenire, nell'impiego da parte dell'Aquinate dell'autorità dionisiana, l'influsso dell'esegesi albertina.

Nel terzo libro del suo commento alle *Sentenze*, discutendo della questione "se sia più nobile conoscere o amare", Tommaso riportava l'autorità dionisiana in un argomento a sostegno della superiorità dell'amore[54]. L'adagio per cui ciò che si trova in un numero maggiore di enti è più semplice e più nobile, spiegato per il tramite dell'*esse* e del *vivere* ("esse nobilius est quam vivere"), si accostava all'osservazione della superiorità dei viventi su ciò che solo esiste[55].

Almeno due richiami al passo dionisiano si trovano poi nelle *Quaestiones disputatae de veritate*. Nell'occasione della risposta a un argomento che muoveva dalla sentenza "quanto aliquid est simplicius, tanto est Deo proximius; quanto autem est aliquid Deo proximius tanto est nobilius", Tommaso tracciava, sulla scorta dello pseudo-Dionigi, la differenza essenziale fra il regno delle partecipazioni e quello dei partecipanti[56]. Per le prime vale la regola per cui il più semplice è anche più nobile;

[53] Per la cronologia delle opere di Tommaso si vedano Jean-Pierre TORRELL, Initiation à Saint Thomas d'Aquin: sa personne et son oeuvre (Vestigia, 13), Fribourg-Paris 2002[2] e Pasquale PORRO, *Tommaso d'Aquino. Un profilo storico-filosofico*.

[54] Cf. THOMAS DE AQUINO, *Scriptum super libros Sententiarum*, III, dist. 27, q. 1, a. 4, ed. R. P. Maria F. Moos, Paris 1933, pp. 866-871: 868. Tommaso aveva chiamato in causa il V capitolo dei *Nomi divini* in riferimento alla superiorità dell'essere rispetto alle determinazioni successive all'*esse*, in particolare all'*intelligere*, anche nella dist. XVII del suo commento al primo libro delle *Sentenze*. In tale occasione, l'autore insisteva sulla differenza fra nobiltà in senso assoluto e nobiltà in senso relativo, e forniva una lettura in qualche modo sbrigativa della 'risolta obiezione' del testo pseudo-dionisiano: "Esse secundum Dionysium, v cap. De divinis nominibus, est nobilius omnibus aliis quae consequuntur esse: unde esse simpliciter est nobilius quam intelligere, si posset intelligi intelligere sine esse. Unde illud quod excedit in esse, simpliciter nobilius est omni eo quod excedit in aliquo de consequentibus esse; quamvis secundum aliud possit esse minus nobile", THOMAS DE AQUINO, *Scriptum super libros Sententiarum*, I, dist. 17, q. 1, a. 2, ed. R. Pierre MANDONNET, Paris 1929, p. 399. Per un ulteriore richiamo allo pseudo-Dionigi e al doppio teorema della nobiltà, come semplicità e come composizione, cf. anche THOMAS DE AQUINO, *Scriptum super libros Sententiarum*, I, dist. 17, q. 2, a. 2, ed. MANDONNET, pp. 414-417: 414.

[55] Cf. THOMAS DE AQUINO, *Scriptum super libros Sententiarum*, III, dist. 27, q. 1, a. 4, ed. Moos, p. 868: "Sicut dicit Dionysius, V cap. De divinis nominibus, illud quod in pluribus invenitur simplicius et nobilius est, sicut esse nobilius est quam vivere, quamvis viventia sint nobiliora quam existentia tantum, inquantum etiam viventia nobilius esse participant. Sed amor pluribus participatur quam cognitio". Per la presa di posizione di Tommaso rispetto all'argomento: THOMAS DE AQUINO, *Scriptum super libros Sententiarum*, III, dist. 27, q. 1, a. 4, ed. Moos, p. 871.

[56] Cf. THOMAS DE AQUINO, *Quaestiones disputatae de veritate*, q. 20, a. 2, cura et studio Fratrum Praedicatorum (Sancti Thomae de Aquino Opera omnia, 22,2), Roma 1972, pp. 574-577: 574,13-15.

nei partecipanti, invece, ciò che è maggiormente composto, ovvero che partecipa di un maggior numero di determinazioni, è più nobile, poiché più simile al divino:

> Secundum Dionysium in V cap. de divinis nominibus, aliter est in participationibus et in participantibus: participationes enim quanto sunt simpliciores tanto nobiliores, sicut esse quam vivere et vivere quam intelligere, ut fiat comparatio inter esse et vivere separato per intellectum esse a vivere; in participantibus autem quanto aliquid est magis compositum, non dico compositione materiali sed per receptionem plurium participationum, tanto est nobilius, quia tanto in pluribus Deo similatur; et huiusmodi assimilatio esse non potest nisi secundum aliqua a Deo accepta[57].

Nella questione 22, art. 11 della raccolta, poi, dove Tommaso rispondeva alla domanda "utrum voluntas sit altior potentia quam intellectus"[58], il capitolo V dei *Nomi divini* era ricordato a sostegno di uno degli argomenti a favore della superiorità della volontà[59]. Nella confutazione dell'argomento, l'Aquinate si soffermava esplicitamente sull'interpretazione del brano dello pseudo-Dionigi, e offriva un correttivo all'affermazione generale della superiorità di ciò che è più comune. Nella convinzione di rendere giustizia all'*intentio* dell'autore, Tommaso spiegava, di nuovo, che la nobiltà di semplicità si applica alle 'partecipazioni', ma non a ciò cui le partecipazioni si comunicano. In questo senso, l'*esse* è in generale più nobile del vivere; viceversa, ciò che manca della vita è *innobilior* rispetto al vivente[60].

[57] Thomas de Aquino, *Quaestiones disputatae de veritate*, q. 20, a. 2, p. 576,184-196.

[58] Cf. Thomas de Aquino, *Quaestiones disputatae de veritate*, q. 22, a. 11, cura et studio Fratrum Praedicatorum (Sancti Thomae de Aquino Opera omnia, 22,3), Roma 1973, pp. 636-641. L'articolo fornisce spunti interessanti per lo studio della semantica della nobiltà: esso infatti propone, nel dipanarsi degli argomenti a favore della superiorità dell'una o dell'altra potenza, una sorta di dizionario della nobiltà. L'aggettivo comparativo *nobilior* vi è impiegato come sinonimo di *altior-eminentior-melior-perfectior*: ovvero a indicare una superiorità di grado o una superiorità qualitativa. Maggiormente nobile è, ad esempio, la potenza il cui atto è più nobile; ciò che maggiormente dista da ciò che è infimo; ciò che governa rispetto a ciò che è governato; ciò che è proprio ed esclusivo.

[59] Cf. Thomas de Aquino, *Quaestiones disputatae de veritate*, q. 22, a. 11, p. 638,115-118: "Praeterea, secundum Dionysium in V cap. De divinis nominibus, quanto aliqua divinarum participationum est communior tanto est nobilior; sed voluntas est communior intellectu".

[60] Cf. Thomas de Aquino, *Quaestiones disputatae de veritate*, q. 22, a. 11, p. 641,295-312: "Sciendum tamen est quod in hac ratione non inducitur auctoritas Dionysii secundum eius intentionem, proper duo: primo quia Dionysius loquitur quando unum includitur in ratione alterius, sicut esse in vivere et vivere in intelligere, unde dicit unum esse simplicius altero; secundo quia quamvis participatio quae est simplicior sit nobilior, tamen si accipiatur cum illo modo quo invenitur in rebus carentibus superadditis participationibus, erit innobilior; sicut esse quod est nobilius quam vivere, si accipiatur cum illo modo quo inanimata sunt, ille modus essendi erit innobilior quam esse viventium quod est vivere. Et sic non oportet quod semper id quod est in pluribus sit nobilior, alias oporteret dicere sensum esse nobiliorem intellectu et nutritivam potentiam quam sensitivam".

Nella più tarda disamina del Trattato sui *Nomi divini* il teologo forniva un'ulteriore chiave ermeneutica per comprendere sia il senso dell'ormai noto passo del V capitolo del testo pseudo-dionisiano sia la relazione d'eccellenza fra essere e vivere[61]. Quanto alla soluzione offerta dallo pseudo-Dionigi all'obiezione concernente la scala di eccellenza creaturale, Tommaso commentava distinguendo due modalità secondo cui gli enti si relazionano al bene superiore, "aut secundum participationem actualem boni aut secundum ordinem ad bonum"[62]. Ciò che più partecipa del bene possiede i suoi doni in maniera più perfetta; la vicinanza al primo garantisce inoltre una partecipazione quantitativamente maggiore ai suoi beni[63]. In riferimento poi alla gerarchia ascendente fra i nomi divini di essere e vita, Tommaso proponeva un'esegesi della *littera* dionisiana che la allontanasse dall'errore dei platonici, i quali avevano posto una pluralità di forme separate e distinte dalla causa prima[64]. Per il domenicano, *per-se-vita*, di cui Dionigi predicò l'inferiorità rispetto a *per-se-esse*, si deve intendere o in senso sostanziale, come forma realmente separata ma identica a Dio; oppure come forma separata solo *ratione*, vita immanente al vivente, che non se ne distingue sul piano dell'essere: proprio in questa seconda accezione, la vita-per-sé sarebbe stata confrontata da Dionigi all'essere-per-sé[65]. A questo punto, Tommaso adduceva due argomenti a favore dell'eccellenza dell'essere-per-sé. Il primo si basava sull'idea di 'precedenza' di partecipazione: l'essere-per-sé è partecipato primariamente da tutto ciò che partecipa anche delle altre perfezioni: infatti, l'ente, affermava Tommaso, è ciò che si concepisce di una *res* ancora prima del suo essere una, vivente, o dotata di intelletto[66]. Il secondo argomento stabiliva invece una gerarchia

[61] Cf. THOMAS DE AQUINO, *In librum beati Dionysii De divinis nominibus expositio*, ed. Ceslai PERA, Torino–Roma 1950.

[62] Cf. THOMAS DE AQUINO, *In librum beati Dionysii De divinis nominibus expositio*, c. 5, lc. 1, ed. PERA, pp. 232-233: n° 616, 233.

[63] Cf. THOMAS DE AQUINO, *In librum beati Dionysii De divinis nominibus expositio*, c. 5, lc. 1, ed. PERA, p. 233,616-617: "Rationabiliter substantiae angelicae *magis sunt circa bonum* divinum per quamdam appropinquationem ad ipsum, quasi abundantius *ipso* divino bono *participantes*, quasi *possidentes* ab eo plura et *maiora* bona quam alia: plura quidem, quia habent intelligentiam quod multa non habent; maiora vero, quia ipsum esse et vivere quod alia habent, perfectius ab Angelis possidetur. Et similiter etiam *rationalia*, scilicet homines, supereminent *sensibilibus*, idest brutis animalibus, quia praeabundant eis in ratione quam prae eis possident [...]".

[64] Sulle testimonianze testuali relative alla valutazione, da parte di Tommaso, dell'autorità dottrinale di Platone e dei Platonici si veda notoriamente Robert J. HENLE, *Saint Thomas and Platonism. A Study of the* Plato *and* Platonici *Texts in the Writings of Saint Thomas*, The Hague 1956.

[65] Cf. THOMAS DE AQUINO, *In librum beati Dionysii De divinis nominibus expositio*, c. 5, lc. 1, ed. PERA, n° 634, p. 235. Sull'interpretazione fornita da Tommaso rispetto alle partecipazioni pseudo-dionisiane, cf. Pasquale PORRO, *Tommaso d'Aquino. Un profilo*, pp. 237-240.

[66] Cf. THOMAS DE AQUINO, *In librum beati Dionysii De divinis nominibus expositio*, c. 5, 1c. 1, ed. PERA, n° 635, pp. 235-236: "Quod autem per se esse sit primum et dignius quam per se vita et per se sapientia, ostendit dupliciter: primo quidem, per hoc quod *quaecumque*

fra essere e vita secondo la relazione fra partecipato, l'essere, e partecipante, la vita. Quest'ultima è *quoddam existens*, e dunque partecipa dell'essere, ne dipende. L'essere, concludeva Tommaso, in quanto partecipato dalla vita, è più originario e più semplice della vita, e si relaziona alla vita come suo atto:

> Secundo, quod ipsum esse comparatur ad vitam, et alia huiusmodi sicut participatum ad participans: nam etiam ipsa vita est ens quoddam et sic esse prius et simplicius est quam vita et alia huiusmodi et comparatur ad ea ut actus eorum[67].

Nell'esegesi del V capitolo dei *Nomi divini*, dunque, i criteri di precedenza e maggiore estensione, insieme al carattere di attualità, erano adoperati da Tommaso per porre l'accento sulla priorità ed eccellenza dell'essere-per-sé sulla vita-per-sé, intesi come partecipazioni del divino nelle creature[68].

L'attualità dell'essere rispetto alle restanti determinazioni veniva poi affermata dal domenicano, insieme all'adagio 'dionisiano' "esse est nobilius quam vivere", anche in un noto passo delle *Quaestiones disputatae de potentia* q. 7, art. 2[69]. Il maestro replicava a un argomento in cui si sosteneva la presunta imperfezione dell'esse, paragonato alla materia prima priva di determinazioni, e dunque l'impossibilità di predicare l'essere di Dio, "qui est perfectissimus". Secondo l'Aquinate, l'essere è, al contrario, "inter omnia perfectissimum", massima perfezione e massima attualità. All'essere non si può aggiungere nulla che lo determini, nulla che lo specifichi, se non "sicut actus per potentiam"; tutto, infatti, è già compreso nell'essere, eccetto il non-essere. Le determinazioni dell'essere esprimono ciò che distingue un essere da un altro essere, ma non ne indicano una maggiore perfezione. In questo contesto, Tommaso inseriva l'autorità dionisiana:

> Hoc quod dico esse est inter omnia perfectissimum: quod ex hoc patet quia actus est semper perfectior potentia. [...] Unde patet quod hoc quod dico esse est actualitas omnium actuum, et propter hoc est perfectio omnium perfectionum. Nec intelligendum est, quod ei quod dico esse, aliquid addatur quod sit eo formalius, ipsum determinans, sicut actus potentiam: esse enim quod huiusmodi est, est aliud secundum essentiam ab eo cui additur

participant aliis participationibus, primo *participant* ipso *esse*: prius enim intelligitur aliquod ens quam unum, vivens, vel sapiens".

67 THOMAS DE AQUINO, *In librum beati Dionysii De divinis nominibus expositio*, c. 5, lc. 1, ed. PERA, n° 635, p. 236.

68 Cf. THOMAS DE AQUINO, *In librum beati Dionysii De divinis nominibus expositio*, c. 5, lc. 1, ed. PERA, n° 639, p. 236: "Et sic patet quod Deus per ipsum esse omnia causat. Ex quo concludit principale intentum et dicit quod Deus, qui est *per se bonitas* et primo *proponens* idest tribuens rebus creatis hoc *donum* quod est *per se* esse, *laudatur* hoc nomine, quod est quasi *digniore et primo* suarum participationum".

69 Cf. THOMAS DE AQUINO, *Quaestiones disputatae de potentia*, q. 7, a. 2, ed. Paulus M. PESSION, in: S. THOMAE AQUINATIS *Quaestiones disputatae*, vol. II, Torino-Roma 1965[10], pp. 190-193.

determinandum. Nihil autem potest addi ad esse quod sit extraneum ab ipso, cum ab eo nihil sit extraneum nisi non-ens, quod non potest esse nec forma nec materia. Unde non sic determinatur esse per aliud sicut potentia per actum, sed magis sicut actus per potentiam. Nam et in definitione formarum ponuntur propriae materiae loco differentiae, sicut cum dicitur quod anima est actus corporis physici organici. Et per hunc modum, hoc esse ab illo esse distinguitur, in quantum est talis vel talis naturae. Et per hoc dicit Dionysius, quod licet viventia sint nobiliora quam existentia, tamen esse est nobilius quam vivere: viventia enim non tantum habent vitam, sed cum vita simul habent et esse[70].

Notoriamente, il passo è stato citato da interpreti moderni come cifra della metafisica tomista dell'atto; parimenti, è stata celebrata l'influenza di Dionigi e in particolare del V capitolo dei *Nomi divini* rispetto alla dottrina di Tommaso della nozione di "essere intensivo"[71]. Secondo un'esegesi filologicamente attenta del brano, Pasquale Porro ha recentemente rilevato, aldilà dell'importanza generale della nozione di attualità dell'essere "nel pensiero di Tommaso", come la preoccupazione fondamentale dell'Aquinate fosse quella di "marcare la differenza tra il caso *unico* di Dio, in cui l'essere non è limitato da nessuna forma [...] e quello di tutti gli altri enti, in cui l'essere è sempre determinato dal fatto di essere-qualcosa, di avere cioè quanto meno una forma"[72].

In effetti, proprio con riferimento all'*esse subsistens* di Dio, colmo di tutte le *perfectiones essendi*, eppure semplice, poiché nel primo principio tutte le differenze sono pre-comprese *ut unum*, Tommaso citava nuovamente, nella prima sezione della *Summa theologiae*, il V capitolo pseudo-dionisiano. All'essere di Dio, che include in sé anche la vita e la sapienza, e dunque è pienezza di perfezioni, proprio come lo pseudo-Dionigi aveva affermato, di nuovo Tommaso contrapponeva quell'"essere" e quel "vivere" che, considerati rispetto a ciò che è e ciò che vive, si distinguono, secondo maggiore o minore comprensione di significati, laddove il *vivens* è superiore all'*ens*[73].

[70] THOMAS DE AQUINO, *Quaestiones disputatae de potentia*, q. 7, a. 2, ed. PESSION, p. 192.

[71] Cf. ad esempio Cornelio FABRO, *The Intensive Hermeneutics of Thomistic Philosophy. The Notion of Participation* (transl. by B. M. Bonansea), in: The Review of Metaphysics, 27/3 (1974), pp. 449-491; Fran O' ROURKE, *Pseudo-Dionysius and the Metaphysics of Aquinas* (Studien und Texte zur Geistesgeschichte des Mittelalters, 32), Leiden–New York–Köln 1992, pp. 155-187: 180-185.

[72] Cf. Pasquale PORRO, *Tommaso d'Aquino. Un profilo*, p. 258.

[73] Cf. THOMAS DE AQUINO, *Summa theologiae*, Ia, q. 4, a. 2, pp. 21-22: 22: "Ad tertium dicendum quod, sicut in eodem capite idem Dionysius dicit, licet ipsum esse sit perfectius quam vita, et ipsa vita quam ipsa sapientia, si considerentur secundum quod distinguuntur ratione: tamen vivens est perfectius quam ens tantum, quia vivens etiam est ens; et sapiens est ens et vivens. Licet igitur ens non includat in se vivens et sapiens, quia non oportet quod illud quod participat esse, participet ipsum secundum omnem modum essendi: tamen ipsum esse Dei includit in se vitam et sapientiam; quia nulla de perfectionibus essendi potest deesse ei quod est ipsum esse subsistens".

Nella sezione della *Summa theologiae* dove si occupava della vita in Dio, e con la quale Enrico di Gand senza dubbio si confrontò per tracciare la propria dottrina del vivere divino, Tommaso non faceva invece menzione del passo dionisiano che stabiliva un'assiologia fra *esse* e *vivere*[74]. Un raffronto fra i due predicati si ritrova, tuttavia, nel primo dei due capitoli della *Summa contra gentiles* che l'Aquinate aveva dedicato alla vita in Dio (lib. I, cap. 97). In quell'occasione, Tommaso aveva accordato un aspetto di nobiltà al vivere, per mostrare che "Deus est vivens". L'autore si appellava all'idea di perfezione divina, e affermava, sulla base della superiorità del vivente sul non vivente, come "il vivere sia un certo qual essere perfetto":

> Divinum esse omnem perfectionem essendi comprehendit, ut supra ostensum est. Vivere autem est quoddam esse perfectum: unde viventia in ordine entium non viventibus praeferuntur. Divinum igitur esse est vivere. Ipse igitur est vivens[75].

Il lessico della nobiltà era stato impiegato da Tommaso a proposito della perfezione divina nel medesimo primo libro della *Summa contra gentiles* (cap. 28), nel passo che l'autore stesso chiamava in causa (*ut supra ostensum est*) nella trattazione sulla vita di Dio. In quell'occasione, il maestro domenicano si era soffermato sulla relazione fra *ea quae sunt et vivunt* – laddove la prima categoria esprime evidentemente una maggiore perfezione della seconda – per poi muovere, per contrasto, alla perfezione universale di Dio, "cui non deest alicuius generis nobilitas"[76]. La nobiltà, precisava Tommaso, si esplica in ciascuna cosa a seconda del suo essere. Poiché Dio s'identifica con ogni possibilità d'essere, in lui si esprimono tutte le possibilità di nobiltà[77]. Fra le diverse possibilità d'essere, ciascuna delle quali dice un grado di nobiltà, dunque, il vivere manifesta una certa perfezione d'essere, che deve essere posseduta da Dio, essere perfettissimo. Nelle creature, d'altro canto, l'imperfezione è costitutiva: infatti, gli enti partecipano dell'essere assoluto in modo parziale, limitato, e dunque mostrano una nobiltà imperfetta[78].

[74] Cf. *supra*, n. 3.

[75] THOMAS DE AQUINO, *Summa contra gentiles*, I, 97 (Sancti Thomae Aquinatis Opera omnia, 13), Roma 1918, p. 261.

[76] Cf. THOMAS DE AQUINO, *Summa contra gentiles*, I, 28, p. 86.

[77] Cf. THOMAS DE AQUINO, *Summa contra gentiles*, I, 28, pp. 86-87: "Omnis enim nobilitas cuiuscumque rei est sibi secundum suum esse: nulla enim nobilitas esset homini ex sua sapientia nisi per eam sapiens esset, et sic de aliis. Sic ergo secundum modum quo res habet esse, est suus modus in nobilitate: nam res secundum quod suum esse contrahitur ad aliquem specialem modum nobilitatis maiorem vel minorem, dicitur esse secundum hoc nobilior vel minus nobilis. Igitus si aliquid est cui competit tota virtus essendi, ei nulla nobilitatum deesse potest quae alicui rei conveniat. Sed rei quae est suum esse, competit esse secundum totam essendi potestatem. [...] Deus igitur, qui est suum esse, ut supra probatum est, habet esse secundum totam virtutem ipsius esse. Non potest ergo carere aliqua nobilitate quae alicui rei conveniat".

[78] Cf. THOMAS DE AQUINO, *Summa contra gentiles*, I, 28, p. 87: "Sicut autem omnis nobilitas et perfectio inest rei secundum quod est, ita omnis defectus inest ei secundum quod aliqualiter non est. Deus autem, sicut habet esse totaliter, ita ab eo totaliter absistit non esse:

V. Conclusioni. Enrico di Gand e la semantica della nobiltà

Proprio questo brano della *Summa contra gentiles*, dove Tommaso affermava che "vivere autem est quoddam esse perfectum", sembrerebbe avere ispirato Enrico di Gand nel suo art. XXVII, q. 1, allorché il maestro scriveva: "vivere est quoddam esse nobile". Un confronto fra i due passaggi sullo sfondo appena tracciato rivela tuttavia un'essenziale differenza di prospettiva fra la disamina di Enrico e quella di Tommaso, che nella sua ispirazione principale si uniformava alla fonte albertina. Di fatto, l'analisi semantica di Enrico di Gand, nella quale echeggiava, grazie alla scelta dell'aggettivo "nobile" per comparare l'"essere" e il "vivere", la tradizione esegetica che ho qui ricostruito, si liberava delle premesse metafisiche che avevano caratterizzato l'ermeneutica di Alberto e di Tommaso. Prima di ritornare, però, più nello specifico sul testo della *Summa quaestionum ordinariarum*, cercherò di riassumere alcuni dei punti sin qui guadagnati.

Definito da Alberto Magno come strumento interpretativo del V capitolo del *De divinis nominibus*, e in particolare della gerarchia di attributi divini e creaturali di "essere" e "vivere", il duplice teorema della nobiltà come possesso di perfezione o come semplicità divenne, per Tommaso, doppio principio formale ripetuto e applicato in differenti ambiti testuali e dottrinali[79]. Il ricorso da parte di Tommaso all'autorità dionisiana, con la comparazione paradigmatica di *esse* e *vivere*, *ens* e *vivens* per il tramite dell'attributo di nobiltà sembrerebbe portare in sé, in effetti, il marchio dell'influenza albertina. Nel commento al *De divinis nominibus* l'Aquinate non impiegava il campo semantico di *nobilis – nobilitas*, assenti nelle traduzioni latine di Eriugena e del Sarraceno del V capitolo dell'opera[80]. Eppure il doppio adagio "esse nobilius est quam vivere" o "viventia sint nobiliora quam existentia tantum" ricorreva già, insieme al richiamo allo pseudo-Dionigi, nei testi di Tommaso precedenti all'*Expositio*.

quia per modum per quem habet aliquid esse, deficit a non esse. A Deo ergo omnis defectus absistit. Est igitur universaliter perfectus. Illa vero quae tantum sunt, non sunt imperfecta propter imperfectionem ipsius esse absoluti: non enim ipsa habent esse secundum suum totum posse, sed participant esse per quendam particularem modum et imperfectissimum".

[79] Un paragone testuale, seppure parziale, fra i commenti del capitolo V dei *Nomi divini* da parte di Roberto Grossatesta, Tommaso Gallo e Pietro Ispano è offerto in: Francis Ruello, *La* Divinorum Nominum Reseratio *selon Robert Grossetête et Albert le Grand*, in: Archives d'histoire doctrinale et littéraire du Moyen Âge, 34 (1959), pp. 99-197: 177-180, app. 3-5. In nessuno dei commenti, mi sembra, il lessico della nobiltà è impiegato in maniera decisiva. Interessante testimonianza della ricezione della lezione di Alberto, ma anche originale rielaborazione relativa al nome divino "vita" e alla *immutabilitas Dei*, si trova poi nel trattato IV del II libro del *De Summo Bono* di Ulrico di Strasburgo, cf. Ulrich von Strassburg, *De summo bono*, l. II, tr. 1-4, hrsg. von Alain de Libera (Corpus Philosophorum Teutonicorum Medii Aevi, I,2/1), Hamburg 1987, pp. 117-136.

[80] Cf. *supra*, n. 33.

Rispetto all'esegesi del testo pseudo-dionisiano, poi, per entrambi i maestri domenicani la dicotomia fra l'assiologia dei nomi divini e la gerarchia delle creature, per le quali valgono differenti criteri di eccellenza, si risolveva nella distinzione fra le forme di essere e vivere da un lato, e gli enti, che sono e che vivono, dall'altro lato. Alberto impiegava il lessico dell'"astrazione" e dell'"informazione" per alludere alla natura di quell'essere e di quel vivere che si relazionano come il più nobile rispetto al meno nobile. Tommaso optava, nel commento ai *Nomi divini* ma anche nei numerosi richiami al V capitolo disseminati in tutta la sua opera, per il lessico della partecipazione. Per i due autori, in ogni caso, da un punto di vista concettuale, la semplicità formale e dunque l'universalità sopravanzano, in eccellenza, una maggiore determinazione di forma. La semplicità concreta dell'essere divino, d'altro canto, si coniuga, per Alberto e per Tommaso, con il possesso eminente di tutte le nobiltà o perfezioni, distinte, in relazione a Dio, solo *ratione*. Per Alberto commentatore di Dionigi, poi, il "vivere" esprime, in Dio, una *ratio* differente rispetto a quella dell'"essere". E tuttavia anche in Dio il vivere, sebbene manifesti una nobiltà dell'essere o una certa perfezione dell'essere, è sopravanzato, quanto a eminenza, dall'essere medesimo.

In questo senso, l'operazione di Enrico di Gand, che nell'articolo XXVII, q. 1 della *Summa* rilevava la maggiore nobiltà espressa dal "vivere" rispetto all'"essere" sia in Dio sia nelle creature, si differenziava, nell'economia del brano analizzato, rispetto a quanto insegnato dai maestri domenicani. Secondo il teologo, attento a distinguere i significati di *esse* e *vivere*, per definire il valore del discorso su Dio, "vivere" esprime in assoluto una maggiore determinazione rispetto a "essere". Poiché dice, dell'essere, l'aspetto attuale, "vivere" manifesta l'"essere" in maniera più definita e perfetta.

Per Tommaso, nel brano della *Summa contra gentiles* che Enrico a suo modo riprese, la ragione per cui il "vivere" può essere annoverato fra le perfezioni dell'essere si basa sulla considerazione di ciò che essere e vivere indicano, in concreto, nelle creature, e sul confronto fra la perfezione creaturale, imperfetta, e la perfezione dell'essere divino. Solo in relazione al *vivens* e all'*ens* creaturale, cioè, il vivere è *secundum rationem* superiore all'essere. Per Enrico, invece, vivere indica *tout court*, quale predicato, un modo d'essere più perfetto rispetto all'essere medesimo[81].

Lo scarto operato da Enrico di Gand rispetto alle sue fonti nella comparazione di nobiltà fra l'essere e il vivere nell'ambito della questione sull'attribuzione della vita a Dio, risiede, dunque, nella determinazione di uno spazio semantico e concettuale "assoluto". In esso i due predicati sono messi a confronto a prescindere dai soggetti a cui sono riferiti, da un lato, così come dalla loro universalità, dall'altro. La consi-

[81] La differenza semantica fra "essere" "vivere", non intaccava, nel discorso su Dio, la semplicità piena dell'essere divino, che, per Enrico, come già per Tommaso e per Alberto, non ammette addizioni sostanziali. Sulla nozione enrichiana di essere, in particolare dell'essere divino, cf. come noto José GÓMEZ CAFFARENA, *Ser participado y ser subsistente en la metafísica de Enrique de Gante* (Analecta Gregoriana, 93), Roma 1958, in part. pp. 156ss.

derazione dell'essere di Dio in quanto puro, semplice, sussistente e necessario non rientra nell'analisi enriciana della distinzione *ratione* di essere e vivere. Né vi rientra la considerazione della differenza, nelle creature, fra l'origine dell'essere e quella del vivere. In altre parole, la valutazione del fondamento metafisico dell'assiologia fra essere e vivere, che determinava, per Alberto e per Tommaso esegeti di Dionigi, la scala di nobiltà fra i due predicati, si trova neutralizzata nell'indagine semantica di Enrico. Il maestro belga sganciava la considerazione dei puri significati di "essere" e "vivere" dai loro soggetti, e definiva un criterio semantico di nobiltà che valesse, in maniera uniforme, per descrivere tanto Dio quanto le creature. Secondo tale principio, ciò che è più complesso e determinato comporta una maggiore nobiltà di significato rispetto a ciò che è semplice e insieme indeterminato.

DIEGO QUAGLIONI

La nobiltà dei giuristi e Dante. Chiose minime a *Monarchia*, II, iii, 1-4

Il luogo del libro II della *Monarchia* è meritamente celebre e costituisce, nello sviluppo del pensiero di Dante, un forte punto di contatto e insieme di contrasto con i versi e la prosa del *Convivio*. Si tratta anche, è superfluo ricordarlo, di uno dei luoghi danteschi più frequentati e commentati, cui non parrebbe doversi dedicare ancora qualche chiosa, se non fosse per la lettura nuova e problematica che ne diede or non è molto il caro e compianto Umberto Carpi. Questo il luogo dantesco[1]:

> Dico igitur ad questionem quod romanus populus de iure, non usurpando, Monarche offitium, quod 'Imperium' dicitur, sibi super mortales omnes ascivit. Quod quidem primo sic probatur: nobilissimo populo convenit omnibus aliis preferri; romanus populus fuit nobilissimus; ergo convenit ei omnibus aliis preferri. Assumpta ratione probatur: nam, cum honor sit premium virtutis et omnis prelatio sit honor, omnis prelatio virtutis est premium. Sed constat quod merito virtutis nobilitantur homines, virtutis videlicet proprie vel maiorum. Est enim nobilitas virtus et divitie antique, iuxta Phylosophum in *Politicis*; et iuxta Iuvenalem: Nobilitas animi sola est atque unica virtus. Que due sententie ad duas nobilitates dantur: propriam scilicet et maiorum. Ergo nobilibus ratione cause premium prelationis conveniens est.

Carpi ricorda che sul concetto di *nobilitas* "Dante si sofferma a lungo nel secondo della *Monarchia*, dove dimostra il buon diritto dell'Impero acquisito dal popolo romano su tutti gli uomini. La liceità di quell'universale ufficio monarchico, non effetto di violenza ma disegno della divina giustizia, era derivata infatti ai romani proprio dall'essere il più nobile fra i popoli"[2]. Allega quindi integralmente il brano

[1] Mi permetto di citare il testo dalla mia edizione recente: DANTE ALIGHIERI, *Monarchia*. Edizione commentata a cura di Diego QUAGLIONI, Milano 2015, pp. 170-179, con qualche ritocco nel commento rispetto alla stampa precedente: DANTE ALIGHIERI, *Monarchia*, a cura di Diego QUAGLIONI, in: DANTE ALIGHIERI, *Opere*. Edizione diretta da Marco SANTAGATA, II, *Convivio, Monarchia, Epistole, Egloge*, a cura di Gianfranco FIORAVANTI, Claudio GIUNTA, Diego QUAGLIONI, Claudia VILLA, Gabriella ALBANESE, Milano 2014, pp. 807-1415: 1069-1077. Tutte le novità dell'edizione erano già dettagliatamente esposte in Diego QUAGLIONI, *Un nuovo testimone per l'edizione della «Monarchia» di Dante: il manoscritto Additional 6891 della British Library*, in: Laboratoire italien, 11 (2011), pp. 231-279 (consultabile anche sul sito http://laboratoireitalien.revues.org/595).

[2] Umberto CARPI, *La nobiltà di Dante*, I, Firenze 2004, p. 20.

già citato, ponendolo a confronto con l'attacco del XVI canto del *Paradiso*, il boeziano "O poca nostra nobiltà di sangue [...]"[3], dove gli appare "arbitrario [...] insistere a trovar contrapposta una falsa e negativa nobiltà di sangue [...] ad una nobiltà dell'animo vera e positiva"[4]. Carpi ne trae una conclusione che rimette in discussione un'interpretazione della *Monarchia* del tutto conforme alla dottrina della nobiltà esposta nel *Convivio*: "Insomma, due *auctoritates* per due *nobilitates* distinte ma nient'affatto contrapposte, se ad assicurare il diritto alla signoria è proprio la loro compresenza [...]. Nella *Monarchia*, dunque, Giovenale non nega più Aristotele, lo integra"[5]. E ancora[6]:

> I versi iniziali di Par. XVI non sono dunque affatto riducibili, come in genere si vuole, entro una pretesa compattezza del pensiero di Dante fra *Le dolci rime* o anche solo fra la loro reinterpretazione nel quarto del *Convivio* e il secondo della *Monarchia*: ritengo anzi che lo stesso ricorso al *Convivio* possa servire soltanto a prender atto d'un netto mutamento, se non d'un vero e proprio rovesciamento d'opinione. E come avrebbe potuto accadere diversamente in una vicenda ideologica partita 'guelfa' dalle contese comunali fra popolo e magnati negli ultimi due decenni del secolo precedente, passata "bianca" (con alleanze ghibelline) nella divisione verificatasi all'interno della classe dirigente guelfa e poi attraverso un tormentatissimo percorso "estrinseco" fra corti di castelli feudali e di signorie cittadine sullo sfondo smembrato della curia, per approdare "imperiale" all'estrema illusione restauratrice con Arrigo VII e poi alla grande fase scaligera? [...] Non cesure d'altronde, ma un processo di trasformazione che definirei "molecolare", e la continua risemantizzazione della propria scrittura piuttosto che nette palinodie.

Qui si tratta di sostare, tornando al secondo della *Monarchia*. È stato notato che Dante assume come proposizione autoevidente, di pura ragione, l'asserzione aristotelica secondo cui l'onore è *premium virtutis*, e che perciò non cita alcuna autorità[7]. La citazione però, a sostegno del carattere notorio della verità della massima, pur se implicita, c'è, se solo si ricordi quanto Dante scrive nel *Convivio*, IV, XIX, 4[8]:

[3] Per l'esclamazione di Boezio, "Iam vero quam sit inane, quam futile nobilitatis nomen, quis non videat? Quae si ad claritudinem refertur, aliena est, videtur namque esse nobilitas quaedam de meritis veniens laus parentum" (BOETHIUS, *De consolatione philosophiae*, III, 6, 7, ed. Claudio MORESCHINI, München–Leipzig 2000, p. 72,20-23), cf. il commento di Anna Maria CHIAVACCI LEONARDI a *Pd* XVI, 1 in DANTE ALIGHIERI, *Commedia*, III, *Paradiso*, Milano 2004[6], p. 447.

[4] CARPI, *La nobiltà di Dante*, p. 22.

[5] CARPI, *La nobiltà di Dante*, pp. 21 e 24.

[6] CARPI, *La nobiltà di Dante*, p. 54.

[7] Cfr. il commento di Richard Kay a *Monarchia*, II, iii, 3 (DANTE's *Monarchia*. Translated, with a Commentary, by Richard KAY, Toronto 1998, *ad loc.*). E si veda ovviamente ARISTOTELES, *Eth.*, IV, 3, 1123b35.

[8] DANTE ALIGHIERI, *Convivio*, a cura di FIORAVANTI. *Canzoni* a cura di GIUNTA, in: DANTE ALIGHIERI, *Opere*, II, *Convivio, Monarchia, Epistole, Egloge*, pp. 3-803: 702. Avrei scritto "in Ragione e per regola di Ragione", onde evitare ogni ambiguità nel significato del

E qui si vuole sapere che, sì come scritto è in Ragione e per regola di ragione si tiene, quelle cose che per sé sono manifeste non hanno mestiere di pruova: e nulla n'è più manifesta che nobilitade essere dove è vertude, [ché] ciascuna cosa volgarmente vedemo, in sua natura [virtuosa], nobile essere chiamata.

Nel luogo allegato Dante allude al brocardo (la massima che "per regola di Ragione si tiene", cioè che tiene luogo di regola di diritto) "quae manifesta sunt [...] probatione non indigent", come si legge nella glossa accursiana "evidentissime" a *Dig.* 2, 8, 5, 1, con rinvio all'istituto canonistico del notorio[9]. Dunque, *quae manifesta sunt probatione non indigent*, "quelle cose che per sé sono manifeste non hanno mestiere di pruova", come Dante può tradurre alla lettera dalla Glossa al vulgato luogo giustinianeo, applicando alla sua *inquisitio* le regole del procedere in giudizio: è manifesto, e non ha perciò bisogno di prova, il fatto che l'onore che nasce dall'acquisto di una dignità è premio alla virtù.

Nella trama del concetto dantesco di nobiltà l'integrazione di cui parla Carpi, è a veder bene tutta in quel "virtutis videlicet proprie vel maiorum" di *Monarchia*, II, iii, 3. Troppo si è insistito sul carattere "antinomico" di questo luogo, fino a Furlan, il quale ha sostenuto che "anche per questo risulta difficile, se non *improbabilis*, una collocazione della *Monarchia* in anni vicini a quelli del *Convivio*, come in particolare il Nardi costantemente volle"[10], e a Scott[11]. Nardi scrive in realtà di "una concessione fatta nella *Monarchia* al concetto aristotelico, che cioè gli uomini,

termine che nella lingua di Dante, così come dei suoi contemporanei, indica la *ratio scripta in corpore iuris*, il Digesto di Giustiniano, e nel luogo del *Convivio* qui allegato la *regula iuris* esplicitata dalla Glossa a D. 2, 8, 5, 1. Cf. DANTE ALIGHIERI, Il *Convivio* ridotto a miglior lezione e commentato da Giovanni BUSNELLI e Giuseppe VANDELLI con introduzione di Michele BARBI. Seconda edizione con appendice di aggiornamento a cura di Antonio Enzo QUAGLIO, II, Firenze 1964, p. 228. Per qualche osservazione ulteriore mi permetto di rinviare al mio scritto *«L'una e l'altra Ragione». Note sull'universalismo giuridico di Dante*, in: *Alfons Maria Stickler (1910-2007). In Memoriam*, a cura di José Miguel VIEJO-JIMÉNEZ, Sevilla 2012 [Annaeus. Anales de la Tradición Romanística, 7 (2010)] (ma 2015), pp. 205-227.

9 Glo. "evidentissime", *ad l. Si vero, § Qui pro rei, ff. Qui satisdare cogantur* (D. 2, 8, 5, 1), in: *Digestum Vetus. Pandectarum Iuris Civilis tomus primus*, Lugduni 1560, col. 139: "not. quod quae manifesta sunt. i[dest] notoria probatione non indigent: ut infra de act. emp."; cf. anche le glosse "quia manifestum fuit", *ad l. Emptorem, ff. De actionibus empti et venditi* (D. 19, 1, 12), *Ibid.*, col. 1481) e "demonstratae", *ad l. Cum dos, § Si quis, ff. De dote praelegata* (D. 33, 4, 1, 8), in: *Infortiatum. Pandectarum Iuris Civilis tomus secundus*, Lugduni 1560, col. 1036). Per il rinvio all'istituto canonistico del notorio cf. il cap. 3, X, II, 21, *De testibus*, in *Corpus Iuris Canonici*. Editio Lipsiensis secunda post Aemilii Ludovici RICHTERI curas ad librorum manu scriptorum et Editionis Romanae fidem recognouit et adnotatione critica instruxit Aemilius FRIEDBERG, II, *Decretalium collectiones*, Leipzig 1879 (rist. Graz 1956), col. 341.

10 Francesco FURLAN, *Commento*, in: DANTE ALIGHIERI, *Monarchia* con il *Commentario* di COLA di Rienzo *e il volgarizzamento di* Marsilio FICINO, a cura di Francesco FURLAN, Milano, 2004, p. 534.

11 John A. SCOTT, *Perché Dante?*, Roma 2010, pp. 250-251.

oltre che dalla propria nobiltà, traggon profitto anche da quella dei loro maggiori. Ma la vera nobiltà dell'uomo è, per Dante, quella della 'propria virtù' che trae da Dio e da influssi celesti"[12]. Più equilibrata, in questo caso, l'opinione di Vinay, per il quale quando Dante scrive la *Monarchia* non ha cambiato idea o per lo meno non è necessario supporlo[13]:

> La nobiltà degli antichi Romani è tal manto che non s'è raccorciato e che ha resistito alle "force" del tempo [*Par.*, XVI, 1sgg.] per il contributo di virtù rinnovatosi ad ogni generazione; i "romani" che, come D[ante], seguono il grande Arrigo, non sono nobili per nobiltà passivamente ereditata ma perché nella loro nobiltà rinnovano la nobiltà dei padri. La "virtus maiorum" non va dunque intesa come una "virtus" conchiusa nel tempo, ma piuttosto come una innata disposizione attiva perpetuatasi nei secoli a differenza della "virtus propria" che si esaurisce nella perfezione dell'individuo. Anche con questa interpretazione lata, il passaggio dal *Conv.* alla *Mon.* non sarebbe tuttavia ben chiaro se non aggiungessimo che la storia romana ha nel pensiero di D[ante] un fondamento provvidenziale che dà alla "virtus maiorum" quasi il valore di una investitura divina.

Ha scritto Marco Santagata: "Dante non si appiattirà mai sulla tesi che la vera nobiltà sia quella ereditaria e di schiatta, sempre in lui il principio della virtù personale sarà prevalente, e tuttavia, siccome la *virtus* è una prerogativa subordinata alla *nobilitas*, ecco che il sangue viene a rappresentare una condizione privilegiata perché, sussistendo il valore individuale, si esplichi una piena nobiltà"[14]. Ed è verissimo che questo punto continua a tormentare la coscienza del lettore moderno[15]:

> Il problema della nobiltà si affaccia già nelle poesie degli esordi e si mantiene in primo piano, anzi, accentua via via la sua importanza, fino alla *Commedia*. A differenza dei temi della lingua e della poesia, questo filone di pensiero non si trasforma in progetto, non stimola

[12] Così Bruno Nardi a commento di *Monarchia* II, III, 3 (*Monarchia*, a cura di Bruno Nardi, in: Dante Alighieri, *Opere minori*, II, a cura di Pier Vincenzo Mengaldo, Bruno Nardi, Arsenio Frugoni, Giorgio Brugnoli, Enzo Cecchini, Francesco Mazzoni, Milano–Napoli, Ricciardi, 1979, pp. 239-503), *ad loc.*

[13] Il commento di Gustavo Vinay, *ad loc.*, è in Dante Alighieri, *Monarchia*. Testo, traduzione, introduzione e commento a cura di Gustavo Vinay. In appendice le Epistole politiche tradotte, Firenze 1950.

[14] Marco Santagata, *Introduzione*, in: Dante Alighieri, *Opere*. Edizione diretta da Marco Santagata, I, *Rime, Vita nova, De vulgari eloquentia*, a cura di Claudio Giunta, Guglielmo Gorni, Mirko Tavoni, Milano 2011, pp. IX-CXXXII: XCII-XCIII. Cfr. Id., *L'io e il mondo. Un'interpretazione di Dante*, Bologna 2011, pp. 83-84; e ancora Id., *Dante. Il romanzo della sua vita*, Milano 2012, pp. 262-264.

[15] Santagata, *Introduzione*, pp. LXXXIV-LXXXV. Cfr. Id., *L'io e il mondo*, p. 78. Si vedano anche le belle pagine delle rivedute *Barlow Lectures on Dante* (Londra, University College, 14, 16 e 21 maggio 1973), ora raccolte sotto il titolo *Dante and Nobility* in Nicolai Rubinstein, *Studies in Italian History in the Middle Ages and the Renaissance, I, Political Thought and the Language of Politics. Art and Politics*, ed. by Giovanni Ciappelli, Roma 2004, pp. 165-200.

la produzione di opere a esso dedicate, e tuttavia nutre di sé gran parte degli scritti danteschi, tanto che libri come la *Monarchia* sarebbero inconcepibili se avulsi da quell'ambito problematico. Altra differenza è che, mentre l'atteggiamento di Dante nei confronti della lingua ci appare caratterizzato da un progressivo e costante allargamento dell'orizzonte, quello nei confronti della nobiltà è più oscillante e da un certo momento in poi alla nostra sensibilità di moderni può addirittura presentarsi come una involuzione.

Siamo dunque in presenza di diversi piani, che, come nella visione di Carpi, "cominceranno ad intrecciarsi nel *Convivio*, nel *De vulgari*, in *Tre donne* e comunque di qui, per necessaria conseguenza", in "una dottrina tutta nuova anche per il concetto di nobiltà, che da un'accezione di democrazia comunale dovrà allargarsi a designare tutta la complessa gerarchia dell'ordine imperiale"[16]. E Carpi ha perfettamente ragione di indicare, come segno dell'acquisizione da parte dei contemporanei, e soprattutto della generazione dei giuristi seguita a Dante, di "una dottrina tutta nuova", il "*topos* sancito fin dal 1355 da Bartolo da Sassoferrato che discute, per fondare una sua tesi *De dignitatibus*, proprio quell'antica *cantilenam in vulgari*, cioè la proposta di *Le dolci rime d'amor*, come sintesi definitiva dell'opinione dantesca sulla nobiltà (e sarà Bartolo a far diventare quei versi un classico riferimento delle disputazioni rinascimentali dedicate alla nobiltà, fino al dialogo del Tasso sull'argomento"[17].

La definizione dei vv. 21-24 della canzone *Le dolci rime d'amor ch'i' solia* ("Tale imperò che gentilezza volse, / secondo 'l suo parere, / che fosse antica possession d'avere / con reggimenti belli")[18], attribuita a Federico II imperatore nel commento del *Convivio*, IV, III, 6, formava infatti, per i giuristi "filodanteschi" come Bartolo, allievo di Cino da Pistoia, un problema nodale. Dante aveva commentato i suoi stessi versi, risalenti al decennio precedente, con atteggiamento meno radicale ma non meno risoluto nel negare all'imperatore il potere di determinare un punto di dottrina relativo alla nobiltà[19]:

[16] Carpi, *La nobiltà di Dante*, p. 57.

[17] Carpi, *La nobiltà di Dante*, pp. 57-58.

[18] *Canzone terza*, 21-24, in: Dante Alighieri, *Convivio*, a cura di Fioravanti. *Canzoni* a cura di Giunta, p. 517, con il commento di Claudio Giunta a pp. 521-526 e 529-530.

[19] Dante Alighieri, *Convivio*, a cura di Fioravanti. *Canzoni* a cura di Giunta, p. 558. La fonte di Dante è stata indicata, a volte senza esitazione (come in Dante, *Œuvres complètes*. Traduction et commentaires par André Pézard, Paris 1965, p. 439) nel sonetto *Misura, providenza e meritanza*, di possibile attribuzione a Federico II. In tempi più recenti è stato notato da Fulvio Delle Donne, *Una disputa sulla nobiltà alla corte di Federico II di Svevia*, in: Medioevo Romanzo, 23 (1999), pp. 3-20, che il sonetto sembra "andare in una direzione contraria a quella della massima riprodotta da Dante", la cui affermazione non troverebbe dunque conferma né riscontro in nessun documento e in nessun'altra fonte narrativa, poetica o cronachistica pervenutaci, salvo in una lettera del c.d. epistolario di Pier della Vigna, dove "si trova un'espressione che in qualche modo, anche se alla lontana, può ricordare quella dantesca, in quanto lo Svevo si rivolge ai senatori romani appellandoli 'vos igitur viri fortes et nobiles, in quos vires et animos grata proavorum generositas

Dico dunque: 'Tale imperò', cioè tale usò l'officio imperiale: dove è da sapere che Federigo di Soave, ultimo imperadore delli Romani – ultimo dico per rispetto al tempo presente, non ostante che Ridolfo e Andolfo e Alberto poi eletti siano, apresso la sua morte e delli suoi discendenti –, domandato che fosse gentilezza, rispuose ch'era antica ricchezza e belli costumi.

Il punto principale sta nell'*imperò* della canzone, chiosato dallo stesso Dante ("cioè tale usò l'officio imperiale"), espressione che non mi sembra debba essere riferita all'uso della "carica" imperiale, ma appunto al suo *officium*, all'esercizio della sua potestà, nel senso preciso che ad essa è dato dal testo giustinianeo, in un celebre frammento ulpianeo (D. I, 4, 1, pr.-1)[20]:

Quod principi placuit, legis habet vigorem [...]. Quodcumque igitur imperator per epistulam et subscriptionem statuit vel cognoscens decrevit vel de plano interlocutus est vel edicto praecepit, legem esse constat.

Solo se si pone mente a queste *auctoritates* dei *Libri legales* si comprende appieno la preoccupazione di Dante e dei suoi lettori giuristi. Federico II definì la nobiltà nell'uso del suo *officio imperiale*, sia pure non statuendo nella forma di un rescritto ("per epistulam et subscriptionem") ma solo interloquendo «de plano». Nasceva di qui la preoccupazione per la questione intorno alla natura normativa e cogente dell'"autoritade della diffinizione dello imperadore" (*Convivio*, IV, III, 9; e cfr. IV VII 1: "quanto è da reverire l'autoritade imperiale")[21]. E di qui nasce, nel *Convivio*, tutta quanta la trattazione sulla natura e sull'estensione della giurisdizione imperiale, che racchiude *in nuce* lo sviluppo della *Monarchia*; ed è appunto ad escludere che la giurisdizione imperiale possa estendersi oltre i suoi limiti e regolare autoritativamente le materie filosofiche e spirituali che mira la discussione (come si può già

propagavit...'": cf. Petrus de Vinea, *Ep.*, III 27 (*Regesta Imperii V. Die Regesten des Kaiserreichs... 1198-1272*, edd. Johann Friedrich Böhmer, Julius Ficker, Eduard Winkelmann, Innsbruck 1881-1901, 4603)». Delle Donne pubblica l'importante *Contentio de nobilitate generis et probitate animi*, che potrebbe aver fornito a Dante qualcosa di più di "qualche spunto, anche se solo lontanissimo". Ma v. ancora Carpi, *La nobiltà di Dante*, p. 21 e p. 254, che trae una "citazione federiciana dalla bellissima lettera dell'imperatore al figlio Corrado datata 1238, che il Dante della *Monarchia* e dello stesso *Convivio* avrebbe potuto sottoscrivere ('nihil esse divitias reputavit' a paragone della *sapientia spiritus*): leggila in *Historia diplomatica Friderici secundi*, a cura di Jean-Louis-Alphonse Huillard-Bréholles, Parigi, 1857, t. V/1, pp. 274-5".

20 Iustiniani *Digesta* recognovit Theodorus Mommsen, retractavit Paulus Krueger, in *Corpus Iuris Civilis*, I, Berolini 190811, p. 35. Il testo delle Istituzioni, I, 2, 6 differisce di poco: "Sed et quod principi placuit, legis habet vigorem [...]. quodcumque igitur imperator per epistulam constituit vel cognoscens decrevit vel edicto praecepit, legem esse constat" (Iustiniani *Institutiones* recognovit Paulus Krueger, *Ibid.*, p. 1).

21 Dante Alighieri, *Convivio*, a cura di Fioravanti. *Canzoni* a cura di Giunta, p. 560 e p. 600.

vedere in *Monarchia*, I, ii, 2 e I, xiv, 7)[22]. Perciò Dante può scrivere in *Convivio*, IV, IX, 14-16[23]:

> Queste cose simigliantemente, che dell'altre arti sono ragionate, vedere si possono nell'arte imperiale: ché regole sono in quella che sono pure arti, sì come sono le leggi de' matrimonii, delli servi, delle milizie, delli successori in dignitade, e di queste in tutto siamo allo Imperadore subietti, sanza dubio e sospetto alcuno. Altre leggi sono che sono quasi seguitatrici di natura, sì com'è constituire l'uomo d'etade sufficiente a ministrare, e di queste non semo in tutto subietti. Altre molte sono, che paiono avere alcuna parentela coll'arte imperiale – e qui fu ingannato ed è chi crede che la sentenza imperiale sia in questa parte autentica –: sì come [diffinire di] giovinezza e gentilezza, sovra le quali nullo imperiale giudicio è da consentire in quanto elli è imperadore: però quello che è di [Cesare sia renduto a Cesare, e quello che è di] Dio sia renduto a Dio. Onde non è da credere né da consentire a Nerone imperadore, che disse che giovinezza era bellezza e fortezza del corpo, ma a colui che dicesse che giovinezza è colmo della naturale vita, che sarebbe filosofo. E però è manifesto che diffinire di gentilezza non è dell'arte imperiale; e se non è dell'arte [dello Imperadore], trattando di quella a lui non siamo subietti; e se non [siamo a lui] subietti, reverire lui in ciò non siamo tenuti: e questo è quello eziandio [che cercando] s'andava.

Ed è per questa precisa ragione che acquista importanza, nonostante l'"abisso storico" che lo divide da Dante sulla nobiltà[24], il commento di Bartolo alla costituzione *Si ut proponitis*, in apertura del titolo *De dignitatibus* del Codice Giustiniano (C. 12, 1, 1)[25], vero commento giuridico a Dante. "Bartolo rinvierà ai teologi ('dimittamus theologis') il primo concetto dantesco di nobiltà come virtù dell'animo (nobiltà per lui 'theologica seu supernaturalis') e liquiderà la 'nobilitas naturalis' come *virtus, habitus electivus* di coloro che sono 'apti dominari', restringendosi alla

[22] Rinvio al mio commento a quei luoghi: DANTE ALIGHIERI, *Monarchia*, a cura di QUAGLIONI, in DANTE ALIGHIERI, *Opere*, II, pp. 912-913 e pp. 1030-1033; DANTE ALIGHIERI, *Monarchia*. Edizione commentata a cura di QUAGLIONI, pp. 14-15 e pp. 132-135.

[23] DANTE ALIGHIERI, *Convivio*, a cura di FIORAVANTI. *Canzoni* a cura di GIUNTA, pp. 624-626.

[24] CARPI, *La nobiltà di Dante*, p. 288.

[25] BARTOLI A SAXOFERRATO, *In tres Codicis libros commentaria*, Venetiis 1567, ff. 46r-48r. Cf. Gianluigi BARNI, *Appunti sui concetti di 'dignitas', 'nobilitas', 'officium' in Bartolo da Sassoferrato*, in: Archivio Giuridico Filippo Serafini, 154 (1958), pp. 130-144; Claudio DONATI, L'*idea di nobiltà in Italia. Secoli XIV-XVIII*, Roma–Bari 1988, pp. 3-5; Marion SCHNERB-LIEVRE, Gérard GIORDANENGO, *Le «Songe du vergier» et le Traité des dignités de Bartole, source des chapitres sur la noblesse*, in: Romania, 110 (1989), pp. 181-232; Paolo BORSA, *«Sub nomine nobilitatis». Dante e Bartolo da Sassoferrato*, in: *Studi dedicati a Gennaro Barbarisi*, a cura di Claudia BERRA e Michele MARI, Milano 2007, pp. 59-122. Per l'eredità di Bartolo, da Salutati a Lapo da Castiglionchio, fino a Tiraqueau, Bodin e Tasso, v. ora Claudia DI FONZO, *Il concetto di nobiltà tra diritto e letteratura*, in corso di stampa negli Atti del Colloquio internazionale *Dictung und Recht im 13. Und 14. Jahrhundert*, Göttingen, Georg-August-Universität, 26-29 ottobre 2016.

nobilitas politica et civilis di cui tenta una definizione giuridica attraverso il complesso adattamento del diritto romano ad un fenomeno politico-sociale (e culturale) affatto nuovo"[26]. Ma più di tutto ciò conta avvertire, io credo, che la *repetitio* di Bartolo nasce a commento non solo della canzone *Le dolci rime d'amor ch'i' solia*, ma del IV trattato del *Convivio*, giacché è lì, e non nella canzone, che Dante apre al giurista la possibilità di una disciplina giuridica della nobiltà per via di dottrina, in assenza di una impossibile determinazione legale[27].

[26] Carpi, *La nobiltà di Dante*, pp. 287-288.

[27] Borsa, «*Sub nomine nobilitatis*», restringe la lettura di Bartolo alla sola canzone *Le dolci rime d'amor ch'i' solia*, basandosi sul fatto che Bartolo afferma di non conoscere alcun *tractatus* intorno alla nobiltà; ma con *tractatus* Bartolo allude alla *sedes materiae* nel *Corpus Iuris Civilis*, cioè al luogo in cui era esposta la disciplina normativa di un istituto.

ALESSANDRO PALAZZO

de sonne antwert gode: umiltà e *naturalia* in Meister Eckhart

Io dissi a Parigi, nella scuola, che tutte le cose dovranno venir compiute nell'uomo veramente umile[1].

È quanto sostiene Eckhart nella predica tedesca 14 Quint. La dichiarazione è rivelatrice perché, oltre a sottolineare l'importanza dell'umiltà nell'opera eckhartiana, evidenzia l'identità d'ispirazione e l'unità dottrinale della predicazione volgare e del magistero latino del teologo di professione – "a Parigi, nella scuola" – in relazione a questo tema. Ed effettivamente, come vedremo, l'umiltà costituisce un punto focale della riflessione eckhartiana, l'oggetto di un'analisi filosofica raffinata che va ben oltre una considerazione di carattere morale. La centralità dell'umiltà è confermata dal fatto che essa occupa il maestro domenicano lungo l'arco di tutta la sua carriera a partire dalla prima opera, il *Sermo Paschalis*[2].

È celebre, e giustamente spesso citato, anche un altro passo del vasto *corpus* omiletico di Eckhart in volgare:

> Quando predico, io sono solito parlare del *distacco*, e di come l'uomo debba essere *libero* da se stesso e da tutte le cose. In secondo luogo, che l'uomo deve essere di nuovo conformato al Bene *semplice*, che è Dio. In terzo luogo, che si ricordi della *grande nobiltà* che Dio ha posto nell'anima, in modo che giunga meravigliosamente fino a Dio. In quarto luogo io parlo della *purezza* della natura divina – quale splendore sia nella natura divina, è inesprimibile. Dio è una parola, una Parola non pronunciata[3].

[1] Meister ECKHART, *Die deutschen und die lateinischen Werke, hrsg. im Auftrage der Deutschen Forschungsgemeinschaft. Die deutschen Werke*, hrsg. von Josef QUINT, Georg STEER, 5 Bde, Stuttgart 1936-; *Die lateinischen Werke*, hrsg. von Ernst BENZ, Karl CHRIST, Bruno DECKER, Heribert FISCHER, Bernhard GEYER, Josef KOCH, Erich SEEBERG, Loris STURLESE, Konrad WEISS, Albert ZIMMERMANN, 5 Bde, Stuttgart 1936-. ECKHART, *Pr.* 14, *DW* I, p. 235,4-5: "jch sprach zo paris in der schoelen, dat alle dynck sollen volbracht werden an deme rechten oitmoedegen mynschene". Le traduzioni dei brani tedeschi citati, ove non altrimenti indicato, sono tratte da Meister ECKHART, *Le 64 prediche sul tempo liturgico*. Testo alto-tedesco medio a fronte. Introduzione, traduzione, note e apparati di Loris STURLESE, Milano 2014, in questo caso p. 177. La stessa dichiarazione si trova in ECKHART, *Pr.* 15, *DW* I, p. 247,4-6.

[2] ECKHART, *Sermo Paschalis a. 1294 Parisius habitus*, n. 14, *LW* V, p. 146,1-12; n. 16, *LW* V, p. 147,8-9; cf. *infra*, n. 44.

[3] ECKHART, *Pr.* 53, *DW* II, pp. 528,5-529,2: "Swenne ich predige, sô pflige ich ze sprechenne von abegescheidenheit und daz der mensche ledic werde sîn selbes und aller dinge. Ze dem andern mâle, daz man wider îngebildet werde in daz einvaltige guot, daz got ist.

È il famoso esordio della predica 53 secondo la numerazione Quint nel quale Eckhart include la nobiltà tra gli oggetti privilegiati della sua predicazione, quella nobiltà che, posta da Dio nel fondo dell'anima, costituisce la via attraverso la quale l'uomo può raggiungere Dio stesso.

In Eckhart la predicazione, in accordo con il magistero dotto, delinea un percorso di perfezionamento esistenziale, di radicale trasformazione nell'approccio alla realtà. È il distacco ("abegescheidenheit"), processo che investe tutti i livelli del vivere (teorico, pratico, religioso, spirituale, sociale, ecc.) e conduce l'uomo a liberarsi della finitezza del mondo creaturale e di tutti i suoi condizionamenti, ad abbandonare se stesso come cosa tra le cose e a riscoprire nel fondo di se stesso la consustanzialità con Dio ("il bene semplice cui l'uomo deve essere di nuovo conformato" secondo la predica 53). A designare questo unico processo che conduce l'uomo a riunirsi all'Origine da cui eternamente emana nel fondo della sua anima, Eckhart ricorre di volta in volta a vari termini – umiltà (*dêmüeticheit*), nobiltà (*edelkeit*), povertà (*armuot*), perfezione (*volkomenheit*) –, ciascuno dei quali denota un diverso aspetto del distacco. Parlare di umiltà significa dunque parlare di nobiltà: entrambe rimandano al distacco; l'uomo nobile è distaccato, umile, perfetto, povero. Alla luce di queste considerazioni risulta chiaro perché nel caso di Eckhart la semantica della nobiltà sia tanto vasta. Accanto alla terminologia, latina e tedesca, della nobiltà (perfezione, eccellenza, superiorità), intesa secondo l'usuale significato di preminenza, è presente un'altra costellazione semantica che è peculiare di Eckhart, quella del distacco, del fondo e della scintilla dell'anima, della dignità dell'uomo, dell'umiltà e dei suoi sinonimi[4]. Le teorie eckhartiane costituiscono pertanto l'oggetto privilegiato di uno

Ze dem dritten mâle, daz man gedenke der grôzen edelkeit, die got an die sêle hât geleget, daz der mensche dâ mite kome in ein wunder ze gote. Ze dem vierden mâle von götlîcher natûre lûterkeit – waz klârheit an götlîcher natûre sî, daz ist unsprechelich. Got ist ein wort, ein ungesprochen wort". In questo come nei successivi testi citati, io stesso ho evidenziato le parti in corsivo.

[4] La letteratura che si è sviluppata intorno a questi concetti è vastissima: mi limiterò a menzionare alcune pubblicazioni recenti che mi paiono più significative. Eckhart propone un originale sviluppo del concetto di perfezione attraverso le "perfectiones generales": cf. Burkhard Mojsisch, Perfectiones spirituales – *Meister Eckharts Theorie des geistigen Vollkommenheiten. Mit possibilitätsphilosophischen Reflexionen*, in: *Die Logik des Transzendentalen. Festschrift für Jan A. Aertsen zum 65 Geburtstag*, hrsg. von Martin Pickavé, Berlin–New York 2003 (Miscellanea Mediaevalia, 30), pp. 511-534; sulla dignità e la nobiltà dell'uomo, sulla dottrina dell'immagine, sulla scintilla e il fondo dell'anima: cf. Loris Sturlese, Homo divinus. *Philosophische Projekte in Deutschland zwischen Meister Eckhart und Heinrich Seuse*, Stuttgart 2007, in particolare, capp. II-V, XII (ripubblicato in italiano con il titolo: *Eckhart, Tauler, Suso. Filosofi e mistici nella Germania medievale*, Firenze 2010, capp. I-IV, VII). Sull'umiltà, oltre alla letteratura citata nel resto di questo contributo, vedi: Adrian Ignat, *Humility in the Writing of Meister Eckhart*, in: International Journal of Orthodox Theology, 2,4 (2011), pp. 22-42; *L'humilité chez les mystiques rhénans et Nicolas de Cues*, éd. par. Marie-Anne Vannier, Paris 2015, in particolare i saggi di Vannier (*L'humilité*, pp. 7-15), Freimut Löser (*Maître Eckhart et l'humilité. Du* Sermo Pasqualis *au procés de Cologne*, pp. 41-62), Jean-Claude Lagarrigue (*L'humilité du Christ, comme fondement et comme échelle chez Eckhart*,

studio sulla nobiltà-umiltà, tanto per la sovrapposizione, l'intreccio e il confondersi dei due livelli, quanto per la rilevanza del concetto di nobiltà-umiltà per il pensiero del domenicano tedesco.

Le tesi eckhartiane traggono fascino anche dal complesso e travagliato contesto storico-culturale nel quale furono concepite e che è stato ricostruito da Alain de Libera nei suoi tratti essenziali[5]. Da un lato la controversia sulla povertà di Cristo, culminata il 12 novembre 1323 nella Costituzione *Cum inter nonnullos*, con la quale Giovanni XXII condannava le tesi francescane; dall'altro il dibattito intorno al volgere del secolo sulla *visio beatifica* con il rifiuto da parte di Eckhart della conoscenza riflessiva di Dio a favore dell'ignoranza dell'uomo umile che nulla sa; infine l'accesa polemica tra maestri delle arti e teologi circa la superiorità della magnanimità o dell'umiltà[6].

È sullo sfondo di questi eventi, dibattiti e controversie che va collocata la riflessione eckhartiana sull'umiltà. Nelle sue opere, Eckhart sembra prendere posizione a suo modo sulle polemiche che agitavano la vita culturale dell'epoca. A Francesco, poverello di Assisi, Eckhart dedica la predica 74; sull'uomo povero, che nulla sa, nulla vuole, nulla ha ("der niht enwil und niht enweiz und niht enhât"), si diffonde nella predica 52; l'uomo nobile è il tema esplicito, tra le altre opere, del celebre trattato *Dell'uomo nobile* (*Von dem edeln Menschen*), prima parte del *Liber Benedictus*, e della

pp. 63-75, che insiste sulla vera umiltà come umiltà di Cristo), Jean Devriendt (*L'apport du couple* humilitas/demütigkeit *à une éthique de Maître Eckhart*, pp. 77-100, che fa della *kénosis* della seconda persona della Trinità il concetto chiave dell'umiltà eckhartiana), Christopher M. Wojtulewicz (*Humility and the Power of God in the* Parisian Questions *of Meister Eckhart*, pp. 101-110, che esamina l'umiltà in relazione alla debolezza del corpo e al Cristo crocefisso). Interessanti lavori sul fondo e sulla nobiltà dell'anima sono stati condotti anche in lingua italiana: cf. Marco Vannini, *Meister Eckhart e il fondo dell'anima*, Roma 1991; Mario Meliadò, *La dottrina mistica della nobiltà. Margherita Porete e Meister Eckhart*, in: Rivista di ascetica e mistica, 2/3 (2008), pp. 417-461; Simone Turco, 'Adel' *eckhartiano*, 'nobilitade' *dantesca. La nobiltà nel pensiero di Meister Eckhart e nel* Convivio, *Trattato IV*, Pisa 2011.

5 Alain de Libera, *Avant-propos*, in: Maître Eckhart, *Sur l'humilité*. Textes choisis traduits du moyen haut allemand et du latin et présentés par Alain de Libera, Paris 2005, pp. 7-40.

6 Cf. al riguardo l'ormai classico volume di René-Antoine Gauthier, *Magnanimité: l'idéal de la grandeur dans la philosophie païenne et dans la théologie chrétienne*, Paris 1951. Tracce della polemica si trovano nella condanna di Tempier, che condanna un articolo che svaluta l'umiltà: *La condamnation parisienne de 1277*, éd. David Piché avec la collaboration de Claude Lafleur, Paris 1999, p. 130, a. 171 (211): "Quod humilitas, prout quis non ostentat ea que habet, set uilipendit et humiliat se, non est uirtus. – Error, si intelligatur: nec uirtus nec actus uirtuosus". Cf. Roland Hissette, *Enquête sur les 219 articles condamnés à Paris le 7 mars 1277*, Louvain–Paris 1977 (Philosophes Médiévaux, 22), pp. 300-302. Sull'umiltà nel Medioevo vedi Pierre Adnès, *Humilité*, in: *Dictionnaire de spiritualité*, VII,1, Paris 1969, coll. 1136-1187: 1164-1174; Remi Brague, *L'antropologie de l'humilité*, in: *Saint Bernard et la philosophie*, éd. par Remi Brague, Paris 1993, pp. 129-151, che delinea un'articolata filosofia dell'umiltà in Bernardo di Chiaravalle; Silvia Negri, *Zur Demut beim Lehren und Lernen*, in: *Schüler und Meister*, hrsg. von Andreas Speer, Thomas Jeschke (Miscellanea Mediaevalia, 39), Berlin–Boston 2016, pp. 107-133, che studia l'umiltà come disciplina, cioè nel contesto dell'insegnamento e della relazione studente-docente.

predica 15, opere "saccheggiate" dagli inquisitori che istruirono il processo contro il domenicano tedesco[7]. La riflessione eckhartiana sull'umiltà rappresenta pertanto un'originale e acuta analisi, i cui esiti sono radicalmente diversi tanto dall'umiltà dei teologi conservatori quanto dalla magnanimità e dalla felicità filosofica degli artisti.

I. Umiltà e *naturalia*

L'attenzione manifestata dagli studiosi alle dottrine eckhartiane di filosofia della natura è stata generalmente modesta[8], anche se negli ultimi anni si segnala qualche eccezione: Dagmar Gottschall ha dedicato alcuni pregevoli saggi a specifici temi e fonti di filosofia della natura nelle opere tedesche[9]. Di recente Alessandra Beccarisi ha tematizzato il problema della corporeità, della spazialità e del luogo in relazione al linguaggio e alle metafore nelle prediche volgari[10]. Chi scrive ha messo in luce la 'semantica astrologica' presente nelle prediche 54a e 54b Quint, commentate all'interno del quarto volume della *Lectura Eckhardi*[11]. Le riflessioni condotte in quel

[7] LÖSER, *Maître Eckhart et l'humilité*, pp. 41-62, propone interessanti considerazioni sull'umiltà in relazione alla condanna nel quadro di una più generale ricostruzione della concezione eckhartiana.

[8] Cf. Ludwig HÖDL, *Naturphilosophie und Heilsbotschaft in Meister Eckharts Auslegung des Johannesevangeliums*, in: *Filosofia della natura nel medioevo*. Atti del Terzo congresso internazionale di filosofia medioevale, Passo della Mendola (Tn), 31 agosto-5 settembre 1964, Milano 1966, pp. 641-651, per uno sguardo complessivo sulla concezione della natura nel *Commento al Vangelo di Giovanni*. Sulla dottrina fisica, e metafisica, della materia e della forma, cf. Alain DE LIBERA, *Maître Eckhart et la controverse sur l'unité ou la pluralité des formes*, in: *Von Meister Dietrich zu Meister Eckhart*, hrsg. von Kurt FLASCH (Corpus Philosophorum Teutonicorum Medii Aevi. Beiheft, 2), Hamburg 1984, pp. 147-162; Alain DE LIBERA, Émilie ZUM BRUNN, *Maître Eckhart. Métaphysique du Verbe et Théologie Négative* (Bibliothèque des Archives de Philosophie, 42), Paris 1984, *speciatim* pp. 84-103; Alessandro PALAZZO, Sub metaphora mulieris adulterae*: la materia e la forma in Meister Eckhart*, in: *Il desiderio nel Medioevo*, a cura di Alessandro PALAZZO (Temi e Testi, 132), Roma 2014, pp. 75-95.

[9] Dagmar GOTTSCHALL, *La natura nel corpus omiletico di Eckhart*, in: *Testi agiografici ed omiletici del medioevo germanico*. Atti del XXXII Convegno dell'Associazione Italiana di Filologia Germanica, Verona, 8-10 giugno 2005, a cura di Adele CIPOLLA, Mosè NICOLI, Verona 2006, pp. 41-64; EAD., *"Man möhte wunder tuon mit worten" (Predigt 18). Zum Umgang Meister Eckharts mit Wörtern in seinen deutschen Predigten*, in *Meister Eckhart in Erfurt*, hrsg. von Andreas SPEER, Lydia WEGENER, pp. 427-449. A questi va aggiunto il più recente saggio sulle similitudini relative alla sfera della percezione visiva: EAD., Dô gedâhte ich ein glîchnisse. *Gleichnisse des Sehens in den deutschen Predigten Meister Eckharts*, in: *Sprachbilder und Bildersprache bei Meister Eckhart und in seiner Zeit*, hrsg. von Cora DIETL, Dietmar MIETH, Stuttgart 2015 (Meister-Eckhart-Jahrbuch, 9), pp. 47-69.

[10] Alessandra BECCARISI, *Meister Eckhart über Körperlichkeit und Erkenntnis*, in: Meister-Eckhart-Jahrbuch 11 (2017), in corso di pubblicazione.

[11] Alessandro PALAZZO, *Predigt 54a 'Unser herre underhuop und huop von unden ûf sîniu ougen'. Predigt 54b 'Haec est vita aeterna'*, in: Lectura Eckhardi IV. *Predigten Meister Eckharts von Fachgelehrten gelesen und gedeutet*, hrsg. von Georg STEER, Loris STURLESE, Stuttgart 2016, pp. 29-61.

contributo saranno riprese in questa sede e arricchite di ulteriori considerazioni. Mi permetto di segnalare anche che è in corso di pubblicazione un altro contributo sui luoghi in cui Eckhart si confronta con la dottrina avicenniana del potere dell'immaginazione[12].

Nel quadro di questo interesse, ancora limitato, ma indubbiamente crescente, per i "naturalia" si inserisce anche il presente contributo, che intende indagare il frequente ricorso eckhartiano ad immagini e nozioni di carattere astrologico e cosmologico nel contesto delle sue riflessioni sull'umiltà. Il nesso dei "naturalia" con l'umiltà, ricorrente soprattutto nelle prediche tedesche, ma riscontrabile anche nelle opere latine, la regolarità delle associazioni, la costanza dei nessi dottrinali e la coerenza concettuale, tutto ciò suggerisce che in questo caso le immagini astrologiche e cosmologiche non siano solo metafore o similitudini occasionali e strumentali, ma siano parti integranti di un discorso scientifico che descrive un ambito della realtà che è autonomo rispetto al mondo spirituale dell'umiltà, ma ad esso simmetrico; un discorso scientifico che delinea una dinamica naturale analoga al movimento dialettico alla base del processo caratteristico dell'umiltà (tanto più scendo, tanto più mi sollevo, perché Dio mi riempie). Questa è la ragione per cui, a mio avviso, le dottrine astrologiche e cosmologiche spesso chiamate in causa sono accostate con profitto all'umiltà e ne chiariscono alcuni aspetti.

Dietro a questo sottile dispositivo teorico agisce una convinzione filosofica di natura più generale, quella circolarità tra Scrittura e natura, tra sapere rivelato e sapere filosofico largamente inteso, una convinzione che trova espressione efficace nei due celebri principi formulati nel proemio al *Commento al Vangelo di Giovanni* e concepiti da Eckhart come istanze metodologiche alle quali egli ha ispirato tutta la sua attività di esegeta.

> In cuius verbi expositione et aliorum quae sequuntur, intentio est auctoris, sicut et in omnibus suis editionibus, ea quae sacra asserit fides christiana et utriusque testamenti scriptura, exponere per rationes naturales philosophorum[13].

È attraverso le ragioni naturali dei filosofi che si devono esporre le asserzioni della fede cristiana e della Scrittura di entrambi i testamenti.

> Rursus intentio operis est ostendere, quomodo veritates principiorum et conclusionum et proprietatum naturalium innuuntur luculenter – qui habet aures audiendi! – in ipsis verbis sacrae scripturae, quae per illa naturalia exponuntur[14].

[12] Alessandro Palazzo, *Eckhart and the Power of the Imagination*, in: *Contemplation and Philosophy: Scholastic and Mystical Modes of Medieval Philosophical Thought.* A Festschrift in Honor to Prof. Kent Emery, Jr., in the Occasion of his Birthday, ed. by Roberto Hofmeister Pich, Stephen Dumont, Alfredo Santiago Culleton, Andreas Speer, Leiden–Köln–New York, forthcoming.

[13] Eckhart, *Expositio sancti Evangelii secundum Iohannem*, n. 2, *LW* III, p. 4,4-6.

[14] Id., *Exp. in Ioh.*, n. 3, *LW* III, p. 4,14-17.

D'altro canto, ciò è possibile proprio perché le verità dei principi e delle conclusioni e delle proprietà naturali sono evidenti nelle parole stesse della Sacra Scrittura, che sono esposte attraverso quelle [verità] naturali.

È in questo contesto che si inquadra l'intreccio tra i "naturalia" astrologici e cosmologici e l'insegnamento che Eckhart ricava dalla Scrittura a proposito dell'umiltà (dal movimento dialettico dell'umiltà[15] all'apertura a Dio[16], dall'Incarnazione e passione di Cristo[17] all'umiltà come ricompensa della grazia[18]). Le dottrine e nozioni di carattere astrologico e cosmologico appaiono allora come "rationes philosophorum" attraverso le quali è possibile "exponere", rendere più chiare, le verità scritturali relative all'umiltà. La garanzia dell'adeguatezza ermeneutica delle dottrine naturalistiche è data dal fatto che anch'esse sono significate dalle Scritture: basta saperle leggere con occhio allenato, con l'occhio di chi già conosce quelle verità naturali ed è quindi in grado di scorgerle al di sotto della lettera della Scrittura.

Il modello di circolarità tra Scrittura e filosofia trova la sua giustificazione ultima nella tesi che dalla medesima vena divina discende ogni forma di sapere, dalla teologia alla filosofia naturale e alla morale, dall'arte delle cose pratiche e teoriche al diritto positivo[19].

A questo punto parlare, in relazione alle frequenti e costanti analogie tra la sfera spirituale dell'umiltà e l'universo naturale dei cieli, dei pianeti e delle loro virtù, di semplici similitudini o metafore appare riduttivo. Il linguaggio della filosofia della natura rimanda alla sfera spirituale dell'umiltà in ragione della comune origine: "naturalia" e "spiritualia" esplicitano su piani diversi la comune vena divina, concordando spontaneamente di un accordo comprensibile a chi sappia cogliere il significato profondo delle Scritture[20]. Per questa ragione è possibile descrivere l'umiltà con il linguaggio dei fenomeni celesti.

In questa sede mi limiterò a delineare i contorni fondamentali della 'semantica astrologica' dell'umiltà sulla base di pochi testi, particolarmente significativi per il loro contenuto naturalistico. Data la brevità di questo contributo non prenderò in esame tutti i luoghi in cui emerge l'intreccio tra "naturalia" e umiltà, rimandando ad altra sede un'indagine sistematica sull'argomento. Dall'analisi che sarà condotta spero emergerà l'importanza della natura, concepita come una totalità compatta di

[15] Cf. e.g. ECKHART, *Exp. in Ioh.*, n. 279, *LW* III, p. 234,6-10; ID., *Sermo XXXVIII*, n. 385, *LW* IV, p. 332,1-4.

[16] Cf. ECKHART, *Expositio libri Exodi*, n. 187, *LW* II, p. 161,1-4.

[17] Cf. ECKHART, *Collatio in libros Sententiarum*, n. 7, *LW* V, pp. 23,15-24,10; ID., *Exp. in Ioh.*, n. 683, *LW* III, p. 599,1-5.

[18] Cf. ECKHART, *Sermo II,2*, n. 17, *LW* IV, p. 18,6-11; ID., *Sermo XXII*, n. 206, *LW* IV, p. 191,9-192,3.

[19] ECKHART, *Exp. in Ioh.*, n. 444, *LW* III, p. 381,4-7: "Patet ergo, sicut frequenter in nostris expositionibus dicitur, quod ex eadem vena descendit veritas et doctrina theologiae, philosophiae naturalis, moralis, artis factibilium et speculabilium et etiam iuris positivi, secundum illud Psalmi: 'de vultu tuo iudicium meum prodeat'".

[20] Cf. ECKHART, *Liber parabolarum Genesis*, n. 4, *LW* I,1, p. 454,8-10.

fenomeni, fisici, cosmologici, astrologici e biologici, governati dalla legalità dei movimenti celesti, all'interno della predicazione eckhartiana, e quindi la legittimità di concepire Eckhart *anche*, a suo modo, come un filosofo della natura.

II. Il cielo e la terra

La natura "geografica" e dinamica del concetto di umiltà è implicita nell'etimologia del termine, derivando "humilitas" da "humus" ("terra"), cioè dall'elemento che è definito dalla sua collocazione nel luogo più basso nella scala del reale[21].

Eckhart delinea una "geografia" dell'umiltà, fornendo le coordinate spaziali del distacco dal mondo creato e di progressiva riscoperta del fondo di Dio. È una geografia paradossale, basata su una dialettica di coppie di opposti coincidenti (basso-alto, profondità propria-interiorità di Dio), che segnalano l'alterità della dimensione spirituale dell'umiltà rispetto al mondo empirico retto dalle leggi fisiche e materiali. Umiliarsi significa scendere, affondare. In quanto è un affondare, è anche un elevarsi a Dio. La contraddizione basso-alto insita in questo processo di perfezionamento indica che la geografia del fondo è di natura illocale. Un testo tratto dalla predica tedesca 54b Quint ("Haec est vita aeterna") esprime bene la dialettica paradossale propria dell'umiltà:

> Con questo egli ci insegna come dobbiamo entrare nel nostro fondo della vera umiltà e della vera nudità, così da deporre tutto quello che non abbiamo di natura, cioè peccati e imperfezioni, e anche quello che abbiamo di natura, che consiste in tutte le proprietà. *Chi vuole venire nel fondo di Dio, nel suo più intimo, deve infatti prima venire nel suo proprio fondo, nel suo più intimo*, perché nessuno può conoscere Dio se non prima conosce se stesso. *Egli deve entrare nel suo più basso e nel più intimo di Dio e deve entrare nel suo primo e nel suo supremo*, perché là concorre tutto quello che Dio può dare. *Quello che nell'anima è il supremo, è nel più basso, perché è internissimo, come se qualcuno vuole comprimere qualcosa di sferico, il punto più alto diviene il più basso*[22].

[21] Eckhart, *Exp. Ex.*, n. 239, *LW* II, p. 197,8: "Terra enim humus est, et humilitas ab humo dicitur"; cf. anche, e.g., Id., *Exp. in Ioh.*, n. 95, *LW* III, p. 82,6; n. 527, *LW* III, p. 458,8-9.

[22] Eckhart, *Pr.* 54b, *DW* II, pp. 565,11-566,6: "Hie mite lêret er uns, wie wir treten süln in unsern grunt rehter dêmüeticheit und rehter blôzheit, daz wir allez daz abelegen, daz wir niht von natûre enhân, daz ist sünde und gebreste, und ouch, daz wir hân von natûre, daz liget an aller eigenschaft. Wan swer komen wil in gotes grunt, in sîn innerstez, der muoz ê komen in sînen eigenen grunt, in sîn innerstez, wan nieman enmac got erkennen, er enmüeze ê sich selben erkennen. Er sol treten in sîn niderstez und in gotes innerstez und sol treten in sîn êrstez und in sîn oberstez, wan dâ loufet allez daz zesamen, daz got geleisten mac. Swaz in der sêle allerhœhest ist, daz ist in dem nidersten, wan ez allerinwendigest ist, als der ein sinwel dinc zesamen drücken wil, sô wirt daz oberste daz niderste".

Il fondo dell'anima è la più intima interiorità di Dio, per cui umiliarsi significa entrare nel più basso e intimo di Dio, cioè nel suo fondo, che corrisponde al primo e supremo dell'anima. Questo discorso si ricollega al concetto di co-essenzialità dell'uomo con Dio: quanto più l'anima progredisce, umiliandosi e conoscendosi ("sich selben erkennen")[23], tanto più procede nella scoperta della natura più profonda di Dio in sé[24]. Il processo porta ad uno svuotamento dell'anima, che, divenuta perfetta nella sua umiltà, si limita a ricevere la virtù divina.

È nel contesto del movimento dialettico dell'umiltà (quanto più mi abbasso nel mio fondo, tanto più mi sollevo a Dio) che nelle prediche Quint 54a e 54b, commentando *Giov.* 17,1 ("Egli sollevò e levò da sotto i suoi occhi"[25]), Eckhart introduce un processo che è il corrispettivo naturale della perfetta umiltà: è nella profondità della terra, che le stelle versano la propria virtù, producendo l'oro più puro.

Se dovremo mai giungere nel fondo di Dio e nel suo più intimo, dobbiamo in primo luogo giungere nel nostro proprio fondo e nel nostro più intimo in pura umiltà. *I sapienti dicono che le stelle versano tutta la loro virtù nel fondo della terra, nella natura e nell'elemento della terra, e là operano l'oro più puro.* Nella misura in cui l'anima viene nel fondo e nel più intimo della sua sostanza, la virtù divina si versa completamente in lei ed opera in modo davvero occulto e rivela davvero grandi azioni e l'anima diviene davvero grande ed alta nell'amore di Dio, *che assomiglia al puro oro*[26].

[23] Che la consapevolezza di sé sia parte integrante dell'uomo umile è idea tradizionale, attestata ad esempio in Agostino: cf. AUGUSTINUS, *In Iohannis evangelium tractatus CXXIV*, tract. 25, 16, ed. Radbod WILLEMS (Corpus Christianorum. Series Latina, 36), Turnhout 1954, p. 257,21-22: "Tu, homo, cognosce quia es homo: tota humilitas tua, ut cognoscas te". Il conosci te stesso diventa in Eckhart però qualcosa di diverso, cioè corrisponde alla riscoperta del divino in noi che fa tutt'uno con il processo di distacco dal mondo creaturale: cf. Loris STURLESE, *Meister Eckhart. Ein Porträt*, in: STURLESE, Homo divinus, pp. 17-21.

[24] Lo stesso intreccio dialettico di alto, basso e dentro si trova nella predica 14, nel punto in cui Eckhart scrive che l'umiltà presuppone abbassarsi per innalzare Dio; ma innalzarLo significa in realtà abbassarLo interiormente: ECKHART, *Pr.* 14, *DW* I, p. 237,3-9: "jch dachte zo nachte, godes hoicheit lege an myner nederheit; dar ich mych nederde, dair wirt got erhoeget. jherosalem sal erluchtet werden, sprycht de schryft inde der proppehete. mer ich gedachte zo nachte, dat got inthoeget solde werden, neit ey alle me ey in, ind sprycht also vyle as inthoeget got, dat myr also wayle behagede, dat ich it in myn boich schryff. it sprycht also: ein inthoeget got, neit ey ale meir ey in; dat wir verhoeget solden werdene. dat ouen was, dat wart in".

[25] ECKHART, *Pr.* 54a, *DW* II, p. 550,3: "er underhuop und huop von unden ûf sîniu ougen'; nella predica gemella 54b il passo è leggermente più breve: cf. ID., *Pr.* 54b, *DW* II, p. 565,6: "Er huop von unden ûf sîniu ougen".

[26] ECKHART, *Pr.* 54a, *DW* II, pp. 551,1-552,3: "sô müezen wir ze dem êrsten komen in unsern eigenen grunt und in unser innerstez in lûterer dêmüeticheit. Die meister sprechent, daz die sternen giezent alle ir kraft in den grunt des ertrîches, in die natûre und in daz element des ertrîches und würkent dâ daz lûterste golt. Als verre diu sêle kumet in den grunt und in daz innerste irs wesens, als verre ergiuzet sich diu götlîche kraft alzemâle in sie und würket

È opportuno riflettere su questo riferimento al mondo della natura. Non si tratta di un'allusione marginale ed estemporanea, perché non compare solo nelle prediche gemelle 54a e 54b, come vedremo. Né è questa immagine una similitudine isolata, ma rientra all'interno di una narrazione parallela e corrispondente al discorso spirituale sull'umiltà. L'azione della virtù divina nel fondo dell'anima umile, da un lato, e l'influenza astrale nelle profondità terrestri, dall'altro, sono due fenomeni che, pur appartenendo a due ambiti distinti del reale – spirituale e naturale –, manifestano una dinamica analoga[27]: per questa ragione possono essere accostati e l'uno può illuminare l'altro, in una reciprocità di significati e di rimandi, perché se è vero che l'immagine astrologica è introdotta per chiarire il procedere nel fondo dell'umile, è altrettanto vero che è l'amore di Dio ad assomigliare all'oro puro. La dottrina astrologica dei maestri fornisce quindi ad Eckhart un modello concettuale per intendere il movimento dialettico dell'umiltà. L'analogia con l'influenza astrale, che è l'unica causa dell'oro prodotto nel seno della terra, mette in luce ad esempio la passività dell'umile: nel fondo dell'anima, che è il fondo di Dio, è Dio che "opera in modo occulto" e "rivela grandi azioni": quasi per una sorta di automatismo, "[...] l'anima che è collocata in modo ben ordinato nel fondo dell'umiltà [...] ascende e viene elevata nella virtù divina"[28].

Nella predica tedesca Quint 14[29], commentando *Is.* 60,1 ("Alzati, Gerusalemme, e sii illuminata")[30], e in particolare soffermandosi sul termine "Gerusalemme" ("jherosalem"), che interpreta come "una sommità" ("eyne hoe"), Eckhart ripropone

gar verborgenlîche und offenbâret gar grôziu werk und wirt diu sêle gar grôz und hôch in der minne gotes, diu sich dem lûtern golde glîchet".

27 Eckhart, *Pr.* 54b, *DW* II, p. 565,6-10: "'Er huop von unden ûf sîniu ougen' mit rehtem grunde der nidersten dêmuot. Als diu kraft des himels niendert sô vil enwürket dan in dem grunde der erde, in keinem elemente, swie ez doch daz niderste ist, wan er allermeist gelegenheit dar inne ze würkenne hât, dâ von würket [sich] got allermeist in einem dêmüetigen herzen, wan er allermeist gelegenheit dar inne hât ze würkenne [nutz] und allermeist sîner glîcheit dar inne vindet".

28 Eckhart, *Pr.* 54a, *DW* II, p. 553,6-7: "[...] sêle, diu wol geordent ist in dem grunde der dêmüeticheit und alsô ûfklimmet und wirt ûfgezogen in der götlîchen kraft".

29 Cf. Niklaus Largier, *Stellenkommentar*, in: *Meister Eckhart Werke I (Predigten)*, Texte und Übersetzungen von Josef Quint, hrsg. und komm. von Niklaus Largier (Bibliothek des Mittelalters, 20), Frankfurt a.M. 1993, pp. 889-894; Loris Sturlese, *Introduzione e note alla predica 12*, in: Eckhart, *Le 64 prediche sul tempo liturgico*, a cura di Sturlese, pp. 171-181. Sturlese osserva che la predica, rilevante perché tematizza l'inseparabilità di Dio dall'uomo nobile e la necessità di Dio di effondersi nell'umiltà, fornì ampio materiale ai censori. Si vedano anche le osservazioni di Laurent Lavaud, *Humilité et pauvreté: deux figures de l'unité entre l'âme et Dieu*, in: *Maître Eckhart*, éd. par Julie Casteigt, Paris 2012, pp. 123-143: 127-135, che ravvisa nella predica la paradossalità dell'umiltà, un processo di interiorizzazione dell'anima umana che produce ripercussioni anche sull'essere di Dio, perché quanto più l'uomo si umilia, tanto più si apre a Dio, donandoGli l'essere proprio che consiste nell'atto di donarSi.

30 Eckhart, *Pr.* 14, *DW* I, p. 230,1: "Surge illuminare iherusalem".

la stessa 'semantica astrologica' dell'umiltà, arricchendola di altri motivi. La dialettica paradossale dell'umiltà – quanto più ci si abbassa, tanto più Dio scende in noi sollevandoci – si esprime nell'immagine della terra, che, in qualunque direzione si muova, verso il basso o verso l'alto, non può sfuggire al cielo. Il cielo incombe inesorabile sulla terra e la costringe in un angolo, imprimendole la sua virtù e fecondandola.

La terra è quanto di più lontano dal cielo e si è ripiegata in un angolo e si vergogna e vorrebbe volentieri sfuggire al bel cielo da un angolo all'altro. Ma quale sarebbe poi il luogo ove si ferma? *Se fugge verso il basso, viene al cielo; se fugge verso l'alto, non può tuttavia fuggirlo. Egli la caccia in un angolo e preme la sua virtù in lei e la rende feconda.* Perché? Il sommo fluisce nel più basso[31].

Astrologia e sessualità sono intrecciate all'insegna dell'esuberanza dell'elemento attivo, la causa celeste, che agisce, tramite la propria virtù, sull'elemento passivo, la terra, e il tutto è collocato nell'orizzonte più vasto della relazione metafisica tra superiori e inferiori, ove i primi influiscono per essenza sui secondi, che per essenza ricevono a loro volta l'influsso[32].

La necessità implicita nell'azione dei cieli corrisponde alla necessità dell'ingresso di Dio nell'anima dell'uomo umile. Poco oltre, nel corso della predica, Eckhart attribuisce la capacità fecondatrice non genericamente al cielo, ma ad una stella più alta e nobile del sole, il cui splendore illumina il sole e attraverso questo, e tutte le stelle, fluisce sulla terra fecondandola. Il riferimento è evidentemente ad una ben precisa dottrina astronomico-astrologica, la cui fonte diretta è ignota[33], il che dimostra che le presunte similitudini tratte dal mondo della natura sono spesso riadattamenti di teorie di carattere fisico, astrologico o biologico[34]. In un altro passo Eckhart fa corrispondere il sole a Dio, o meglio alla sommità della Deità senza fondo che s'incontra con la profondità dell'umiltà[35].

31 Eckhart, *Pr.* 14, *DW* I, pp. 233,5-234,1: "De erde is dat alre verste van dem hemele inde hait sych gecrumpene in eynen wynkele inde schampt sych inde solde gerne deme schonen hemel intflyn van eynem wynkel zo deme anderen. wat were dan ire inthalt? Vloet sy nederwert, sy komet zo deme hemele; vloet sy vpwartz, sy in mach eme doch neyt intflyn. *hey jaget sy in eynen wynkel inde drocket syne craft in sy inde macht sy vrochtber*, war omb? dat alre ouerste dat vloyst in dat nederste [Eyn]".

32 Eckhart, *Sermo XX*, n. 206, *LW* IV, pp. 191,12-192,1: "Superioris enim naturae est per essentiam influere, inferioris vero per essentiam recipere".

33 Largier, *Stellenkommentar*, p. 892, rimanda, per la dottrina del sole illuminato da una fonte luminosa superiore, a concezioni di Empedocle e Filolao attestate in due frammenti di Diels: non si tratta evidentemente della fonte a cui Eckhart attinse.

34 Sul tema della rielaborazione delle dottrine naturalistiche nelle prediche eckhartiane, mi permetto di rinviare a quanto già scritto in Palazzo, *Predigt 54a 'Unser herre underhuop und huop von unden ûf sîniu ougen'*, in particolare pp. 58-61.

35 Eckhart, *Pr.* 14, *DW* I, p. 235,5-7: "de sonne antwert gode. dat alre hoegesten in syner gronde loesser gotheit antwert dem alrer nedersten in der doifden der oitmoedicheit". In questo passo, come in tutta la sezione della predica costruita intorno ai riferimenti astrologici, si ha l'impressione che l'esito dell'umiltà non sia tanto il contatto con la divinità perso-

La fecondazione della terra da parte del cielo contiene un elemento di violenza ("la caccia in un angolo") e sembra alludere ad una costrizione, che, come è stato osservato, non si addice al processo della *Gottesgeburt*[36]. A ben vedere, però, un elemento di costrizione è implicito nell'umiliarsi, processo che non deve essere interpretato come psicologico o morale, ma in termini ontologici. Nell'uomo davvero umile Dio *deve* effondersi, perché l'uomo umile e Dio sono *uno*. L'uomo che ha davvero posto sotto di sé le creature, umiliandosi, *deve* poter comandare su Dio come su se stesso[37]. L'uomo che si è affrancato dai condizionamenti (di ordine psicologico, morale, sociale, economico, ecc.), imposti dalla realtà creaturale, offre a Dio un vuoto che Egli *non può non* riempire.

Anche in questa predica sarebbe semplicistico considerare le immagini astrologiche solo come similitudini[38]. Si tratta piuttosto di strumenti di spiegazione dei fenomeni spirituali. I fenomeni astrologici hanno questo potere ermeneutico proprio perché esistono due diversi ambiti del reale, quello spirituale e quello fisico. In quanto simmetrici, è possibile applicare la terminologia e semantica dell'uno all'altro.

III. *Natura, mathematica et scriptura*

Di grande rilevanza è un testo contenuto nel sermone latino 38 ("Amice, ascende superius"), già noto agli studiosi della dottrina eckhartiana dell'umiltà. Il valore del passo in relazione al nesso tra umiltà e "naturalia" non sembra essere stato però colto appieno[39]:

nale, quanto la capacità di aprirsi alla pura e assoluta unità divina, che precede la trinità delle persone, attraverso la riscoperta del fondo dell'anima, che è anche la profondità della Deità. Vedi anche Id., *Pr.* 15, *DW* I, p. 246,9-10.

36 Karl Heniz Witte, *Predigt 14:* 'Surge illuminare Iherusalem', in: Lectura Eckhardi III. *Predigten Meister Eckharts von Fachgelehrten gelesen und gedeutet*, hrsg. von Georg Steer, Loris Sturlese, Stuttgart 2008, pp. 1-31: 15-16; Id., *Der enthöhte Gott – Zur Demutslehre Meister Eckharts*, in: *Meister Eckhart aus theologischer Sicht* (Meister-Eckhart-Jahrbuch, 1), hrsg. von Volker Leppin, Hans-Jochen Schiewer, Stuttgart 2007, pp. 43-53: 45.

37 Eckhart, *Pr.* 14, *DW* I, pp. 234,11-235,13: "also is it vmb den rechten oitmoedegen mynschen, der onder sych geworpen hait alle creatoren inde sych onder got drokket; dat in leist got neyt dorch synne goitheit, hey in gusset sych altzomaile in den mynschen; hey *wirt getwongen* dar zo, dat hey it van noit doyne mois. [...] Der geware oitmodege mynsche der in darff got neit byden, hey mach gode gebeden, want de hoede der gotheit in suit neyt anders an den de doifde der oitmoedicheit, also as ich sprach zo sent merueren. Der oitmodege mynsche inde got dat is eyn; der oitmoedege mynsche der is godes also geweldich as hey syns selues is [...] wat got wircket, dat wirket der oitmoedege mynsche, inde dat got is, dat is hey: eyn leuen inde eyn wessen".

38 Secondo Witte, *Predigt 14:* 'Surge illuminare Iherusalem', p. 18, le similitudini sarebbero finalizzate a connettere l'essenza dell'umile con quella di Dio.

39 Georg Steer, *"Freund, steig höher hinauf!" Meister Eckharts lateinischer Sermo 38* (Amice, ascende superius, *Lk. 14,10)*, in: *Meister Eckharts Straßburger Jahrzehnt*, hrsg. von Andrés Quero-Sánchez, Georg Steer (Meister-Eckhart-Jahrbuch, 2), Stuttgart 2008, pp. 219-236,

Necessitatem autem et stabilitatem et utilitatem humilitatis in ascensu spirituali docet natura, mathematica et scriptura. Natura, quia licet terra maxime distet inter omnia corporalia a caelo tam in natura quam in situ et quasi sibi invicem adversentur ut inimica, tamen, quia terra se humiliat et quasi substernit se totam ipsi caelo, intimum caelum, ut sic dicam, reconciliat, ut se toto et omnibus stellis et planetis infundat terrae, sicut ostendit rerum diversitas multiplex, quae in terra et super terram generantur et vivunt, Psalmus 'visitasti terram' etc. Mathematica primo si<c>: vas tanto est capacius, quanto inferius; secundo, quod circulo surgente in conum centrum fit polus. Scriptura: 'deus superbis resistit, humilibus dat gratiam'. Nota quod deus non posset superbo dare gratiam nec posset humili negare gratiam. Expone[40].

L'ascesa spirituale a Dio, in cui consiste l'umiltà, è insegnata ("docet") dalla natura, dalla matematica e dalla Scrittura. Eckhart teorizza esplicitamente tre livelli, distinti e paralleli, che si riferiscono da prospettive diverse all'umiltà e ne illustrano, ciascuno con il proprio codice e la propria semantica, il punto cardine. In particolare, nei fenomeni naturali riluce la necessità metafisica dell'umiltà; le scienze matematiche ne evidenziano la stabilità; la Scrittura ne insegna l'utilità morale.

Tra i fenomeni naturali è ancora la causalità astrale ad essere chiamata in causa come modello di spiegazione dell'umiltà. L'immagine antropomorfica della predica tedesca 14 – la terra lontana dal cielo, nascosta in un angolo piena di vergogna, e vanamente desiderosa di fuggire, ma inesorabilmente inseguita e violentata dal cielo – si precisa in termini scientifici: la terra è massimamente distante dal cielo e dal punto di vista geografico ("in situ") e quanto alla sua natura imperfetta ("in natura"). Elementi antropomorfici rimangono e servono ad accentuare il valore dell'umiltà: proprio la radicale diversità e l'estrema distanza pongono cielo e terra in conflitto come due avversari – l'elemento di violenza della predica 14 è mantenuto proprio nei termini del contrasto tra i due elementi. Malgrado questo rapporto bellicoso, la conciliazione tra cielo e terra è possibile perché quest'ultima *si umilia*, per così dire *sottomettendosi* ("se humiliat et quasi substernit") tutta al primo, così che la parte più bassa del cielo possa *influire* sulla terra con tutto se stesso, con le stelle e i pianeti ("se toto et omnibus stellis et planetis infundat terrae"): le molte e diverse cose che si generano e vivono sulla terra sono prova di questo influsso[41].

commenta dettagliatamente la predica, ma trascura i contenuti di filosofia naturale e omette il passo in questione, riportandone in nota (p. 223, n. 29), senza ulteriori approfondimenti, solo la prima riga; nel suo penetrante saggio Udo KERN, *Der Demütige ist der Vernünftige. Zur* humilitas intellectualis *Meister Eckharts*, in: *Meister Eckhart – Erkenntnis und Mystik des Lebens*, hrsg. von Rolf KÜHN, Sébastien LAOUREUX (Seele, Existenz und Leben, 6), pp. 322-357: 339-340, cita il passo, ma non ne sottolinea adeguatamente l'importanza.

40 ECKHART, *Sermo XXXVIII*, n. 382, *LW* IV, pp. 327,11-328,7.

41 Anche la predica tedesca 48 conferma che è proprio in ragione della reciproca estrema dissomiglianza e distanza che il cielo esercita la sua azione sulla terra: cf. ECKHART, *Pr.* 48, *DW* II, pp. 413,3-414,8: "Nû sprichet ein meister, daz enist sô unglîch einander als himel und erde. Daz hât daz ertrîche bevunden in sîner natûre, daz ez dem himel verre ist und unglîch. Her umbe hât ez in gevlohen ûf die niderste stat, und dar umbe ist daz ertrîche unbewegeli-

È evidente che non si tratta di semplice similitudine né metafora: Eckhart individua nel meccanismo dell'influenza esercitata dagli astri sul mondo sublunare un analogo fisico del *necessario* riversarsi della virtù divina nell'anima umile o, il che è la stessa cosa, dell'ascesa di questa a Dio. La terra, infimo degli elementi, non può sfuggire alle influenze celesti, che la vivificano: questo basilare processo astrologico insegna che l'uomo umile, che si abbassa, morendo al mondo delle creature, nasce e vive fecondato da Dio, uno nel fondo con Dio[42].

Al di là degli antropomorfismi, che danno al passo un tono immaginifico, l'idea della subordinazione della sfera terrestre all'influenza degli astri non rimane in Eckhart un'eco vaga di opinioni diffuse, ma è una tesi generale che egli, in altri luoghi della sua opera, articola in un complesso di precise nozioni e dottrine scientifiche con puntuali rimandi a fonti di carattere cosmologico-astrologico e naturalistico. Basti per tutti il seguente passo:

> Aut etiam pro tanto in terra ponitur et caelos contingit, quia virtus omnis mundi inferioris descendit a largitate et virtute corporum caelestium. Et hoc est quod Ptolomaeus in Centilogio propositione sive verbo nono ait: »vultus huius saeculi sunt subiecti vultibus caelestibus. Et ideo sapientes, qui imagines faciebant, stellarum introitus in caelestes vultus inspiciebant et tunc operabantur quod debebant«. Et hoc est quod infra ostendetur in elementis quattuor. Et iterum planta quaelibet in terra reducitur in stellam aliquam, cuius virtutem sapit appropriate. Similiter autem et de numeris auri et argenti et huiusmodi, quorum unumquodque sapit naturam specialiter unius alicuius planetarum. Propter hoc inferiora a Ptolomaeo secundae stellae nominantur, per quas inspectores astrorum solent praesagire, sicut in Centilogio propositione quarta scribitur: »anima quae ex natura dat iudicia, iudicabit super secundas stellas, eritque eius iudicium melius quam illius, qui iudicabit per primas stellas«; et post propositione tertia decima: »cum sphaerica vis aliquid promiserit, super illud a secundis stellarum testimonium accipe«[43].

ch, daz ez dem himel iht genâhe. Des ist der himel gewar worden in sîner natûre, daz in daz ertrîche gevlohen hât und die niderste stat besezzen hât. Dar umbe ergiuzet er sich alzemâle in vruhtbærlîcher art in daz ertrîche, und wellent daz die meister, daz der breite, wîte himel niht enbehalte als breit als einer nâdel spitze, er engebe ez alzemâle in vruhtbrærlîcher art in daz ertrîche. Dar umbe heizet daz ertrîche diu vruhtbrærlîcheste crêatûre under allen zîtlîchen dingen". Il primo "meister" potrebbe essere MAIMONIDES, *Dux neutrorum*, II, cap. 27, ed. Augustinus JUSTINIANUS, Parisiis 1520, f. 56r41sqq.: "[...] quia fecit scire quod materia coelorum non est materia terrae: et quod sunt duae materiae inter quas est magna differentia". Sulla predica 48 e sul passo citato vedi anche GOTTSCHALL, Dô gedâhte ich ein glîchnisse, pp. 63-69.

[42] Oltre ai passi già presi in considerazione, in altri ancora l'umiltà è spiegata attraverso riferimenti agli influssi celesti: cf., e.g., ECKHART, *Sermo XIII*, n. 150, *LW* IV, p. 141,7-10; ID., *Sermo LV, 2*, n. 542, *LW* IV, pp. 454,11-455,1; ID., *Pr.* 44, *DW* II, pp. 345,4-347,5; ID., *Pr.* 93, *DW* IV, pp. 133,83-137,118.

[43] ECKHART, *Lib. par. Gen.*, n. 208, *LW* I,1, pp. 682,9-683,11.

In ambito matematico l'umiliarsi è espresso dalla capacità di un vaso, che è direttamente proporzionale alla collocazione dello stesso, essendo tanto maggiore quanto più in basso il vaso è collocato[44], e dalla raffigurazione di una circonferenza, il cui punto medio, sviluppandosi in altezza fino a raggiungere la forma conica, diventa il vertice del cono ("vas tanto est capacius, quanto inferius; secundo, quod circulo surgente in conum centrum fit polus").

L'immagine della sfera è associata da Eckhart all'umiltà in numerose altre circostanze[45]. Ad un'analisi superficiale la sfera potrebbe essere interpretata come una delle metafore di carattere fisico alle quali la letteratura medievale ricorreva piuttosto frequentemente per descrivere processi di perfezionamento spirituale quali l'umiltà[46]. In Eckhart, invece, la sfera significa la paradossale dialettica che innerva l'umiltà: quanto più mi abbasso, tanto più Dio scende in me consentendomi di elevarmi a Lui[47]. La costanza dell'associazione tra la sfera e l'umiltà conferma lo stesso

[44] Questo concetto, desumibile molto probabilmente da fonti scientifiche ignote, riaffiora in un contesto analogo della predica 55: cf. Eckhart, *Pr.* 55, *DW* II, pp. 581,3-582,4: "Aber ich spriche nû ein anderz: daz man sitzende mê enpfæhet dan stânde mit rehter dêmüeticheit, als ich êgester sprach, daz der himel niendert würken enmüge dan in dem grunde der erde. Alsô enmac got niht würken dan in dem grunde der dêmuot; wan ie tiefer in der dêmuot, ie enpfenclîcher gotes. Unser meister sprechent: der noch einen kopf næme und in saste under die erde, er möhte mê enpfâhen, dan ob er stüende obe der erde; aleine sîn doch sô wênic wære, daz man ez kûme geprüeven möhte, doch sô wære ez etwaz. Ie mê der mensche in den grunt rehter dêmuot gesenket wirt, ie mê er gesenket wirt in den grunt götlîches wesens". È degno di nota il fatto che in questo luogo Eckhart alluda ad una coppa che, posta sotto terra, riceverebbe più di quanto se fosse collocata in superficie. L'affermazione dà una decisa curvatura fisico-astrologica alla nozione matematica di "vas" proposta nel *Sermo Latinus XXXVIII*. Cf. anche Eckhart, *Sermo Paschalis*, n. 8, *LW* V, pp. 141,11-142,3.

[45] Cf. Eckhart, *Sermo XXIV,1*, n. 235, *LW* IV, pp. 218,10-219,9; Id., *Sermo XXIV,2*, n. 245, *LW* IV, pp. 224,11-225,7; Id., *Sermo XXXVIII*, n. 382, *LW* IV, p. 328,4-5; Id., *Pr.* 54b, *DW* II, pp. 566,5-6. Dietrich Mahnke, *Unendliche Sphäre und Allmittelpunkt*, Halle 1937, in particolare nella sezione dedicata ad Eckhart (pp. 145-158) si concentra sulla sfera infinita o intelligibile della prima sentenza del *Libro dei XXIV filosofi*, lasciando sullo sfondo la sfera immagine dell'umiltà. A pag. 148, n. 3, osserva però che, a differenza della sfera infinita, immagine di Dio, la sfera finita simboleggia l'anima; sulla sfera in Eckhart vedi anche Alessandra Beccarisi, Deus est sphaera intellectualis infinita: *Eckhart interprete del* Liber XXIV philosophorum, in: Sphaera. *Forma, immagine e metafora fra medioevo ed età moderna*, a cura di Pina Totaro, Luisa Valente, Firenze 2012, pp. 167-192.

[46] Cf. Silvia Negri, Veritatem humiliter investigare. *Sul ruolo dell'umiltà in Enrico di Gand*, in: Quaestio. Yearbook of the History of the Metaphysics, 15 (2015), pp. 607-617.

[47] Eckhart rilegge in questi termini anche l'immagine agostiniana della scala: chi vuol raggiungere Dio, deve essere umile, perché l'umiltà è la scala celeste attraverso la quale Dio viene all'uomo o l'uomo sale a Lui: cf. Eckhart, *Exp. in Ioh.*, n. 318, *LW* III, p. 265,4-6: "Nota: homo ab humo dicitur et ab humo humilitas. Debet ergo humilis esse qui ad deum vult venire. *Humilitas enim est 'scala caelestis qua deus descendit' sive venit ad hominem et homo ad deum*"; l'umile si sottomette a Dio nella misura in cui, in quanto intelletto, si astrae dal mondo creato del qui ed ora: pp. 265,12-266,7: "Secundo: homo a intellectu et ratione homo est. Intellectus autem abstrahit ab hic et nunc et secundum genus suum nulli nihil habet commune, imper-

dispositivo già individuato nel caso delle influenze astrali: l'immagine della sfera non è esclusivamente similitudine né metafora dell'umiltà; il rapporto è piuttosto quello tra due analoghi in due ambiti della realtà diversi – quello della matematica e quello spirituale – ma corrispondenti: come comprimendo la sfera si ottiene un cerchio il cui punto medio era collocato sul polo della sfera e proiettando, quindi, il cerchio in cono quel punto medio diventa il vertice del cono, così l'umile che si sprofonda nel fondo, che è il fondo di Dio, è riempito da Dio e sollevato a Dio. Il procedimento geometrico esprime il movimento dialettico sotteso all'umiltà, così come l'umiltà corrisponde alla trasformazione della sfera in cerchio e del cerchio in cono.

In questo contesto merita una menzione un passo del *Commento all'Esodo*, nel quale ricompare nuovamente lo stesso dispositivo ermeneutico: il movimento dialettico dell'umiltà ("In humilibus terra caelum est, imum summum est. Profundum enim et altum idem") è espresso dall'antitesi terra-cielo, in questo caso formulata sulla base delle Scritture e non sviluppata secondo categorie astrologiche, e dalla trasformazione della sfera in superficie e del cerchio in cono.

> Adhuc autem notandum ex praemissis quanti meriti sit humilitas et patientia, quae *de terra* facit caelum, facit *altare* deo. Altare dicitur alta ara. Deus in altis habitat, Psalmus: 'in altis habitat et humilia respicit in caelo et in terra'. In humilibus terra caelum est, imum summum est. Profundum enim et altum idem. Profundum humilitas et terra, altum caelum. In caelis deus habitat, Psalmus: 'ad te levavi oculos meos, qui habitas in caelis'. Centrum terra est omnium, caelum, circumferentia et altissimum omnium, sphaericum est. Sphaera autem si imaginetur proici in planum, polus et vertex fit centrum. Et e converso: circulus si imaginetur quod surgat in conum, centrum erit polus sive vertex[48].

Nel brano citato dal *Sermone XXXVIII* si legge inoltre che l'umiltà è insegnata anche nelle Scritture. A titolo di esempio Eckhart menziona *Iac.* 4,6 ("Deus superbis resistit, humilibus dat gratiam"). È interessante notare che il maestro domenicano non sembra ritenere, per ciò che concerne l'insegnamento dell'umiltà, i testi sacri prioritari rispetto alla natura e alla scienza matematica. L'affermazione che in questo sermone Eckhart adotti come forma letteraria quasi esclusiva gli *exempla* e le *auctoritates*, tratte dalla Bibbia e dalla letteratura per predicatori, rinunciando pressoché del tutto all'argomentazione filosofica e all'esposizione concettuale, appare esagerata, data la presenza di nozioni scientifiche – influssi astrologici e nozioni geometriche[49].

mixtus est, separatus est [...] Esto talis: humilis, scilicet subiectus deo, separatus a tempore et continuo, impermixtus, nulli nihil habens commune: venis ad deum, et deus ad te".

[48] ECKHART, *Exp. lib. Exod.*, n. 242, *LW* II, pp. 198,9-199,3.

[49] È la tesi di STEER, *"Freund, steig höher hinauf!"*, p. 228.

IV. *er kumet ze dem geiste, der den himel umbetrîbet*

La struttura naturale del cosmo è al centro di un altro brano, tratto dalla predica tedesca Quint 29 ("Convescens praecepit eis, ab Ierosolymis ne discederent etc."), ove, pur non menzionando esplicitamente l'umiltà, Eckhart descrive l'ascesa dello spirito a Dio nei termini altrove usati per delineare l'ascesa spirituale dell'uomo umile (ad es. si vedano le prediche 54a e 54b). Per comodità e chiarezza suddividerò il testo in tre parti.

> Nessuno può ricevere lo Spirito santo, se non abita al di sopra del tempo nell'eternità. Nelle cose temporali lo Spirito santo non può venir ricevuto né dato. Quando l'uomo si distoglie dalle cose temporali e si volge in se stesso, egli intende una *luce celeste che è venuta dal cielo*. È sotto il cielo e tuttavia è del cielo. In questa luce l'uomo ha soddisfazione, ed essa è tuttavia *corporea*; dicono che sia *materia. Un ferro, la cui natura è di cadere in basso, si solleva contro la sua natura e si appende al magnete per la nobiltà dell'impressione che la pietra ha ricevuto dal cielo. Ove si volge la pietra, là si volge anche il ferro*[50].

L'uomo gode di un piacere non corporeo quando, distogliendosi dalle cose temporali, si volge in se stesso e coglie una *luce celeste che viene dal cielo*, che, secondo Ioseph Quint, coincide con la scintilla dell'anima, il fondamento increato dello spirito umano[51]. Eckhart precisa che tale luce è però di natura corporea, secondo Quint a causa del contatto con il corpo al quale l'anima umana è legata[52]. L'influenza celeste si esercita anche sul resto del creato: il ferro, che per natura tende a cadere, si appende al magnete perché *l'influsso celeste ha reso quest'ultimo nobile, trasmettendogli la capacità attrattiva*.

> Così fa lo spirito: non si lascia solo soddisfare da questa luce, egli si spinge completamente attraverso il firmamento e trapassa il cielo sino a quando egli viene allo *spirito che muove circolarmente il cielo e dalla circolazione del cielo verdeggia e germoglia tutto quello che è nel mondo*[53].

[50] Eckhart, *Pr.* 29, *DW* II, pp. 73,7-74,8: "Nieman enmac den heiligen geist enpfâhen, er enwone denne obe zît in êwicheit. In zîtlîchen dingen enmac der heilige geist niht enpfangen werden noch gegeben. Sô sich der mensche abekêret von zîtlîchen dingen und sich kêret in sich selben, dâ verstât er ein himelischez lieht, daz von dem himel komen ist. Ez ist under dem himel und ist doch von dem himel. In dem liehte hât der mensche genüegede, und ez ist doch lîplich; sie sprechent, ez sî materie. Ein îsen, des natûre ist, daz ez nidervellet, daz hebet sich ûf wider sîne natûre und henket sich an den agestein durch edelkeit des îndruckes, den der stein von dem himel enpfangen hât. Swâ sich der stein hine kêret, dâ kêret sich ouch daz îsen hine".

[51] Cf. Josef Quint, *DW* II, pp. 71, 74, n. 2.

[52] Cf. Josef Quint, *DW* II, pp. 71, 74, n. 2.

[53] Eckhart, *Pr.* 29, *DW* II, pp. 74,8-75,3: "Alsô tuot der geist: der læzet im niht aleine genüegen mit disem liehte, er dringet allez vür durch daz firmament und dringet durch den himel, biz daz er kumet ze dem geiste, der den himel umbetrîbet, und von dem umbeloufe des himels gruonet und loubet allez, daz in der werlt ist".

Lo spirito umano si comporta come il ferro: non si accontenta della luce celeste materiale, oltrepassa tutti i livelli superiori del cosmo fisico – il firmamento e la sfera celeste –, e perviene alla causa intellettuale del moto celeste, cioè alla sostanza spirituale che, attraverso il movimento della sfera celeste, feconda il mondo sublunare.

> Tuttavia allo spirito non basta, a meno che non si spinga *oltre nel vertice e nell'origine, ove lo spirito prende la sua origine.* Questo spirito intende secondo numero senza numero, e un numero senza numero *non è nel tempo dell'imperfezione. Nell'eternità* nessuno ha un'altra radice, là nessuno è senza numero. Questo spirito deve trascendere ogni numero e trapassare ogni molteplicità, e viene trapassato da Dio; e così, come egli mi trapassa, così lo trapasso io di rimando. Dio dirige questo spirito nel deserto e nell'*unità di se stesso*, ove egli è un puro *uno* e sta sgorgando in se stesso[54].

Lo spirito umano non si accontenta perché la sua tensione alla perfezione trova requie solo al di là della sostanza spirituale che regge in qualità di principio i movimenti della sfere celeste, solo dopo aver raggiunto la propria origine. Questo significa trascendere il numero e pervenire all'unità assoluta e pura, al luogo in cui Dio si origina in se stesso. Qui lo spirito umano si consustanzia in Dio.

Eckhart traccia un itinerario di perfezionamento spirituale, la cui premessa è la nobiltà dello spirito umano, nel quale alberga la luce celeste, al contempo segno della dignità umana e stimolo alla riscoperta dell'origine divina. Lo spirito si apre a Dio a mano a mano che supera la realtà fisica, fino a raggiungere la completa unità con Lui. Questo modello, che potremmo definire della nobiltà ascensiva, presuppone dunque un sfondamento del mondo della natura in direzione della riscoperta della propria origine nell'unità assoluta.

L'ambito naturale non è parallelo e analogo al mondo dello spirito, come nel caso dell'umiltà, ma è una tappa preliminare, destinata ad essere superata, ed è in tanto necessaria, in quanto destinata a essere superata in vista della meta finale. Anche in questo caso, però, è bene sottolinearlo, i fenomeni naturali (il ferro attratto dal magnete, il firmamento, la sfera celeste, il motore spirituale della sfera celeste) non sono semplici simboli o metafore di contenuti spirituali, ma vengono assunti nel loro autonomo spessore ontologico e con la loro specifica collocazione nell'ordine cosmico. È quanto avviene anche nella predica 54a, nella quale Eckhart delinea una gerarchia del reale a più livelli: pietre e piante e animali dotati di virtù straordinarie dagli influssi astrali, le sfere celesti, l'angelo che muove i cieli, e l'anima umana.

54 Eckhart, *Pr.* 29, *DW* II, pp. 75,3-77,2: "Dannoch engenüeget den geist niht, er endringe vürbaz in den wipfel und in den ursprunc, dâ der geist sînen ursprunc inne nimet. Dirre geist verstât nâch zal âne zal, und kein zal <âne zal> enist in der zît der gebrestlicheit. Nieman enhât ein ander wurzeln in der êwicheit, dâ enist nieman âne zal. Dirre geist muoz übertreten alle zal und alle menige durchbrechen, und er wirt von gote durchbrochen; und alsô, als er mich durchbrichet, alsô durchbriche ich in wider. Got leitet disen geist in die wüestunge und in die einicheit sîn selbes, dâ er ein lûter ein ist und in im selben quellende ist".

Quest'ultima si solleva nella sua luce naturale, nel suo supremo, al di sopra del tempo e dello spazio, ove trova la luce dell'angelo. Non si arresta però nella sua ascesa finché non perviene alla luce di Dio, al cui cospetto essa pianta la propria capanna.

Come ho già avuto modo di osservare in relazione alla predica 54a[55], è evidente l'influenza di Alberto Magno sul modello della nobiltà ascensiva. Il superamento del cosmo fino al ricongiungimento con Dio appare una rilettura "spirituale" del percorso noetico tracciato nel *De intellectu et intelligibili*, ove l'intelletto del filosofo, immagine di quello divino, si perfeziona progressivamente a partire dalle prime nozioni scientifiche (*intellectus principiorum*), raggiungendo la completa attualizzazione (*intellectus adeptus*), e procede poi assimilandosi alle intelligenze superiori (*intellectus assimilatus*), motori delle sfere celesti e forme semplici della realtà, e perviene infine alla forma più semplice della realtà, all'intelletto divino (*intellectus divinus*), nel quale si sostanzia. L'analogia con l'ascesa dello spirito umano di cui si parla nella predica 29 è evidente.

V. Conclusioni

L'umiltà è senz'altro uno degli aspetti più controversi del pensiero di Eckhart: le formulazioni radicali e i paradossi concettuali collocano le pagine sull'umiltà tra quei "monstruosa" "nova et rara"[56] menzionati all'inizio dell'*Opus tripartitum* e giustificano pienamente la reazione scandalizzata su questo punto dottrinale da parte dei giudici che redassero l'atto di accusa contro il maestro domenicano.

L'intreccio tra il discorso sull'umiltà e quello sui fenomeni di carattere astrologico costituisce un tratto peculiare della teoria eckhartiana. In questo contributo ho focalizzato la mia attenzione su questo intreccio, esaminando alcuni dei luoghi in cui Eckhart lascia interagire il mondo dell'umiltà con quello della causalità celeste. Non si tratta di casi sporadici perché l'applicazione di similitudini di contenuto astrologico all'ambito spirituale dell'umiltà è ricorrente[57].

Semplici similitudini? Molto di più, a mio parere. Umiltà e influenze astrali appartengono a due ambiti del reale distinti: il mondo dello spirito e quello della natura. Ciascuno di essi ha i propri oggetti, è regolato dalle proprie leggi, è dotato di un proprio spessore ontologico, è conseguentemente descritto da linguaggio e categorie concettuali propri. Pur diversi, questi mondi sono paralleli e isomorfi, corrispondo-

[55] PALAZZO, *Predigt 54a 'Unser herre underhuop und huop von unden ûf sîniu ougen'*, p. 55.

[56] ECKHART, *Prologus generalis in Opus tripartitum*, n. 7, *LW* I,1, p. 152,3-5: "Advertendum autem est quod nonnulla in sequentibus propositionibus, quaestionibus et expositionibus primo aspectu *monstruosa*, dubia aut falsa apparebunt, secus autem si sollerter et studiosius pertractentur"; ID., *Prol. gen. op. trip.*, n. 2, *LW* I,1, pp. 148,11-149,2: "adhuc autem tertio quantum ad auctoritatum plurimarum sacri canonis utriusque testamenti raras expositiones, in his potissime quae se alias legisse non recolunt vel audisse, praesertim quia dulcius irritant animum *nova et rara* quam usitata, quamvis meliora fuerint et maiora".

[57] Cf. *supra*, n. 42.

no tra loro perfettamente perché da "un unico fonte della verità deriva tutto ciò che è vero, tanto nell'essere quanto nel conoscere, nella Scrittura e nella natura"[58].

È nella cornice più ampia della simmetria di "spiritualia" e "naturalia" che si inquadra l'intreccio tra umiltà ed astrologia. La filosofia è contenuta nella Scrittura e per questo le ragioni filosofiche possono spiegare il testo sacro. In virtù di quella circolarità tra sapere filosofico e sapere rivelato che Eckhart pone a fondamento di tutta la sua impresa esegetica[59] – e i sermoni non sono altro che una particolare forma di esegesi –, i fenomeni astrologici diventano strumenti di comprensione dell'umiltà: la produzione dell'oro nelle profondità della terra rimanda alla riscoperta di Dio nel fondo da parte dell'uomo umile; la passività della terra rispetto alla *virtus* astrale corrisponde al vuoto dell'anima che viene riempito da Dio; la fecondazione della vita sulla terra da parte dell'influsso celeste esprime la generazione del Verbo nell'anima; l'inesorabile violenza del cielo ai danni della terra è il correlato del *necessario* riversarsi di Dio nel fondo dell'uomo umile. Ogni dettaglio astrologico ha il suo corrispettivo spirituale e rende così più trasparente un'originale concezione dell'umiltà, che Eckhart, a partire dalle Scritture ("chi si umilia, sarà esaltato")[60], riformula secondo un movimento paradossale: umiltà significa scendere nel fondo, cioè entrare nel fondo di Dio e ascendere a Lui. In altri termini, umiltà significa essere riempiti da Dio e diventare tutt'uno con Lui.

Il caso qui indagato non è isolato perché il *corpus* eckhartiano offre altri esempi di fenomeni fisici che hanno analoghi spirituali: la relazione tra la forma e la materia[61], la generazione e l'alterazione, l'illuminazione e il riscaldamento, l'alimentazione[62], la percezione visiva[63]. Sommate alle considerazioni di carattere astrologico e cosmologico, queste analisi rappresentano un bel pezzo di natura. Altre indagini porteranno alla luce altri ambiti del mondo fisico sui quali Eckhart ha fermato la sua attenzione: psicologia, biologia, embriologia, zoologia, ecc.

In altri testi, ad esempio nella predica tedesca 29, Eckhart delinea l'immagine del cosmo fisico a prescindere dal suo correlato spirituale. La prospettiva è mutata,

[58] ECKHART, *Exp. in Ioh.*, n. 185, *LW* III, pp. 154,14-155,7: "Secundum hoc ergo convenienter valde scriptura sacra sic exponitur, ut in ipsa sint consona, quae philosophi de rerum naturis et ipsarum proprietatibus scripserunt, praesertim cum ex uno fonte et una radice procedat veritatis omne quod verum est, sive essendo sive cognoscendo, in scriptura et in natura. Ad hoc facit, quod iam supra notavi in ultima expositione eius quod dicitur: 'omnia per ipsum facta sunt, et sine ipso factum est nihil'. Cui per omnia concordat illud: 'in principio creavit deus caelum et terram', *Gen.* 1. Idem ergo est quod docet Moyses, Christus et philosophus, solum quantum ad modum differens, scilicet ut credibile, probabile sive verisimile et veritas".

[59] Cf. Ruedi IMBACH, *La Filosofia nel prologo di S. Giovanni secondo S. Agostino, S. Tommaso e Meister Eckhart*, in: *Studi 1995*, a cura di Dietrich LORENZ, Stefano SERAFINI, Roma 1995, pp. 161-182: 171-182.

[60] *Matth.* 23,12: "Qui autem se exaltaverit, humiliabitur; et, qui se humiliaverit, exaltabitur"; *Luc.* 14,11: "Quia omnis, qui se exaltat, humiliabitur; et, qui se humiliat, exaltabitur".

[61] PALAZZO, 'Sub metaphora mulieris adulterae', pp. 75-95.

[62] Alessandra BECCARISI, *La metafora del cibo in Meister Eckhart*, Pisa, in corso di stampa.

[63] GOTTSCHALL, Dô gedâhte ich ein glîchnisse, pp. 47-69.

ma anche in questo caso il mondo della natura è considerato nella sua autonoma consistenza: esso è proposto come un tutto compatto che lo spirito umano deve oltrepassare per raggiungere l'unione immediata con Dio, unità perfetta.

Insomma da una lettura attenta degli scritti eckhartiani è possibile ricostruire la natura come un complesso ordinato di fenomeni fisici legati da una trama di relazioni causali e governati dai movimenti celesti e dai principi spirituali che li reggono. Teologo di professione, considerato ora mistico, ora predicatore, ora esegeta, ora metafisico, Eckhart si rivela anche filosofo della natura, sulla quale sviluppa una riflessione coerente nei contenuti e densa nella sostanza, anche se frammentata nei suoi commenti scritturali e nei suoi sermoni e per questo non conforme ai canoni formali adottati nei trattati e commenti tecnici.

ANDREA ALDO ROBIGLIO

Testes nobilitatis: una riflessione sul nesso tra verità e nobiltà

I.

Nelle avvincenti pagine della sua autobiografia filosofica, il pensatore russo Nikolaj Aleksandrovič Berdjaev ripercorre i momenti salienti di una lunga ricerca volta a scrutare il senso della storia dell'uomo. Negli anni della giovinezza un problema era emerso sugli altri ed aveva assunto, per lui, un singolare peso simbolico: la nascita aristocratica e la conseguente appartenenza all'élite nobiliare. "Tale particolarità – egli racconta –, che non è affatto un accidente, ebbe una ripercussione sulla mia formazione"[1]. La condizione nobiliare significa, come dato di partenza, privilegio di libertà, anche nei confronti di quello stesso mondo aristocratico al quale il pensatore rifiuterà in seguito di appartenere. La libertà, a sua volta, si manifesta nell'essere "inseparabile dal tema dell'uomo e della creatività [*création*]". Quest'ultimo, infine, implica il disvelamento della realtà, la condizione dell'autentico conoscere, la presenza di quella verità che, fin dal principio, riposa nel cuore di suddetto processo[2]. Affermazioni del genere tendono, perlopiù, a lasciare perplesso il lettore, nella misura in cui esse, trascendendo il dato biografico su cui si innestano, pretendano di

[1] Nicolas Berdiaev, *Essai d'autobiographie spirituelle*, trad. par E. Belenson, Paris 1979, p. 17 e *passim*.

[2] Berdiaev, *Essai d'autobiographie*, pp. 72-73. Alle pp. 73 e ss., si legge ad esempio: "Je crois à l'existence de l'éminente vérité de la liberté. La liberté s'intègre à la vérité qui m'est dévoilée. [...] C'est le mérite de la pensée de Khomiakov d'avoir conçu la 'sobornostj' (communautarisme), qui fut sa découverte créatrice, comme indissolublement liée avec la liberté. [...] C'est un préjugé que de considérer la liberté comme l'individualisme. La liberté de conscience se situe en dehors du thème de l'individualisme, [...] <elle est> le moyen de dévoiler l'univers en moi". Sulla fruttuosa dialettica che si viene ad instaurare tra la nozione di verità, intesa nella sua ampia dimensione esistenziale, e quella di libertà, Luigi Payreson scrisse pagine meritevoli di attenzione. Un elemento pertinente a ciò che diciamo è costituito dal carattere inoggettivabile della verità, nel senso che tra essa ed il soggetto libero che la 'riceve' intercorre una relazione analoga a quella tra il tutto e le sue parti. Detto in altre parole: "ogni interpretazione <della verità> può essere compresa soltanto da un'altra interpretazione"; cf. Luigi Pareyson, *Verità e interpretazione*, Milano 1971, p. 86. Tali analisi potrebbero inoltre guadagnare in pregnanza quando venissero cimentate con l'analisi sociale di tali categorie, ossia con i casi in cui il conflitto costituisca la regola, nel rapporto tra nobiltà e libertà. Si veda, a questo proposito, James Q. Whitman, *The Two Western Cultures of Privacy: Dignity versus Liberty*, in: The Yale Law Journal, 113 (2004), fasc. 6, pp. 1151-1221.

alludere a categorie esistenziali di fondo. Va rilevato, per cominciare, che l'apprezzamento della nozione di nobiltà non è né comune né generalmente scrutato in ambito filosofico. Sicché l'interesse che gli storici del pensiero hanno finora consacrato al concetto di nobiltà, quando esso non sia stato del tutto obliterato, rimane scarso[3].

La ricostruzione attenta delle ragioni di tale negligenza storico-critica, del resto, se fornirebbe l'adeguata premessa per la ricostruzione della storia del concetto e delle sue ramificazioni in discipline limitrofe come la teologia, il diritto, la sociologia e l'economia, pure costituirebbe, di per sé, un'assai laboriosa indagine. Non è questa l'ambizione delle poche pagine che seguono. Qui mi limito, semmai, ad offrire alcuni elementi di riflessione su un singolo aspetto saliente, vale a dire sul legame che intercorre tra la (questione della) nobiltà e la (questione della) verità.

II.

Le epoche medievale e rinascimentale costituiscono qui, per quel che verrò dicendo, il terreno privilegiato di riscontro e ciò per due ragioni. Per una ragione materiale, anzitutto, cioé per il numero cospicuo di scritture filosofiche consacrate al tema, tanto che Paul Oskar Kristeller ebbe a scrivere, una volta, che quello *de nobilitate* era, accanto a quello dell'anima, il problema più assiduamente trattato nei manoscritti letterari e filosofici del primo Rinascimento[4]. In secondo luogo, per un motivo storiografico: l'epoca premoderna, non condividendo certi assunti della storiografia filosofica illuministica, consente uno sguardo "non allineato" e più agevolmente critico nei confronti di buona parte della storiografia filosofica moderna e delle sue categorie portanti. Se è vero, infatti, che non mancarono negli ultimi tre secoli voci dissidenti (da Schopenhauer a Nietzsche, fino al sullodato Berdiaev), gli assunti "moderni" rimasero a lungo i soli pervasivi, segnatamente nelle discipline accademiche che hanno nutrito tali categorie fino ad oggi[5].

3 Per una giustificazione bibliografica di quanto testé affermato mi permetto di rimandare alla prima parte di Andrea A. Robiglio, *Nobiltà e riconoscimento in Dante. In margine ad una recente edizione di 'Convivio' IV*, in: L'Alighieri, 48 (2007), pp. 83-102. Gli appelli a farsi carico di una riflessione storico-filosofica sulla nobiltà si sono tuttavia, in anni recenti, fatti frequenti. Questo dato protrebbe preludere ad un lento cambio di paradigma nella indagine filosofica e storiografica dei prossimi decenni. A titolo di esempio, cito Robert Faulkner, *The Case for Greatness: Honorable Ambition and Its Critics*, New Haven 2007; Rob Riemen, *Nobility of Spirit: A Forgotten Ideal*, New Haven 2008.

4 Cf. Robiglio, *Nobiltà e riconoscimento*, p. 83 n. 1.

5 Della vasta letteratura cui potrei fare riferimento cito, a titolo di esempio, Ilario Tolomio, *Il Barnabita Alfonso Bruzzi e la messa all'Indice della 'Historia critica Philosophiae' di Jakob Brucker*, in: Rivista di storia della filosofia, 63 (2008), pp. 505-521, seganatamente p. 510; dello stesso studioso si veda Ilario Tolomio, *Il genere 'historia philosophica' tra Cinquecento e Seicento*, in: *Storia delle storie generali della filosofia*, a cura di Giovanni Santinello, I, *Dalle origini rinascimentali alla 'Historia Philosophica'*, Brescia 1981, pp. 63-163.

III.

Se si va alla ricerca di riferimenti alla 'nobiltà', nei documenti filosofici e letterari premoderni, non si fatica a raccogliere una numerosa messe di dati, che si accumulano in una "nebulosa a riflessione". In essa si accalcano nozioni agitate nel dibattito filosofico contemporaneo, quali reputazione[6], fiducia[7], valore[8], dignità[9], carattere[10], prestigio[11], riconoscimento[12], onore[13], insieme ai loro contrari, come ad esempio diffidenza, indegnità, disonore, mancanza di diritti, ecc. Ad un buon conoscitore di Dante e della filosofia rinascimentale, Georg Simmel, dobbiamo del resto una delle prime illuminanti esplorazioni di tale nebulosa nobiliare[14]. Nella vivace ricerca contemporanea cui stiamo allundendo, consacrata a temi di filosofia sociale, è frequente incontrare rimandi interni a categorie e ad aspetti della medesima famiglia di nozioni. Chi analizza la reputazione, ad esempio, fa sovente ricorso alla categoria di valore e fa leva sul fenomeno del riconoscimento; chi esplora il significato della fiducia o dell'affidabilità presuppone certe virtù intellettuali e morali degli attori coinvolti. A loro volta, fiducia e autenticità si vedono implicate nell'analisi della dignità umana. E si potrebbe continuare.

Questo detto, ci si accorge presto del sorprendente divario tutt'ora esistente tra l'analisi concettuale, da un lato, e la conoscenza storica a suo sostegno. I riferimenti, quando non si tratti di autori Otto- e Novecenteschi, rimandano ai classici

[6] E.g., Gloria Origgi, *La réputation: Qui dit quoi de qui*, Parigi 2015.

[7] E.g., Eligio Resta, *Le regole della fiducia*, Roma-Bari 2009.

[8] E.g., Giulio Preti, *Fenomenologia del valore*, Milano-Messina 1942, pp. 120-128, che mette a tema il nesso tra valore e personalità. Il valore – che sia morale, epistemico o economico – si crea attraverso scarti qualitativi in un contesto: è il risultato, per contrasto, di un paragone. Esso tuttavia sembra implicare una concettualizzazione non solo relativa, sicché lo scarto qualitativo potrebbe non essere che un aspetto ricorrente, ma non proprio, della nozione. Per una prima riflessione sulla "inescapability of intrinsic value", si veda Jerrold Levinson, *Intrinsic Value and the Notion of a Life*, in: The Journal of Aesthetics and Art Criticism, 62 (2004), Fasc. 4, pp. 319-329.

[9] E.g., Aurel Kolnai, *Dignity*, in: Philosophy, 51 (1976), Fasc. 197, pp. 251-271.

[10] E.g., Gaston Berger, *Traité pratique d'analyse du caractère* (1952), Parigi 2010.

[11] E.g., Barbara Carnevali, *Le apparenze sociali. Una filosofia del prestigio*, Bologna 2012, segnatamente i capitoli VIII (pp. 99-114) e XIV (pp. 189-212).

[12] E.g., Paul Ricoeur, *Parcours de la reconnaissance*, Parigi 2004.

[13] E.g., Robert Oprisko, *Honor: A Phenomenology*, New York 2012. Una felice eccezione, nella filosofia dell'Ottocento, è rappresentata da Arthur Schopenauer, il quale proprio al nesso tra verità ed onore consacrò una serie di raffinate riflessioni. Per comporre tali massime, non a caso, il filosofo fece tesoro di scritti premoderni come il *Tractatus de existimatione adquirenda, conservanda et omittenda* del giurista tedesco Marquard Freher (Basel 1591), dal momento che, com'egli scriveva nella *Premessa*: "Né in tedesco né in altra lingua vivente è disponibile a mio sapere uno scritto sull'argomento". Si legga Franco Volpi, *Introduzione*, in: Arthur Schopenauer, *L'arte di farsi rispettare esposta in 14 massime*, Milano 1998, pp. 11-24.

[14] E.g., Georg Simmel, *Soziologie. Untersuchungen über die Formen der Vergesellschaftung*, hrsg v. Ottheín Rammstedt, Frankfurt am M. 1992 (Gesamtausgabe, 11), pp. 816-831.

della modernità: Hobbes, Pascal e soprattutto Hume, Kant, Hegel o, in rari e felici casi, Machiavelli, Castiglione e Montaigne. A titolo di esempio si può prendere il dibattito sul riconoscimento (*reconnaissance*, *Anerkennung*), tenendo conto dei due pensatori che maggiormente vi hanno contribuito, Axel Honneth e Paul Ricoeur. Un assunto largamente condiviso, se non mi inganno, pare essere quello della saldatura tra il sorgere del problema del riconoscimento sociale e il processo di secolarizzazione, coalescente quest'ultimo con la nascita della figura moderna del soggetto, l'individuo. Ebbene, ad un esame più attento, ci si rende conto che la storia della "lotta per il riconoscimento" precede Hegel di molti secoli: tale categoria è infatti di capitale importanza per cogliere momenti qualificanti del pensiero rinascimentale e della discussione teologica medievale, come ad esempio la questione religiosa della grazia e dell'elezione divina, connessi al paradosso noto come dilemma di Eutifrone: "Il santo è caro agli dei perché è santo ovvero è santo perché è caro agli dei?". Tale dilemma si applica a più d'una delle nozioni della famiglia semantica nobiliare. È veramente nobile colui che Dio riconosce ovvero Dio riconosce colui che è veramente nobile?[15]

IV.

Tiriamo ora il filo del gomitolo e soffermiamoci sulla prima giuntura che ci capita tra le dita. Andando ad indagare i profili delle lotte premoderne per il riconoscimento si incappa, significativamente, nel problema della testimonianza[16].

Il testimone è affidabile perché attesta il vero oppure il vero è attestato perché lo dice un testimone affidabile? Con la testimonianza, entrano in campo la reputazione sociale, l'opinione altrui, le garanzie della dignità personale. Mi soffermerò ora, brevemente, sulle distinte dimensioni del problema, che occorre trattare congiuntamente.

Si presti attenzione, in prima battuta, alla dimensione epistemologica. Il lettore può intuitivamente cogliere quanto la questione della testimonianza sia utile per stabilire i limiti della conoscenza effettiva. Nella vita di ogni giorno, infatti, sembrerebbe assodato il fatto che le conoscenze su cui l'uomo può ragionevolmente basarsi debbano scavalcare il recinto di quanto è da lui empiricamente accertato o deduttivamente garantito. Può addirittura sorgere il dubbio che non solo il limite dell'accertato, ma anche quello più largo dell'empiricamente 'accertabile', non regga alla prova della realtà effettuale. Ovvero, sorvegliando la cosa da una diversa angolazione, l'accertabilità del sapere sembra assurgere al ruolo di idea regolativa, ideale

[15] Mi permetto di rimandare a: Andrea A. Robiglio, *'Poi che purgato è questo pane': Vindication and Recognition in Dante's 'Convivio'*, in: *Dante's 'Convivio' or How to Restart Writing in Exile*, hrsg. v. Franziska Meier, Berna in corso di stampa. E si veda, soprattutto, Risto Saarinen, *Recognition and Religion: A Historical and Systematic Study*, Oxford 2016.

[16] E.g., Piero Boitani, *Riconoscere è un dio. Scene e temi del riconoscimento nella letteratura*, Torino 2014, pp. 6-8 e 211-263.

mai realizzato compiutamente. È in gioco, qui, una dimensione della testimonianza, che si potrebbe denominare "alla terza persona", la quale sta ricevendo una crescente attenzione da parte di filosofi e di cultori delle scienze sociali[17].

Da una prospettiva storica, che è la nostra in questa sede, occorre riconoscere che si tratta di un settore ancora giovane dell'indagine filosofica. Si nasconde lì, probabilmente, la ragione per la quale aspetti importanti della testimonianza rimangano ancora inesplorati. Senza eccezioni degne di nota – a conoscenza di chi scrive – la testimonianza non ha ottenuto la dignità di categoria filosofica prima di fine Novecento. Nessun dizionario filosofico o enciclopedia vi avevano in precedenza consacrato un articolo sostanziale. Va sì notato che si era scritto sulla funzione della testimonianza nella conoscenza teologica[18], nella prassi giuridica[19] e, rade volte, nella ermeneutica filosofica[20], sennonché tali tentativi sembrano essere stati scarsamente influenti sulla ricerca storico-filosofica. Sicché, per leggere la prima monografia sul tema, bisogna attendere il libro del filosofo australiano C.A.J. Coady, risalente al 1992, che rimane tutt'oggi un riferimento imprescindibile[21]. Rileggendo le pagine di Coady è possibile evidenziare alcune coordinate generali e condivise, che tendono ad inquadrare i dibattiti attuali.

V.

Il tema della testimonianza, per prima cosa, è definito in esclusiva relazione con il concetto di fede o credenza e, si badi, collegato all'idea di prova. La prova testimoniale viene quindi attribuita alla "conoscenza di seconda mano". Gli epistemologi, come riassume McMyler, hanno tradizionalmente cercato di comprendere la cono-

[17] E.g., Jennifer LACKEY, Ernest SOSA (eds.), *The Epistemology of Testimony*, Oxford 2006; Benjamin MCMYLER, *Testimony, Trust, and Authority*, Oxford 2011; Nicla VASSALLO, *Per sentito dire. Conoscenza e testimonianza*, Milano 2011; Mats WAHLBERG, *Revelation as Testimony: A Philosophical-Theological Study*, Grand Rapids 2014.

[18] E.g., Karl RAHNER, *Interprétation théologique du témoignage*, in: *La testimonianza*, a cura di Enrico CASTELLI, Padova 1972, pp. 173-187; Emmanuel LÉVINAS, *Vérité du dévoilement et vérité du témoignage*, in: *La testimonianza*, a cura di CASTELLI, pp. 101-110; Allison A. TRITES, *The New Testament Concept of Witness*, Cambridge 1977, pp. 240-254; Marcello NERI, *La testimonianza in Hans Urs von Balthasar. Evento originario di Dio e mediazione storica della fede*, Bologna 2001; Richard SWINBURNE, *The Existence of God*, Oxford 2004^2, segnatamente alle pp. 322-324 ("The Principle of Testimony").

[19] Cf. Susanne LEPSIUS, *Von Zweifeln zur Überzeugung. Der Zeugenbeweis im gelehrten Recht ausgehend von der Abhandlung des Bartolus von Sassoferrato*, Frankfurt a.M. 2003, pp. 401-420.

[20] E.g., Hans-Georg GADAMER, *Témoignage et affirmation*, in: *La testimonianza*, a cura di CASTELLI, pp. 161-165; Antoine VERGOTE, *L'avènement du 'je' et l'événement de vérité dans le témoignage*, a cura di CASTELLI, pp. 477-491; e soprattutto Jacques DERRIDA, *Histoire du mensonge: Prolégomènes*, Parigi 2012, pp. 80-81 e *passim*.

[21] Cf. Cecil Anthony John COADY, *Testimony: A Philosophical Study*, Oxford 1992.

scenza empirica sul modello della percezione ovvero della deduzione. Tali modelli hanno guadagnato grande influenza sul modo in cui i filosofi hanno ragionato delle conoscenze acquisite grazie alla testimonianza. In recenti dibattiti sull'epistemologia della testimonianza hanno portato alla luce una polarizzazione tra due paradigmi. Da un lato vi sono coloro che, nello spirito di John Locke e David Hume, credono nella riduzione della capacità di "apprendimento da testimonianza" alla conoscenza ottenuta grazie ad altre facoltà epistemiche (in particolare grazie all'inferenza). Dall'altro lato vi è chi, nello spirito di Thomas Reid, cerca di rivendicare tale apprendimento "per testimonianza" come una facoltà epistemica originale, irriducibile alle altre, ed altrettanto basilare che l'inferenza o la percezione. In tale quadro, preso qui nella sua generalità, il dibattito farebbe leva sulla distinzione tra una "conoscenza di prima mano" ed una "conoscenza di seconda mano": la testimonianza apparterrebbe al secondo tipo di conoscenza, ancorché tale appartenenza si realizzi in modi distinti e con strategie argomentative che possono divergere notevolmente da un autore all'altro.

Il modello-Hume, in sintesi, si fonda sul principio seguente: qualcuno (X) è giustificato nel credere che una proposizione *p* sia vera, se egli dispone di ulteriori ragioni – e, in ultima analisi, ragioni di natura non testimoniale – per ritenere che la testimonianza di qualcun altro (T) in merito a *p* sia affidabile. La testimonianza, in questo caso, equivale ad una conoscenza provvisoria che, per dirsi valida, richiede ragioni ulteriori. Essa non è vista come fonte epistemica autonoma. Secondo il modello-Reid, d'altra parte, X è giustificato nel credere che *p* sia vero, se non ha motivo di ritenere che la testimonianza di T riguardante *p* non sia affidabile. In questo secondo caso siamo di fronte ad un modello non riduzionista, argomentato da Coady: la testimonianza è una credenza in sé legittima, che rimpiazza altre ragioni nella misura in cui nessuna evidenza contraria sia disponibile[22]. È chiaro, poi, che il contesto favorisce la plausibilità dell'impiego di un modello a scapito dell'altro – si potrebbe pensare a ciò che Alvin Plantinga ha stabilito in merito al rapporto tra giustificazione (*warrant*) e "ambiente cognitivo". Facciamo un esempio: se T è un oncologo riconosciuto – un medico, come suole dirsi, di chiara fama – sarà ovvio applicare il modello-Reid quand'egli si pronunci in favore del valore di una nuova terapia per la cura del tumore. Identico pronunciamento, quando provenisse da un giornalista noto per il suo impegno in materie economico-finanziarie, imporrebbe invece l'adozione del modello-Hume. I due modelli-tipo e le loro possibili combina-

[22] Non mancano coloro che tentano di seguire una terza via, mediando tra i due modelli sopra descritti. Ad esempio, Paul FAULKNER, *Knowledge on Trust*, Oxford 2011, accetta che la testimonianza sia una forma *sui generis* di conoscenza in quanto, a differenza delle altre forme epistemiche possiede una "garanzia trasferibile": quando X prende per vero *p*, riceve le garanzie di T (che gli attesta *p*). Per accogliere simile interpretazione del modello, tuttavia, la nozione di "fiducia" (*trust*) si trova ad essere assunta come punto di partenza. Sul contesto filosofico di Thomas Reid, cf. Rick KENNEDY, *A History of Reasonableness. Testimony and Authority in the Art of Thinking*, Rochester 2004, pp. 175-226.

zioni, di conseguenza, possono dare vita a sistemi complessi, che è d'aggio tralasciare in questa sede[23].

Vale la pena soffermarsi sugli elementi comuni (come quello della giustificazione epistemica) e su quelli che invece, in entrambi i modelli, rimangono aspetti trascurati. Ora, ciò che rimane fuori dal raggio d'analisi e resta male studiato sono proprio la natura e il valore del testimone, l'analisi del carattere, la struttura dell'esperienza e del suo racconto.

VI.

Per meglio fare emergere tali aspetti è bene rivolgersi ad una seconda dimensione della testimonianza. Essa può venire detta "alla seconda persona", ed è l'aspetto che sembra maggiormente presente nei testi premoderni, si pensi, per citare un luogo esemplare, ai commenti scolastici al Vangelo secondo Giovanni. Soffermiamoci su uno dei numerosi passi, in tale scritto biblico, dove la testimonianza viene richiamata[24]. Mi riferisco all'incontro tra Gesù e il membro del sinedrio Nicodemo (*Ioh.* 3,1-21). Nei versetti che precedono – quelli che Rudolf Bultmann definì essere un'introduzione al terzo capitolo dell'Evangelo – leggiamo che "Mentre era a Gerusalemme per la Pasqua, durante la festa molti, vedendo i segni che faceva, credettero nel suo nome. Gesù però non si confidava con loro, perché conosceva tutti e non aveva bisogno che qualcuno gli desse testimonianza su un altro, egli infatti sapeva quello che c'è in ogni uomo"[25]. Sembrerebbe, a prima vista, che conoscenza e testimonianza afferiscano a due sfere distinte e debbano venire contrapposte. Le cose, se si studia il testo da vicino, risultano meno scontate[26]. Tommaso d'Aquino, leggendo il quarto Evangelo, dopo avere richiamato il nesso tra l'essere conosciuti e l'essere degni di fiducia (*minus notum et minus credibile*), istituisce una correlazione tra la fede che si fonda sull'insegnamento (*ex doctrina*) e quella, imperfetta, basata

[23] Innumerevoli sviluppi hanno avuto luogo nel campo della epistemologia formale: lì, per esempio, gli studiosi applicano il teorema bayesiano per calcolare come il grado di fiducia cambi a seconda del grado di prova. Cf. Jonathan ADLER, *Epistemological Problems of Testimony, in: The Stanford Encyclopedia of Philosophy* (Summer 2015 Edition), ed. by Edward N. ZALTA, URL = <http://plato.stanford.edu/archives/sum2015/entries/testimony-episprob/>.

[24] Cf. Johannes BEUTLER, *Martyria. Traditionsgeschichtliche Untersuchungen zum Zeugnisthema bei Johannes*, Frankfurt a.M. 1972, ad indicem, pp. 390-392.

[25] *Joh.* 2,23-25. Si veda, su ciò, Roberto OSCULATI, *Fare la verità. Analisi fenomenológica di un linguaggio religioso*, Milano 1974, pp. 8-18.

[26] Non sembrerebbe che sia plausibile intendere che Gesù, avendo un giudizio infallibile sugli uomini, fosse alieno dal ricorso alla testimonianza. Sembrerebbe più accurato cogliere nel v. 24 la sottolineatura dell'unicità e perfezione della persona di Cristo (che si manifesterà di lì a poco, *Joh.* 3,11-14). Cf. John F. MCHUGH, *John 1-4: A Critical and Exegetical Commentary*, London 2009, p. 219.

sui miracoli e sulle profezie (*propter occultorum revelationem*)[27]. La prima è l'atto di uomini maggiormente intelligenti (*magis spirituales*), la seconda è propria di coloro che conoscono grazie all'immaginazione (*magis sensibiles*); la conoscenza che la fede offre all'uomo è incerta nel secondo caso, non però nel primo. Sarebbe infatti un errore ritenere che la conoscenza ottenuta grazie alla testimonianza debba produrre, sempre e comunque, un sapere incerto ed imperfetto. L'opposizione non è tra due forme di conoscenza, una testimoniale e l'altra no, perché si tratta invece della distinzione tra due forme di testimonianza, l'una perfetta e l'altra imperfetta; l'una è capace di garantire un sapere certo mentre l'altra è in grado di fornire un sapere soltanto probabile. Gesú conosce senza tentennamenti (*certissime*), perché è lui stesso testimone della verità. Gli uomini che credono sul fondamento delle parole di Gesù possono ottenere una conoscenza certa, dal momento che accolgono una testimonianza perfettamente affidabile. Cristo non mente e chi crede in Lui, con Giobbe, può esclamare: "il mio testimone è in Cielo"[28].

Passando a commentare l'incontro con Nicodemo, l'Aquinate rivendica il rispetto, che dev'essere ben temperato, del principio in forza del quale la nobiltà (intesa, in questo caso, come rango sociale) e la conoscenza del vero si assorellano vicendevolmente[29]. Subito dopo compare il *topos* del *Christus magister*, il cui insegnamento è singolare proprio perché, a differenza del magistero umano, è fronte comune di ogni insegnamento certo e autorevole[30]. Nell'obbedienza alla verità attestata da Cristo si apre, per il credente, la via per "vedere il Regno di Dio", il che comporta una "rinascita" ed una vera e propria nobilitazione[31]. Siccome l'uomo è

[27] Cf. THOMAS DE AQUINO, *Super Evangelium Iohannis lectura*, ed. Raffaele CAI, Torino 1952, c. 2, lectiones 1 e 3, pp. 67-72 e 77-81.

[28] THOMAS DE AQUINO, *Super Evangelium Iohannis*, c. 2, lc. 3, ed. CAI, n° 422, p 81: "Christus autem certissime cognoscit, quia intuetur cor: et *ideo non erat ei opus ut quis testimonium perhiberet de homine*; immo ipse testis est, Iob XVI, 20: *ecce in caelo est testis meus*".

[29] THOMAS DE AQUINO, *Super Evangelium Iohannis*, c. 3, lc. 1, ed. CAI, n° 426, pp. 83-84: "Item tertio, quantum ad dignitatem; unde dicit *princeps Iudaeorum*. A principio namque licet dominus non elegerit sapientes, potentes, aut nobiles, ne virtus fidei sapientiae et potentiae humanae attribueretur ut dicitur I Cor. I, 26: *non multi sapientes, secundum carnem, non multi potentes, non multi nobiles, sed quae stulta sunt mundi eligit Deus*, voluit tamen aliquos sapientes et potentes a principio ad se convertere, ne si doctrina sua solum ab ignobilibus et insipientibus reciperetur, haberetur contemptui, et ne credentium multitudo potius attribueretur rusticitati, et insipientiae conversorum, quam virtuti fidei. Nihilominus tamen voluit istos nobiles et potentes non multos esse ad eum conversos, ne ut dictum est humanae potentiae, aut sapientiae ascriberetur".

[30] Cf. Michael SHERWIN, *Christ the Teacher in St. Thomas's 'Commentary on the Gospel of John'*, in: *Reading John with St. Thomas Aquinas. Theological Exegesis and Speculative Theology*, ed. by Michael DAUPHINAIS, Matthew LEVERING, Washington, D.C. 2005, pp. 173-193 (a proposito dell'incontro di Gesù con Nicodemo, si veda p. 178).

[31] Cf. THOMAS DE AQUINO, *Super Evangelium Iohannis*, c. 3, lc. 1, ed. CAI, n° 433, p. 85: "Ad regnum autem non solum pertinet regale solium, sed etiam quae sunt ad regni gubernationem, scilicet regia dignitas, beneficia gratiarum et via iustitiae, qua solidatur regnum". Sull'implicazione tra la nobiltà di Cristo e l'affidabilità della sua testimonianza, mi sia per-

naturalmente atto a conoscere (*naturaliter conoscitivus*), conviene che i doni dello Spirito passino attraverso un'accresciuta conoscenza del vero: un potenziamento che non riguarda tuttavia l'afferrammento del contenuto divino, di per sé incomprensibile, bensì la conoscenza che si può avere del testimone[32].

Al teste non si contrappone l'ignaro, così come alla menzogna non si contrappone l'errore. Il contrario del testimone è l'impostore, colui che inganna, e contro cui si ricordano gli strali lanciati da Kant: un teste, se è degno, non può mentire, perché mentendo non sarebbe più tale: cesserebbe di essere *fide dignus*; la menzogna – afferma Kant – "ferisce la dignità dell'Umanità"[33]. Come si vede, il problema della prova, connessa alla conoscenza del vero e del falso, è solo indirettamente coinvolto. Questo aveva notato Jacques Derrida: "L'opposizione veracità/menzogna è omogenea alla problematica testimoniale e per nulla ad una problematica epistemica del vero-falso o della prova"[34].

Torniamo ora al Vangelo giovanneo. Nel passo cui abbiamo fatto riferimento si possono distinguere due parti: il dialogo tra Gesù e Nicodemo (3,1-10) e la testimonianza di Cristo, presentata in forma monologica (3,11-21). Ciò introduce una dimensione ulteriore.

VII.

La testimonianza è rilevante anche "alla prima persona", quando si configuri come manifestazione del sé, accreditando l'idea di verità intesa come espressione significante (ed autentica) dell'unità dell'esperienza. La dimensione antropologica, già evidente nella testimonianza dialogica, assume ormai un peso preponderante. Le intuizioni filosofiche sulla vita, la morte, i confini della individualità umana interagiscono, durante il lungo corso del pensiero occidentale, con la nozione del sé. Su tale tema, la letteratura filosofica è abbondante. Nessun essere umano si rivela ai proprî simili, all'altro da sé, in modo trasparente e immediato. Una certa mediazione è inevitabile: si instaura, tra l'io e il mondo, una relazione che sembra essenziale per articolare concetti come quello di riconoscimento[35].

messo di rimandare a Andrea A. Robiglio, *Appunti sulla nobiltà in Pietro di Giovanni Olivi*, in: *Pierre de Jean Olivi: philosophe et théologien*, éd. par Catherine König-Pralong, Olivier Ribordy, Tiziana Suarez-Nani, Berlin 2010, pp. 113-134.

[32] Cf. Didier Rancé, Erik Peterson, *Témoin de la Vérité*, Ginevra 2007; Beutler, *Martyria*, pp. 307-338.

[33] E.g., Immanuel Kant, *Von der Lüge*, in: Id., *Metaphysik der Sitten*, II. Teil, *Metaphysische Anfangsgründe der Tugendlehre*, hrsg v. Karl Vorländer, Hamburg 1922, § 9, pp. 277-281: 278.

[34] Derrida, *Histoire du mensonge*, p. 81.

[35] Il lettore potrebbe qui pensare al tema kierkegaardiano della comunicazione "indiretta" del vero, che non riprendo in questa sede. Utili spunti, per una riflessione sul concetto di esperienza, in Martin Jay, *Songs of Experience: Modern American and European Variations on a Universal Theme*, Oakland 2006, a cominciare dalle pp. 78-130.

VIII.

I paradigmi biblico e coranico di verità si fondano, non a caso, sulla testimonianza. L'ermeneutica biblica distingue con sicurezza tra ciò che è detto, ciò che è visto, e colui che vede o dice[36]. Inoltre, il valore del testimone rimane, a sua volta, oggetto di testimonianza e si trova calato nella discriminazione preliminare tra la testimonianza umana e la testimonianza divina. Quest'ultima non può appartenere alla conoscenza di seconda mano, ma vince la stessa evidenza sensibile nella gerarchia della "credibilità". Tommaso d'Aquino, anche se ciò non sempre viene sottolineato, lo scrive esplicitamente: "È necessario prestare fede all'autorità di coloro cui Dio si è rivelato. Ciò non deroga in nulla alla nobiltà della teologia. Infatti, benché l'argomento basato sull'autorità esclusivamente umana sia il più fragile, tuttavia è il più rigoroso di tutti l'argomento basato sulla testimonianza divina"[37].

IX.

Mi si permetta, a questo punto, di compiere una rapida digressione. Ad essa affido il compito di alludere ad un più vasto orizzonte. La testimonianza, intesa nelle sue diverse declinazioni, implica il ruolo del "pensiero probabile" e della dialettica, quali ebbero secolare corso nel diritto e nella retorica. L'origine legale e la diffusione premoderna di raffinate nozioni di certezza offrono suggestivi campi di indagine[38]. Come è possibile fare affidamento sulla conoscenza che vada al di là dei recinti della ragione deduttiva o dell'evidenza empirica? Questa è una domanda che troviamo

[36] Le fortune di ben nota formula di Michel Foucault, in riferimento all'epistemologia del sec. XVI, tratta da *Les Mots et les choses* (1966), sono istruttive. Secondo tale valutazione dell'*episteme* rinascimentale intesa come estensione dell'idea medievale del "libro della natura", il pensiero premoderno avrebbe ignorato la distinzione *de iure* tra "ciò che si vede e ciò che si legge, tra l'osservazione e relazione" – distinzione essenziale, aggiungiamo, perché si dia una concezione specifica della testimonianza. Un'affermazione del genere è, in verità, gravemente inaccurata. Tuttavia, la popolarità di un giudizio storicamente fuorviante fa risaltare aspetti dell'opinione largamente condivisa nella comunità scientifica. E.g., Mary Franklin-Brown, *Reading the World: Encyclopedic Writing in the Scholastic Age*, Chicago 2012, segnatamente pp. 83ss.

[37] Thomas de Aquino, *Summa theologiae*, Ia, q. 1, a. 8, *ad secundum*, Editiones Paulinae, Cinisello Balsamo 988, p. 9 (l'intero articolo merita un'attenta lettura).

[38] Cf. John Gilissen, *La preuve en Europe du XVIe au début du XIXe siècle: rapport de synthèse*, in: *La Preuve*, vol. 2, *Moyen-Âge et Temps modernes* (Recueils de la Société Jean Bodin pour l'histoire comparative des institutions, 17), Brussels 1965, pp. 755-833; Stig Strömholm, *Legal Hermeneutics: Note on the Early Modern Development*, in: Scandinavian Studies in Law, 22 (1978), pp. 213-241; Barbara J. Shapiro, *The Concept of Fact: Legal Origins and Cultural Diffusion*, in: Albion: A Quarterly Journal Concerned with British Studies, 26 (1994), 2, pp. 227-252 ; Aviezer Tucker, *Inference of Common Cause Naturalized*, in: *Causality and Probability in the Sciences*, ed. by Federica Russo, Jon Williamson, London 2007, pp. 439-466.

onnipresente negli scritti teologici del tardo Medioevo. In effetti, uno degli antichi significati della parola 'probabile' non era riferito a degli stati di cose, ma piuttosto per degli agenti razionali. Il *vir probabilis* è l'esperto, colui che è in grado di fornire, con successo, un argomento dialettico a sostegno delle proprie affermazioni (*habilis ad probandum*) ed è quindi degno di fiducia[39]. L'uomo probabile gode, di conseguenza, di un prestigio intellettuale spiccato, tale da contagiare altri aspetti della sua personalità: egli appare persona affidabile, distinta, degna di reverenza. Sono qualità, queste ultime, che rimandano direttamente alla nobiltà.

X.

Il riferimento al diritto apre un confronto non obliterabile, che qui posso solo accennare. Si parta da una difficoltà segnalata da Michael Dummet, oltre vent'anni orsono: "La legge distingue, tra le cose che un testimone sa, quelle ch'egli conosce 'in base a proprie conoscenze' e gli permette di testimoniare su quelle soltanto. [...] Ciò è imposto sia dall'impossibilità di condurre verifiche accurate [...] sia dal noto fenomeno della corruzione dell'informazione all'allontanarsi dalla sorgente lungo una catena di trasmettitori. [...] Il pregiudizio della legge contro di essa [i.e., l'informazione di seconda mano] ha tuttavia esercitato una forte influenza sugli stessi epistemologi"[40]. Ebbene, proprio la distinzione tra ciò che si si sa in prima persona e ciò che si conosce solo di seconda mano si fonda, a ben vedere, sulla reputazione del *probus vir*, ossia sull'onorabilità del teste che sostiene di sapere qualcosa "da sé". La distinzione menzionata da Dummet, semmai, è il prodotto di procedure processuali che, nell'età premoderna, non avevano cercato di fare a meno dell'idea della nobiltà del teste[41]. Oltre alla dignità personale, i giuristi analizzano con dovizia le virtù del teste, la principale di tutte essendo la *prudentia*[42]. Le virtù non cessano di affiorare

39 E.g., ALBERTUS MAGNUS, *In Topicorum libros VIII*, I, 1, 2, ed. Auguste BORGNET (Beati Alberti Magni Opera omnia, 2), Paris 1890, pp. 241A-242A: "Probabile [...] quod per suiipsius veritatis figuram videtur *omnibus aut pluribus aut sapientibus* – et his sapientibus videtur *omnibus, aut pluribus, aut maxime notis* et probabilibus". Cf. Carlos STEEL, *Prolegomena to an Edition of Albert's 'Topics'*, in: Przegląd Tomistyczny, 21 (2015), pp. 69-85.

40 Michael DUMMET, *Testimony and Memory*, in: ID., *The Seas of Language*, Oxford 1993, pp. 411-428: 411.

41 I libelli *De testibus* sono generalmente testi di procedura giuridica: "de ordine iudiciorum"; cf. Nicoletta SARTI, Simone BORDINI, *L'avvocato medievale tra mestiere e scienza giuridica. Il 'Liber cautele et doctrine' di Uberto da Bobbio*, Bologna 2011, p. 79. La presenza di disquisizioni sulla nobiltà del testimone, nei trattati *De testibus*, sono comuni. Così Bartolo di Sassoferrato enumera la *dignitas* e l'*extimatio* tra le qualità della persona del teste che sono presupposte al discorso puramente procedurale; cf. Susanne LEPSIUS, *Der Richter und die Zeugen. Eine Untersuchung anhand des 'Tractatus testimoniorum' des Bartolus von Sassoferrato*, Mit Edition, Frankfurt a.M. 2003, p. 234.

42 BARTOLUS, *Liber testimoniorum*, §§ 68-92, in: LEPSIUS, *Der Richter*, pp. 279-299.

nelle ricerche sulla testimonianza come fonte legittima di conoscenza e ribadiscono il legame tra nobiltà e "verità"[43].

XI.

Possiamo così avviarci verso la conclusione di questa breve riflessione. Nelle discussioni scolastiche sulla natura dei miracoli, dalle *Sententiae* di Pietro di Poitiers sino alla *Theologia* di Tommaso Campanella, i pensatori hanno potuto sfoggiare strategie sofisticate per vagliare la fede in ciò che è vero. Una delle loro intuizioni fondamentali consiste nel tenere fermo che la testimonianza, di per sé, appartiene alla conoscenza di prima mano, poiché scaturisce dall'esperienza di colui che attesta, senza confondersi con essa. La storia della testimonianza, come intuì Derrida, rappresenterebbe così il risvolto della "storia della menzogna". Il rischio del "Dio ingannatore", le cui origini medievali sono ormai ben note, viene del resto messo fuori gioco proprio dal riferimento alla 'nobiltà' divina – mentre Descartes, nella terza delle sue *Meditazioni metafisiche*, preferirà parlare di divina 'perfezione'.

Tra Medio Evo e Rinascimento, tra Tommaso d'Aquino e Giovanni Pico della Mirandola, cruciale risulta l'impatto del modello cristologico: ed è proprio grazie a Cristo che il nesso tra nobiltà e verità può venire robustamente ribadito[44]. Nel *Libro dell'Apocalisse* (1,5) si legge: "Gesù Cristo, il testimone fedele, il primogenito dei morti e il sovrano dei re della terra". Erik Peterson attirò l'attenzione sul sorprenden-

[43] Anche nel dibattito attuale si tiene conto delle virtù intellettuali in relazione alla testimonianza, ma si tratta anzitutto delle virtù di chi accoglie la testimonianza, non di chi la attesta. A ben vedere, tuttavia, la fiducia virtuosa nella testimoninza altrui presuppone una fiducia in sé stessi, sicché la testimoninza in prima persona è postulata da quella in terza persona. Cf. Roger Pouivet, *Épistémologie des croyances religieuses*, Paris 2013, pp. 77-91; a p. 86 leggiamo un'acuta critica a Hume, già avanzata *ante litteram* da Michel de Montaigne: "C'est un curieux raisonnement de penser que le témoin se trompe ou nous ment simplement en invoquant le principe que la crédibilité d'un témoignage dépend de son alignement sur ce que disent généralement les témoignages qui jusqu'alors se sont révélés exacts". Tra i passi degli *Essais* che denunziano il vizio della concezione humeana, potrei citare il saggio *Des boyteux* (III, 11), laddove Montaigne illustra il paradosso della diffusione delle credenze: "L'erreur particulière fait premièrement l'erreur publique, et à son tour après, l'erreur publique fait l'erreur particulière. Ainsi va tout ce bâtiment, s'étoffant et formant de main en main : de manière que le plus éloigné témoin en est mieux instruit que le plus voisin, et le dernier informé mieux persuadé que le premier. C'est un progrès naturel" (Michel de Montaigne, *Les Essais*, éd. par Jean Balsamo, Michel Magnien, Cathérine Magnien-Simonin, Paris 2007, pp. 1071-1082: cit. a p. 1073). Cf. Georges Guille-Escuret, *Épistémologie du témoignage. Le cannibalisme ni vu ni connu*, in: L'Homme. Revue française d'anthropologie, 153 (200), pp. 183-206.

[44] E.g., Julie Casteigt, *La figure du témoin et la question de la médiation dans le prologue de Jean lu par Albert Le Grand*, in: *Florilegium medievale. Études offerts à Jacqueline Hamesse à l'occasion de son éméritat*, éd. par. José Meirinhos, Olga Weijers, Louvain-la-Neuve 2009, pp. 63-82.

te abbinamento, nella medesima pericope, di tre titoli, il primo dei quali è testimone (*testis* nella Vulgata) mentre ultimo di essi sovrano (*princeps*): tale contiguità "non può comprendersi senza fare riferimento al Vangelo di Giovanni"[45].

Chiudere il ragionamento, a questo punto, non dovrebbe essere arduo. Da un lato i testi filosofici tardomedievali documentano una correlazione strutturale tra testimonianza e la questione della nobiltà del teste (§§ VI, IX-X). Il tema della testimonianza, d'altro canto, pone direttamente la questione della verità (§ VII-VIII). Il nesso tra nobiltà e verità può quindi venire posto. Nell'affermare ciò, certo, non si dice nulla di inaudito[46]. Si vorrebbe, nondimeno, sollecitare a più agguerrite esplorazioni, attraverso i dibattiti premoderni *de nobilitate*, all'interno della nebulosa nobiliare evocata in apertura. Singolari intuizioni antropologiche ed epistemologiche vi sono racchiuse.

[45] Cf. Rancé, Peterson, *Témoin de la Vérité*, p. 118. Si tratta dell'ultimo di tre penetranti studi raccolti da Peterson in un volume pubblicato a Lipsia nel 1937 e intitolato "I martiri e il Regno sacerdotale di Cristo" (pp. 111-124). E.g., Thomas de Aquino, *Super Evangelium Iohannis*, c. 5, lc. 6, ed. Cai, n° 801-807, pp. 151-153.

[46] Basti pensare al tema della sincerità come virtù necessaria alla custodia del vero; si veda, per questo, Bernard Williams, *Truth and Truthfulness: An Essay in Genealogy*, Princeton 2002.

INDICE DEI NOMI